Medien-, Marketing- und Werberecht

Dr. iur. Bruno Glaus

Medien-, Marketing- und Werberecht

Das Handbuch für
professionelle Kommunikation

Impressum

© 2004 Dr. iur. Bruno Glaus

Gestaltungskonzept und Layout
Peter Brunner, Kaltbrunn,
c/o Erni Druck und Media AG, Kaltbrunn,
www.ernidruck.ch

Lektorat
Alexander Stuber, Braunwald

Druck
Erni Druck und Media AG, Kaltbrunn,
www.ernidruck.ch

Bindearbeiten
Buchbinderei Burkhardt, Mönchaltorf

Verlag
persönlich Verlags AG
Hauptplatz 5, CH-8640 Rapperswil,
Tel. +41 (0)55 220 81 71,
info@persoenlich.com

ISBN 3-033-00240-4

Kontaktadresse und Buchbestellungen
Glaus & Partner
Obergasse 28, CH-8730 Uznach,
Tel. +41 (0)55 285 20 20,
praxis@glaus.com, www.glaus.com

Alle Rechte vorbehalten, einschliesslich derjenigen des auszugsweisen Abdrucks und der elektronischen Wiedergabe.
Der Autor dankt allen Werbeagenturen, Privatpersonen, Unternehmen und Verwertungsgesellschaften für die Einräumung der Nutzungsrechte.

Inhaltsverzeichnis

Teil I Schranken der Kommunikationsfreiheit

9	1	**Einführung in das Kommunikationsrecht**
10	1.1	Gesetzliche Schranken
16	1.2	Branchengrundsätze und Richtlinien
21	1.3	Rechtsbehelfe bei Rechtsverletzungen
27	2	**Sondervorschriften für Branchen, Inhalte, Medien**
28	2.1	Übersicht über das Werberecht
30	2.2	Gefahrenzonen
30		Lebensmittel
33		Arzneimittel
37		Alkohol
38		Tabakwaren
40		Konsumkredite, Leasing…
41		fremde Marken
42		Wappen
45		Strassensignale
46		Plakatwerbung
46		Banknoten
49		Gewinnspiele
52	2.3	Sondervorschriften für Radio und Fernsehen
59	3	**Immaterialgüterrecht**
60	3.1	Das Urheberrecht ist kein Registerrecht
63	3.2	Verwendungsrechte: kommerzielle Komponente
64	3.3	Persönlichkeitsrecht: ideelle Komponente
68	3.4	Erfindungen, Marken, Design sind Registerrechte
83	4	**Persönlichkeitsschutz**
84	4.1	Das Selbstbestimmungsrecht als Schranke
88	4.2	Prominenz als eigenes Schutzgut
90	4.3	CorpCom: redaktionelle Kommunikation?
97	5	**UWG schützt Fairness im Wettbewerb**
98	5.1	UWG gilt auch für Medien
100	5.2	Kein genereller Ideenschutz über UWG

Inhaltsverzeichnis

Teil II Vertragsrecht und Vertragsmuster

109	**6**	**‹Werbevertrag› ist kein klares Label**
112	6.1	Elemente des Werbevertrags
114	6.2	Der Rahmenvertrag
117	6.3	Verweis auf AGB
119	6.4	Vertragsdiktate
119	6.5	Wenn die Agentur die Bank spielt
121	6.6	Das Zahlbordereau-Modell
125	**7**	**Ideenschutz durch Non-Disclosure-Vereinbarung**
128	7.1	Das Submissionsverfahren
130	7.2	Plädoyer für mehr Schriftlichkeit
131	7.3	Bestätigungsschreiben genügt
135	**8**	**Haftungsfragen: Das Risiko der Agentur**
136	8.1	Offene und geheime Mängel
138	8.2	Die Prüfungs- und Rügepflicht
144	8.3	Haftungsausschlussklauseln
146	8.4	Haftung für Rechtsverletzungen
147	8.5	Vertrauenshaftung und Produktehaftpflicht
159	**9**	**Lizenz heisst Nutzungserlaubnis**
163	9.1	Kampagnengebundene Werbemittel
164	9.2	Textvorschläge für Lizenzierung
164	9.3	Immaterialgüterrecht im Arbeitsverhältnis
171	**10**	**Wem gehören die Daten?**
172	10.1	Datenveredelung: Neues Werk?
174	10.2	Herausgabe von Negativen
176	10.3	Aufbewahrungspflicht
179	**11**	**Konsumentenschutz in Marketing und Verkauf**
180	11.1	Deregulierung des Ausverkaufswesens
181	11.2	Preisangabepflicht
184	11.3	Sondernormen für Internet
185	11.4	Bestimmungen für das Direktmarketing

Teil III Anhang

194	I	Verbände und Institutionen
199		Literaturverzeichnis
200		Abkürzungsverzeichnis
202	II	Lauterkeitsgrundsätze
212	III	Kodex von Lissabon
215	IV	Erklärung der Pflichten und Rechte der Journalistinnen und Journalisten
224	V	Reglement über das Berufsregister der Schweizer Werbung SW/SP
226	VI	Beratungsvertrag für PR-Leistungen (BPRA)
228	VII	Agreement Filmproduktion cfp/EAAA
229	VIII	Vertraulichkeitsvereinbarung (ausführlich)
231	IX	Allgemeine Geschäftsbedingungen Forum corporate publishing
233	X	SUISA – Erläuterungen zum Urheberrecht mit Bezug auf öffentliche Aufführungen musikalischer Werke
235	XI	Wichtige Gesetzestexte (inkl. Warenklassifikation)
262	XII	Stichwortverzeichnis

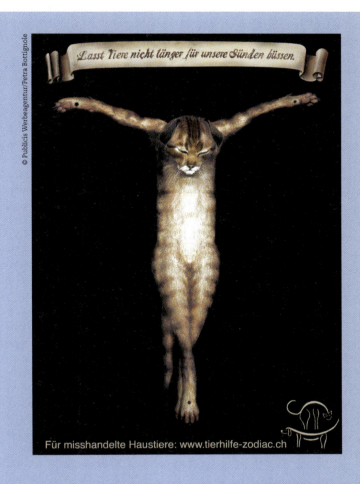

1 Einführung in das Kommunikationsrecht

Wer die Gefahrenzonen kennt, minimiert Haftungsrisiken.

Öffentliches wie auch Privat-Recht setzen der Werbefreiheit Schranken: Straf- und Verwaltungsrecht, Persönlichkeitsschutz, geistiges Eigentum und Wettbewerbsrecht sind die vier Schrankenbereiche.

Kommunikation kann in redaktionelle (publizistische) Kommunikation und in kommerzielle Kommunikation eingeteilt werden. Dieses Buch setzt den Schwerpunkt auf die kommerzielle Kommunikation.[1] Die kommerzielle Kommunikation umfasst sämtliche Formen von Werbung, Marketing, Sponsoring, Verkaufsförderung und Öffentlichkeitsarbeit.[2]
Es gibt kein Gesetz über die Kommunikation und schon gar keines über die Werbung. ‹Werberecht› oder ‹Kommunikationsrecht› sind – ähnlich wie ‹Medienrecht› oder ‹Kunstrecht› – Labels, die verschiedenartigste und verstreute Rechtsnormen an der Schnittstelle zahlreicher Rechtsgebiete notdürftig gruppieren. Aufgabe des Gesetzgebers ist es jeweils, öffentliche Interessen einerseits und bürgerliche Freiheiten anderseits ins Gleichgewicht zu bringen und dort, wo Freiheitsrechte kollidieren, die Grundrechtskollision zu regeln.

Freiheiten und Grundrechtskollisionen

Verfassungsgrundlagen: Die drei Säulen des Medienrechts sind Medienfreiheit (Art. 17 BV) Leistungsauftrag von R/TV (Art. 93 BV) Filmförderung (Art. 71 BV)

Wo ‹fremde› Bilder oder Texte zu unternehmerischen Kommunikationszwecken eingesetzt werden sollen, kann die verfassungsmässig garantierte Werbefreiheit (welche Teil der in Art. 27 BV gewährleisteten Wirtschaftsfreiheit ist) mit andern Freiheiten kollidieren: mit der Eigentumsgarantie des Fotografen (die Eigentumsgarantie in Art. 26 BV gewährleistet auch das geistige Eigentum) und mit der persönlichen Freiheit (Art. 10 BV i.V. m. Art. 28 ff. ZGB) der allenfalls abgebildeten Personen. Kommerzielle Kommunikation ist nicht nur durch die Wirtschaftsfreiheit, sondern auch durch die Meinungs- und Informationsfreiheit in Art. 16 BV gewährleistet.[3]

1.1 Gesetzliche Schranken

Publizistische Kommunikation
Auch die publizistische Kommunikation spielt sich nicht im rechtsfreien Raum ab. Kollidieren können die Meinungs- und Informationsfreiheit (Art. 16 BV) und die Medienfreiheit (Art. 17 und Art. 93 BV) mit der Freiheit und den Interessen von Personen und Unternehmen, über welche berichtet wird (Art. 10 BV garantiert das Recht auf persönliche Freiheit, Art. 13 BV schützt die Privatsphäre, und Art. 27 BV gewährleistet die Wirtschaftsfreiheit). Die Grundrechte müssen in der ganzen Rechtsordnung, auch im Medienrecht, und zwar sowohl von den Print- als auch den elektronischen Medien, beachtet werden (Art. 35 BV). Deren Freiheit (Art. 17 BV) und Autonomie (Art. 93 BV) sind nicht schrankenlos.

---

[1] *Die redaktionelle Kommunikation ist umfassend dargestellt im Buch von Peter Studer/ Rudolf Mayr von Baldegg, Medienrecht für die Praxis, 2. Auflage, Zürich 2001, nachfolgend zit. als Studer.*

[2] *Siehe Lauterkeitsgrundsätze (GS) 1.1 ff. im Anhang II.*

[3] *Der Europäische Gerichtshof für Menschenrechte hat die Schweizer Gerichtspraxis schon mehrmals beanstandet, so u. a. als das Bundesgericht dem Verein gegen Tierfabriken einen Werbespot im Programm der SRG verbieten oder die Verbreitung einer kritischen Berichterstattung über Mikrowellenherde völlig untersagen wollte, vergl. dazu Zeller S. 39.*

zur Abbildung auf Seite 9:

› Nicht alles, was anstösst, ist rechtlich verboten, und nicht alles, was verboten ist, ist auch strafbar. Die Abwägung ist nicht immer einfach: Wird mit solchen Inseraten «in gemeiner Weise» die religiöse Überzeugung anderer so schwer verletzt, dass der öffentliche Friede gefährdet ist? Im ‹Fahrner-Entscheid› hatte das Bundesgericht eine nackte Frau am Kreuz noch strafbar erklärt.[4] ‹

Die Printmedien sind freier

Zwar gibt es in der Schweiz kein Pressegesetz, hingegen ausführliche Bestimmungen zur Radio- und Fernsehlandschaft im Bundesgesetz über Radio und Fernsehen vom 21. 6. 1991 und in der Verordnung dazu (RTVG und RTVV). Die Printmedien sind freier als die elektronischen Medien (unterschiedliche Verfassungsartikel). Die einen sind ganz einfach frei, wenn auch nicht schrankenlos (Art. 17 BV). Sie müssen nicht einmal ‹ausgewogen› schreiben. Die andern, die Radio- und Fernseh-Medienschaffenden, haben einen Leistungsauftrag (Art. 93 BV), der mit Pflichten verbunden ist: «Radio und Fernsehen tragen zur Bildung und kulturellen Entfaltung, zur freien Meinungsbildung und zur Unterhaltung bei. Sie berücksichtigen die Eigenheiten des Landes und die Bedürfnisse der Kantone. Sie stellen die Ereignisse sachgerecht dar und bringen die Vielfalt der Ansichten angemessen zum Ausdruck» (Art. 93 Abs. 2 BV). Elektronische Medien, die diese Grundsätze verletzen, können vor die Unabhängige Beschwerdeinstanz (UBI) zitiert werden.[5] Vorgängig ist indes ein Schlichtungsverfahren vor der Ombudsstelle des jeweiligen elektronischen Mediums durchzuführen.[6] Verfassungsmässig gewährleistete Rechte dürfen nur auf Grund einer verfassungsmässigen oder gesetzlichen Grundlage eingeschränkt werden.[7] Die

Nennen Sie mind. sechs Elemente des Leistungsauftrags der privaten und öffentlichen Radio- und Fernsehunternehmen.

---

[4] Art. 261 StGB: BGE 120 (1994) Ia 224 m.V. auf BGE 86 (1960) IV 23.
[5] Zur UBI-Praxis siehe www.ubi.admin.ch.
[6] Adressen über www.bakom.ch.
[7] Anm. Schwenninger Rz 4, BGE 104 (1978) Ia 475.

Werbefreiheit als Teil der Wirtschaftsfreiheit wird durch zahlreiche Gesetzesbestimmungen direkt oder indirekt eingeschränkt. Es sind dies:

Die öffentlich-rechtlichen Schranken
Das öffentliche Recht schützt Polizeigüter und öffentliche Interessen (Menschenwürde, Jugendschutz, Gesundheitsfürsorge, Tierschutz usw.). Darunter fallen:

› staats- und verwaltungsrechtliche Vorschriften bezüglich einzelner Medien (Mittel der Werbung), einzelner Branchen (Objekt der Werbung, Gegenstand, der beworben wird) und Inhalt einer Werbeaussage (Werbeinhalt).[8] Zu den staats- und verwaltungsrechtlichen Normen zählen auch die Bestimmungen, welche die Informationspflichten und Informationsrechte staatlicher Institutionen regeln.[9]

› strafrechtliche Normen im Strafgesetzbuch (StGB) einerseits und in den Spezialgesetzen (z. B. URG, UWG, MschG, TabG, AlkG, HMG usw.) anderseits. Zu unterscheiden sind die Antrags- und die Offizialdelikte. Voraussetzung der Strafbarkeit ist bei beiden Vorsatz, Eventualvorsatz (in Kauf nehmen) oder in Einzelfällen auch nur Fahrlässigkeit. Mit Strafnormen wird der harte Kern gewisser Rechtsgüter geschützt.

Von besonderer Bedeutung in der Kommunikationsbranche sind der strafrechtliche Schutz der menschlichen Ehre[10] und der Privatsphäre (Art. 179 ff. StGB), aber auch der strafrechtliche Schutz der Bewegungs- und Entschlussfreiheit (Art. 180 ff. StGB) und des Glaubens und der Würde des Menschen (Art. 261 f. StGB). Beispiel: Das Drohen mit ‹Beobachter› und ‹Kassensturz› kann eine strafbare Nötigung sein. Sie ist es nicht, wenn nicht anzunehmen ist, dass die Drohung umgesetzt werden kann, z. B. bei Bagatellfällen, die kaum ein Medieninteresse auslösen.[11]

Die zivilrechtlichen (privatrechtlichen) Schranken
Die zivilrechtlichen Schranken verteidigen drei wichtige Schutzzonen:

› die Persönlichkeitsrechte anderer Menschen (Leib und Leben, Privatsphäre, Ruf, Ehre, Selbstbestimmungsrecht, insbesondere Recht am eigenen Bild, am eigenen Wort, an der eigenen Stimme, an der eigenen Prominenz, Rechte an den eigenen Daten usw.). Der Persönlichkeitsschutz ist im Zivilgesetzbuch (vor allem Art. 28 ff. ZGB zum Persönlichkeitsschutz) und im Datenschutzgesetz (DSG) geregelt.

› das geistige Eigentum an Kennzeichen, Kreationen und geistigen Schöpfungen (Erfindungsschutz, Markenschutz, Designschutz, Urheberschutz). Das Recht am geistigen Eigentum (Immaterialgüterrecht) ist im Urheberrechtsgesetz (URG), im Markenschutzgesetz (MschG), im Designgesetz (DesG) und im Patentgesetz (PatG) geregelt.

› die wettbewerbsrechtlichen Schranken, welche Verhaltensregeln vor allem auch für den Inhalt der kommerziellen Kommunikation festlegen (insbesondere im Bundesgesetz gegen den unlauteren Wettbewerb). Fairness im wirtschaftlichen Wettbewerb soll durch das Bundesgesetz gegen den unlauteren Wettbewerb (in der Kommunikation vor allem durch Art. 3 UWG) sichergestellt werden.

Zivilsachen werden von Zivilgerichten, Strafsachen von Strafgerichten und Verwaltungssachen von Verwaltungsbehörden und Verwaltungsgerichten entschieden.

---

[8] Eine Übersicht findet sich auf den Folgeseiten.

[9] Zum Stand der Diskussion Ende 2003 Urs Saxer in medialex 1/04 S. 19 ff., zu den Folgen der Auskunftsverweigerung Glaus, ‹Die rechtlichen Folgen der Auskunftsverweigerung›, in: Plädoyer 6/96, S. 34.

[10] Art. 173 ff. StGB, mehr dazu unten S. 14.

[11] Urteil des Zürcher Obergerichts, publ. in NZZ vom 25. März 2004, dazu auch BGE 106 (1980) IV 125, Studer S. 74 f.

Ein Rabbiner presst die Helvetia aus. Mehr oder weniger ‹freiwillig› zensurierte Karikatur im neu gestalteten ‹Nebelspalter› Ende der 90er-Jahre des letzten Jahrhunderts. Wäre ohne ‹Zensur› Art. 261bis StGB verletzt worden (Gesetzestext im Anhang XI, Ziffer 2)?

Zivilrechtlich von Bedeutung ist auch das Obligationenrecht (OR), legt es doch die Leitplanken der vertraglichen Gestaltungsmöglichkeiten auch für den Bereich der Unternehmenskommunikation fest. Schutzzonen enthalten nicht nur Abwehrrechte, sondern immer auch Freiräume und Leitplanken zur autonomen Lebensgestaltung.[12]

Unterschied zwischen öffentlichem und privatem Recht
Öffentliches Recht und Zivilrecht unterscheiden sich im Folgenden: Im öffentlichen Recht tritt der Staat verfügend und im Verletzungsfall strafend dem Bürger gegenüber (vertikales Verhältnis), im Zivilrecht treten sich Private im Widerstreit gegenüber (horizontales Verhältnis). Im Verletzungsfall muss der Verletzte gegen die Verletzer klagen. Ein Strafverfahren wird von Amtes wegen eingeleitet (Offizialdelikte), es sei denn, der Tatbestand werde nur auf Antrag verfolgt (Antragsdelikte).

Strafrechtlicher Persönlichkeitsschutz
Nicht jede Rechtsverletzung ist strafbar. Strafbewehrt ist nur der harte Kern der geschützten Rechtsgüter. Die ‹Weichteile› sind nur zivilrechtlich geschützt. Dabei setzen die ‹Bewirkungs-Klagen› (Verbot, Beseitigung, Fest-

---

Art. 261 StGB ‹Störung der Glaubens- und Kultusfreiheit›: «Wer öffentlich und in gemeiner Weise die Überzeugung anderer in Glaubenssachen, insbesondere den Glauben an Gott, beschimpft oder verspottet oder Gegenstände religiöser Verehrung verunehrt […] wird mit Gefängnis bis zu sechs Monaten oder mit Busse bestraft.» In BGE 120 (1994) Ia 224 hat das Bundesgericht mit Verweis auf BGE 86 (1960) IV 23 ausgeführt: «*Im Bilde wird nicht irgendein Kreuz, sondern das Christuskreuz der christlichen Religionen dargestellt. Die Form des Kreuzes und die Inschrift am Kopf des Stammes erinnern den Christen unfehlbar an den Kreuzestod von Christus. An Stelle des Leibes Christi hängt jedoch eine nackte Frauengestalt am Kreuz, die mit gespreizten Beinen die deutlich sichtbare Scham offen zur Schau stellt, als ob sie zum Geschlechtsakt bereit wäre. Eine solche ans Unzüchtige grenzende Darstellung, mit dem Erlösungstod Christi in Parallele gesetzt, stellt eine grobe Entwürdigung des Christuskreuzes als Symbol christlicher Glaubenssätze dar und verletzt daher in gemeiner Weise die religiöse Überzeugung anderer.*» Das war 1960. Der Entscheid war von Ex-Bundesrichter Schubarth kritisiert worden, vergl. dazu Schubarth Martin, Der Fahrner-Prozess, Basel 1983.

---

[12] Glaus 2000, S. 21.

stellung, Berichtigung) kein Verschulden voraus. Schadenersatz und Genugtuung zahlen muss aber nur derjenige, den ein Verschulden trifft (die Kioskverkäuferin und der Zeitungsausträger sind zwar auch Verletzer, kaum aber schuldhaft Handelnde).

Genugtuungsanspruch besteht dann, wenn die Schwere der Persönlichkeitsverletzung es rechtfertigt und die Verletzung nicht anders wieder gutgemacht worden ist. Eine sofortige Berichtigung und Entschuldigung des Mediums kann – muss aber nicht – eine Wiedergutmachung sein. Heute werden bei mittelschweren Persönlichkeitsverletzungen in der Schweiz Genugtuungssummen zwischen 2000 und 5000 Franken aussergerichtlich ausgehandelt. Bei besonders schweren Persönlichkeitsverletzungen sprechen Gerichte Genugtuungssummen über 10 000 Franken zu.

Zivilrechtlicher Schutz geht weiter

Wer eine Person falsch zitiert oder ohne Erlaubnis eine Abbildung in der Werbung einsetzt, verletzt (zivilrechtlich) das Recht am eigenen Wort bzw. das Recht am eigenen Bild, macht sich aber deswegen noch nicht strafbar. Bestraft werden nur besonders schwere Persönlichkeitsverletzungen, z. B. Verletzungen der wie üble Nachreden, Verleumdungen, Beschimpfungen (vergl. dazu Art. 173 ff. StGB). Strafrechtlich geschützt ist nur der Ruf, ein ehrbarer Mensch zu sein – also nicht ein ‹Schurke› oder ein ‹Betrüger›. Verboten sind auch schwerwiegende Verletzungen der Privatsphäre wie heimliche Tonband- und Bildaufnahmen im Geheim- oder Privatbereich.[13]

Der allgemeine Persönlichkeitsschutz

Das Zivilgesetzbuch sagt nicht, was eine Persönlichkeitsverletzung ist. Art. 28 ZGB enthält lediglich eine ‹Blankettnorm›. Es ist Aufgabe der Gerichte, einzelfallbezogen das Schutzbedürfnis und den Schutzumfang der Persönlichkeit zu bestimmen. Im Laufe der Jahre haben sich namentlich folgende Persönlichkeitsrechte herauskristallisiert (nicht abschliessende Aufzählung). Zu den Persönlichkeitsrechten zählen folgende Schutzgüter: Leib und Leben, psychische Integrität, Privatsphäre, Selbstbestimmungsrecht am eigenen Namen, am eigenen Wort, am eigenen Bild, an der eigenen Stimme und an der eigenen Prominenz. Im Laufe der Zeit hat sich auch ein Recht auf Vergessen herausgebildet (siehe dazu Zusammenstellung in Kapitel 4).

Nur beschränkte Selbstbestimmung im redaktionellen Bereich

Zwar muss der Persönlichkeitsschutz in der kommerziellen wie in der publizistischen Kommunikation beachtet werden. Der Persönlichkeitsschutz ist in Art. 27 ff. ZGB verankert sowie im Datenschutzgesetz konkretisiert worden. Nach Art. 27 Abs. 2 ZGB sind vertragliche Bindungen im Bereich der Persönlichkeitsgüter (z. B. Recht am eigenen Bild, Recht am eigenen Wort, Recht auf Vergessenheit usw.) zulässig, so weit sie nicht rechtswidrig oder unsittlich sind. Persönlichkeitsgüter sind heute in einem hohen Mass kommerzialisierbar geworden.[14] Das Recht auf informationelle Selbstbestimmung (Recht am eigenen Bild, Recht am eigenen Wort, an der eigenen

---

Grundrechtskollision im Medienbereich?

Auch in der Werbung können verfassungsmässig garantierte Grundwerte kollidieren: Art. 7, 10, 16, 17, 20, 21, 26 und 27 BV, (siehe Anhang XI, Ziffer 1).

---

[13] Art. 179 ff. StGB, nach wie vor verboten ist ohne Einwilligung des Gesprächspartners die Tonbandaufnahme zur Fixierung eines Mediengesprächs; kritisch medialex 1/04 S. 10.

[14] Wandtke, Zur Kommerzialisierung des Persönlichkeitsrechts, KUR 6/2003 S. 144 ff., Glaus, Das Recht am eigenen Wort, S. 140 mit Hinweisen.

Gemäss deutschem Bundesverfassungsgericht kommt diese Werbung als sprechendes Bild mit meinungsbildendem Inhalt daher. Auch wenn der Meinungsbotschaft eine verdeutlichende verbale Aussage fehle, lese sich die Anzeige als klar gesellschaftskritische Aussage gegen die Stigmatisierung von HIV-Positiven. Deshalb geniesse sie den Schutz der Meinungsfreiheit – egal ob werblich oder publizistisch.

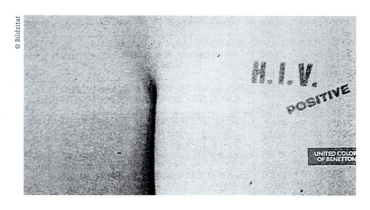

© Bildzitat

Stimme usw.) wird im redaktionellen Bereich allerdings anders gewichtet als im Bereich der kommerziellen Kommunikation: Die Medien können sich auf ein öffentliches Interesse (an der Information) berufen, welches die Selbstbestimmungsrechte der Betroffenen stark relativiert. Nur in der kommerziellen Kommunikation ist immer eine Einwilligung der Betroffenen erforderlich.

Journalisten dürfen und müssen recherchieren. Dies hat das Bundesgericht in einer konstanten Rechtsprechung seit 1911 festgehalten.[15] Auch nach der Praxis des Europäischen Gerichtshofs für Menschenrechte zählt die Freiheit der politischen Diskussion zum Kernbereich des Begriffs einer demokratischen Gesellschaft. Deshalb sind die Grenzen zulässiger Kritik bezüglich eines in seiner öffentlichen Funktion auftretenden Politikers weiter zu ziehen als bezüglich einer Privatperson. Bei Privatpersonen braucht es in der Regel die Zustimmung, wenn man Aussagen oder Bilder von ihnen im redaktionellen Teil veröffentlichen will. Für kommerzielle Kommunikation braucht es die Zustimmung aller Personen, auch der Personen der Zeitgeschichte.

Privilegien der publizistischen Kommunikation

Die Medienarbeiter/-innen in den Redaktionen müssen die gesetzlichen Schranken genau so beachten wie andere wirtschaftliche Akteure. Privilegiert sind sie lediglich im Persönlichkeitsrecht (durch das allenfalls überwiegende öffentliche Interesse) und im Urheberrecht (durch das Berichterstattungs-Privileg in Art. 28 URG). Jedermann erlaubt ist das Verwenden von Werken zum Eigengebrauch (Art. 19 URG) und das zur Erläuterung dienende oder veranschaulichende Zitieren von Werksteilen mit Quellenangabe (Art. 25 URG). Werke auf allgemein zugänglichem Grund darf jedermann abbilden (Art. 27 URG).

---

[15] BGE 37 (1911) I 388, *Die Aufgabe der Presse besteht laut Bundesgericht darin, «dem Leser bestimmte, die Allgemeinheit interessierende Tatsachen zur Kenntnis zu bringen, ihn über politische, ökonomische, wissenschaftliche, literarische und künstlerische Ereignisse aller Art zu orientieren, über Fragen von allgemeinem Interesse einen öffentlichen Meinungsaustausch zu provozieren, in irgendeiner Richtung auf die praktische Lösung eines die Öffentlichkeit beschäftigenden Problems hinzuwirken, über die Staatsverwaltung und insbesondere über die Verwendung der öffentlichen Gelder Aufschluss zu verlangen und allfällige Missbräuche im Gemeinwesen aufzudecken».*

1.2 Branchengrundsätze und Richtlinien

Auch in der Werbe- und PR-Branche haben Branchenverbände berufsethische Normen erlassen, welche teilweise über die gesetzlichen Schranken hinausgehen. Berufsregeln sind strenger als juristische Normen: «Der wesentlichste Grund ihrer Existenz ist gerade das Bestreben einer Branche, nicht ständig an die Grenze des nach geltendem Recht noch Erlaubten zu gehen.»[16] In der kommerziellen Kommunikation sind die Grundsätze der Lauterkeitskommission für die Werbung (Ziffer 3.1 bis 3.12) von Bedeutung[17]:

- Firmengebrauchspflicht (3.1)
- Persönlichkeits- und Datenschutz (3.2)
- Werbung mit Testunterlagen (3.3)
- Ausländische Gutachten und dergleichen (3.4)
- Vergleichende Werbung (3.5)
- Werbung mit Selbstverständlichkeiten (3.6)
- Nachahmung werblicher Gestaltungen (3.7)
- Gratis-Gutscheine zu Werbezwecken (3.8)
- Werbegewinnspiele (3.9)
- Garantierte Rückgabemöglichkeiten (3.10)
- Geschlechter diskriminierende Werbung (3.11)
- Trennung zwischen redaktioneller Information und kommerzieller Werbung (3.12)

Ähnliche Bestimmungen, vor allem zur Transparenz (und Trennung) des redaktionellen Teils gegenüber dem kommerziellen Teil, insbesondere aber auch zum Verbot der Entgegennahme von Vermögensvorteilen finden sich im Lissabonner Kodex[18].

> **Auf welche Art der Kommunikation kommen die Lauterkeitsgrundsätze nicht oder nur beschränkt zur Anwendung?**

Die Lauterkeitskommission wendet das staatliche Recht an und konkretisiert dieses. Sie beurteilt nur die Rechtmässigkeit von Kommunikationsmassnahmen, sie beurteilt nicht (oder nur am Rand) die Ethik und Moral dieser Massnahmen (dies im Gegensatz zum Presserat). Dies kommt vor allem bei der Beurteilung von Geschlechter diskriminierender Werbung zum Tragen: Es gibt neben dem verfassungsmässig garantierten Anspruch des einzelnen Menschen auf Respektierung der Menschenwürde keine Vorschrift im staatlichen Recht gegen Geschlechter diskriminierende Werbung. Hier hat sich die Lauterkeitskommission aber dennoch für Grundsätze entschieden (3.11).

Die internationalen Richtlinien für Werbepraxis und Marketing, aber auch internationale Branchengrundsätze für Sponsoring und Direktmarketing können online bei der Internationalen Handelskammer in Paris unter www.iccwbo.org eingesehen werden. Hier die wichtigsten Dokumente:

- ICC International Code on Sponsorship
- ICC International Code of Advertising Practice
- ICC International Code of Environmental Advertising
- ICC International Code of Direct Selling
- ICC International Code of Direct Marketing
- Compendium of ICC Rules on Children and Young People and Marketing
- Paction – the online model sales contract application

---

[16] Zeller, S. 77.
[17] Siehe Lauterkeitsgrundsatz 3.12 im Anhang II, Art. 15 Lissabonner Kodex im Anhang III.
[18] Art. 15 Lissabonner Kodex im Anhang III.

- ICC International Code of Sales Promotion
- GUIDEC II: General Usage for International Digitally Ensured Commerce
- Compendium of Rules for Users of the Telephone in Sales, Marketing and Research
- ICC International Code of Direct Marketing
- Model Clauses for use in Contracts involving Transborder Data Flows
- ICC/ESOMAR International Code of Marketing and Social Research Practice

Im Bereich der kommerziellen Kommunikation sind vor allem die Grundsätze der Schweizerischen Lauterkeitskommission zur Lauterkeit in der kommerziellen Kommunikation von Bedeutung. Jeder Konsument oder Mitbewerber kann Beschwerde bei der Schweizerischen Lauterkeitskommission (www.lauterkeit.ch) erheben, wenn Grundsätze der Lauterkeit verletzt werden. Die Lauterkeitskommission behält sich vor, bei Behörden Anzeige zu erstatten. Im Bereich der kommerziellen Kommunikation und der Public Relation generell sind die Grundsätze in Ziffer 3.12 von Bedeutung. Die Richtlinien der ehemaligen Schweizerischen Kommission Medientransparenz (SKM) sind von der Lauterkeitskommission übernommen worden. Die wichtigsten Grundsätze im PR-Bereich lauten:
- Wahrung von Freiheit und Autonomie der Redaktion
- Kennzeichnung und Erkennbarkeit kommerzieller Kommunikation
- Verbot der Schleichwerbung
- Verbot der Koppelung von kommerzieller Kommunikation mit redaktionellen Beiträgen
- Transparenz bei Sponsoring, Product Placement, Sonderbeilagen und Werbereportagen

Politpropaganda ist nicht kommerzielle Kommunikation

Indes: Auf politische Progaganda kommen die Lauterkeitsgrundsätze während der Abstimmungsdauer gar nicht und ausserhalb von Abstimmungen nur dann zur Anwendung, wenn die politische Propaganda wirtschaftliche Interessen massiv verletzt. Deshalb ist die Lauterkeitskommission beispielsweise nicht auf eine Beschwerde einer Kernenergie-Gegnerin eingetreten, welche geltend machen wollte, die ‹Atom-Lobby› betreibe unlautere Propa-

---

**Grundsätze der
Lauterkeit in der kommerziellen Kommunikation**

Grundsatz Nr. 1.1
Unter kommerzieller Kommunikation ist jede Massnahme von Konkurrenten oder Dritten zu verstehen, die eine Mehrheit von Personen systematisch in ihrer Einstellung zu bestimmten Waren, Werken, Leistungen oder Geschäftsverhältnissen zum Zweck des Abschlusses eines Rechtsgeschäftes oder seiner Verhinderung beeinflusst.

Grundsatz Nr. 1.2
Kommerzielle Kommunikation umfasst sämtliche Formen von Werbung, Direktmarketing, Sponsoring, Verkaufsförderung und Öffentlichkeitsarbeit.

Grundsatz Nr. 1.3
Kommerzielle Kommunikation ist politische Propaganda nur, so weit sie wirtschaftliche Fragen beinhaltet. Werden solche Fragen jedoch Gegenstand einer Abstimmung, so sind sie der politischen Propaganda zuzuordnen, und zwar während der Zeitdauer von der Bekanntgabe des Abstimmungsdatums bis einen Tag nach erfolgter Abstimmung.

Grundsatz Nr. 1.4
Gemeinnützige und religiöse Propaganda gelten nicht als kommerzielle Kommunikation.
So weit religiöse oder gemeinnützige Organisationen eine kommerzielle Tätigkeit betreiben, haben diese die Grundsätze der werblichen Lauterkeit zu beachten.

Gegen diese Art von politischer Propaganda kann nicht an die Lauterkeitskommission gelangt werden. Die Abgebildeten hätten keine andere Wahl, als zivilrechtlich gegen die Verletzer zu klagen. Nur: Ist die verletzende Aussage auch widerrechtlich? Nicht jede Betroffenheit ist eine Verletzung, und nicht jede Verletzung ist auch widerrechtlich. Sie kann durch ein überwiegendes öffentliches oder privates Interesse gerechtfertigt sein. Unter ethischen Gesichtspunkten ein ‹eindeutiger› Grenzfall.

ganda, wenn sie behaupte, Kernenergie mache die Stromversorgung vom Ausland unabhängig[19]. Die umstrittene Behauptung war zwar vor der offiziellen Festlegung des Abstimmungstermins verbreitet worden, doch kam die Lauterkeitskommission zum Schluss, «zum Zeitpunkt der Einreichung der Beschwerde» sei der Abstimmungstermin bekannt gewesen. Der Abstimmungskampf ist eine Plattform der Demokratie mit weitem Auslauf. Wollte man den Begriff ‹wirtschaftlich› strapazieren, wäre die Lauterkeitskommission letztlich für sämtliche politischen Debatten zuständig, weil es kaum mehr eine politische Frage gibt, welche nicht im weitesten Sinn wirtschaftliche Implikationen hat. Man denke an die Gen-Tech-Debatte, die Asyl-Debatte, die Frage der Kosten im Gesundheitswesen usw. Auf keinen Fall kann es Aufgabe der Lauterkeitskommission sein, wertende Aussagen im Rahmen einer politischen Auseinandersetzung, welche zumindest sachlich vertretbar sind, zu überprüfen.

Branchen-Kodex für Public Relation
Die Public-Relation-Fachleute haben darüber hinaus den Athener Kodex, den Kodex von Lissabon (Anhang III) und den ICO-Kodex zu beachten. Alle drei Dokumente sind über www.sprg.ch abrufbar. Während der Athener Kodex eine allgemeine berufsethische Verpflichtung auf Respektierung der Menschenrechte enthält, konkretisiert der Kodex von Lissabon die beruflichen Verhaltensregeln. Einige dieser Pflichten sind allerdings nicht nur berufsethische Normen, sondern ergeben sich auch aus dem Gesetz, insbesondere aus dem Bundesgesetz gegen den unlauteren Wettbewerb UWG (Verbot der Irreführung und der Täuschung) und dem Auftragsrecht (Art. 394 ff. OR). Das Verbot der Interessenkollision der PR-Beauftragten und die damit zusammenhängende Aufklärungspflicht ergeben sich aus der Treuepflicht (Art. 398 OR), die Pflicht, Rabatte weiterzugeben, ergibt sich aus der Rechenschaftspflicht (Art. 400 OR). Lediglich berufsethischen Charakter hat das Verbot der Erfolgsgarantie. Eine solche Vereinbarung wäre rechtlich zulässig.
Auch andere Kommunikationsbranchen haben sich Branchengrundsätzen unterstellt, so beispielsweise die Angehörigen des Schweizerischen Verbands

Welche Pflichten eines PR-Beauftragten ergeben sich aus dem Gesetz (Auftragsrecht Art. 394 ff. OR)? Gesetzestexte über www.admin.ch (Pfad: Bundesrecht/Systematische Rechtssammlung).

---

[19] Beschluss der Schweizerischen Lauterkeitskommission Nr. 130/03, zum Aspekte der Behördeninformation Decurtins in medialex 4/02/224 mit Verweis auf BGE 114 (1998) I a 438 und 108 (1982) I a 160.

für Direkt-Marketing und die Pharmabranche mit dem Pharmakodex (siehe Adressen im *Anhang I*).

‹Erklärung› und ‹Richtlinien› im redaktionellen Bereich
Im Bereich der redaktionellen Kommunikation (Publizistik) gelten die ‹Rechte und Pflichten der Journalistinnen und Journalisten› *(Anhang IV)* sowie die Richtlinien dazu (zu finden über www.presserat.ch). Auch diese

---

Stellungnahmen aus dem Vademekum II des Presserates

6.2 Personen des öffentlichen Lebens
Bei der Berichterstattung über persönliche Belange ist auch bei Personen des öffentlichen Lebens Zurückhaltung angebracht. Personen der Öffentlichkeit, z. B. Politiker, müssen aber Eingriffe in das Privatleben dulden, welche ‹einfachen› Bürgern nicht zuzumuten sind. In seltenen Fällen kann es sogar gerechtfertigt sein, nicht nur in die Privat-, sondern auch in die Intimsphäre einer Person einzugreifen. Die Berichterstattung über das private Umfeld von Politikerinnen und Politikern ist umso eher zulässig, je wichtiger die Stellung in der Öffentlichkeit ist, um die es geht. Eine Berichterstattung über private Belange gegen den Willen der Betroffenen ist jedoch nicht zu rechtfertigen, wenn keinerlei Zusammenhang zur öffentlichen Stellung besteht. Lassen sich die Gesprächspartner von Journalistinnen und Journalisten bei der Recherche über einen der Intimsphäre zuzurechnenden Sachverhalt nur für den Eventualfall zur Abgabe eines Statements bewegen, dass eine Veröffentlichung auch entgegen ihrem Willen erfolgen wird, darf nicht von einer gültigen Einwilligung in die Publikation ausgegangen werden.

8.1 Unabhängigkeit gegenüber wirtschaftlichen Akteuren
Die Bedingungen, unter denen ein Medienbericht entstanden ist, sind gegenüber dem Publikum transparent zu machen. Individuelle und exklusive Vergünstigungen an Journalisten und Journalistinnen sind abzulehnen, weil sie geeignet sind, die berufliche Unabhängigkeit und Meinungsäusserungsfreiheit zu beeinträchtigen. Vergünstigungen an ganze Gruppen von Journalistinnen und Journalisten sind akzeptabel, wenn sie nicht mit Bedingungen verknüpft sind und die Berichterstattung frei bleibt. Die Berichterstattung muss darauf hinweisen, was vom Veranstalter bezahlt wurde. Medienschaffende sollten ihre Besitzverhältnisse und Interessenbindungen, die berufsrelevant werden können, gegenüber ihrer Redaktion offen legen. Medienschaffende, die wegen wirtschaftlicher Interessen bei einem Thema befangen sind, sollen in den Ausstand treten. Journalistinnen und Journalisten dürfen durch öffentliche Auftritte das Image ihres Mediums fördern. Es ist ihnen aber untersagt, sich für die Promotion von Produkten und Dienstleistungen Dritter einspannen zu lassen.

8.2 Unabhängigkeit gegenüber Inserenten und Sponsoren
Die Trennung zwischen redaktionellem Teil und Werbeteil in den Medien muss unter allen Umständen hochgehalten werden. Ohne die Trennung ist das Recht auf Information nicht mehr gewährleistet. Die Redaktionen sollten dem Publikum immer offen legen, welche Informationen nicht journalistisch überprüft oder welche gesponsert sind. Inserategetragene Verlagsbeilagen, einschliesslich bezahlter politischer Propaganda, sind sowohl optisch als auch begrifflich vom redaktionellen Teil abzugrenzen. Das Sponsoring von Information durch Unternehmen, welche in einem direkten Zusammenhang zum Thema stehen, stellt eine besondere Gefährdung der journalistischen Unabhängigkeit dar. Journalistinnen und Journalisten, die in Zusammenhang mit direkter oder indirekter Werbung auftreten, haben darauf zu achten, dass dadurch ihre Unabhängigkeit und damit mittelbar die der Medien nicht beeinträchtigt wird. Greift ein Unternehmen zu einem Werbeboykott, ist sofort Öffentlichkeit herzustellen. Die Medienschaffenden sind verpflichtet, unzumutbare Forderungen, die mit einem Boykott durchgesetzt werden sollen, abzulehnen und auf seriös recherchierten, gut begründeten Positionen zu beharren.

Der harte Kern der Grundwerte wird mit strafrechtlichen Sanktionen, die Weichteile sind nur mit zivilrechtlichen Normen geschützt.
Im Vorhof sind die ethischen Normen anzusiedeln, welche nur noch mit einer ‹gelben Karte› geahndet werden.

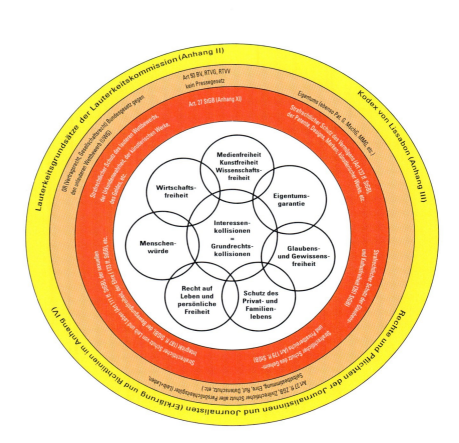

Branchenregeln gehen über die gesetzliche Regelung und Gerichtspraxis hinaus. So hat der Presserat unabhängig von der rechtlichen Zulässigkeit festgestellt, die Publikation einer Anleitung zur Herstellung der Droge ‹Crack› sei medienethisch nicht vertretbar gewesen.[20]

Schranken der Kommunikationsfreiheit, der Wirtschaftsfreiheit und der Medienfreiheit

› **Schutz der elementaren Persönlichkeitsgüter (Persönlichkeitsschutz):** Leib und Leben, Psyche, Ruf, Ehre, Privatsphäre, Wort, Bild, Stimme, Prominenz, Recht auf Vergessen, informationelle Selbstbestimmung usw., Namensschutz. Zur Vertiefung: www.presserat.ch.

› **Schutz des geistigen Eigentums (Immaterialgüterrecht):** Erfindungsschutz durch Patente (PatG), Markenschutz (MschG), Designschutz (DesG), Schutz der künstlerischen Werke (URG). Zur Vertiefung: www.ige.ch.

› **Schutz des fairen Wettbewerbs:** Gewährleistung von Fairness im wirtschaftlichen Verhalten = Spielregeln für die kommerzielle Kommunikation durch UWG (Bundesgesetz gegen den unlauteren Wettbewerb) und Lauterkeitsgrundsätze der Lauterkeitskommission. Zur Vertiefung: www.lauterkeit.ch.

› **Schutz der öffentlichen Interessen und Güter:** Menschenwürde (z. B. Rassismusgesetzgebung), Gesundheitsvorsorge, Jugendschutz, Tierschutz usw., Leistungsauftrag von R/TV. Zur Vertiefung: www.admin.ch, www.ubi.ch und www.bakom.ch.

---

[20] *Das Bundesgericht verneinte eine Verletzung des Betäubungsmittelgesetzes im Entscheid 118 (1992) IV 405, weitere Beispiele in Zeller S. 78.*

1.3 Rechtsbehelfe bei Rechtsverletzungen

Bei Rechtsverletzungen kann der Verletzte aussergerichtlich bei den zuständigen Brancheninstanzen Beschwerde erheben und/oder gerichtliche Schritte einleiten, seien es zivilrechtliche, seien es strafrechtliche.

Presserat und Lauterkeitskommission
Aussergerichtliche Beschwerdeinstanz für redaktionelle Fehlleistungen ist der Presserat, welcher nicht nur die Arbeit der Printmedien, sondern auch der elektronischen Medien begutachtet – in der Regel auf Beschwerde hin. Wie die Lauterkeitskommission kann auch der Presserat nur Stellungnahmen ohne Rechtsverbindlichkeit erlassen. Beide Organe haben keine eigentliche Sanktionsmöglichkeit; die Lauterkeitskommission behält sich immerhin Anzeigen vor. Dass ein schneller und kostenloser Befund vorliegt, ist der Vorzug beider Institutionen. Dass der Befund ohne eigentliches Beweisverfahren (und in der Regel nach nur einem Schriftenwechsel) erfolgt, relativiert die Aussagekraft der Stellungnahme der Lauterkeitskommission und des Presserates. Es liegt an den Gerichten, die Befunde solcher Verbandsinstitutionen nicht einfach ungeprüft zu übernehmen, sondern unvoreingenommen einem Beweisverfahren zu unterstellen. Andernfalls besteht die Gefahr, dass Stellungnahmen der Lauterkeitskommission oder des Presserates vor allem deshalb eingeholt werden, um nachträglich pekuniäre Begehren leichter durchzusetzen.

Presserats-Spruchpraxis tangiert auch kommerzielle Kommunikation
Die Spruchpraxis des Presserates ist häufig auch für die Unternehmenskommunikation von Belang. Dies trifft auf folgende Stellungnahmen zu (die Ziffern beziehen sich auf Vademekum II des Presserates aus dem Jahre 2002):

> - Selbst wenn ein Unternehmen gegenüber einem Medium vor einiger Zeit einen Informationsboykott verhängt hat, muss das Medium dem Unternehmen Gelegenheit geben, zu schwerwiegenden Vorwürfen Stellung zu nehmen (1.1.7 und 6.3).
> - Die kurzfristige Abwesenheit eines Pressesprechers kann nicht zum Vorwand genommen werden, unvollständige Informationen weiterzuverbreiten, sofern ein kurzer Aufschub der Publikation zumutbar ist (1.2).
> - Unbestätigte Meldungen sind als solche zu kennzeichnen. Zudem ist eine Stellungnahme der direkt Betroffenen einzuholen (1.2, 1.2.4).
> - Die Veröffentlichung von Gerüchten verstösst gegen die Pflicht zur Vollständigkeit der Information, wenn die Betroffenen vor der Veröffentlichung nicht angehört werden (1.2.3 und 6.3).
> - Bei Produktetests müssen die Kriterien klar und detailliert deklariert werden (1.2.7).
> - Kritische und Partei ergreifende Beiträge sind mit den medienethischen Richtlinien vereinbar. Das Publikum ist jedoch auf die Herkunft von einseitigen Informationen hinzuweisen (1.3.3).
> - Auch ein Kommentar muss sich durch Fairness auszeichnen. Die zugrunde liegenden Fakten müssen aufgezeigt werden (2.1.3, 2.1.4 und 2.1.12).
> - Im Unterschied zum Kommentar darf die Satire nicht nur zuspitzen, sondern auch übertreiben (2.2).
> - Redaktionen sind nicht verpflichtet, Medienmitteilungen zu veröffentlichen. Wenn sich eine Redaktion zur Publikation entscheidet, sind deren wesentliche Züge wiederzugeben (2.3).

> Die Gewährung von Vergünstigungen, die Einladung zu Pressekonferenzen, die Abgabe von Presseunterlagen sowie die Erteilung von Auskünften dürfen nicht von einer positiven Berichterstattung abhängig gemacht werden (2.4.1).
> Anonyme Berichterstattung ist nur ausnahmsweise zulässig (Vademekum II Ziffer 3.1.5 und 6.4). Der Konjunktiv befreit nicht davor, Quellen auf ihre Richtigkeit zu überprüfen (3.2.2 und 6.3.2).
> Der Journalist muss Nachrichten von etablierten Nachrichtenagenturen nicht überprüfen (3.2.3).
> Es widerspricht den Regeln der Fairness, der Transparenz und der vollständigen Information, wenn Massenmedien Informationen aus anderen Medien übernehmen, aber die Quelle gar nicht oder nur diffus bezeichnen (3.3).
> Die Bezahlung von Informanten, welche nicht zum Berufsstand der Journalisten gehören, ist grundsätzlich nicht zulässig (4.3).
> Sperrfristen sind zu respektieren, wenn sie gewichtig begründet werden können (4.4).
> Gestaltete Interviews und die Auswertungen von längeren Recherchegesprächen müssen den Gesprächspartnern unaufgefordert zur Autorisierung vorgelegt werden. Diese haben allerdings kein umfassendes Revisionsrecht (4.5.1 und 4.6).
> Journalisten müssen dem Gesprächspartner darlegen, worum es bei der Recherche geht, nicht jedoch festlegen, in welcher journalistischen Form das Befragungsergebnis veröffentlicht wird (4.6.1).

Beschwerdemöglichkeiten bei Konzessionsverletzungen

Gegen konzessionsverletzende Berichterstattungen in Radio und Fernsehen kann Beschwerde erhoben werden bei der Unabhängigen Beschwerdeinstanz für Radio und Fernsehen.[21]

Klagemöglichkeiten bei Persönlichkeitsverletzungen

Die Verbots-, Beseitigungs- und Feststellungsklagen sowie allfällige Schadenersatz- und/oder Genugtuungsansprüche müssen hingegen bei den ordentlichen Gerichten angehoben werden. In den meisten Kantonen müssen auch die Strafklagen wegen Ehrverletzung oder unlauteren Wettbewerbs im Verfahren der Privatstrafklage durchgeführt werden.

Gegendarstellung als Sofortmassnahme

Das Gegendarstellungsrecht gemäss Art. 28 g ZGB gilt sowohl gegenüber Printmedien als auch gegenüber Radio und Fernsehen. Voraussetzung ist hier nicht eine Persönlichkeitsverletzung, es genügt eine unmittelbare Betroffenheit. In der Gegendarstellung kann allerdings einer Tatsachenbehauptung lediglich wertneutral eine Gegenbehauptung gegenübergestellt werden. Nicht gegendarstellungsfähig sind blosse Meinungsäusserungen, die indes nach bundesgerichtlicher Praxis von den Andeutungen zu unterscheiden sind.[22] Eine Andeutung kann auch darin bestehen, dass im Gesamtkontext ein falscher Eindruck entsteht. Wie ein Satz zu verstehen ist, hängt vom Gesamtkontext ab.
Vor allem bei gemischten Werturteilen («der frechste Lohndrücker der Schweiz» oder «wird bald wieder gestreikt?») ist die Gegendarstellung ein

---

[21] Adresse über www.ubi.admin.ch. Vorgängig ist ein Vermittlungsverfahren vor der Ombudsstelle des jeweiligen Mediums einzuleiten. Adressen über www.bakom.ch.

[22] BGE vom 18. Juni 2003 in sic! 3/2004, S. 209 und medialex 1/04, S. 47 zum Bild als Mittel der Gegendarstellung.

wenig taugliches Instrument. Überzeugen Sie sich selbst: Verfassen Sie eine Stellungnahme und/oder Gegendarstellung zu einem der Beispiele auf den Folgeseiten. Stellen Sie der Gegendarstellung eine kommentierende Stellungnahme der Betroffenen oder eine Berichtigung der Redaktion gegenüber.

Alternativen zur Gegendarstellung
Insgesamt muss das Gegendarstellungsrecht als ein wenig taugliches Instrumentarium qualifiziert werden. Nicht immer ist die Gegendarstellung das richtige Mittel, bedingt sie doch, dass die inkriminierenden Behauptungen noch einmal aufgenommen werden. In der Praxis ist nach Möglichkeit eine einvernehmlich ausgehandelte Stellungnahme, eine Folgerecherche mit Darstellung der Gegenposition oder, wenn nötig und möglich, eine Berichtigung vorzuziehen. Auf eine ‹Stellungnahme› mit Kommentierungsmöglichkeit besteht indes – leider – kein gesetzlicher Anspruch. Hingegen haben heftig Kritisierte Anspruch darauf, vor der Veröffentlichung schwerer Vorwürfe fair angehört zu werden und im Bericht zu Wort zu kommen. Dieses Recht ist leider immer noch nicht in der ‹Erklärung› selbst festgeschrieben, sondern nur (aber immerhin) in den Richtlinien des Presserats (www.presserat.ch). Auch eine Verletzung der Richtlinien berechtigt indes zu einer Beschwerde an den Presserat.

Recht auf Gegendarstellung: Nur bei Tatsachendarstellungen und Andeutungen (nicht bei Werturteilen) in periodischen Medien, unmittelbare Betroffenheit (Betroffenheit ist weniger als Verletzung).

Voraussetzungen für eine Gegendarstellung
Die Gegendarstellung muss in knapper Form gehalten werden (Art. 28 h ZGB), und sie muss innert 20 Tagen seit Kenntnisnahme, spätestens jedoch drei Monate nach der Verbreitung verlangt werden. Sie muss so veröffentlicht werden, dass sie das gleiche Publikum erreicht. Das heisst: sie darf nicht auf den hinteren Seiten oder unter den Leserbriefen versteckt werden. Je auffälliger die typografische Aufmachung war, desto mehr rechtfertigt es sich, der Gegendarstellung die selben typografischen Modalitäten zuzubilligen.[23]
Nach der Gegendarstellung kann zusätzlich gerichtlich eine *Berichtigung* durchgesetzt werden. Die Berichtigung geht – freiwillig oder nach gerichtlicher Anordnung – von der Redaktion aus.
Die Medienverantwortlichen haften zivilrechtlich für persönlichkeitsverletzende Kommunikation, auch solche im Inserateteil (solidarische Haftung des Verbreiters). Schadenersatz- und Genugtuungsklagen setzen aber ein Verschulden voraus.
Bei Inseraten, die als besonderer Meinungsträger gekennzeichnet sind und regelmässig in einer Vielzahl von Zeitungen erscheinen (‹Zeitung in der Zeitung›), sind nicht nur die Verleger der einzelnen Zeitungen gegendarstellungspflichtig, sondern diese Pflicht trifft auch den entsprechenden Grossinserenten. Der Betroffene kann das Veröffentlichungsbegehren nach seiner Wahl an den Grossinserenten und/oder die einzelnen Zeitungsverleger richten.[24]

---

[23] BGE vom 18. Juni 2003 in sic! 3/2004, S. 209.
[24] BGE 113 (1987) II 213, betr. Fall ‹Trumpf Buur›.

Fallbeispiele:

Asylanten-Inserat
Der Verfasser dieses Inserats wurde von einem Berner Gericht bestraft. Wegen übler Nachrede, Verleumdung oder Beschimpfung? (Siehe im Anhang ‹Wichtige Gesetzestexte›).

+ un Plansteres Wettbewerb

Aufgabe:

Warum liegt hier keine Persönlichkeitsverletzung gegenüber Privatpersonen vor, sondern lediglich eine Persönlichkeits- und Ehrverletzung gegenüber juristischen Personen? Liegt auch ein Verstoss gegen UWG-Bestimmungen (Art. 3) vor? Und allenfalls auch ein Vergehen im Sinne der Rassismusbestimmung des Strafgesetzbuches (Art. 261bis StGB)? Hätten Caritas und HEKS in diesem Fall neben dem gerichtlichen Weg (Strafverfahren) auch Beschwerde beim Presserat und/oder bei der Lauterkeitskommission erheben können? Wenn ja, welche Grundsätze der ‹Erkärung› oder welche Lauterkeitsgrundsätze wären verletzt worden? (Siehe Anhänge 2 und 4).

Hätten sie auch die beiden Verlage, welche das Inserat publiziert hatten (fünf lehnten ab) einklagen können?

Sind Sie ein um die Existenz ringender

Bergbauer?

Wissen Sie trotz 70-Stunden-Woche oft nicht, wie Sie zum Beispiel Ihre Krankenkassenprämie bezahlen sollen? Kennen Sie Ferien und Luxus nur vom Hörensagen? Gönnen Sie sich doch ein neues, einträgliches und angenehmes Leben! Werden Sie einfach

Asylant!

Denn als Asylant gehören Sie einer äusserst privilegierten Randgruppe an. Für Sie ist – leere Bundeskasse hin oder her – Geld im Überfluss vorhanden.

Prüfen Sie darum unser einmaliges Pauschalangebot:
- Busreise nach Italien, Aufenthalt mit Vollpension in unserem Ausbildungszentrum für illegale Einwanderer.
- Kreative Beratung bei der Wahl einer neuen Identität und eines fiktiven Herkunftslandes durch Frau Dr. iur. **Gierig-Barasit** vom Hilfswerk **HEX**.
- Falsche Papiere, Dokumente und Bescheinigungen.
- Vortrag von Herrn Dir. **Hamster** vom Hilfswerk **KARITTA**: «Wie überliste ich die Asylbehörden?».
- Mehrstündiger Aufenthalt in einem Bräunungsstudio zwecks Erzielung einer multikulturellen Hautfarbe.
- Fakultativ: Praxisnahe Einführung in den fachgemässen Umgang mit Waffen. Kursleiter: Herr **Hintergitter**, Stellvertreter: Herr **Imchefi**. Beide Herren sind Strafgefangene, zurzeit auf einem mehrmonatigen Resozialisierungsurlaub.
- Referat von Herrn Ali **Abkassier**, Asylbewerber: «Die aktuellen Gewinnmargen im Drogenhandel».
- Abschieds-Diner, Tanz und Folklore mit dem Jodlerquartett **Tschau Heimetli**, dem Alphorntrio **Jetz gahts obsi** und der Ländlerkapelle **Nie meh chrampfe**.
- Seelsorgerische Betreuung rund um die Uhr durch Herrn und Frau Pfarrer **Pfründ-Zasterli**.
- Illegaler Grenzübertritt in die Schweiz mit erfahrenen Schleppern. Willkommensapéro in der Empfangsstelle für Asylbewerber.
- Bei drohender Ausschaffung erhalten Sie Unterstützung durch medienbewusste, staatlich besoldete Politologen, Soziologen und Demagogen.

Preis pro Person: Fr. 2180.– inkl. 6.5% MWSt.

Reservationen, Auskünfte und Renditenberechnungen:
Büro für Asyltourismus
Schloserainstr. 14, 8707 Uetikon, Tel. 01 920 30 60

301993 / 06311

© EURO RSCG

Der Schweizer Strom-Mix macht unabhängig.

www.60-40.ch

Strom brauchen wir in allen Lebenslagen. Der bewährte Schweizer Strom-Mix besteht aus 60% Wasserkraft und 40% Kernenergie. Das macht unsere Stromversorgung zuverlässig und vom Ausland unabhängig.

**FORUM STROMVERSORGUNG SCHWEIZ
POSTFACH 1072, 8032 ZÜRICH**

WASSERKRAFT ⊕ KERNENERGIE
DIE SICHERE STROMVERSORGUNG.

Strominserat
Umweltschutzorganisationen behaupteten, dieses Inserat entspreche nicht der Wahrheit, weil Kernenergie vom Ausland abhängig mache.

Aufgabe:

Warum können sie gegen diese Behauptung keine Beschwerde bei der Lauterkeitskommission erheben?
(Antwort siehe Seite 18)

Aufgabe:
Welche Schutzzonen tangieren die vier Beispiele?
Persönlichkeitsrechte?
Geistiges Eigentum?
Unlauterer Wettbewerb?
Geschützte öffentliche Güter?
Stellen sich rechtliche oder nur ethische Fragen?

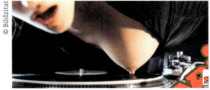

String-Werbung ...
Für riesigen Aufruhr gesorgt hat letztes Jahr das Sloggi-Plakat, das vier Frauen in Rückenansicht zeigt – nur gerade mit High-Heels und einem G-String bekleidet! Neben feministischen Gruppen in Frankreich beschwerte sich auch die Frauenorganisation ‹Terre des Femmes› über die – nach ihrer Ansicht – frauenfeindliche Wäschewerbung. In Zürich wurde die String-Werbung von Triumph abgesetzt. Obwohl die Lauterkeitskommission entsprechende Beschwerden und Rekurse abgewiesen hatte (Tätigkeitsbericht 2003 über www.lauterkeit.ch). Sie hielt fest : «Es ist unbestritten, dass provokative Werbung Geschmacksache ist. Die Plakatkampagne ist aber nicht unlauter, da ein Zusammenhang zwischen den beworbenen Produkten und dem Frauenkörper als Werbeträger besteht».

... nrj
Ein solcher Zusammenhang scheint – zumindest vordergründig – bei der Werbung von Radio nrj (Bild oben) zu fehlen. Indes: «Kunst oder Pornografie?» fragte die Zeitung ‹20-Minuten› ihre Leser. Die Frage nach sexistischer Werbung wurde nicht gestellt. Das Sujet für Energy Zürich von der Werbeagentur Euro RSCG Zürich wurde mehrheitlich als Kunst bezeichnet: 73 Prozent der abstimmenden 20-Minuten-Leserinnen und -Leser betrachten das Plakat als Kunst.

2 Sondervorschriften für Branchen, Inhalte, Medien

Wo Werbung verboten ist, kann Sponsoring erlaubt sein.

In einigen Branchen ist die Werbung in hohem Mass reglementiert und eingeschränkt: Wenn es um Alkohol, Tabak, Heilmittel, Lebensmittel, Banknoten, Wappen usw. geht, heisst es «aufgepasst!»

Kommerzielle Kommunikation ist einerseits durch die allgemeinen Normen des zivilen und öffentlichen Rechts, anderseits aber auch durch Sondervorschriften, welche sich explizit auf Werbung beziehen, beschränkt. Dabei gibt es Spezialbestimmungen für bestimmte Branchen, für einzelne Werbemittel und schliesslich für bestimmte Argumente (Inhalte). Die untenstehende Übersicht zeigt die Schwerpunkte auf.

Wo die Kantone eigene Zuständigkeiten wahrnehmen können, haben sie die verfassungsmässigen Grundrechte zu beachten. So durfte die Gemeinde Arosa den Plakataushang auf privatem Grund nicht generell verbieten. Ein rechtliches Plakatmonopol, welches auch Privatgrund einschliesse, stelle einen unverhältnismässigen Eingriff in die Wirtschaftsfreiheit dar; eine Bewilligungspflicht, verbunden mit entsprechenden Sachnormen, genüge zur Durchsetzung der massgeblichen öffentlichen Interessen, sagte das Bundesgericht.[1] Die Gemeinde kann, im Rahmen der ihr nach kantonalem Recht zustehenden Kompetenzen, das Anbringen von Reklamen und Plakaten nach Art und Grösse normieren bzw. für bestimmte Zonen oder Gebäude überhaupt untersagen.

2.1 Übersicht über das Werberecht

Allgemeine Normen zum Werberecht
- Werbefreiheit als Teil der Wirtschaftsfreiheit (27 BV)
- Schutz des geistigen Eigentums (26 BV) = Nachahmungsschutz (3 lit. d, 5 lit. c UWG, GS 3.7)
- Schutz von Treu und Glauben im Wettbewerb (1, 2, 3 lit. a, b, i UWG)
- Verbot der Herabsetzung (3 lit. a UWG)
- Unlautere Werbe- und Verkaufsmethoden und anderes rechtswidriges Verhalten (3 lit. b UWG)
- Schaffung einer Verwechslungsgefahr (3 lit. d UWG)
- Fairness bei Vergleichen (3 lit. e UWG, GS 3.5, 16 f. PBV)
- Anlehnende Werbung (3 lit. e UWG, GS 3.5, 16 f. PBV)
- Lockvogelwerbung und Zugaben (3 lit. f, g UWG)
- Konsumentenschutz, d. h. Preisbekanntgabepflicht, Deklarationspflichten (16 ff. UWG, 1 ff., 7 ff., 13 ff. 18 LMG, 23 DV, 5 f. PBV, 47 HregV, GS 3.1)
- Schutz der einzelnen Persönlichkeit = Persönlichkeitsschutz (10 BV, 28 f. ZGB, GS 3.2)
- Schutz der Privatsphäre (13 BV)
- Jugendschutz und Schutz von Minderjährigen (14 f. TabV, 41 f. AlkG)
- Tierschutz (8 TSchG, 46 ff. TSchV)

Normen für einzelne Branchen (beworbene Objekte)
- Alkoholische Getränke (19, 24 LMV, 41, 42 b AlkG, 95, 97 AlkV, GS 5.9)
- Heilmittel (31 ff. 50 HMG, 1 ff. AWV, 7, 21, 23 MepV, 65 KVV, Pharmawerbekodex)
- Kosmetika (3 GebrV, 23 GebrV, GS 2.4, 5.7)
- Tabakwaren (14 f. TabV, GS 5.9, CISC-Vereinbarung)
- Lebensmittel (18 f., 29 LMG, 19 ff., 25 f., 33 f., 167, 169, 176, 181 Abs. 6 und 7, 182 Abs. 6, LMV)

---

[1] *BGE 128 (2002) I 3 ff.; in BGE 125 (1999) I 209 hat das Bundesgericht das Monopol für den öffentlichen Grund bejaht.*

zur Abbildung auf Seite 27:

> Werbung für Milch tangiert Gefahrenzonen – bei Lebensmitteln sind Aussagen betreffend Heilwirkung verboten. Auch die Werbung für Arzneimittel, für Tabak und Alkohol ist stark eingeschränkt. Schranken bestehen auch bezüglich Einsatz bestimmter Werbeinhalte (Banknoten, Gewinnspiele usw.).

- Gifte (42 ff., 52 ff.GV)
- Gebrauchsgegenstände (3 lit. i UWG, 1 ff. GebrV, GS 2.4)
- Lehrinstitute (GS 5.4)
- Versicherungen (GS 5.11)
- Anlagefonds (2, 5, 7 Abs. 4, 22, 35, 45, 50 AFG, 45 AFV, GS 5.2)
- Uhren (1 ff. Swiss-made-V), Schmuck, Edelmetalle (6 ff., 23, 28 EMKG, 159 EMKV, GS 5.8)
- Anwälte und Notare (Art. 12 BGFA, Kantonale Anwaltsgesetze, Kantonale Standesordnungen)
- Finanzinstitute (1, 4^{quater}, 15 BankG, 3 BankV, 2 ABV, 10, BEHG, 39 BEHV, GS 5.2)[2]
- Konsumkredite (3 lit. k, l, m UWG, Zinskonkordat, KKG[3])
- Periodika (GS 5.5) und Nachschlagewerke (GS 5.6)
- Partner- und Heiratsvermittlung (GS 5.12)
- Konzessionspflichtige Erzeugnisse (3, 5, FAV, GS 5.10)

Normen für einzelne Medien (Werbemittel)
- Plakatwerbung[4]
- Werbung im und am Strassenverkehr (6 SVG, 95 ff. SSV)[5]
- Transportmittelwerbung (69 f. VTS, VTS Anh. 8 Ziff. 23, 14 LFG, 82 f. LFV)

---

[2] Art. 11 Ehrenkodex VSV (Werbung), Art. 2 Code of Conduct.
[3] Bundesgesetz über den Konsumkredit (KKG).
[4] Plakatwerbung ausserhalb des Strassenverkehrs: kant. und komm. Baurechtsvorschriften, Natur- und Heimatschutz, kommunales Plakatmonopol, vgl. BGE 125 (1999) I 209.
[5] Zusätzlich kantonale und kommunale Bauvorschriften.

- Werbefahrten (2 ff., 3 lit. h UWG, 40 b lit. c OR, GS 5.1)
- Radiowerbung (18 f. RTVG, 11–16 RTVV)
- Fernsehwerbung (18 f. RTVG, 11–16 RTVV)
- Werbung in Printmedien (2 ff. UWG, GS 3.12)
- Werbung über Internet[6]
- Direktmarketing (6a OR, 55 FDV, 3 lit. g, h UWG, GS 1.5, 3.8, 4.1, 4.2, 14 HRV)
- Haustürverkäufe (40 a ff. OR)

Normen für Werbung mit bestimmten Inhalten (Argumenten)[7]

- Werbung mit Gewinnspielen (1 LG, 43 LV, 3 ff., 33 SBG, GS 3.9)
- Abbildung von Banknoten (243 StGB)
- Wappen und andere öffentliche Zeichen (2 ff., 11 f. WschG)
- Zeichen des Roten Kreuzes (8, 12 RKG)
- Zeichen von internationalen Organisationen (1 ff. UNO-G)
- Herkunftsangaben (vergl. 47 ff. MschG, 22 a LMV, GUB/GGA-Verordnung, GS 2.1)
- Qualitätsangaben (3 lit. i UWG, 2 MSchG, GS 2.3)
- Gutachten und Tests (GS 3.3, 3.4, 3.2 Ziff. 2, 15 EMPA-V, EMPA-Merkblatt, 231.3 ff. PFK)
- Berühmte Marken und Namen
- Akademische und berufliche Titel (3 lit. c UWG, GS 2.2)
- Umweltargumente (39 StoV, 4 VGV, 1 BioV, 1, 3 f., 6 ff. IHK-Verhaltensregeln)
- Pornografische Abbildungen (197 StGB)
- Sexistische Darstellungen (GS 3.11)
- Verletzung religiöser Gefühle (15 BV, 261 StGB)
- Verletzung der Menschenwürde (7 BV)
- Rassistische und andere diskriminierende Aussagen (261bis StGB, GS 3.11)
- Mehrdeutige Begriffe (3 lit. i UWG, GS 2.3, BioV, Ziffer 6.3.3 RMP usw., Schwenninger Rz 421 ff.)
- Werbung mit Rückgabemöglichkeit (223, 225 OR, GS 3.10 analoge Anwendung von Art. 40e OR)

2.2 Gefahrenzonen

Gefahrenzone Lebensmittel

Der Genossenschaftsverband Schweizer Milchproduzenten (SMP) bewarb 1999 die Milch mit dem Slogan: «Milch gibt starke Knochen». Der beigefügte Text «Mit Milch wird man gross und stark. Und bleibt es auch. Denn das Kalzium in der Milch hilft mit, der Knochenbrüchigkeit im Alter vorzubeugen, der sogenannten Osteoporose. Von dieser Krankheit ist heute (...)» war Anstoss für ein Verfahren bis vor Bundesgericht.
Das Bundesamt für Gesundheit intervenierte gegen diesen Zusatz in der Werbung und forderte das Kantonale Laboratorium Bern (KLB) auf, Massnahmen zu ergreifen. Das Labor untersagte den Milchproduzenten, die

---

[6] *Siehe Direktmarketing, Kap. 11.*

[7] *Die Normen für Werbung mit bestimmten Inhalten sind in allen Branchen und in allen Medien zu beachten.*

Ausdrücke ‹Osteoporose› und ‹Krankheit› zu verwenden, weil dadurch der Eindruck einer heilenden Wirkung suggeriert würde. Das KLB stützte dieses Verbot sowohl auf Art. 19 Abs. 1 lit. c der Lebensmittelverordnung (LMV) als auch auf das Täuschungsverbot von Art. 18 des Lebensmittelgesetzes (LMG), weil für die Heilanpreisung der heilmittelrechtlich notwendige Beweis nicht erbracht sei. Das Verwaltungsgericht erklärte als Rechtsmittelinstanz die beanstandete Werbung für zulässig. Begründung: Die Anpreisung von Nahrungsmitteln als Heilmittel könne weder der Heilmittel- noch der Lebensmittelgesetzgebung zugeordnet werden. Eine rechtliche Grundlage für ein Verbot falle ausser Betracht. Das Bundesgericht wiederum hob in seinem Entscheid BGE 127 II 93 den Entscheid der Vorinstanz auf und bestätigte das Verbot des KLB.

Was ist Nahrungsmittel, was Heilmittel?
Nahrungsmittel sind zur Ernährung bestimmt. Sie dienen dem Aufbau und Unterhalt des menschlichen Körpers. Demgegenüber sind Heilmittel Produkte chemischen oder biologischen Ursprungs, die zur medizinischen Einwirkung auf den menschlichen oder tierischen Organismus bestimmt sind oder angepriesen werden, insbesondere zur Erkennung, Verhütung oder Behandlung von Krankheiten, Verletzungen und Behinderungen (Art. 4 Abs. 1 lit. a Heilmittelgesetz). Aus dem Umstand, dass einem Nahrungsmittel eine heilende oder krankheitsvorbeugende Wirkung zugesprochen wird, lässt sich laut Bundesgericht nicht ableiten, dieses würde nicht der Lebensmittelgesetzgebung unterstellt sein. Die Milch ist kein Heil-, sondern eindeutig ein Lebensmittel.

Täuschung: verboten!
Anpreisungen, Aufmachung und Verpackung von Lebensmitteln dürfen den Verbraucher nicht täuschen. Täuschend sind Angaben und Aufmachungen, die geeignet sind, beim Verbraucher falsche Vorstellungen über Herstellung, Zusammensetzung, Beschaffenheit, Produktionsart, Haltbarkeit, Herkunft, besondere Wirkungen und Wert des Lebensmittels zu wecken (Art. 18 LMG). Dieses Verbot gilt für sämtliche Werbeaussagen im Zusammenhang mit Lebensmitteln. Über das Täuschungsverbot von Art. 18 LMG hinaus ist die Konkretisierung desselben in Art. 19 LMV zu beachten. Danach ist die Bewerbung eines Lebensmittels durch besondere Betonung einer Eigenschaft, die alle vergleichbaren Produkte aufweisen, nicht zulässig (Art. 19 Abs. 1 lit. b LMV). Unzulässig ist deshalb nach Auffassung einzelner kantonaler Behörden die Aussage, eine Butter enthalte «keine Zusatzstoffe», weil damit eine Selbstverständlichkeit als besonderes Qualitätsmerkmal beworben werde.

Das Täuschungsverbot muss auch in der Public Relation beachtet werden. Heilanpreisungen sind verboten.

Heilversprechungen: verboten!
Weiter verboten sind Hinweise, die einem Lebensmittel Eigenschaften der Vorbeugung, Behandlung oder Heilung menschlicher Krankheiten zusprechen (Art. 19 Abs. 1 lit. c LMV). Das Bundesgericht ging im Ergebnis davon aus, dass die Werbung des SMP mit der Kuh Lovely gegen dieses Verbot verstossen hatte. Bereits in einem früheren Urteil vom 6. Februar 1996 untersagte das Bundesgericht eine Bewerbung von Lutschtabletten aus Kirschen- und Orangenfruchtbestandteilen mit beigefügtem organischem Zink im Zusammenhang mit Erkältungskrankheiten.

Ebenfalls verboten: Schlankheitsversprechungen!

Ebenso, wie irreführende und heilende Aussagen im Zusammenhang mit Lebensmitteln nicht erlaubt sind, ist auch die Bewerbung als Schlankheitsmittel verboten (Art. 19 Abs. 1 lit. c LMV). Dies gilt für jegliche Lebensmittel, also auch für kalorienreduzierte. Wollte ein Werber bspw. eine fettarme Schokolade mit dem Slogan «schlank und glücklich» bewerben, wäre ihm die Intervention des zuständigen kantonalen Labors so gut wie sicher. Einzig Hinweise auf die positive Wirkung von Zusätzen essenzieller oder ernährungsphysiologisch nützlicher Stoffe in Lebensmitteln aus Gründen der Volksgesundheit sowie Hinweise auf die besondere Zweckbestimmung oder die ernährungsphysiologische Wirkung von Speziallebensmitteln sind erlaubt (Art. 19 Abs. 1 lit. c Ziff. 1 und 1 LMV). Diese Hinweise dürfen sich aber eben nur auf die Wirkung der Zusatzstoffe und nicht auf das Lebensmittel als solches beziehen. Im Bereich der Speziallebensmittel sind im Übrigen die einschlägigen gesetzlichen Bestimmungen in den Art. 165 ff. LMV zu beachten.

Täuschungsverbot in Lebensmittelwerbung

Art. 18 LMG:
Die angepriesene Beschaffenheit sowie alle andern Angaben über das Lebensmittel müssen den Tatsachen entsprechen.
Anpreisung, Aufmachung und Verpackung der Lebensmittel dürfen den Konsumenten nicht täuschen.
Täuschend sind namentlich Angaben und Aufmachungen, die geeignet sind, beim Konsumenten falsche Vorstellungen über Herstellung, Zusammensetzung, Beschaffenheit, Produktionsart, Haltbarkeit, Herkunft, besondere Wirkungen und Wert des Lebensmittels zu wecken.

Art. 19 LMV:
Für Lebensmittel verwendete Bezeichnungen, Angaben, Abbildungen, Packungen und Packungsaufschriften sowie Arten der Aufmachung müssen den Tatsachen entsprechen und dürfen nicht zur Täuschung über Natur, Herkunft, Herstellung, Zusammensetzung, Produktionsart, Inhalt, Haltbarkeit usw. der betreffenden Lebensmittel Anlass geben. Insbesondere sind verboten:
Angaben über Wirkungen oder Eigenschaften eines Lebensmittels, die dieses nach dem aktuellen Stand der Wissenschaft gar nicht besitzt oder die wissenschaftlich nicht hinreichend gesichert sind;
Angaben, mit denen zu verstehen gegeben wird, dass ein Lebensmittel besondere Eigenschaften besitzt, obwohl alle vergleichbaren Lebensmittel dieselben Eigenschaften besitzen;
Hinweise irgendwelcher Art, die einem Lebensmittel Eigenschaften der Vorbeugung, Behandlung oder Heilung einer menschlichen Krankheit oder als Schlankheitsmittel zuschreiben oder die den Eindruck entstehen lassen, dass solche Eigenschaften vorhanden sind; erlaubt sind Hinweise auf die Wirkung von Zusätzen essenzieller oder ernährungsphysiologisch nützlicher Stoffe zu Lebensmitteln aus Gründen der Volksgesundheit (Art. 6);
Aufmachungen irgendwelcher Art, die einem Lebensmittel den Anschein eines Heilmittels geben;
Angaben, welche darauf schliessen lassen, dass ein Lebensmittel einen Wert hat, welcher über seiner tatsächlichen Beschaffenheit liegt;
bei alkoholischen Getränken: Angaben, die sich in irgendeiner Weise auf die Gesundheit beziehen, wie ‹stärkend›, ‹kräftigend›, ‹Energie spendend›, ‹für Ihre Gesundheit› oder ‹tonisch›;
Angaben oder Aufmachungen irgendwelcher Art, die zu Verwechslungen mit Bezeichnungen führen können, die nach der GUB/GGA-Verordnung vom 28. Mai 1997 oder analogen kantonalen oder ausländischen Gesetzgebungen geschützt sind;
bei bewilligungspflichtigen Produkten: werberische Hinweise auf die durch das Bundesamt erteilte Bewilligung.

Absatz 1 gilt auch für die Werbung.

Öffentliches Interesse versus Meinungsäusserungsfreiheit

Die Meinungsfreiheit (Art. 16 BV) und die Wirtschaftsfreiheit (Art. 27 BV) sind verfassungsmässig gewährleistete Grundrechte. Diese stehen offensichtlich in einem Spannungsverhältnis zu Werbeverboten. Indessen kann nicht grundsätzlich davon ausgegangen werden, dass die Grundrechte schwerer zu gewichten seien. Es bedarf bei jedem Eingriff in die Grundrechte unter anderem der Abwägung der beteiligten Interessen. Auf der einen Seite steht das Interesse des Wirtschafts- und Werbetreibenden, auf der anderen Seite das öffentliche Interesse, die Konsumenten zu schützen. Das Bundesgericht hat das Werbeverbot von Art. 19 LMV als mit den Grundrechten vereinbar und die entsprechenden Einschränkungen als hinnehmbar erklärt.

Gesundheitsbezogene Hinweise: erlaubt!

Nachdem bis anhin der Eindruck entstanden sein mag, dass fast alles im Bereich der Lebensmittelwerbung verboten ist, kann an dieser Stelle Erleichterung geschaffen werden. Gesundheitsbezogene Argumente, die keine Heilanpreisungen sind, bleiben erlaubt. Im Leitfall der SMP-Milchwerbung heisst das konkret, dass Aussagen wie bspw. regelmässiger Milchkonsum sei gut für die Gesundheit, weil dem Körper dadurch auf natürliche Weise Kalzium zugeführt werde, was für den Knochenaufbau vorteilhaft erscheine, durchaus erlaubt sind. «Dieser Drink gibt Ihnen Energie für den ganzen Tag», ist ebenfalls eine zulässige Werbeaussage. Sogar die Berufung auf Expertenmeinungen, welche den Konsum von mindestens drei Portionen Milch pro Tag empfehlen, würde nicht zu Beanstandungen führen.[8]

Gefahrenzone Arzneimittel

Enge Grenzen sind der Werbefreiheit insbesondere im Pharmabereich bei der Bewerbung von Arzneimitteln gesetzt. Den wenigsten aber ist bekannt, dass es eine eigentliche ‹Werbeverordnung› für den Bereich Medikamente gibt – die Arzneimittel-Werbeverordnung (AWV). Viele Agenturmitarbeiter/-innen kennen zwar den ‹Pflichthinweis› bei der Medikamentenbewerbung in Radio- und TV-Spots. Werbung in Radio und Fernsehen für bestimmte Medikamente (wie Schlaf- und Schmerzmittel) ist gar einer Vorkontrolle unterworfen (Art. 23 AWV). Im Jahr 2003 ist eine Vernehmlassung zu einer Revision der Verordnung abgeschlossen worden. Werbekreise haben sich spärlich vernehmen lassen. Dies erstaunt, regelt doch die Verordnung einen Wirtschaftsbereich, welcher in der Schweiz Milliarden umsetzt.

Eine wichtige Neuerung betrifft die Regelung der (zulässigen!) Preisvergleiche. Diese müssen Pflichtangaben enthalten (Art. 22 a ff. AWV). Dazu zählt folgender Warnhinweis: «Wichtiger Hinweis: Die hier miteinander verglichenen Arzneimittel können sich in ihren Eigenschaften wie beispielsweise der Hilfsstoffzusammensetzung unterscheiden. Lassen Sie sich deshalb *von einer Fachperson beraten.*» Dieser Hinweis ist von Generika-Herstellern in der Vernehmlassung als ‹Generika-feindlich› kritisiert worden.

> Swissmedic ist die Kontrollbehörde im Heilmittelwesen (www.swissmedic.ch); da die Rechtsunsicherheit gross ist, empfiehlt sich eine Vorprüfung.

---

[8] *Dieses Sub-Kapitel referierte Rechtsanwalt Dominic Del Degan in der Werbefachzeitschrift ‹persönlich› vom Februar 2004.*

Die Vorkontrolle der Swissmedic geht bisweilen sehr weit – es liegen Gerichtsentscheide vor, welche den Swissmedic-Eifer gestoppt haben.

Weder das HMG noch die VAM oder die AMZV und ihre Anhänge enthalten Vorschriften über die graphische Gestaltung von Arzneimittelverpackungen. Gemäss Art. 17 AMZV sind zwar nicht nur die Texte, sondern auch die graphische Gestaltung von Arzneimittelinformationen dem Institut vorzulegen; und es kann aus Ziff. 2 Anhang 8 der AMZV abgeleitet werden, dass auch das Packungsdesign vom Institut zu genehmigen ist. Wie eine Packung aber graphisch gestaltet werden muss, damit sie zugelassen, bzw. genehmigt werden kann, ist nicht geregelt. Insbesondere sind die (detaillierten) Vorschriften über die Arzneimittelwerbung auf Packungsmaterial nicht anwendbar (Art. 1 Abs. 2 Bst. a der Verordnung vom 17. Oktober 2001 über die Arzneimittelwerbung [AWV], SR 812.212.5). Bei der Beurteilung der graphischen Gestaltung von Arzneimittelpackungen hat sich daher das Institut auf die Generalklauseln von Art. 1 HMG zu stützen und es kann grundsätzlich nur solchen Packungen die Zulassung, bzw. Genehmigung verweigern, welche die Arzneimittelsicherheit gefährden, die Konsumenten und Konsumentinnen täuschen, zu einer unzweckmässigen oder übermässigen Verwendung führen oder die ausreichende Information über das Arzneimittel beeinträchtigen können. Angesichts der grundrechtlichen Relevanz des Handels mit Arzneimitteln hat das Institut bei Eingriffen in die freie graphische Gestaltung von Packungen aber Zurückhaltung zu üben und insbesondere den Grundsatz der Verhältnismässigkeit zu beachten (Eingriff in die Wirtschaftsfreiheit [Art. 27 BV], vgl. etwa VPB 66.102 E. 5b mit weiteren Hinweisen).

Im vorliegenden Verfahren hat nun allerdings das Institut von der Beschwerdeführerin nicht etwa eine Reduktion der Schriftgrösse des verwendeten Logos verlangt, sondern dessen Streichung verfügt. Diese Anordnung, die unabhängig von der ebenfalls verlangten Ergänzung des Präparatenamens mit dem Wort „Amino" zu beurteilen ist, widerspricht der ständigen Praxis des Instituts und ist ohne Zweifel unverhältnismässig. Aus Sicht der Arzneimittelsicherheit angezeigt ist nach Auffassung der REKO HM eine Reduktion der Schriftgrösse auf die beim Arzneimittelnamen verwendete Grösse. Hieran vermag auch nichts zu ändern

Fach- und Publikumswerbung
Die Verordnung unterscheidet, wie das Heilmittelgesetz, zwischen der Werbung, welche sich an die verschreibenden Fachkreise richtet, und Werbung, welche sich direkt an die Konsumenten richtet. Fachwerbung zulässig, Publikumswerbung nur beschränkt zulässig: das ist die Grundregel des Heilmittelgesetzes. Bei der Publikumswerbung ist Folgendes zu beachten: Das Gesetz unterscheidet je nach Wirkstoffen zwischen ‹verschreibungspflichtigen› Arzneimitteln (Kategorie A = verschärft verschreibungspflichtig und B = verschreibungspflichtig), ‹nicht verschreibungspflichtigen› Medikamenten (Kategorien C = Abgabe nach Fachberatung durch Medizinalpersonen und D = Abgabe nach blosser ‹Fachberatung›) sowie ‹frei verkäuflichen› Arzneimitteln (Kategorie E).
Publikumswerbung ist nur für nicht verschreibungspflichtige und frei verkäufliche Medikamente zulässig (Art. 31 HMG). Die im Publikum beworbenen Arzneimittel dürfen nicht auf die kassenpflichtige Spezialitätenliste gesetzt werden (Art. 65 Abs. 6 KVV). Werbung, die sich an Fachkreise richtet, welche Medikamente verschreiben (Ärzte, Apotheker, Drogisten), ist für alle Arten von Medikamenten – auch verschreibungspflichtige – zulässig. Das Gesetz fixiert allerdings einige Schranken. So darf Arzneimittelwerbung nicht zu einem übermässigen, missbräuchlichen oder unzweckmässigen Gebrauch verleiten.

Auch Promotionsaktivität in der Fachwerbung
Als Fachwerbung gelten nicht nur der Prospekt und die Anzeige in Fachzeitschriften, sondern auch Promotionsaktivitäten an Kongressen, Besuche von

Die raum62-Galerie-Leute wählten eine Kunstform für Werbezwecke: von der Swissmedic gebilligt, weil keine Verwechslungsgefahr vorliege.

Pharmavertretern, Lieferung von Arzneimittelmustern (Art. 4 der Arzneimittel-Werbeverordnung, AWV). Nicht der Verordnung unterstellt sind das Packungsmaterial, die genehmigungspflichtige Arzneimittelinformation, Verkaufskataloge und Preislisten. Die Fachwerbung muss übereinstimmen mit dem Inhalt der genehmigten Arzneimittelinformation, insbesondere dürfen nur die vom Institut Swissmedic genehmigten Indikationen und Anwendungsmöglichkeiten beworben werden. Sie muss «genau, ausgewogen, sachlich zutreffend und belegbar» sein. Die Werbeaussagen müssen auf dem aktuellen Stand der wissenschaftlichen Erkenntnis beruhen. Es darf nur auf publizierte oder zumindest druckfertige Studien, nicht auf irgendwelche exotischen ‹Expertenmeinungen› Bezug genommen werden (Art. 5 AWV). Preisvergleiche und Medikamentenvergleiche allgemein sind zulässig (Art. 7 AWV). Geldwerte Vorteile (z. B. Rabatte) dürfen grundsätzlich gewährt werden, sofern sie betriebswirtschaftlich gerechtfertigt oder handelsüblich sind und nicht in direktem kausalem Zusammenhang für die Verschreibung stehen.[9]

Die AWV verlangt, dass Fachwerbung auch tatsächlich die Fachinformation enthält (Art. 6 enthält eine Checkliste). Verboten sind der Ausdruck ‹sicher› und der Hinweis, ein Arzneimittel habe keine unerwünschten Nebenwirkungen, es sei gefahrlos oder unschädlich (Art. 13 AWV).

Publikumswerbung für Kategorien C und D

Auch für die Publikumswerbung setzt die AWV inhaltliche Anforderungen fest, zum Teil die gleichen wie für die Fachwerbung, zum Teil neue (siehe Art. 22 S. 36). Allgemein bekannt ist in der Branche lediglich der Pflichthinweis für Werbung in den elektronischen Medien, welcher am Schluss mit Standtext eingeblendet werden muss. Dieser Hinweis «muss gut lesbar auf neutralem Hintergrund in einer Schriftblockgrösse von mindestens einem Drittel des Gesamtbildes ... eingeblendet und gleichzeitig gut verständlich gesprochen werden». Die Bestimmung, dass bei Radiospots die Sprechzeit fünf Sekunden nicht unterschreiten darf (Art. 17), soll künftig fallen gelassen werden.

Werbung mit Arzneimitteln ist grundsätzlich verboten. Muster dürfen von abgabeberechtigten Personen nur in sehr beschränktem Rahmen abgegeben werden. Sie dürfen auch nicht als Kundengeschenke abgegeben werden, wie beispielsweise Spirituosen (dazu S. 37). Zulässig ist hingegen die Parodie über eine Medikamentenverpackung, sofern der ‹Ulk› klar erkennbar ist.

---

9 *Merkblatt Swissmedic über www.swissmedic.ch.*

Pharmakodex (www.sgci.ch)

Seit dem 1. Januar 2004 gilt der neue Verhaltenskodex der pharmazeutischen Industrie in der Schweiz (Pharmakodex). Er ersetzt den bisherigen Pharma-Fachwerbungs-Kodex (PFK). Neben der Fachwerbung für Arzneimittel regelt der Pharmakodex neu auch die Beziehungen der Pharmaunternehmen zu Ärzten und Apothekern, und zwar bei Veranstaltungen zur Fort- und Weiterbildung sowie bei der klinischen Arzneimittelforschung. Der Pharmakodex ist eine ethisch motivierte Vereinbarung der Pharmaunternehmen. Ausserdem regelt der Pharmakodex, wie schon der bisherige PFK, die Fachwerbung für Arzneimittel. Die Fachwerbung richtet sich ausschliesslich an die Ärzte, Apotheker und Drogisten. Der Pharmakodex verlangt, dass sie genau, ausgewogen, objektiv und fair zu sein hat. Im Sekretariat von SGCI Chemie Pharma Schweiz sorgt ein praktizierender Arzt im Teilzeitmandat dafür, dass regelwidrige Fachwerbung überprüft und fehlbare Unternehmen zur Korrektur veranlasst werden.

Art. 22 AWV
Unzulässige Werbeelemente

Werbung darf nicht:

eine ärztliche oder eine tierärztliche Untersuchung oder einen chirurgischen Eingriff als überflüssig erscheinen lassen, insbesondere indem sie eine Diagnose anbietet oder eine Behandlung auf dem Korrespondenzweg empfiehlt;

eine garantierte Wirkung des Arzneimittels versprechen oder behaupten, dieses habe keinerlei unerwünschte Wirkungen;

- die Erwartung wecken, die Wirkung des Arzneimittels entspreche einer anderen Behandlung oder derjenigen eines anderen Arzneimittels oder sei ihnen überlegen; die Bestimmungen über die Preisvergleiche bleiben vorbehalten;
- die Erwartung wecken, der Zustand eines gesunden Menschen oder eines gesunden Tieres verbessere sich durch die Verwendung des Arzneimittels;
- die Befürchtung wecken, der Zustand eines gesunden Menschen oder eines gesunden Tieres verschlechtere sich ohne die Anwendung des Arzneimittels;
- sich ausschliesslich oder hauptsächlich an Kinder und Jugendliche richten;
- wissenschaftliche Veröffentlichungen, klinische Studien, Gutachten, Zeugnisse oder Empfehlungen von Wissenschaftlerinnen und Wissenschaftlern, von im Gesundheitswesen tätigen Personen, von bekannten Persönlichkeiten oder von medizinisch-pharmazeutischen Laien erwähnen oder sich auf solche beziehen;
- Personen in der Berufskleidung von Medizinalpersonen, Drogistinnen und Drogisten oder medizinischen Hilfspersonen oder bei der Ausübung berufsspezifischer medizinischer Tätigkeiten zeigen;
- irreführende, fiktive oder nicht anerkannte Titel oder Auszeichnungen verwenden;
- das Arzneimittel einem Lebensmittel oder einem Futtermittel, einem Pflegeprodukt oder anderen Gebrauchsgegenständen gleichsetzen;
- angeben oder andeuten, die Sicherheit oder Wirksamkeit des Arzneimittels sei darauf zurückzuführen, dass es sich um ein ‹Naturprodukt› oder dergleichen handle;
- mit der Beschreibung oder der Darstellung einer Krankengeschichte zu einer falschen Selbstdiagnose oder zu einer falschen Diagnose durch die Tierhalterin oder den Tierhalter verleiten;
- in missbräuchlicher, Besorgnis erregender oder irreführender Weise bildliche Darstellungen verwenden von Veränderungen, die der menschliche oder der tierische Körper oder Teile davon auf Grund von Krankheiten oder Körperschäden oder auf Grund der Wirkung eines Arzneimittels erlitten haben;
- die Zahl der behandelten Personen oder der behandelten Tiere angeben;
- Wendungen gebrauchen, die Angst erzeugen können;
- erwähnen, dass das Arzneimittel zugelassen ist.

Gefahrenzone Alkohol

Nicht nur die Anpreisung, Beschriftung und Werbung für Alkohol ist gesetzlich stark eingeschränkt, auch Marketing- und Werbemassnahmen mit alkoholischen Getränken für eigene (andere!) Produkte können unzulässig sein. Die Koordinationsstelle für den Kleinhandel mit gebrannten Wassern bei der Eidgenössischen Alkoholverwaltung, Abteilung Rechts- und Kontrollwesen, Länggassstrasse 31, 3000 Bern 9 (www.eav.admin.ch), oder ein Fachanwalt sollten unbedingt konsultiert werden, wenn mit oder für Alkoholika geworben wird, vor allem dann, wenn es um Marketing, Werbe- oder Sponsoringmassnahmen für oder mit Spirituosen geht. Insbesondere im Bereich Sponsoring und Corporate Communication ist es nicht immer leicht, Zulässiges vom Unzulässigem abzugrenzen. Zu beachten sind neben den bundesrechtlichen Schranken im Lebensmittelgesetz (LMG) und in der Lebensmittelverordnung (LMV) auch kommunale oder kantonale Verbote

Art. 41 AlkG
(Kleinhandel/Handelsverbote)
1 Verboten ist der Kleinhandel mit gebrannten Wassern
– im Umherziehen;
– auf allgemein zugänglichen Strassen und Plätzen, soweit nicht das kantonale Patent den Umschwung von Betrieben des Gastgewerbes davon ausnimmt;
– durch Hausieren;
– durch Sammelbestellungen;
– durch unaufgefordertes Aufsuchen von Konsumenten zur Bestellungsaufnahme;
– durch allgemein zugängliche Automaten;
– zu Preisen, die keine Kostendeckung gewährleisten, ausgenommen behördlich angeordnete Verwertungen;
– unter Gewährung von Zugaben und anderen Vergünstigungen, die den Konsumenten anlocken sollen;
– durch Abgabe an Kinder und Jugendliche unter 18 Jahren;
– durch unentgeltliche Abgabe zu Werbezwecken an einen unbestimmten Personenkreis, namentlich durch Verteilen von Warenmustern oder Durchführung von Degustationen.
2 Die zuständige Behörde kann jedoch Ausnahmen bewilligen für
– den Ausschank auf allgemein zugänglichen Strassen und Plätzen bei öffentlichen Veranstaltungen;
– den Verkauf zu nicht kostendeckenden Preisen bei der Aufgabe der Geschäftstätigkeit oder aus anderen wichtigen Gründen;
– die unentgeltliche Abgabe zu Werbezwecken an einen unbestimmten Personenkreis auf Messen und Ausstellungen, an denen der Lebensmittelhandel beteiligt ist.

Art. 42 b AlkG:
Beschränkung der Werbung
1 Die Werbung für gebrannte Wasser darf in Wort, Bild und Ton nur Angaben und Darstellungen enthalten, die sich unmittelbar auf das Produkt und seine Eigenschaften beziehen.
2 Preisvergleichende Angaben oder das Versprechen von Zugaben oder anderen Vergünstigungen sind verboten.
3 Verboten ist die Werbung für gebrannte Wasser
– in Radio und Fernsehen;
– in und an öffentlichen Zwecken dienenden Gebäuden oder Gebäudeteilen und auf ihren Arealen;
– in und an öffentlichen Verkehrsmitteln;
– auf Sportplätzen sowie an Sportveranstaltungen;
– an Veranstaltungen, an denen vorwiegend Kinder und Jugendliche teilnehmen oder die vorwiegend für diese bestimmt sind;
– in Betrieben, die Heilmittel verkaufen oder deren Geschäftätigkeit vorwiegend auf die Gesundheitspflege ausgerichtet ist;
– auf Packungen und Gebrauchsgegenständen, die keine gebrannten Wasser enthalten oder damit nicht im Zusammenhang stehen.
4 Es dürfen keine Wettbewerbe durchgeführt werden, bei denen gebrannte Wasser als Werbeobjekt oder Preis dienen oder ihr Erwerb Teilnahmebedingung ist.

der Bewerbung alkoholischer Getränke auf öffentlichem Grund und in öffentlichen Verkehrsmitteln. An dieser Stelle kann nur auf die wichtigsten Einschränkungen im Bereich Marketing und Werbung hingewiesen werden:[10]

Für gebrannte Wasser (Spirituosen) ist die Werbung ganz generell, auch bezüglich Erwachsene, eingeschränkt worden. Unter anderem gilt nach Art. 42 b AlkG ein generelles Werbeverbot in Radio und Fernsehen (nicht aber im Internet), in und an Gebäuden, die öffentlichen Zwecken dienen, in und an öffentlichen Verkehrsmitteln, auf Sportplätzen und Sportveranstaltungen. Zulässig (mit Einschränkungen) sind aber das Sponsoring von Sportveranstaltungen und produktebezogene Werbung in Programmheften.[11]

Wo die Werbung zulässig ist, sind nur sachliche Aussagen zulässig, keine Emotionalia. Auch dürfen keine Tiefpreisaktionen und Wettbewerbe für oder mit Spirituosen durchgeführt werden, bei denen gebrannte Wasser als Werbeobjekt oder Preis dienen oder ihr Erwerb Teilnahmebedingung ist (Wettbewerbsverbot). Verboten ist weiter die unentgeltliche Abgabe zu Werbezwecken an einen unbestimmten Personenkreis (Art. 41 lit. k AlkG), d. h. zulässig ist einzig die Abgabe von Spirituosen oder Spirituosenmustern als Geschenk an persönlich Bekannte, an einzelne Kunden oder Geschäftsfreunde.

Beschränkt zulässig ist die Werbung für andere Produkte, in welcher Genussambiance bei einem guten Glas Wein angedeutet wird. Doch kann der Einsatz einer renommierten Weinmarke oder einer Markenschokolade (z. B. der Toblerone) zur Unterstreichung der eigenen Kompetenz unter marken- oder wettbewerbsrechtlichen Kriterien nicht zulässig sein. Es handelt sich um eine unzulässige Rufausbeutung.

Gefahrenzone Tabakwaren

Auch für Tabakerzeugnisse gelten das Verbot, Jugendliche gezielt zu bewerben (Art.15 TabV, vergleichbar mit den Bestimmungen zu den Werbebeschränkungen im Alkoholhandel), und das Verbot der Tabakwerbung in Radio und Fernsehen[12], nicht aber im Internet. In beschränktem Mass auch in Radio und Fernsehen zulässig ist der sog. Imagetransfer, d. h. die Bewerbung von andern Produkten, wenn diese die gleiche Marke wie eine Zigarette tragen und assoziativ mit den Tabakwaren verknüpft werden.[13] Wie bei den Alkoholika ist auch bei Tabakwaren jegliche gesundheitliche Anpreisung verboten (Art. 14 Abs. 2 TabV). Erlaubt sind einzig die Ausdrücke ‹mild› und ‹leicht› sowie bei entsprechenden Maximal-Massenprozenten die Begriffe ‹nikotinfrei› oder ‹nikotinarm›.[14]

Neben den bundesrechtlichen Schranken sind – wie im sensiblen Gefahrenbereich der Alkoholwerbung – vereinzelt auch kommunale und kantonale Werbeverbote auf öffentlichem und allenfalls auch privatem Grund zu be-

---

[10] *Ausführlicher dazu Schwenninger Rz 169 ff. S. 149 ff, insbesondere zum Jugendschutz.*
[11] *David/Reutter S. 298.* [12] *Art. 15 lit. b RTVV.*
[13] *Camel-Trophy-Watch, BGE 118 (1992) Ib 358.*
[14] *Schwenninger Rz 334; BGE 81 (1955) IV 184: «Rauchen Sie gesünder... die Cigarette, die nicht zum Husten reizt», war nicht zulässig.*

Verbot für Tabakwerbung geplant
Zürich: Postulat im neuen Gesundheitsgesetz berücksichtigt

Der Zürcher Regierungsrat plant ein Verbot für Tabakwerbung auf öffentlichem Grund. Dieses Anliegen eines Postulats werde im neuen Gesundheitsgesetz berücksichtigt, erklärte Gesundheitsdirektorin Verena Diener am Montag im Kantonsrat.

Im Entwurf zum neuen Gesetz will die Gesundheitsdirektion unter dem Titel «Gesundheitsförderung und Prävention» neu eine Regelung aufnehmen, die es bis jetzt lediglich im Kanton Genf gibt.
Analog der Genfer Bestimmung soll auf öffentlichem Grund sowie auf von öffentlichem Grund einsehbarem privatem Grund die Werbung für Alkohol, Tabak und andere Suchtmittel verboten sein. Noch geprüft werden muss die Möglichkeit eines weitergehenden Verbots, das auch öffentliche Anlässe wie Kinovorstellungen umfasst oder die Tabakwerbung allgemein auf Verkaufsstellen beschränkt – dies wäre im Sinne der Postulanten von Grünen und EVP. Susanne Rihs (Grüne, Glattfelden) zeigte sich glücklich über die Absicht des Regierungsrats, das Werbeverbot für Tabakwaren mit dem neuen Gesundheitsgesetz einzuführen. Trotzdem sei das Thema nicht vom Tisch, «wir müssen die Arbeit am Gesetz im Auge behalten». Nach längerer Diskussion hat der Zürcher Kantonsrat am Montag entschieden, das Postulat für ein Verbot von Tabakwerbung als erledigt abzuschreiben. (sda)

Die Alkohol- und Tabakwerbung ist weiterhin durch den Jugendschutz geprägt. Tabakwerbung ist insbesondere verboten an Orten, wo sich hauptsächlich Jugendliche aufhalten, in Medien und Veranstaltungen, die hauptsächlich für Jugendliche bestimmt sind, auf Schülermaterialien und Spielzeugen. Bei der Packungsgestaltung sind die Vorschriften betreffend alternierende Warenaufschriften zu beachten (Art. 11 TabV).

achten. So plante beispielsweise im Erscheinungsjahr 2004 dieses Buches der Zürcher Regierungsrat ein Werbeverbot für Tabakwaren durch eine Revision des Gesundheitsgesetzes nach Genfer Vorbild.[15] Einschränkungen sind auch auf Privatgrund möglich, nicht jedoch ein rechtliches Monopol des Staates (BGE 128 [2002] I 3 ff. und BGE 125 [1999] I 209). Die Lauterkeitsgrundsätze (Grundsatz Nr. 5.9) gehen nicht über den gesetzlichen Wortlaut zum Jugendlichen-Bewerbungsverbot hinaus. Wie bei den alkoholischen Getränken ist der Tabakindustrie das Sponsoring von Veranstaltungen, die hauptsächlich von Erwachsenen frequentiert werden, nicht generell verboten.[16]

Neben den gesetzlichen Schranken hat sich die Branche auch (darüber hinausgehende) Selbstbeschränkungen auferlegt, insbesondere bezüglich der Tabakwerbung in Zeitschriften und Revuen, die mehr als 30 Prozent Jugendliche zu ihrer Leserschaft zählen.[17] Agenturen und Kommunikationsberater/-innen müssen diese Selbstbeschränkungsgrundsätze schon deshalb kennen, weil sie auch wesentliche Einschränkungen bezüglich der erlaubten Gegenleistungen beim (grundsätzlich zulässigen) Sponsoring enthalten.

---

[15] NZZ Nr. 81 vom 6. April 2004 S. 51.
[16] Schwenninger Rz 338.
[17] Zur CISC-Vereinbarung (Communauté de l'industrie suisse de la cigarette) und einer ausführlicheren Darstellung der Kommunikationsschranken im Tabakhandel Schwenninger Rz 327 ff. und Tätigkeitsbericht der Lauterkeitskommission 2002, S. 34, www.lauterkeit.ch.

Gefahrenzone Konsumkredite, Leasing...

Durch den Konsumkreditvertrag gewährt eine Kredit gebende Person einer Konsumentin oder einem Konsumenten einen Kredit in Form eines Zahlungsaufschubs, eines Darlehens oder einer ähnlichen Finanzierungshilfe. Als Konsumkreditverträge gelten auch Leasingverträge über bewegliche Sachen für den privaten Gebrauch, sofern vorgesehen ist, dass die vereinbarten Leasingraten erhöht werden, falls der Leasingvertrag vorzeitig aufgelöst wird. Ebenfalls dem Konsumkreditgesetz (KKG) unterstehen Kredit- und Kundenkarten und Kreditoptionen (Art. 1 KKG). Nicht dem Gesetz unterstehen Kredite von weniger als 500 Franken und mehr als 80000 Franken.

Sondervorschrift von Art. 3 lit. l UWG

Die Vorschriften zur Werbung betreffend die Konsumkredite finden sich nicht im KKG, sondern im UWG (Bundesgesetz gegen den unlauteren Wettbewerb). Art. 3 lit. l UWG schreibt vor, dass bei öffentlichen Auskündigungen über einen Konsumkredit die Kredit gebende Firma eindeutig bezeichnet werden muss. Anonyme Werbung, Decknamen oder Firmenkürzel sind nicht gestattet. Überdies müssen der Nettobetrag des Kredits, die Gesamtkosten des Kredits und der effektive Jahreszins unmissverständlich angegeben werden. Einzig bei der Image-Werbung oder Erinnerungswerbung, die sich darauf beschränkt, die Existenz eines Kreditinstituts in Erinnerung zu rufen, kann auf Zahlenbeispiele verzichtet werden.[18]

> **Was ist der Unterschied zwischen Erinnerungs- oder Imagewerbung und Konsumentenwerbung?**

Jegliche Werbung, die nicht eindeutig blosse Erinnerungswerbung für ein Kreditinstitut ist, muss ein Zahlenbeispiel mit Nettobetrag, Gesamtkosten und effektivem Jahreszins enthalten. Das für sämtliche Werbemittel. Sobald Werbung die Vorteile des Konsumkredits anpreist, ist sie nicht mehr Erinnerungs- oder Imagewerbung, sondern Konsumentenbewerbung (Schwenninger Rz 278, David/Reutter S. 340 ff.). Es ist dann mit einem Zahlenbeispiel zu operieren – auf sämtlichen Werbemitteln.

Übrige Vorschriften des UWG

Über die Sonderbestimmung von Art. 3 lit. l UWG hinaus sind auch die andern UWG-Bestimmungen, insbesondere das Verbot der irreführenden, der übermässig lockenden und/oder täuschenden Werbung, zu beachten. So werden nach der Literatur insbesondere Begriffe wie ‹Sparkredite› oder ‹Sie bestimmen die Höhe ihres Kredites› als irreführend und damit unlauter qualifiziert. Auch Begriffe, welche vorgeben, ein Kreditantrag würde unbesehen übernommen, können unlauter sein («Bestellen Sie Ihren Kredit», «Kredit im Expressverfahren» usw.). In jedem einzelnen Fall müssen alle Elemente in textlicher, gestalterischer und konzeptioneller Hinsicht geprüft werden. Es ist deshalb sehr zu empfehlen, die Werbeidee in einer frühen Phase in gestalteter Form (Entwürfe) einem Fachanwalt zur Vorprüfung zu unterbreiten.

Der Vollständigkeit halber sei auf die Sondervorschriften für die Werbung für Abzahlungskäufe und für die Formulare bei Teilzahlungsgeschäften hingewiesen.

---

[18] BGE 120 (1994) IV 287.

Beim Abzahlungsgeschäft ist entweder der Bar- und der Gesamtkaufpreis oder der Teilzahlungszuschlag in Franken und Jahresprozenten genau zu beziffern (Art. 3 lit. k UWG).

Kantonalrechtliche Zinsvorschriften
In der Werbung sind schliesslich auch die kantonalrechtlichen Höchstzins-Vorschriften zu beachten (Höchstzinssatz des Konkordates 18 Prozent, im Kanton Zürich 15 Prozent).

Weitere Branchenbestimmungen
Bis Inkrafttreten des neuen KKG (1. Januar 2003) gab es auch noch eine Konvention der Schweiz. Bankiervereinigung über Werbebeschränkungen im Konsumkreditgeschäft. Diese ist ausser Kraft gesetzt worden. Das gilt auch für die VSKF-Konvention (Verband der Schweizerischen Kreditkarten und Finanzinstitute) über die Einschränkung der Werbung im Konsumkreditgeschäft vom 1. 6. 1990.

Sanktionen
Der Verstoss gegen Art. 3 lit. l UWG kann strafrechtliche Folgen haben und teuer werden. So wurden im erwähnten Strafverfahren Bussen von 25 000 Franken verhängt.

Gefahrenzone fremde Marken

Darf ein Unternehmen mit Bildern werben, die berühmte Markenartikel abbilden, um sich mit diesen Bildern selbst zu positionieren? Wir haben es mit einem Fall der ‹Anlehnung› zu tun.[19]
Bei berühmten Marken ist die Anlehnung auch auf Grund des Markenschutzgesetzes verboten (Art. 15 MSchG):
«Der Inhaber einer berühmten Marke kann anderen deren Gebrauch für jede Art von Waren oder Dienstleistungen verbieten, wenn ein solcher Gebrauch die Unterscheidungskraft der Marke gefährdet oder deren Ruf ausnützt oder beeinträchtigt. Rechte, die erworben wurden, bevor die Marke Berühmtheit erlangt hat, bleiben unberührt.»
Das Gesetz definiert nicht, was unter ‹Berühmtheit› zu verstehen ist. Überragende Verkehrsgeltung, Einmaligkeit und allgemeine Wertschätzung sind Parameter. In der Literatur wird immer wieder auf die Marken ‹Coca Cola›, ‹Gucci›, ‹Bugatti›, ‹Swatch› usw. verwiesen.
Die Bezugnahme auf gewöhnliche Marken und Handelsnamen ist in der Schweiz nicht gesetzlich geregelt. Es gibt auch keine Rechtsprechung dazu, wenn man von der Fülle der Urteile absieht, welche sich mit dem unlauteren Gebrauch von Domain-Namen befassen, insbesondere zur unlauteren Monopolisierung von Gemeindenamen. Eine Bezugnahme auf andere Marken ist indes nicht grundsätzlich verboten, sie ist nicht – jedenfalls nicht immer – von einer Zustimmung des Markeninhabers oder des Lizenzberechtigten abhängig. Mit der markenrechtlichen Registrierung wird kein sachlich unbeschränkter Schutz bewirkt, sondern lediglich Schutz auf die beanspruchten und gebrauchten Waren, es sei denn, die Marke sei auch als Design (z. B.

---

[19] Siehe dazu unter Wettbewerbsrecht S. 97 ff. und Fallbeispiel/Illustration S. 162.

Frech, aber problematisch: BSU setzte dieses Sujet ab.

Flaschenform) registriert. Die designrechtliche Registrierung ist nicht auf bestimmte Waren- und Dienstleistungskategorien beschränkt.[20]

Vergleichende Werbung ist zulässig
In der vergleichenden Werbung ist eine Bezugnahme auf andere Wort-Marken zulässig, auf andere Bildmarken indes nur, wenn die Abbildung notwendig ist.[21] Darüber hinausgehende Verwendungen von fremden Logos und Bildmarken sind als unnötig anlehnend zu qualifizieren.

Panoramafreiheit erlaubt Werbung mit Häusern
Wo bei Bildaufnahmen im öffentlichen Raum[22] beiläufig – als Beiwerk – auch fremde Marken erkennbar sind, ist die Abbildung zulässig. Auch die Veröffentlichung von Luftaufnahmen von Häusern im redaktionellen Teil ist nicht widerrechtlich, sofern nicht das Recht am eigenen Bild von Personen verletzt wird.[23] Es muss die Grundrechtskollision (Eigentumsfreiheit gegen Informationsfreiheit) zugunsten der Informationsfreiheit entschieden werden. Unlauter ist jede Verwendung fremder Marken, wenn die Massnahme geeignet ist, die Markenführung des Markeninhabers oder des Lizenznehmers zu verwässern.[24]

Gefahrenzone Wappen

Wappen und andere Zeichen der Eidgenossenschaft und der Kantone (und deren charakteristische Bestandteile und sprachliche Anspielungen darauf!) dürfen nicht ‹zu geschäftlichen Zwecken› auf Erzeugnissen (Waren) und deren Verpackung verwendet werden (Art. 2 f. Wappenschutzgesetz =

---

[20] David/Reutter S. 463.
[21] Schwenninger Rz 40.
[22] Zur Strassenfreiheit oder Panoramafreiheit siehe Müller-Katzenburg in KUR 1/2004 S. 3 ff.
[23] KUR 2/2004 zu den Luftaufnahmenentscheiden des deutschen Bundesgerichtshofes.
[24] Zu den Voraussetzungen des erlaubten Umpackens und erneuten Anbringens der Originalmarke siehe EFTA-Gerichtshof vom 8. Juli 2003 ‹Paranova› in sic! 12/2003 S. 991 f. mit Verweis auf den BMW-Entscheid des EuGH vom 23. Februar 1999: «Konkret muss sichergestellt sein, dass die Abnehmerkreise nicht durch die Verwendung der Marke falsche Schlüsse auf eine kommerzielle Verbindung zwischen dem Markeninhaber und jenem ziehen, der die Marke für seine Werbezwecke ohne Zustimmung des Markeninhabers verwendet.»

WSchG). Zulässig ist einzig die Verwendung von Wappen zur Verzierung von Souvenirs wie Teelöffeln und Taschenmessern.[25]

Gemeinde- und Bezirkswappen unterliegen ebenfalls Einschränkungen, allerdings nur dann, «wenn die Benutzung gegen die guten Sitten verstösst» (Art. 5 WSchG). Unter dem gleichen Vorbehalt ist die Verwendung der Kantonswappen und des Schweizer Kreuzes auf Geschäftsschildern, Anzeigen, Prospekten oder Geschäftspapieren zulässig (Art. 3 WschG). Die Verwendung schweizerischer öffentlicher Zeichen sowie nationaler Bild- und Wortzeichen (z. B. Helvetia oder Tell) ausserhalb von Verpackungen und Waren – somit in der Werbung – ist grundsätzlich zulässig. Verboten sind nur Werbung und Design mit Zeichen von internationalen Organisationen und dem Zeichen des Roten Kreuzes (Art. 1 UNO-G und Art. 8 RKG).

Aufgepasst: Eine Verletzung des Wappenschutzgesetzes kann auch durch blosse Namensverwendung bewirkt werden. Das Bundesgericht bejahte eine Täuschung im Sinne von Art. 6 WschG, als jemand die Website ‹www.bundesgericht.ch› besetzen wollte.[26]

Definition des Schweizerkreuzes

Star-Designer Tyler Brûlé hatte die Arme des Schweizerwappens absichtlich schlänker dargestellt als nach der Bestimmung des Bundesbeschlusses vom 12. Dezember 1889 (siehe Cash-Artikel vom 8. November 2002). Gemäss diesem Beschluss ist das Wappen der Eidgenossenschaft ein im roten Felde aufrechtes, freistehendes, weisses Kreuz, dessen unter sich gleiche Arme je einen Sechstel länger als breit sind. Grundsätzlich besteht keine gesetzliche Grundlage, die vorschreibt, dass nur das Wappen in der offiziell definierten Form verwendet werden muss. Jedermann, der das Wappen verwenden darf, kann dieses auch in einer stilisierten Form gebraucht. Wird das schweizerische Hoheitszeichen jedoch auf Luftfahrtzeugen verwendet, ist zusätzlich die Verordnung über die Kennzeichen der Luftfahrtzeuge (VKZ; SR 748.216.1) zu beachten. In Art. 6 VKZ wird dabei die Definition des Bundesbeschlusses nochmals wiederholt und ist daher auch verbindlich.

Praxisänderung bei IGE

Bis 1999 wies das Institut internationale Hinterlegung einer Marke bzw. eines Musters oder Modelle (Designs) mit Wirkung für die Schweiz vollumfänglich zurück, wenn es ein Kreuz enthielt, welches gestützt auf das Wappenschutzgesetz (SR 232.21) oder das Bundesgesetz betreffend den

---

Der Wappengebrauch und die Gesetze

Der zulässige Gebrauch des Schweizer Wappens wird durch verschiedene Gesetze eingeschränkt. Dazu zählt das Bundesgesetz zum Schutz öffentlicher Wappen und anderer öffentlicher Zeichen vom 5. Juni 1931 (WSchG/SR 232.21), das Bundesgesetz über den Schutz von Marken und Herkunftsangaben vom 28. August 1992 (MSchG/SR 232.11) sowie durch internationale Übereinkommen. Der Bundesbeschluss betreffend das eidgenössische Wappen vom 12. Dezember 1889 (SR 111) schränkt den Gebrauch des Wappens nicht ein, sondern definiert das Schweizer Wappen.

---

[25] *Schwenninger Rz 409, was sich allerdings nicht aus dem Wortlaut des Gesetzes ergibt.*
[26] *Bundesgericht vom 2. September 2003 in: sic! 2/2004 S. 110.*

Schutz des Zeichens und des Namens des Roten Kreuzes (SR 232.22) nicht als Bestandteil einer Marke oder eines Designs eingetragen werden darf. Da die Rekurskommission für Geistiges Eigentum diese Praxis in zwei Entscheiden (‹Cercle›, sic! 1999, 36 ff. und ‹Croix rouge›, sic! 1999, 290 ff.) mit dem Verhältnismässigkeitsprinzip als unvereinbar erklärte, hat sich das Institut für folgende Aenderung entschieden: Die Verwechslungsgefahr mit dem Schweizerkreuz kann durch einen positiven Farbanspruch (z.B. grünes Kreuz) oder eine negative Formulierung («das in der Marke enthaltene Kreuz wird weder in weiss auf rotem Grund noch in rot auf weissem Grund noch in einer anderen zu Verwechslungen mit dem Schweizerkreuz oder dem Zeichen des Roten Kreuzes führenden Farbe wiedergegeben») ausgeschlossen werden. Eine stilisierte Wiedergabe kann die Verwechslungsgefahr ebenfalls ausschliessen. Die Stilisierung muss jedoch so ausgestaltet sein, dass kein Bezug mehr zum Schweizer Kreuz hergestellt werden kann.

Nur für Dienstleistungen gilt Privileg
Im Zusammenhang mit Dienstleistungen ist sowohl die Eintragung als Marke wie auch der markenmässige Gebrauch gestattet. Das Markenschutzgesetz sieht dies ausdrücklich vor (Art. 75 Ziffer 3 MSchG). Der Gebrauch des Wappens ist aber nur insoweit erlaubt, als der Herkunftshinweis nicht irreführend ist. Irreführend ist der Wappengebrauch dann, wenn beim Adressaten die Vermutung aufkommt, dass besondere Eigenschaften wie die Herkunft aus einem bestimmten Land oder eine bestimmte Qualität vorhanden sind. Die Privilegierung der Dienstleistungszeichen gegenüber den Warenzeichen war ein politischer Entscheid und wurde im Rahmen der parlamentarischen Diskussion eingebracht.

Dekorativer Gebrauch ist erlaubt
Zulässig ist auch der Gebrauch des Schweizer Kreuzes zu bloss dekorativen zwecken. Die Unterscheidung zwischen geschäftlichem und dekorativem Gebrauch fällt nur im Zusammenhang mit Ware in Betracht (Art. 2 MSchG). Für Dienstleistungen stellt sich diese Abgrenzung nicht. In der Praxis bietet aber gerade die Abgrenzung zwischen dekorativem (zulässigen) und geschäftlichem (unzulässigem) Gebrauch für Produkte erhebliche Schwierigkeiten.

Für Herkunftsbezeichnungen verboten
Unzulässig ist der Gebrauch des Wappens stets dann, wenn diese in erster Linie angebracht werden, um die Schweizer Herkunft der Produkte hervorzuheben. Ob dies im Einzelfall zutrifft, liegt in der Beurteilung der kantonalen Gerichtsbehörden. Diese stellen einerseits auf das Produkt, aber auch auf die Art, Grösse und den Standort des Schweizerkreuzes auf dem Produkt ab. Wird beispielsweise ein kleines Schweizerkreuz auf Brusthöhe oder am Kragen, wo gewöhnlich die Produkte-Labels zu erwarten sind, aufgetragen, geht die Behörde davon aus, dass damit auf die Herkunft hingewiesen werden soll. Ist hingegen das T-Shirt selbst ein einziges grosses Schweizerkreuz, dann handelt es sich um einen blossen Dekor. Der Käufer nimmt dabei nicht an, dass es sich um ein Schweizer Produkt handelt.
Anders lag der Fall bei den berühmten SIGG-Pfannen-Trophy, die Coop in im Jahre 2003 mit einer einmaligen ‹Pfannen-Märkeli-Aktion› seinen Kunden hinterherwarf (BGE 83 IV 108 Teelöffeli-Fall).

Gebrauch in der Werbung

Zulässig ist der Gebrauch des Schweizer Wappens in der Werbung. Gemäss Art. 3 WSchG dürfen das Wappen und andere Zeichen der Eidgenossenschaft und der Kantone auf Geschäftsschildern, Anzeigen, Prospekten oder Geschäftspapieren (auch im Internet) angebracht werden, sofern sie nicht gegen die guten Sitten verstossen. In der Praxis handhabt das Institut für Geistiges Eigentum (IGE) diesen werbenden Gebrauch einzelfallweise (grosszügiger) und beurteilt die Verwendung des Kreuzes durch einen Ausländer nicht per se als unzulässig. So darf beispielsweise ein im Ausland niedergelassener Ausländer mit dem Schweizer Kreuz Werbung machen, wenn die beworbenen Waren ausschliesslich schweizerischer Herkunft sind. Demgegenüber darf er das Schweizer Wappen nicht für andere (eigene) Zwecke verwenden.

In der Praxis das Kreuz meist mit einem oder mehreren Zusätzen verbunden wird. Sollte dies in Form von ‹Made in Switzerland› oder ‹Swiss made› geschehen, stellen sich weitere Probleme, da der Gebrauch von Herkunftsangaben gemäss MSchG, UWG, Lebensmittelgesetz (LMG), Verordnung über den Schutz von Ursprungsbezeichnungen und geografischen Angaben für landwirtschaftliche Erzeugnisse (GUB/GGA-VO) und der ‹Swiss-made-Verordnung› (Verordnung über die Benutzung des Schweizer Namens für Uhren) unter gewissen Voraussetzungen unzulässig ist (Wahrheitsgebot).

Schweizer Kreuz als Bestandteil einer Marke

Unzulässig für Warenmarke, Ausnahmen: Gemeinwesen oder Unternehmen des Gemeinwesens, keine Verwechselbarkeit mit dem Schweizer Kreuz (Stilisierung oder Farbanspruch)

Zulässig für Dienstleistungsmarken, in der Werbung (für Anzeigen, Prospekte, Geschäftspapiere im Internet, sofern nicht täuschend, und zulässig auch zu dekorativen Zwecken
– Typische Souvenirartikel
– Verwendung des Wappens ist durch den Zweck der Ware nahe liegend

---

Gefahrenzone Strassensignale

Anders als bei den Wappen und Landeszeichen ist es nicht verboten, Strassensignale in einer Broschüre abzubilden und in umgestalteter Form als Bestandteil eines Designs zu verwenden (als blosse Signale würden sie die Erfordernisse der Neuheit und Eigenart nicht erfüllen). Auch ein Urheberrechtsschutz an Signalen besteht nicht, da weder Gesetzes- und Verordnungstexte (einschliesslich ratifizierte internationale Übereinkommen) noch die grafische Darstellung der Strassenverkehrzeichen und Markierungen urheberrechtlich geschützt sind. Diese Feststellung gilt grundsätzlich auch dann, wenn ein entsprechendes Signal auf einem Plakat abgebildet wird. In diesem Fall sind jedoch die Bestimmungen über Strassenreklamen (Art. 6 Abs. 1 SVG) sowie Art. 95 ff. der Signalisationsverordnung (SSV) zu beachten: Nach Art. 6 Abs. 1 SVG sind «im Bereich der für Motorfahrzeuge oder Fahrräder offenen Strassen Reklamen und andere Ankündigungen untersagt, die zu Verwechslungen mit Signalen oder Markierungen Anlass geben oder sonst, namentlich durch Ablenkung der Strassenbenützer, die Verkehrssicherheit beeinträchtigen könnten». In Art. 96 Abs. 1 SSV wird dieses Verbot der Strassenreklamen wiederholt. Es ist

Bei Landesgrenzen übergreifender Werbung muss immer auch die Rechtslage im Nachbarland abgeklärt werden. Das gilt auch bei Gewinnspielen in grenznahen Gebieten.

somit im Einzelfall zu prüfen, ob ein entsprechendes Plakat im Sinne dieser Bestimmungen zulässig ist oder nicht.

Gefahrenzone Plakatwerbung

Plakatwerbung ist verschiedenartigsten Schranken unterworfen. Der bereits erwähnte Art. 6 SVG verbietet Strassenreklame, die die Verkehrssicherheit beeinträchtigt. In der entsprechenden Verordnung (SSV) wird die unzulässige Beeinträchtigung näher ausgeführt. Insbesondere sind Strassenreklamen verboten bei denen eine Verwechslung mit Signalen oder Markierungen möglich ist. Verboten ist auch das Anbringen an Signalen oder deren Pfosten, sowie bei gefährlichen oder unübersichtlichen Stellen, wenn die Reklame Lichteffekte erzeugt, Werbebanner über der Fahrbahn sowie Strassenreklame in dichter Folge.

Der Natur- und Heimatschutzes spielt bei der Aussenwerbung eine wichtige Rolle. Die Umsetzung, da es auch um Interessen des Landschafts- und Ortsbildschutzes geht. Dieser ist Sache der Kantone. In der Praxis wird diese Zuständigkeit weiter an die Gemeinden delegiert, die entsprechende Reglemente erlassen. Auf kommunaler Ebene kommen baurechtliche Vorschriften zum Zuge, beispielsweise wenn die Reklametafel eine bestimmte Grösse überschreitet[27]. Für die Plakatwerbung auf öffentlichem Grund besteht häufig ein Plakatmonopol der Gemeinde. Solche Monopole sind zulässig[28]. Die Gemeinde üben in der Regel dieses Monopol nicht selber aus, sondern übertragen es an ein Privatunternehmen. Beispielsweise wurde in der Stadt Zürich in Zusammenarbeit mit Stadtarchitekten die ganze Stadt mit den entsprechenden Plakatformaten (F4, F12, F200 etc.) ausgestattet. Die entsprechend benötigten Baugesuche sind bei der Bausektion II des Stadtrates eingeholt worden. Bei der Bewilligungserteilung für den Kunden müssen Restriktionen für Alkohol, Tabak und Politik sowie die Einschränkung bei Diskriminierung beachtet werden. Die Bewilligung der Baubehörden bedeutet noch nicht, dass die einzelne Werbung als solche den Lauterkeitsgrundsätzen entspricht.

Gefahrenzone Banknoten

Werbung mit Banknoten-Sujets ist zwar nicht grundsätzlich verboten, nur: wer mit Banknoten wirbt, steht mit einem Fuss im Gefängnis. Die Wieder-

---

[27] *Marc Schwenninger/Manuel Senn/André Thalmann, Werberecht, Zürich 1999, N 110 ff.*
[28] *BGE 125 (1999) I 209; Jusletter 7. Januar 2002, Markus Felber, Verfassungswidriges Plakatmonopol auf privaten Grundstücken.*

Ist diese Reproduktion (Originalgrösse des Werbeträgers: 15 × 21 cm) auf Karton erlaubt? Testen Sie sich selbst mit dem Nationalbank-Merkblatt auf der Folgeseite.

gabe und Nachahmung von Banknoten ist gemäss Art. 243 des Schweizerischen Strafgesetzbuches in der Schweiz verboten, sofern die Reproduktion eine Verwechslungsgefahr mit Originalnoten schafft. Das ‹Nachmachen› von Banknoten mit Verwechslungsgefahr ist strafbar – auch ohne Fälschungsabsicht. Ob ein ‹Nachmachen› nach Art. 243 StGB die Gefahr einer Verwechslung bewirkt, entscheidet die Strafbehörde. Die Nationalbank bietet – ohne Rechtsgewähr – einen Vorprüfungsservice an, kann allerdings nur Empfehlungen abgeben. Immerhin: Wenn die Nationalbank grünes Licht gibt, ist das Risiko einer Strafverfolgung gering. Werbeagenturen und Druckereien zählen deshalb zu den Stammkunden der Nationalbank. Dem Rechtsdienst der Nationalbank werden wöchentlich Werbeideen mit Banknoten zur Prüfung unterbreitet: Besonders beliebt ist die Hundertnernote – wegen der gefälligen Gestaltung mit Alberto Giacomettis Figuren. Diese dürfen – als Teil der Banknote – reproduziert werden, solange die Reproduktion nicht zu Verwechslungen führt. Banknoten sind nicht urheberrechtlich geschützt. Die Nationalbank hat dazu ein Merkblatt mit Leitplanken herausgegeben (siehe S. 48). Die Nationalbank selbst erstattet nur dann Anzeige, wenn ‹nachgemachte› Noten tatsächlich auf dem Markt erscheinen, Verwechslungen somit eingetroffen sind. Keine Anzeige erstattet die Nationalbank im Grenzbereich – selbst dann, wenn eine Agentur die Nationalbank-Empfehlungen nicht ganz beachtet hat.

Das Nationalbank-Merkblatt kann als Entscheidungsgrundlage beigezogen werden. Ist die Verkleinerung oder die Vergrösserung gross genug (siehe Merkblatt, Abschnitt B) oder ist der Ausschnitt weniger als 40 Prozent, wird Verwechslungsgefahr nicht angenommen. Auch die Abbildung auf

Werbung mit Banknoten: Merkblatt von Nationalbank beiziehen oder gar die Nationalbank fragen.

Merkblatt über die Reproduktion von Banknoten

A Rechtliche Grundlagen

Banknoten werden durch verschiedene Bestimmungen des Schweizerischen Strafgesetzbuches (StGB) geschützt. Die Art. 240 ff. StGB verbieten es, Geld zu fälschen oder zu verfälschen, um es als echt in Umlauf zu setzen. Ebenso sind das Einführen, Erwerben und Lagern von Falschgeld sowie das Inumlaufsetzen von Fälschungen verboten.

Auch das Nachmachen von Banknoten ohne Fälschungsabsicht (z. B. zu Werbezwecken) ist eingeschränkt. Der massgebliche Art. 243 StGB lautet: «Wer ohne Fälschungsabsicht Banknoten so wiedergibt oder nachahmt, dass die Gefahr einer Verwechslung durch Personen oder Gäste mit echten Noten geschaffen wird, insbesondere wenn die Gesamtheit, eine Seite oder der grösste Teil einer Seite einer Banknote auf einem Material und in einer Grösse, die mit Material und Grösse des Originals übereinstimmen oder ihnen nahe kommen, wiedergegeben oder nachgeahmt wird, [...] wer solche Gegenstände einführt, anbietet oder in Umlauf setzt, wird mit Gefängnis oder Busse bestraft. Handelt der Täter fahrlässig, wird er mit Haft oder Busse bestraft.»

Ferner werden gemäss Art. 249 Abs. 2 StGB Banknoten, die ohne Fälschungsabsicht wiedergegeben, nachgeahmt oder hergestellt wurden, aber eine Verwechslungsgefahr schaffen, eingezogen und unbrauchbar gemacht oder vernichtet.

B Zulässige Abbildungen

Die strafbaren Handlungen der Art. 240 ff. StGB unterstehen der Bundesgerichtsbarkeit. Die Schweizerische Nationalbank (SNB) kann nicht in verbindlicher Weise festlegen, in welchen Fällen die Banknotenreproduktion unbedenklich ist. Als Emittentin der Schweizerfranken-Banknoten sieht die SNB aber beispielsweise in folgenden Fällen keine Gefahr der Verwechslung mit echten Noten:

› verkleinerte Abbildungen, deren Seitenlänge höchstens 66% derjenigen der Originalnote ausmachen;
› vergrösserte Abbildungen, deren Seitenlänge mindestens 150% derjenigen der Originalnote ausmachen;
› Abbildungen von Banknotenteilen in beliebigem Format, soweit weniger als 40% einer Seite der Originalnote abgebildet wird;
› Abbildungen auf einem Material, welches sich unzweideutig und in einfacher Art und Weise vom Papier unterscheidet (Abbildung auf Esswaren und Hartprodukten wie Metall, Glas, Stein, Holz usw.);
› Abbildungen, welche sich farblich in sofort erkennbarer Art und Weise von sämtlichen gesetzlichen Kurs geniessenden Banknoten abheben.

Ob bei Banknotenreproduktionen die Gefahr der Verwechslung mit echten Noten besteht, ist überdies von den gesamten Umständen abhängig (Qualität des Drucks, Hinweis auf die Reproduktion durch den Vermerk ‹Spezimen›, Bedrucken von Vorder- und Rückseite, Art des Inverkehrbringens usw.).

C Urheberrecht

Banknoten sind nicht durch das Schweizer Urheberrechtsgesetz geschützt. Urheberrechtlich geschützt sind dagegen einzelne auf den Banknoten abgebildete Werke, sofern sie nicht erkennbar als Teil der Banknote reproduziert werden. Die urheberrechtlich geschützten Werke dürfen nur mit Genehmigung des Urhebers wiedergegeben und bearbeitet werden.

D Kontaktstelle

Fragen zur Abbildung von Banknoten sind an folgende Adresse zu richten: Schweizerische Nationalbank, Rechtsdienst, Postfach, CH-8022 Zürich (für dringende Fälle: Telefax Nr. 01 631 39 10).

Material, welches sich unzweideutig und unverwechselbar von Banknoten unterscheidet, ist zulässig: auf Metall, Glas, Stein, Holz. Nicht erwähnt wird Karton. Ein schwergewichtiger Karton kann allerdings auch unverwechselbar sein. Wie schwer muss ein Karton sein? Zu dieser Frage wollte sich der Nationalbank-Sprecher nicht abschliessend festlegen. Auch durch die Wahl einer völlig anderen Farbe kann die Verwechslungsgefahr ausgeschlossen werden. Aber auch hier gilt der Grundsatz: Im Zweifelsfall nie! Oder jedenfalls nie ohne vorgängige Kontaktnahme mit dem Rechtsdienst der Nationalbank! (Adresse im Merkblatt, *siehe oben*).

Bei bedingungslosen und unbefristeten Gutscheinen kann die gesetzliche Verjährungsfrist nicht unter fünf Jahre verkürzt werden.

Gefahrenzone Gewinnspiele

Seit eh und je sehr beliebt sind in Marketing und Werbung die Gewinnspiele, mithin Werbung, bei welcher an den Spieltrieb des Konsumenten appelliert wird. Wettbewerbe sind zu unterscheiden von den Zugaben und Rabatten (auch Wertreklamen oder Werbegeschenke genannt), welche jedem Käufer gewährt werden. Zugaben sind grundsätzlich erlaubt, wenn sie nicht unverhältnismässig anlockend, irreführend oder täuschend sind. Produkte, die einer Abgabebewilligung unterliegen, wie etwa Medikamente oder Spirituosen, dürfen nicht als Zugabe (oder Kundengeschenke) eingesetzt werden.[29] Erlaubt ist auch die Abgabe von Gratis- oder Geschenkgutscheinen, welche zum verbilligten oder kostenlosen Bezug von Waren oder Dienstleistungen berechtigen. Die gesetzlichen Verjährungsfristen (die Mindestdauer für den Kleinverkauf von Waren beträgt fünf Jahre) dürfen nicht unterschritten werden.[30]

‹Early Birds› fallen unter Lotteriegesetz

Wenn die Vergabe von Gutscheinen nur einem zufällig ausgewählten Kundenteil gewährt wird, fällt die Vergabe unter die Lotteriegesetzgebung. Diese kommt auch zur Anwendung, wenn Zugaben oder Rabatte nur den ‹Early Birds› (den Schnellsten) gewährt werden. Auf die ‹Gewinnspiele› und ‹Wettbewerbe› kommen die Bestimmungen des Lotteriegesetzes (Art. 1 LG), der Lotterieverordnung (Art. 43 Abs. 2 LV) sowie die Lauterkeitsgrundsätze (Nr. 3.9) zur Anwendung.

Eines von vier Merkmalen muss fehlen

Gestützt auf diese Bestimmungen sind Werbegewinnspiele und Publikumswettbewerbe nur zulässig, wenn eines der nachfolgenden Elemente fehlt:
> die Leistung eines vermögensrechtlichen Einsatzes oder der Abschluss eines Rechtsgeschäftes (sog. Kaufzwang)
> die Gewährung eines vermögensrechtlichen Vorteils als Gewinn (Vermögensvorteil)
> die Gewinner werden zufällig ermittelt, beispielsweise durch Ziehung von Losen oder Nummern (Zufall)
> die Planmässigkeit, d. h. der Veranstalter stellt nur eine beschränkte Gewinnsumme zur Verfügung und trägt selbst kein Spielrisiko (Planmässigkeit)

---

[29] Art. 20 Abs. 1 lit. h AWV und Art. 41f. AlkG; David/Reutter S. 80.
[30] Art. 129 OR.

Ein Element muss fehlen

Veranstalter von Werbegewinnspielen, die alle vier Merkmale erfüllen, machen sich nach den Lotteriebestimmungen strafbar und werden von Amtes wegen verfolgt. Deshalb ist bei der Veranstaltung von Werbegewinnspielen stets darauf zu achten, dass mindestens eines der vier Merkmale nicht verwendet wird. Erfahrungsgemäss ist es am einfachsten, wenn der Einsatz bzw. der Kaufzwang eliminiert wird. Wo Einsätze gewünscht werden – wie zum Beispiel der mehrmalige Einsatz einer Kreditkarte oder die Bestellung einer Zeitschrift –, kann der Kaufzwang mit folgendem Zusatz eliminiert werden: «Ich nehme nur am Gewinnspiel teil» oder «Gratisteilnahme-Karten können über folgende Adresse bezogen werden». Allerdings müssen dann die Teilnahmekarten auch prompt ausgeliefert werden.

Der entlastende Zusatz mit der Möglichkeit, nur am Gewinnspiel teilnehmen zu können, muss auch in der wettbewerbsbegleitenden Werbung beachtet werden. Wer mit Inseraten ein Gewinnspiel bewirbt, bei welchem Einsätze geleistet werden sollten (z. B. Bestellungen, ein- oder mehrmaliger Einsatz eines Zahlungsmittels usw.), muss nach Auffassung der zuständigen Abteilung im Bundesamt für Justiz auch in der Werbung (also auch in Inseraten und auf Plakaten!) auf die Möglichkeit hinweisen, nur am Wettbewerb teilnehmen zu können. Auf die Gestaltung und die textliche Kommunikation kommt es an – das gilt für alle Werbemittel. Die blosse Teilnahme-Option muss in der Nähe und auf der gleichen Seite stehen wie die Bestätigung «Ja, ich möchte gewinnen und bestelle von den angekreuzten Zeitungen und Zeitschriften je ein Probeabonnement für 20 Franken» (Wettbewerb der Schweizer Presse).

Der Einsatz

Als Einsatz gelten insbesondere auch ein Kaufzwang oder sonstige Leistungen, die mit der Teilnahme am Spiel in direktem Zusammenhang stehen. Bereits bescheidene Leistungen gelten als Einsatz; dies selbst dann, wenn sie etwa an eine gemeinnützige Organisation einbezahlt werden. Nicht als Einsatz gilt das Porto für die Einsendung des Teilnahmeformulars. Der Veranstalterzuschlag ist aber – auch bei Mehrwertdienstnummern – ein (unzulässiger) vermögensrechtlicher Einsatz.[31] Zulässig ist jedoch die Kombination der Möglichkeit eines Kaufs und der kostenlosen Teilnahme am Wettbewerb. Zulässig ist nur die erst später bekannt gegebene Möglichkeit, wegen eines bereits abgeschlossenen Rechtsgeschäftes an einem Werbegewinnspiel teilnehmen zu können. Und zulässig ist ein Wettbewerb, wenn jeder Teilnehmer die Möglichkeit hat, am Wettbewerb ohne Abschluss eines Rechtsgeschäftes teilzunehmen. Wird die Gratisteilnahme mit einem Bestellschein verquickt, auf dem eventuell noch ein Mindestbestellwert aufgedruckt ist, muss der Teilnehmer entweder die klare Möglichkeit haben, nur seine Gratisteilnahme anzukreuzen, oder es muss auf dem Bestellschein selber vermerkt sein, dass das leere Einsenden des Bestellscheins als Anzeige für die Teilnahme genügt.

Als Einsatz reicht auch aus, wenn der Teilnehmer subjektiv der Meinung ist, durch Erbringung einer geldwerten Leistung seine Gewinnchance zu ver-

> Gewinnspiele sind nur zulässig, wenn eines der folgenden Elemente fehlt:
> Einsatz
> Gewinn
> Zufall
> Planmässigkeit

---

[31] BGE 123 IV 173, Pugatsch in medialex 1/04 S. 4 mit Hinweis auf den Entwurf zu einer Änderung des Fernmeldegesetzes.

Wird von den Behörden geduldet: Hinweis auf blosse Teilnahme unten am Fuss der Gewinnkarte. Gewinnspiele ohne Kaufzwang sind erlaubt, doch aufgepasst: Die Mitteilung «Sie haben gewonnen» kann ein verbindliches Schenkungsversprechen sein (vergl. dazu SJZ 100 [2004] 292).

bessern. Ebenfalls als Einsatz gilt der Vermerk, Teilnahmekarten könnten «gegen Einsendung eines frankierten Rückantwortcouverts angefordert werden». Ebenfalls zu bejahen ist etwa das Vorliegen eines Einsatzes, wenn die Teilnahme an einem Wettbewerb nur unter Benutzung von Teletext möglich ist oder wenn das Teilnahmeformular in einem bestimmten Geschäft bezogen oder abgegeben werden muss.

Der Gewinn
Gewinn ist alles, was einen Vermögenswert besitzt. Unter den Begriffen ‹Hauptpreis›, ‹Superpreis›, ‹wertvoller Preis› darf ein solcher im Gegenwert von mehr als 50 Franken verstanden werden.

Der Zufall
Nicht unter das Lotterieverbot fallen Werbegewinnspiele, die nicht auf Zufall, sondern auf eigenen Leistungen der Teilnehmer beruhen, etwa auf Wissen oder auf Geschicklichkeit. Die Abgrenzung dessen, was Zufall ist, kann schwierig sein. So wurde der Zufall bejaht bei einem Wettbewerb, bei dem das Alter von Personen nach Fotos zu schätzen war, hingegen verneint in einem Fall, in dem anhand von Ansatzpunkten eine Schätzung des Umsatzes gefragt war.

Die Planmässigkeit
Planmässigkeit bedeutet beschränktes Risiko des Veranstalters. Wo der Werbetreibende entweder die Gewinne zahlenmässig beschränkt oder die Teilnehmerzahl limitiert, wird die Planmässigkeit bejaht. Planmässigkeit liegt nicht vor, wenn die Höhe der Hauptgewinne von Elementen abhängt, auf welche der Veranstalter keinen Einfluss hat, z. B. Koppelung mit Lottotreffer.

Gratisverlosungen und Geschicklichkeitsspiele
Grundsätzlich zulässig sind somit Gratisverlosungen (kein Einsatz), Geschicklichkeitsspiele (kein Zufall) und preislose Wettbewerbe (kein Gewinn). Solche Gewinnspiele sind auch in einem ‹konsumträchtigen› Umfeld zu-

lässig. Voraussetzung ist allerdings, dass die Wettbewerbsanlage verständlich ist, kein Kaufzwang besteht und kein indirekter Einsatz (z. B. Hinfahren an einem bestimmten Wochentag!) geleistet werden muss. Dem Irreführungsverbot entsprechend müssen die Teilnahmebedingungen sowie die Gewinnchancen und der Teilnehmerkreis genau bekannt gegeben werden. Zudem sind die Gewinne genau zu umschreiben und sind Einsendeschluss und Ziehungsdatum anzugeben. In Grenzregionen (Raum Basel und Bodensee) ist allerdings zu beachten, dass die Gerichtspraxis zur übertriebenen Anlockung in Deutschland weiter geht als in der Schweiz. Unlauterkeit wird insbesondere auch bei einer Summierung von missverständlichen und irreführenden Wettbewerbsanlagen angenommen werden.

Die Überwachung der Verlosung

> Gratis- und Geschenkgutscheine können aktionsgebunden sein. Sind sie dies nicht, dann gilt zwingend eine fünfjährige Verjährungsfrist.

Von Gesetzes wegen ist nicht vorgeschrieben, die Verlosung unter notarieller Aufsicht durchzuführen. Missbräuchliche Zuteilung der Gewinne (z. B. nach regionalen Kriterien) wäre zwar unlauter, kann aber im Einzelfall kaum nachgewiesen werden. Dies umso mehr, als viele Veranstalter ohne Zwang im Kleingedruckten aufführen: «Über dieses Gewinnspiel wird keine Korrespondenz geführt. Der Rechtsweg ist ausgeschlossen.» Die Aufsichtsbehörde (Bundesamt für Justiz, www.ofj.admin.ch) hat im Rahmen des Überwachungsrechts ein Recht auf Information und führt auch tatsächlich Stichproben durch. In der Regel schreiten indes die Administrativbehörden und Strafverfolgungsbehörden erst auf Hinweise von Konsumenten (oder Medien!) ein. Präventiv und unverbindlich beurteilt das Bundesamt für Justiz auf Anfrage eine Gewinnspielanlage. Die rechtsanwendenden kantonalen Behörden sind indes – wie bei der Werbung mit Banknoten – nicht an die Stellungnahme des Bundesamtes gebunden.

2.3 Sondervorschriften für Radio und Fernsehen[32]

Nicht nur für einzelne Branchen (Alkohol, Heilmittel, Lebensmittel usw.) und für einzelne Inhalte, auch für einzelne Medien gibt es Sondervorschriften für kommerzielle Kommunikation. Im Vordergrund stehen die Werbe- und Sponsoringrestriktionen in der Radio- und TV-Gesetzgebung.

Was ist Werbung?

Werbung und Sponsoring werden gerne in einem Atemzug genannt – müssen aber unterschieden werden. Der Begriff der Werbung wird in Art. 11 RTVV beschrieben: «Als Werbung gilt jede öffentliche Äusserung zur Förderung des Abschlusses von Rechtsgeschäften über Waren oder Dienstleistungen, zur Unterstützung einer Sache oder Idee oder zur Erzielung einer anderen vom Werbetreibenden gewünschten Wirkung, wofür dem Werbetreibenden gegen Bezahlung oder eine ähnliche Gegenleistung Sendezeit zur Verfügung gestellt wird.»

Was ist Sponsoring?

Im Gegensatz zur Werbung dient das Sponsoring nicht dem kurzfristigen Abschluss von Rechtsgeschäften, sondern einem langfristigen Imagege-

---

[32] *Dieses Subkapitel entstand unter Mitwirkung von Rechtsanwalt Dominic Del Degan.*

winn.[33] Sponsoring-Beiträge sind Zuwendungen an einzelne Sendungen. Die gesetzliche Regelung im Sponsoringbereich findet sich in Art. 19 des Bundesgesetzes über Radio und Fernsehen, kurz Radio- und Fernsehgesetz (RTVG), sowie in Art. 16 der entsprechenden Verordnung (RTVV, siehe Gesetzestexte im Anhang). Die gesetzliche Regelung im Bereich des Sponsorings in Radio und TV ist knapp und interpretationsbedürftig.

Die Sponsoring-Richtlinien des BAKOM
Das Bundesamt für Kommunikation stellt deshalb auf seiner Homepage (www.bakom.ch) eine Fülle von Informationen für den interessierten Leser zur Verfügung. Die nachfolgende Darstellung lehnt sich an die Sponsoring-Richtlinien des BAKOM an, welche ebenfalls unter www.bakom.ch zur Verfügung stehen.
Gemäss Art. 16 RTVV gilt als Sponsern die Beteiligung einer natürlichen oder juristischen Person, die an der Veranstaltung von Radio- oder Fernsehprogrammen oder an der Produktion audiovisueller Werke nicht beteiligt ist, an der direkten oder indirekten Finanzierung einer Sendung, um den Namen, die Marke oder das Erscheinungsbild der Person zu fördern. Einfacher ausgedrückt gilt als Sponsoring die Beteiligung einer natürlichen oder juristischen Person an der direkten oder indirekten Finanzierung einer Sendung, um den Namen, die Marke oder das Erscheinungsbild des Sponsors zu fördern (vgl. Franz Zeller, Öffentliches Medienrecht, S. 270).

Uneigennützige Unterstützung ist kein Sponsoring
Eine direkte Finanzierung liegt vor, wenn ein Radio- oder Fernsehveranstalter von einem Dritten Geld oder geldwerte Leistungen im Zusammenhang mit bestimmten Sendungen erhält. Diese direkte Finanzierung wird aber erst zum Sponsoring, wenn der Sponsor damit seinen Namen, seine Marke, seine Dienstleistung oder sein Erscheinungsbild fördern will. Massgebend für die Qualifikation als Sponsoring ist die Förderungsabsicht des Sponsors. Finanziert jemand aus uneigennützigen Motiven eine Sendung, unterliegt er nicht den gesetzlichen Sponsoringbestimmungen.

Formen indirekter eigennütziger Finanzierung
Neben der direkten Form der Finanzierung nennt das Gesetz ausdrücklich die indirekte Finanzierung. Unter dieser wird z. B. das Stiften von Wettbewerbspreisen oder das Product Placement verstanden. Da mit einer solchen Beteiligung in aller Regel eine Förderungsabsicht verbunden ist, unterliegen diese Verhaltensweisen ebenfalls den Sponsoringbestimmungen. Natürlich kann Sponsoring auch in anderen Formen auftauchen, wie z. B. in Quellenangaben. Darunter wird der Hinweis auf die Herkunft der verbreiteten Information verstanden. Quellenangaben sind eigentlich kein Mittel, um die Förderungsabsicht eines Marktteilnehmers zu verwirklichen, sondern ein Mittel, um Transparenz und Überprüfbarkeit zu gewährleisten. Wenn aber der Quellenlieferant für die Ausstrahlung Geld bezahlt, liegt ebenfalls ein Fall von Sponsoring vor. Eine weitere Form des Sponsorings liegt vor, wenn der Sponsor selbst die Sendung produziert oder produzieren lässt, um sie dann dem Veranstalter ganz oder teilweise kostenlos zu über-

---

[33] Zeller, S. 270, m. w. H.

lassen. Diese Konstellation ist besonders heikel, weil der Produzent versucht sein kann, die Ausgewogenheit und die Unabhängigkeit der Sendung sowie die Unabhängigkeit des Programmveranstalters zu unterlaufen (Art. 4 und 5 RTVG).

Die rechtlichen Leitplanken

Die Sponsoring-Richtlinien des BAKOM legen detailliert fest, welche Voraussetzungen beim Sponsern erfüllt sein müssen. So kann ein Sponsor nur eine ganze Sendung sponsern. Natürlich dürfen auch mehrere Sponsoren miteinander eine ganze Sendung sponsern. Bei jeder gesponserten Sendung muss der Sponsor unmittelbar am Anfang und am Ende der Sendung genannt werden. Diese Sponsornennung darf beim Publikum keine Zweifel an der Eigenschaft als Sponsor wecken. Zweckmässige Zusätze sind z. B. «Diese Sendung wird gesponsert von» oder «Diese Sendung ermöglicht Ihnen». Bei kurzen Sendungen unter einer Minute kann die Sponsornennung am Schluss der Sendung weggelassen werden. Wenn der Sponsor Bedingungen zum Inhalt der Sendung stellt, müssen diese Bedingungen ebenfalls am Anfang und Ende der Sendung genannt sein.

Erlaubte Arten von Sponsoring

Neben der obligaten Sponsornennung am Anfang und Ende der Sendung kann eine Sponsornennung auch im Trailer, in Insert und Reminder sowie im Titel der Sendung erfolgen. Bei den letzten beiden Varianten darf die Wiederholung aber nicht so oft geschehen, dass eine Werbewirksamkeit erreicht wird. Ebenfalls zugelassen ist die Nennung eines Sponsors als Preisstifter. Der Sponsor kann sich selbst auch mit Logo, Markenzeichen des Produktes oder dem Produkt selbst präsentieren. Selbst ein knapper und neutraler Hinweis auf das Tätigkeitsgebiet des Sponsors ist zulässig, wenn dieser für die Identifizierung des Sponsors unerlässlich ist. Das Gesetz verbietet das Sponsoring einer Sendung über den Sponsor selbst nicht. Auf die gesetzlichen Programmbestimmungen, insbesondere die Ausgewogenheit und die Sachgerechtigkeit der Sendung sowie die Unabhängigkeit des Veranstalters, ist bei dieser Konstellation besonderes Augenmerk zu legen.

Verbotenes Sponsoringverhalten

Durch keine Art des Sponsorings dürfen werbende Aussagen (vgl. oben die Definition der Werbung) gemacht werden – weder zum Sponsor selbst noch zu seinen Produkten. Dementsprechend ist auch die werbende Darstellung von Produkten des Sponsors nicht zulässig. Mit seinem Rundschreiben vom Mai 2002 hat das BAKOM seine strenge Praxis im Zusammenhang mit dem Verbot der Telefonnummernennung des Sponsors aufgegeben. Heute sind die Nennung der Telefonnummer oder der Internetadresse oder der Adresse des Geschäftslokals des Sponsors grundsätzlich erlaubt. Das BAKOM lässt heute die Nennung aller Adresselemente des Sponsors zu. Um Werbewirksamkeit solcher Angaben zu vermeiden, ist jedoch pro Sponsoringhinweis nur die Nennung eines einzigen Adresselementes erlaubt. Es darf nicht am Anfang und am Ende der Sendung ein anderes Element verwendet werden. Auch das Hervorheben einzelner Produkte des Sponsors (insbesondere aus Drittproduktion) ist nicht erlaubt, wenn es für die Identifizierung des Sponsors nicht notwendig ist. Genauso wenig erlaubt ist die Werbung für Wettbewerbspreise.

Die Sponsoring-Richtlinien des BAKOM finden Sie über www.bakom.ch.

Das Verbot des Sponsorings

Bei den vorgenannten verbotenen Sponsoringverhalten geht es um verbotene Verhaltensweisen eines grundsätzlich zum Sponsoring berechtigten Unternehmens. Wer aber einem Sponsoringverbot unterliegt, darf in gar keiner Art und Weise als Sponsor auftreten. Mit anderen Worten, es ist dem betreffenden Marktteilnehmer jegliches Sponsoringverhalten verboten.

Gemäss Art. 19 Abs. 4 RTVG dürfen Nachrichtensendungen wie Tagesschau und Magazine sowie Sendungen und Senderreihen, die mit der Ausübung politischer Rechte in Bund, Kantonen und Gemeinden zusammenhängen, nicht gesponsert werden. Nachrichtensendungen sowie nachrichtenbezogene Sendungen zum politischen Zeitgeschehen können nicht gesponsert werden (vgl. Sponsoring-Richtlinie Nr. 27). Nachrichtenbezogene Sendungen beinhalten vertiefte Berichterstattungen und Kommentare zu Nachrichten, Analysen von Nachrichtenentwicklungen und politische Stellungnahmen zu Ereignissen in den Nachrichten.

Drei Sponsoring-Fälle

> **Der Fall Radio Ri:** Der Rheintaler Lokalsender Radio Ri missachtete das Verbot von Sponsoring im Bereich der politischen Sendungen und den Ausschluss der politischen Parteien vom Sponsoring. Der Sender hatte ein Politpodium verbreitet, welches von einer Partei mindestens teilweise, allerdings nur in geringem Umfang, gesponsert wurde. Auf Grund dieser Umstände fiel die Rüge glimpflich aus (Verfügung vom 20. Januar 2004 des BAKOM).

> **Der Fall ‹Echo der Zeit›:** Mit Verfügung vom 29. September 1999 rügte das BAKOM Radio DRS wegen unerlaubten Sponsorings einer Nachrichtensendung. Die Sendung ‹Echo der Zeit› war nach der Ausstrahlung jeweils auf der Homepage der NZZ abrufbar. Diese Dienstleistung der NZZ liessen sich sowohl die NZZ als auch Radio DRS von der UBS AG sponsern. Das BAKOM gelangte zur Überzeugung, dass auch die Weiterverbreitung von Radiosendungen im Internet unter das Sponsoringverbot der politischen Sendungen falle. Diese Auffassung wurde von der Beschwerdeinstanz, dem Bundesamt für Umwelt, Verkehr, Energie und Kommunikation (UVEK), geschützt.[34]

> **Der Fall ‹Jetzt ein Stromausfall›:** Hier beanstandete das BAKOM mit Verfügung vom 14. März und 11. April 2003 einen Werbespot, der im Vorfeld der Abstimmungen über die Volksinitiativen ‹Strom ohne Atom› und ‹Moratorium plus› ausgestrahlt wurde. Bei diesem Streitfall stellte sich die Frage nach der Zuständigkeit und Kompetenz des BAKOM, solche Fälle zu beurteilen. Das UVEK kam auf Beschwerde hin zum Schluss, dass im Bereich der freien Meinungs- und Willensbildung nicht das BAKOM für die Feststellung eines Verstosses zuständig sei, sondern die Unabhängige Beschwerdeinstanz (UBI). Das BAKOM hat dann aber die entsprechenden Sanktionen zu verhängen, nachdem die UBI einen Verstoss festgestellt hat. Dieser Streit mag beispielhaft die Komplexität des Rechtsgebietes Werbung und Sponsoring in Radio und TV aufzeigen, sind sich doch selbst die zum Entscheid berufenen Instanzen nicht über alle Details einig.

Praxis zu Talksendungen

Das BAKOM vertritt gemäss Auskunft von Dr. Martin Dumermuth, Vizedirektor, eine relativ liberale Praxis. Das BAKOM toleriert Sponsoring

---

[34] Zeller, S. 273, m. w. H.

bei Talksendungen, solange deren Struktur nicht eindeutig politisch ausgerichtet ist. Mit anderen Worten: Die Talksendungen müssen ein offenes Publikum, verstanden als Gesprächsteilnehmer, haben. Wenn primär Gäste aus der Politik auftreten oder primär politische Themen behandelt werden, ist ein Sponsoring nicht mehr erlaubt. Aus dieser Auslegung ist auch ersichtlich, warum eine Nachrichtensendung oder ein Magazin, wie z. B. die ‹Rundschau›, nicht gesponsert werden dürfen. Die Struktur solcher Sendungen ist ja begriffsnotwendig politisch ausgerichtet.

Die Praxis des BAKOM ist begrüssenswert sowohl unter dogmatischen Überlegungen als auch unter Gesichtspunkten der Praktikabilität. Talksendungen wie z. B. ‹Talk täglich› auf Tele Züri sind von ihrer Struktur her weder klar politisch noch ausschliesslich unterhaltend. Das Unterhaltungsziel überwiegt aber in der Regel die politische Ausrichtung klar. Würde man das Sponsoringverbot extensiv anwenden, müsste jede Sendung vorweg hinsichtlich Thema und Talkgäste geprüft werden, um entscheiden zu können, ob jetzt konkret ein Sponsoring zulässig ist oder nicht. Anderseits wurde im Zusammenhang mit der Sendung ‹SonnTalk› auf Tele Züri die Frage aufgeworfen, ob in dieser Sendung von ihrer Struktur her nicht der politische Aspekt überwiegt und damit ein Sponsoring verboten wäre.

Werbeverbote schränken auch Sponsoring ein
Gemäss Art. 19 Abs. 5 RTVG dürfen Sendungen nicht durch Sponsoren finanziert werden, die zur Hauptsache Produkte herstellen oder verkaufen oder Dienstleistungen erbringen, für die ein Werbeverbot besteht. Vorgenannte Bestimmung verweist damit auf Art. 18 Abs. 5 RTVG, wonach religiöse und politische Werbung verboten ist, genauso wie die Werbung für alkoholische Getränke, Tabak und Heilmittel. Das Sponsoringverbot für diese Unternehmen ist notwendig, um eine Umgehung des Werbeverbotes zu verhindern. Ansonsten könnten mit Werbeverboten belegte Unternehmen über das Sponsoring ‹Werbewirkung› für die entsprechenden Produkte erzeugen. Dazu ist anzumerken, dass das RTVG revidiert wird. Der Entwurf sieht unter anderem eine Lockerung des Werbeverbotes für Bier und Wein für Privatsender vor. In den parlamentarischen Beratungen wurde sogar eine Lockerung in Bezug auf die politische und religiöse Werbung zur Diskussion gestellt. Ob diese Lockerungen angesichts der bereits im Nationalrat knappen Mehrheit im Ständerat durchkommt, ist fraglich. Mit einer Inkraftsetzung des revidierten RTVG ist kaum vor 2006 zu rechnen.

Versteckte Werbeverbote und Werbebeschränkungen
Nicht alle Schranken gehen aus einem namentlich erkennbaren Gesetz oder einer Verordnung hervor. So sind beispielsweise die Vorschriften für Kosmetikwerbung in der Verordnung über Gebrauchsgegenstände (GebrV) zu finden.[35]

Allgemeine Rechtsnormen als Schranken der Werbung
Neben den Sonderbestimmungen für einzelne Branchen und für einzelne Medien sind die allgemeinen Rechtsnormen und insbesondere die inhaltlichen Schranken zu beachten. Diese allgemeinen Schranken werden in den

---

35 Schwenninger Rz 292.

folgenden drei Kapiteln dargestellt. Zu den allgemeinen Schranken zählen der Persönlichkeitsschutz (einschliesslich Datenschutz), der Schutz des geistigen Eigentums und das Wettbewerbsrecht.

Bisweilen ergeben sich Werbeverbote erst aus der Gerichtspraxis. Insbesondere die Telefonwerbung oder die unbestellte Fax- oder Internetwerbung wurden erst nach und nach durch entsprechende EU-Richtlinien, Gerichtspraxis und Gesetzesinterpretation verboten.[36] Vor allem auch zur Internetwerbung werden die Schranken und Freiräume erst nach und nach durch die Gerichtspraxis verdeutlicht.

Thumbnail und Hyperlinks zulässig, Inline-Linking nicht

Erste Gerichtsentscheide aus dem Ausland liegen bereits bezüglich der Thumbnails und Links vor. Als Thumbnail wird ein kleines Bildchen mit geringer Auflösung bezeichnet, das in der Regel dazu dient, einen Link auf ein grösseres Bild grafisch zu kennzeichnen. Wenn der Nutzer auf das Thumbnail klickt, wird er zum grösseren Bild weitergeleitet oder es öffnet sich ein neues Fenster des Browsers mit dem grösseren Bild. Auch ein offener Hyperlink, welcher erkennbar zur Website des Anbieters führt, ist zulässig, solange keine Persönlichkeitsverletzung durch Kontextverflechtung entsteht. Nicht zulässig ist hingegen der Inlinelink, welcher die fremde Website ohne Einwilligung des Berechtigten in eine andere Website einbettet.[37]

Richtig ist, dass bei Grundrechtskollisionen auch im Privatrecht das verfassungsrechtliche Gebot des Interessenausgleichs zu beachten ist. Zum Grundrecht der Informationsfreiheit zählt auch die passive Informationsfreiheit, die Informationsbeschaffungsfreiheit.[38]

---

[36] Zur Praxis in der Schweiz vergl. Tätigkeitsbericht der Lauterkeitskommission 2002, *Aggressive Verkaufsmethoden*, S. 26 ff.; vom Ansatz her sehr kritisch: Mischa Ch. Senn, *Werbung mit E-Mails*, in sic! 2/2002 S. 85; zurückhaltend gegenüber Verbot: Bruno Glaus, *E-Mail-Spamming im Visier*, medialex 1/2002, S. 3 ff.

[37] Mark Schweizer in sic! 3/2003, S. 249 ff.; zur Haftung für Informationen auf Websites Robert G. Briner in sic! 2002, S. 231.

[38] Darauf haben Robert Dittrich und Theo Öhlinger in UFITA Band 135 (1998) S. 5 ff. ‹Verfassungsrechtlicher Schutz von geistigem Eigentum und passiver Informationsfreiheit› überzeugend hingewiesen.

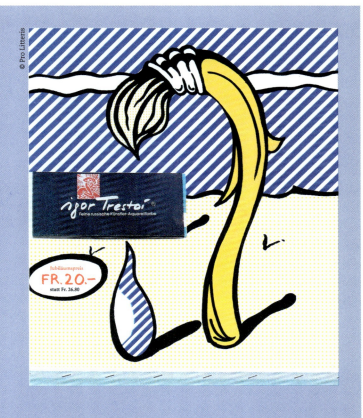

3 Immaterialgüterrecht

Die vier Bereiche des geistigen Eigentums: Patentrecht, Designrecht, Markenrecht und Urheberrecht.

Erfindungen, Marken und Design können durch Registrierung geschützt werden. Künstlerische Werke sind von der Entstehung an geschützt – ohne Registrierung. Die Schutzdauern sind verschieden.

3.1 Das Urheberrecht ist kein Registerrecht

Am umfassendsten wirkt der Urheberrechtsschutz. Das Urheberrecht schützt, unabhängig von ihrem Wert oder Zweck, Werke der Literatur und Kunst im weitesten Sinne, soweit es geistige Schöpfungen sind, die individuellen Charakter haben (Art. 1 und 2 URG). Dazu zählen:

› literarische, wissenschaftliche und andere Sprachwerke (z. B. originelle Werbetexte, PR-Texte oder individuelle Geschäftskorrespondenz)
› Werke der Musik und andere akustische Werke
› Werke der bildenden Kunst, insbesondere der Malerei, der Bildhauerei und der Grafik (z. B. Comic-Figuren)
› Werke mit wissenschaftlichem oder technischem Inhalt wie Zeichnungen, Pläne, Karten oder plastische Darstellungsformen
› Werke der Baukunst
› Werke der angewandten Kunst
› fotografische, filmische und andere visuelle oder audiovisuelle Werke
› choreografische Werke und Pantomimen

Die Brücke zwischen Ästhetik und Funktionalität bildet das…?

Als Werke gelten auch Computerprogramme. Und ebenfalls geschützt sind Entwürfe, Titel und Teile von Werken, sofern es sich um geistige Schöpfungen mit individuellem Charakter handelt. Auch Slogans, verdichtete Konzepte, Texte, Illustrationen (Mickey Mouse, Pirelli-Männchen usw.) sowie Piktogramme können Werke im Sinne des Urheberrechts sein.[1] Auch ein Werbe- oder Spielkonzept kann bei entsprechend hoher Individualität und je nach Gestaltungsgrad ein urheberrechtlich geschütztes Werk sein.[2]

Bei Computerprogrammen gilt nur eine 50-jährige, nicht eine 70-jährige Schutzdauer, vom Tod des Urhebers an berechnet (Art. 2 Abs. 2 i. V. m. Art. 29 Abs. 2 lit. a URG). Zu beachten ist: Die einzelnen Webpages sind Textdateien, die in einem spezifischen Datenformat, der sogenannten HyperTextMarkup-Language (HTML), gespeichert sind. Sie gelten urheberrechtlich nicht als Computerprogramme (Weber 2001, S. 199). Ein Computerprogramm liegt erst vor, wenn eine selbstständig lauffähige Befehlsfolge

© Paul Bühler

Das Swiss-Label-Logo – die Armbrust – ist eine urheberrechtlich geschützte Gestaltung und gleichzeitig eine Marke. Der Verein Swiss-Label durfte das Werk des Grafikers nicht im Internet bearbeiten. Da der Wortbeitrag ‹Swiss› nicht vom Grafiker stammte, nahm das Gericht Miturheberschaft von Texter und Gestalter an. Miturheber können nur gemeinsam Lizenzgebühren verlangen.

---

[1] Art. 2 Abs. 3 und 4 URG; ausführlich zum Werkbegriff im Kunstkontext Glaus/Studer, Kunstrecht 2003, S. 18 ff.; zum Schutz von ‹Schriften› M. Ch. Senn in sic! 3/2003, S. 191 ff.
[2] BGHZ 18, 175, 178, U. A. Henkenborg, Der Schutz von Spielen, München 1995, S. 98.

zur Abbildung auf Seite 59:

> *Inspiration oder Imitation? Verblasst das Original hinter einer freien Bearbeitung? Denkt ein Dritter unweigerlich an das Originalwerk? Oder wurde nur der Stil von Roy Lichtenstein aufgegriffen? Immaterialgüterrechte verleihen den Rechtsinhabern das ausschliessliche Recht, das geschützte Gut zu benützen und Nachahmungen zu verbieten.*

möglich ist. Die Website aber setzt den Einsatz eines separaten Computerprogramms (Webbrowser) voraus. Die Website ist deshalb eine gewöhnliche Datei. Sie kann aber den Grad eines Sammelwerkes (z. B. durch das originelle Zusammenfügen einzelner Webpages) oder eines anderen künstlerischen Werkes (z. B. als geschlossenes gestalterisches Ganzes) erreichen.

Unterschiedliche Schutzvoraussetzungen und Schutzdauer

Am umfassendsten ist der Schutz nach Urheberrecht deshalb, weil ein Werk der Literatur und Kunst geschützt ist, sobald es geschaffen ist. Eine Registrierung ist nicht Voraussetzung. Der Schutzumfang ist nicht auf branchenbezogene Kennzeichen beschränkt (wie bei den Marken) oder auf ‹Gestaltung von Erzeugnissen› (wie beim Design). Die Schutzdauer ist länger als bei Erfindungen, wo sie auf max. 20 Jahre begrenzt ist, und auch länger als im Designrecht, wo die Schutzdauer max. 25 Jahre beträgt. Nur die Schutzdauer im Markenrecht ist insgesamt länger, setzt aber Verlängerung alle 10 Jahre voraus (siehe dazu Tabelle S. 62).

Nicht jeder Text und jedes Verzeichnis ist ein künstlerisches Werk

Das Banale ist nicht geschützt.[3] Ebenfalls nicht urheberrechtlich geschützt sind Gesetzestexte, Zahlungsmittel, Gerichtsentscheide sowie Protokolle

---

[3] *Kurz vor Drucklegung dieses Buches hatte das Bundesgericht gemäss NZZ vom 23. April 2004 das Bild von Wachmann Meili als nicht schutzfähig bezeichnet – dies im Gegensatz zum Bob-Marley-Porträt des Zürcher Fotografen Max Messerli, welches von Peter Studer ausführlich in der NZZ am Sonntag vom 20. März 2003 exponiert wurde.*

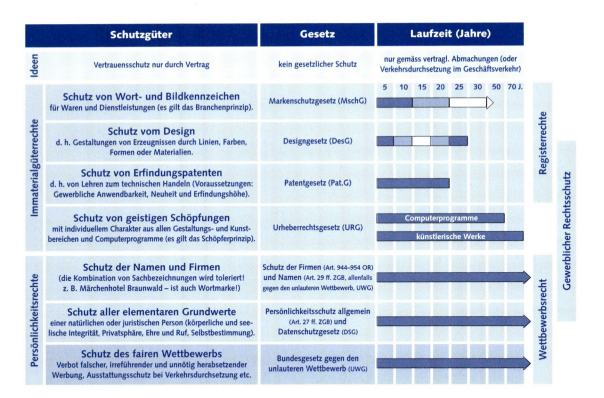

Zum gewerblichen Rechtsschutz zählen die drei Registerrechte (Patent, Design und Marke), der Schutz von Halbleitererzeugnissen («Computer-Chips») durch das Topografiegesetz, der Firmen- und Namensschutz und der lauterkeitsrechtliche Ausstattungsschutz wie etwa von Internet-Domain-Namen (vergl. dazu S. 100 ff.).

und Berichte von Behörden und Verwaltungen (Art. 5 URG). Wer amtlich Publiziertes sammelt und verwertet, kann nicht verhindern, dass ihn ein anderer nachahmt. Nur ausnahmsweise ist die Art eines Verzeichnisses geschützt – dann nämlich, wenn die Systematik und Anordnung der Sammlung eine individuelle schöpferische Leistung ist. Keinen Schutz geniessen diejenigen Texte (Sprachwerke), die banale Zusammenstellung von Alltagsredewendungen sind (Barrelet/Egloff N 13 zu Art. 2), so etwa standardisierte Geschäftsbriefe (BGE 88/1962 IV 128), Allgemeine Geschäftsbedingungen (SMI 1988/115), Formularverträge, Gebrauchsanweisungen usw.

Behördenentscheide sind nicht schutzfähig

Diese Grundsätze hatte jüngst die Basler Documed AG zu wenig beachtet und prompt einen Bumerang eingefangen. Die Documed AG gibt seit 1979 das ‹Arzneimittel-Kompendium der Schweiz› heraus. Der Inhalt des Kompendiums wird seit 1998 auch über Internet unter den Domains ‹documed.ch› und ‹kompendium.ch› verbreitet. Documed publiziert das ‹Arzneimittel-Kompendium› in Zusammenarbeit mit den Pharmaherstellern und Importeuren, die dafür bezahlen, weil sie nach Gesetz verpflichtet sind, ihre Arzneimittel-Fachinformation «den Adressatinnen und Adressaten», d. h. den Ärzten und Apothekern, «auf geeignete Weise zur Verfügung zu stellen» (Art. 13 Abs. 2 und Art. 14 Abs. 1 der Arzneimittelzulassungsverordnung). Die geeignete Form ist nach der Swissmedic (ehemals IKS) immer noch das Buch. Das ‹Arzneimittel-Kompendium› wird deshalb in Buchform unentgeltlich an die zur Abgabe von Medikamenten berechtigten Personen abgegeben. Fast alle Branchen kennen Kompendien. Auch die Werbebranche hat ihre Verzeichnisse und Porträtbände.

Documed wollte einem Konkurrenten verbieten, unter der Domain ‹oddb.org› (siehe auch www.ywesee.ch) eine Datenbank mit Arzneimittelinformationen nach gleichem Muster zu betreiben. Documed behauptete, sie habe an dem ‹Arzneimittel-Kompendium› das Urheberrecht, und zwar

> ein Urheberrecht an den einzelnen Fach- und Patienteninformationen;
> ein Urheberrecht an der Nachbearbeitung solcher Informationen (Art. 3 URG);
> ein Urheberrecht an der Auswahl oder Anordnung der Information (Sammelwerk, Art. 4 URG);
> ein Urheberrecht an den Registern, welche die Informationen erschliessen.

Das Gericht hielt fest, weder seien die einzelnen Texte schutzfähig, noch habe Documed durch Nachbearbeitung ein Werk zweiter Hand geschaffen. Auf den Aufwand, den Documed für die Erstellung des Kompendiums habe, könne nicht abgestellt werden, denn Fleiss oder Aufwand, möge er von noch so qualifizierten Personen erbracht werden, sei weder ein hinreichendes noch ein notwendiges Kriterium des Urheberrechts. Und überdies fehle es den Fachinformationen und der alphabetisch aufgebauten Sammlung am individuellen Charakter. Das Kompendium sei allenfalls als neu zu bezeichnen, aber dem Bekannten so nah, dass auch beliebige andere die gleiche Form schaffen könnten. Auch bei den Fach- und Patienteninformationen sei eine individuelle Gestaltung der Formulierungen nicht erkennbar. Es handle sich um banale Alltagsformulierungen, die sich aus dem allgemeinen medizinischen Sprachgebrauch, den besonderen Gepflogenheiten und aus den wissenschaftlichen Fakten sowie den gesetzlichen Bestimmungen ergäben. Überdies würden diese Texte im Medizinalbereich Teil einer Bewilligungsverfügung durch Swissmedic, sie seien somit Teil eines Behördenentscheids, und Entscheide seien bekanntlich nicht urheberschutzfähig (Art. 5 Abs 1 lit. c URG). Diese dürfen von jedermann kopiert werden. Und deshalb sei auch die Sammlung solcher Entscheide nur dann schutzfähig, wenn die Art der Sammlung besonders originell (individuell) sei. Dies treffe hier nicht zu, weil es sich lediglich um eine alphabetische Auflistung handle. Auch die Hyperlinks sind gemäss den Ausführungen des Basler Gerichtspräsidenten keine schutzfähigen Werke (Computerprogramme), da sie kein Verfahren zur Lösung einer bestimmten Aufgabe seien (Algorithmen; dazu Barrelet/Egloff, N 24 zu Art. 2).

Kennzeichnungen zu Herkunft von Waren und Leistungen nennt man:…?

3.2 Verwendungsrechte: kommerzielle Komponente

Die Urheberverwendungsrechte umfassen das ausschliessliche Recht zu bestimmen, ob, wann und wie das Werk verwendet wird (Art. 10 URG). Man nennt sie auch Vermögensrechte. Eingeschlossen in diesem Monopolrecht ist das Recht, über die

> Herstellung,
> Anbietung,
> Veräusserung,
> Verbreitung,
> Vervielfältigung,
> Vortragung,
> Aufführung,
> Sendung oder andere Formen der Wahrnehmbarmachung

zu bestimmen.

Ausnahmen vom Nutzungsmonopol des Berechtigten sind
- das gebührenfreie Privatgebrauchsrecht (Art. 19 Abs. 1 lit. a URG),
- das gebührenpflichtige Eigengebrauchsrecht in Schulen und Betrieben (Art. 19 Abs. 1 lit. b und c URG),
- das Zitatrecht (Art. 25 URG),
- das Vorrecht der Museums-, Messe- und Auktionskatalog-Hersteller (Art. 26 URG),
- die Strassenfreiheit, d. h. das Abbildungsrecht bei Werken auf allgemein zugänglichem Raum (Art. 27 URG),
- das Privileg bei der Berichterstattung über aktuelle Ereignisse (Art. 28 URG) für sämtliche Medien, auch für Bücher und Broschüren, soweit sie aktuelle Fragen behandeln.[4]

Die Bearbeitung ist im einfachen Verwendungsrecht nicht inbegriffen. Man unterscheidet – je nach Grad der Anlehnung an das Original
- blosse Umgestaltungen,
- Werkbearbeitungen (Werke zweiter Hand),
- freie Neugestaltungen.

Umgestaltungen sind Nachschöpfungen, welche sich erkennbar an die Vorlage anlehnen, aber nicht genügend neue Individualität erreichen, dass von einem Werk zweiter Hand gesprochen werden könnte. Bearbeitungen hingegen enthalten diesen selbstständigen individuellen Charakter, sie sind deshalb wiederum selbstständig schutzfähig, das Originalwerk ist aber noch erkennbar, im Gegensatz zur Neugestaltung, in welcher das Originalwerk nur als Anregung genommen wird. Eine Bearbeitung setzt eine (zusätzliche) Einwilligung voraus. Keine Zustimmung ist für freie Werkschöpfungen notwendig. Eine solche liegt vor, wenn die charakteristischen Züge des Erstwerks verblassen (Verblassungstheorie oder Abstandslehre). Solange aber das ursprüngliche Werk erkennbar ist, handelt es sich um eine Werkbearbeitung, nicht um eine freie Neuschöpfung, es handelt sich um Imitation, nicht um blosse Inspiration, allenfalls entsteht ein Werk zweiter Hand (Art. 3 URG).

3.3 Persönlichkeitsrechte: ideelle Komponente

Persönlichkeitsrechte:
Erstveröffentlichung
Anerkennung
Nennung
Bezeichnungsart
Werkintegrität

Das Urheberrecht der kreativ Tätigen hat eine kommerzielle (vermögensrechtliche) und eine ideelle (persönlichkeitsrechtliche) Komponente. Beide sind – in unterschiedlichem Mass – kommerzialisierungsfähig und handelbar. Nur beschränkt handelbar sind die Urheberpersönlichkeitsrechte, welche die persönliche und geistige Beziehung eines Werkgestalters zu seinem Werk schützen. Der harte Kern der Urheberpersönlichkeitsrechte ist nicht unwiderrufbar auf Dritte übertragbar (so z. B. das Recht, auf die Urhebernennung zu verzichten). Überpersönlichkeitsrechte sind:

Erstveröffentlichungsrecht
Die Entscheidung, ob ein Werk geheim gehalten oder veröffentlicht werden soll, muss dem Urheber jederzeit selbst zustehen.

---

[4] Barrelet/Egloff, *Das neue Urheberrecht*, Art. 28 Rz 22.

Recht auf Anerkennung und Nennung der Urheberschaft
Das Recht auf Namensnennung steht Freischaffenden und Unselbstständigerwerbenden zu. Dieses Recht bezieht sich in der Werbebranche nicht auf die Nennung auf allen Werkexemplaren selbst (z. B. Plakat, Inserat, Tele- oder Radio-Spot), sondern auf die Namensnennung bei der Ankündigung des Werkes oder bei der Reklame für das Werk. Deshalb werden bei der Ankündigung einer Werbekampagne die beteiligten Miturheber/-innen aufgeführt. Das Recht, als Miturheber genannt zu werden, besteht jedoch nur im Rahmen des Verkehrsüblichen. Der Autor eines Drehbuches könne zwar verlangen, im Filmvor- und -nachspann genannt zu werden, nicht aber auf den Filmplakaten, und die Gebrauchsanweisung für einen Rasierapparat brauche nicht dessen Designer aufzuführen, schreibt Rehbinder, Beispiele für Verkehrsübliches anführend.[5] Im Bereich der Werbegrafik und bei den PR-Agenturen kann der Verzicht auf die Autorennennung als branchenüblich bezeichnet werden. In jedem Fall kann die Werbeagentur die Signierung von Werbegrafiken durch ihre Angestellten vertraglich ausschliessen. Auch der Bauherr kann davon absehen, am Bauwerk den Namen des Architekten aufzuführen. Namensnennung gibt keinen Anspruch auf Adressangaben oder gar Telefonnummern. Ein kleiner Vermerk am Rande der Kunstkarte (allenfalls auch nur auf der Rückseite) genügt.

Recht auf Bestimmung der Urheberbezeichnung
Der Urheber hat das alleinige und unverzichtbare Recht, zu bestimmen, unter welcher Bezeichnung er das Werk in Verkehr bringen will: anonym, unter richtigem Namen oder unter einem Pseudonym. Der einmal erklärte Verzicht auf namentliche Nennung kann bei berechtigtem Interesse widerrufen werden.

Recht auf Integrität des Werkes
Der Schöpfer eines Werkes soll über spätere Änderungen und Bearbeitungen entscheiden können. Allerdings gilt dieses Recht nur mit wesentlichen Vorbehalten. Wer Nutzungsrechte vergeben hat, gestattet damit auch geringfügige gestalterische oder textliche Änderungen (z. B. in der Gestaltung einer Broschüre oder in der redaktionellen Bearbeitung eines Pressetextes). Auch Briefschaften dürfen beispielsweise den postalischen Vorschriften angepasst werden, ohne dass der geistige Schöpfer der CI gefragt werden müsste. Denn: In der Vergabe von Nutzungsrechten liegt das Einverständnis zu allen Änderungen, die nach dem Verwendungszweck üblich oder notwendig sind.[6] Mehr als das Übliche und Notwendige dürfen sich Hauseigentümer erlauben: Der Hauseigentümer darf sein Haus bis zur Grenze der Entstellung (Verstümmelungsverbot) abändern (Art. 12 Abs. 3 URG). Das Eigentumsinteresse geht dem Urheberrechtsschutz vor.

Schutz vor Zerstörung
Unikate, von denen es keine weiteren Werkexemplare mehr gibt, dürfen nicht ohne Einwilligung des Urhebers zerstört werden. Der Werkeigentümer ist verpflichtet, das Werk, das er entsorgen möchte, vor der Zerstörung dem Urheber zur Rücknahme anzubieten und dafür maximal

---

[5] M. Rehbinder, *Das Schweizerische Urheberrecht*, Bern 1996, S. 110.
[6] *Rehbinder a. a. O. S. 111.*

den Materialwert zu verlangen (Art. 15 URG). Auch hier gilt wieder die Ausnahme zu Gunsten der Hauseigentümer, welche dem Architekten vor dem Abbruch der Liegenschaft lediglich die fotografische Dokumentation des Werkes ermöglichen müssen. Wer im Arbeitsverhältnis Werke für die Arbeitgeberin schafft, überträgt von Gesetzes wegen die Nutzungsrechte auf die Arbeitgeberin, darin eingeschlossen ist auch das Veröffentlichungsrecht. Wo aber Werke im Papierkorb der Arbeitgeberin landen, fällt das Recht zur Ausbeutung der Nutzungsrechte an den Urheber zurück.

Auch ein inhaltlich und formal schon weitgehend durchgestaltetes ‹Konzept› kann ein urheberrechtlich geschütztes Werke sein. Präsentationen zum Thema ‹Öffentlichkeitsarbeit› oder ‹Unternehmenskommunikation› weisen heute ein Mass an Ausformulierung aus, welche nicht mehr ins Kapitel von blossen (ungeschützten) Ideen abgelegt werden können. Nicht selten enthalten sie nebst einer soliden Situationsanalyse bereits gestaltete und illustrierte Elemente des Konzepts und Claim-Vorschläge (z.B. ‹Das Linthwerk – gestaltete Lebensräume›).[7]

Das Fallbeispiel
Ein Basler Hotel beauftragte eine lokale Werbeagentur mit der Kreation und Realisation von Mailings. Der mündliche Auftrag umfasste das Erarbeiten diverser Werbeslogans und Fotografien zum Einsatz als Mailing. Ein Jahr nach dem Mailing, 1993, erstellte das Hotel in eigener Regie Inserate, die Ähnlichkeiten mit dem Mailing aufwiesen. Als diese Inserate in verschiedenen Zeitschriften und Zeitungen publiziert wurden, forderte die Werbeagentur eine Entschädigung. Mit Erfolg, wie der nachstehende Auszug aus dem Entscheid eines Basler Gerichts zeigt:

> › Werbung urheberrechtlich schützbar
> Es ist in Lehre und Praxis unbestritten, dass auch im Bereich der Werbung urheberrechtlich schützbare Werke geschaffen werden können. Die Diskussion wird vor allem im Hinblick auf die Werbe-Slogans geführt; es besteht Einigkeit darüber, dass solche Slogans urheberrechtlich schützbar sind, sofern sie einen individuellen Charakter aufweisen (vgl. M. Rehbinder, Schweiz. Urheberrecht, 1993, S. 60; M. Kummer, Das urheberrechtlich schützbare Werk, 1968, S. 86/7). Dasselbe muss auch für Werbefotografien gelten. Fotografien sind grundsätzlich urheberrechtlich schützbar, sobald sie individuellen Charakter haben, wobei mit Recht betont wird, dass es sich nicht rechtfertigt, besondere Anforderungen an den künstlerischen Gehalt einer Fotografie zu stellen, weil es nicht Sache des Richters ist, über den ästhetischen Wert zu urteilen.
> › Zusammengesetzte Individualität
> Man kann sich die Frage stellen, ob der Text allein bzw. die Fotografien allein als individuelle Leistungen im Sinne des Urheberrechts betrachtet werden. […] Dazu ist zu bemerken, dass ein Werk oft aus sehr vielen verschiedenen Teilen zusammengesetzt ist, die ihrerseits nicht alle die Voraussetzungen des urheberrechtlichen Schutzes erfüllen müssen (vgl. Art. 2 Abs. 4 URG). Es ist sogar denkbar, dass das Zusammenfügen von ausschliesslich nicht-individuellen Teilen als individuelle Leistung schützbar ist (sog.

---

[7] Vgl. dazu auch Kap. 7 ‹Ideenschutz durch Non-Disclosure-Vereinbarung› mit Beispiel der Kommunikationsagentur Leuzinger & Benz AG auf S. 133. Zum Schutz von Spiel-und Werbeideen: U.A.Henkenborg, Der Schutz von Spielen, München 1995, S. 98 ff. mit Verweis auf Lehre und Rechtsprechung in Deutschland, ebenso Klaus Schräder, Rechts-Ratgeber Werbung, WRS Band 21, Planegg 1995, S. 53; Dietrich Harke, Ideen schützen lassen, Beck-Rechtsberater im dtv, München 2000, S. 156 ff.

‹zusammengesetzte› Individualität). Die zu beurteilende Karte enthält eine Vielzahl von gestalterischen Elementen. Auch wenn diese teilweise altbekannt sind, […] lässt sich doch bei einer Betrachtung des Ganzen nicht verkennen, dass eine individuelle Gestaltung vorliegt. […]

> Ansehnliches Honorar

Würde das Individuelle, Eigenwillige fehlen, wäre im Übrigen nicht einzusehen, weshalb die Beklagte für die Entwürfe der Klägerin ein ansehnliches Honorar bezahlt hat. […] Als Indiz für das Individuelle der klägerischen Leistung kann schliesslich auch der Umstand genannt werden, dass die Beklagte die Karte der Klägerin für ihre späteren Inserate sowohl in Bezug auf die allgemeine Gestaltung als auch in Bezug auf die meisten Details der textlichen und bildlichen Ausformung als offensichtlich nachahmungswürdige Vorlage benutzte. Es liegt somit eine urheberrechtlich schützbare Leistung der Klägerin vor. […] Die wesentlichen Gestaltungselemente der Karte der Klägerin finden sich auch in den neuen Inseraten der Beklagten. Es ist schlicht nicht vorstellbar, dass die Gestaltung der Inserate der Beklagten anders entstanden ist, als durch bewusstes Nachahmen der von der Klägerin geschaffenen Vorlage. Das war urheberrechtlich nur unter der Voraussetzung der Zustimmung der Klägerin zulässig.

> Zustimmung nie erteilt

Eine ausdrückliche Zustimmung zur Verwendung ihrer abgeänderten Arbeit zur Publikation von Inseraten hat die Klägerin der Beklagten nie erteilt. […] Im Beschrieb der fakturierten Tätigkeiten heisst es u. a.: «7 Fotografien ab Bildagentur inkl. Verwendungsrechte zum Einsatz als Mailing.» Ferner enthält die Rechnung den Vermerk: «Abtretung des Verwendungsrechts im Rahmen dieses Auftrages.» Damit ist klargestellt, dass der Beklagten die Rechte zur Werkverwendung nur beschränkt übertragen worden sind: sie durfte lediglich die gelieferten Karten zum Mailing verwenden. Die Beklagte wurde insbesondere nicht ermächtigt, die von der Klägerin entworfene Bildgestaltung zu ändern und zur Publikation von Inseraten zu benutzen. Indem die Beklagte solche Inserate in Zeitschriften und in einer Zeitung aufgab, verletzte sie somit das Urheberrecht der Klägerin.

> Angemessener Ersatz: Gebühr

Bei Urheberrechtsverletzungen rechtfertigt es sich, im Sinne eines angemessenen Ersatzes eine Lizenzgebühr zuzusprechen, die zu bezahlen gewesen wäre, wenn um die Erlaubnis nachgefragt worden wäre. […] Zwischen den Parteien sind keine Abmachungen darüber getätigt worden, welche Entschädigungen für die vom ursprünglichen Vertrag nicht gedeckten Nutzungen zu entrichten seien. In solchen Fällen ist es richtig, die allgemeine urheberrechtliche 10%-Regel heranzuziehen (vgl. Art. 60 Abs. 2 URG), die auch der Regelung der von der Klägerin eingereichten ‹Arbeitsgrundsätze und Honorarordnung der Allianz Schweizer Werbeagenturen› (Ziff. 7) entspricht.[8]

Gestützt auf diese Richtlinien sprach das Gericht der Werbeagentur 10 Prozent der gesamten Inseratekosten (insgesamt 32000 Franken), d. h. Fr. 3200 Franken, zu.[9]

Auch Marken können Werke sein

Auch Marken und Design können künstlerische Werke sein, sofern sie geistige Schöpfungen mit individuellem Charakter sind. Wer seiner Bild-, Wort-Bild- oder gar Formmarke über die Branche hinaus eine gewisse Abwehrkraft verleihen will, kann dies über entsprechend künstlerische Gestaltung des Logos tun. Gute Markenführung basiert nicht selten auf einem Cor-

---

[8] *Urteil vom 24. 1. 1995, publiziert in BJM 1995, 248 ff.*
[9] *Siehe dazu Kap. 8, S. 153 ff.*

porate Design, welches auch urheberrechtlich schutzfähig ist. Auch Logos und Signete können nämlich künstlerische Werke sein.[10]

Verwertungsgesellschaften als Drehscheiben
Ein wesentlicher Teil der Urheberrechte wird von Verwertungsgesellschaften verwaltet und verwertet. Die ProLitteris verwertet die Rechte zahlreicher Text- und Bildautoren sowie der bildenden Künstler. Sie ist auch zuständig für das Einziehen der Zwangsabgaben für Fotokopien gestützt auf den Tarif GT 8 und die Intranet-Abgaben gestützt auf den Tarif GT 9 (mehr dazu über www.prolitteris.ch). Die Suisa verwertet die Rechte an Werken der Musik und anderen akustischen Werken sowie die Rechte der ausübenden Künstler und Künstlerinnen und der Hersteller von Ton- und Tonbildträgern.[11]

3.4 Erfindungen, Marken, Design sind Registerrechte

Neben dem Urheberrechtsschutz gibt es weitere drei Kategorien von Immaterialgüterrechten: Erfindungen, Marken und Design. Diese drei sind Registerrechte, das heisst, sie sind nur dann geschützt, wenn die Registrierung beim Institut für Geistiges Eigentum in Bern erfolgt ist (www.ige.ch). Das Informationsangebot des Instituts auf der Website ist vorbildlich, weshalb es gerechtfertigt ist, sich an dieser Stelle auf eine kurze Übersicht zu beschränken.

Die Erfindung

Von den drei Registerrechten spielen die Erfindungen in Werbung und Kommunikation die geringste Rolle. Eine Erfindung ist eine Lehre zum technischen Handeln. Sie kann, so sie gewerblich anwendbar, neu (nach dem Stand der Technik) und erfinderisch (ohne Vorveröffentlichungen!) ist, beim Institut für Geistiges Eigentum registriert werden. Die Schutzdauer beträgt 20 Jahre.

Die Marke

Bedeutender in der Unternehmenskommunikation sind die Marken. Marken sind Zeichen, die geeignet sind, Waren oder Dienstleistungen eines Unternehmens von solchen anderer Unternehmen zu unterscheiden. Eine gestalterische kreative Leistung ist nicht erforderlich. Die Registrierung wirkt nur für die registrierten Waren- und Dienstleistungskategorien. Insgesamt stehen 45 zur Auswahl.[12] Das Markenrecht verleiht dem Inhaber nach der Registrierung das ausschliessliche Recht, die Marke zur Kennzeichnung der Waren oder Dienstleistungen, für welche die Registrierung verlangt worden ist, zu gebrauchen. Allerdings kann der Markeninhaber Dritten nicht verbieten, ein bereits vor der Hinterlegung gebrauchtes Zeichen (z. B. einen Domain-Namen) zu gebrauchen (Art. 14 MSchG).

---

[10] *Zürcher Obergericht, Entscheid vom 26. Juni 2001, publ. in medialex 4/01, S. 241, siehe Illustration und Legende zu Beginn dieses Kapitels.*
[11] *Übersicht in Tabelle im Anhang I, S. 199.*
[12] *Siehe Kurzfassung der Liste im Anhang XI, Ziffer 6 (S. 251).*

Ohne Markenrecherche können Sie gar nicht mehr alle Originale kennen.

Im TV und in der Presse stösst man auf immer mehr kleine und grosse, menschliche und tierische Werbefiguren. Manche sind zu Stars geworden, andere spielen eher Nebenrollen, aber alle sind vor Nachahmung geschützt. Möchten Sie für Ihr Produkt ebenfalls mit einer Figur werben, aber damit niemandem, etwa dem Weissen Riesen, auf die Füsse treten? Dann sollten Sie unbedingt unsere Spezialisten kennen lernen. Mit einer Markenrecherche von ip-search können Sie herausfinden, ob eine ältere Marke Ihrer geplanten Figur im Wege steht. Wir durchleuchten aber auch das gesamte Umfeld einer Marke, die neusten Markttrends und ihre Konkurrenz. Damit bringen wir Sie auf zusätzliche Ideen und bewahren Sie vor dem Frust, vielleicht einen Doppelgänger erschaffen zu haben. Es lohnt sich also, für Ihr neues Werbeoriginal uns als Paten zu wählen.

Alles Wissen aus Patenten und Marken.

ip-search ist eine Dienstleistung des Eidgenössischen Instituts für Geistiges Eigentum. www.ip-search.ch

Marken sind Kennzeichen von Marktleistungen eines Unternehmens. Wer ein Kennzeichen zuerst hinterlegt hat, hat das Recht an der Marke (Hinterlegungspriorität). Marken dürfen weder Gemeingut, sachbezeichnend noch anstössig sein (absolute Ausschlussgründe, die das Institut für Geistiges Eigentum von Amtes wegen prüft). Die Inhaber von älteren Marken können relative Ausschlussgründe geltend machen, wenn das neue Kennzeichen identisch oder zumindest ähnlich und zudem für gleichartige Waren oder Dienstleistungen gebraucht werden soll, so dass daraus eine unzulässige Verwechslungsgefahr im Sinne von Art. 3 MSchG entsteht. Relative Ausschlussgründe muss der Inhaber einer älteren Marke nach der Eintragung von sich aus geltend machen, sei es im sogenannten Widerspruchsverfahren direkt beim IGE, sei es in einer Nichtigkeitsklage vor Zivilgericht.

Nur die berühmten Marken geniessen Schutz vor jeglichem Gebrauch durch Dritte für beliebige Waren und Dienstleistungen. Der gewöhnliche Markenschutz verbietet lediglich den Gebrauch für die registrierten Waren und Dienstleistungskategorien (siehe Anhang XI, Seite 251). Schutz wird gewährt bezüglich Verwechslungsgefahr in den registrierten Kategorien. Es gelten das Branchenprinzip und der Gebrauchszwang. Die zehnjährige Schutzdauer kann beliebig verlängert werden.

Marken können insbesondere Wörter, Buchstaben, Zahlen, bildliche Darstellungen, Tonsignete, dreidimensionale Formen oder Verbindungen solcher Elemente untereinander oder mit Farben sein (Art. 1 MschG). Absolut nicht markenschutzfähig sind gemäss Art. 2 MschG

> blosse Zeichen, die Gemeingut sind, es sei denn, dass sie sich als Marke für Waren oder Dienstleistungen durchgesetzt haben, für die sie beansprucht werden;
> Formen, die das Wesen der Ware ausmachen, und Formen der Ware oder Verpackung, die technisch notwendig sind;
> irreführende Zeichen;
> Zeichen, die gegen die öffentliche Ordnung, die guten Sitten oder geltendes Recht verstossen.

Einzelheiten dazu ergeben sich aus den Richtlinien zur Markenprüfung (www.ige.ch). Übersehen wird von den Agenturen häufig, dass Sachbeschreibungen nicht als Marke monopolisiert werden können. Dies ist nur möglich, wenn sie in einem hohen Gestaltungsgrad als kombinierte Wort-Bild-Marke angemeldet werden.

Textbausteine des Eidgenössischen Instituts für Geistiges Eigentum

(Beispiel aus einem dem Autor vorliegenden Entscheid in einem Widerspruchsverfahren, in welchem der Widerspruch für eine Kategorie gutgeheissen wurde)

> Nach Art. 3 Abs. 1 lit. c MSchG sind Zeichen vom Markenschutz ausgeschlossen, die mit einer älteren Marke ähnlich und für gleiche oder gleichartige Produkte bestimmt sind, so dass sich daraus eine Verwechslungsgefahr ergibt. Gemäss ständiger Praxis besteht zwischen den beiden Elementen (Produkte-)Gleichartigkeit und (Zeichen-)Ähnlichkeit eine Wechselwirkung, dergestalt, dass an die Zeichenverschiedenheit umso höhere Anforderungen zu stellen sind, je ähnlicher die Waren sind, und umgekehrt (Rekurskommission für Geistiges Eigentum RKGE in sic! 1997, 296 – Exosurf/Exomuc).

> Das Kriterium der Gleichartigkeit definiert den Exklusivitätsbereich einer Marke in produktespezifischer Hinsicht (Eugen Marbach, Schweizerisches Immaterialgüter- und Wettbewerbsrecht, Band III, Kennzeichenrecht, Basel 1996, 101). Produkte sind dann als gleichartig zu betrachten, wenn befürchtet werden muss, bei paralleler Verwendung identischer Zeichen könnte auf Grund sachlicher, struktureller oder konzeptioneller Überschneidungen der beiden Angebote ein Risiko herkunftsbezogener Fehlzurechnungen resultieren (Marbach, a. a. O, 107). Mit anderen Worten: Gleichartigkeit besteht dann, wenn das relevante Publikum auf den Gedanken kommen könnte, die Produkte stammten angesichts ihrer üblichen Produktions- und Vertriebsstätten aus dem selben Unternehmen oder würden unter der Kontrolle des gleichen Markeninhabers hergestellt (Lucas David, Kommentar zum Schweizerischen Privatrecht, Markenschutzgesetz, 2. Aufl., Basel 1999, N. 35 zu Art. 3).

> Stehen sich Waren und Dienstleistungen gegenüber, ist entscheidend, ob das Publikum Ware und Dienstleistung als wirtschaftlich sinnvolles Leistungspaket wahrnimmt, die Dienstleistung somit gewissermassen eine verkehrsübliche Folge des Warenangebots darstellt. Typische Anwendungsfälle sind ein ‹service après vente›,

die Zweitverwertung der eigenen Dienstleistung oder eine Dienstleistung zur Produkteimplementierung (Eugen Marbach, ‹Gleichartigkeit – ein markenrechtlicher Schlüsselbegriff ohne Konturen?›, ZSR 120, Basel 2001, 267 f.).
› Für die Beurteilung von Gleichartigkeit ist ausschliesslich auf den Registereintrag abzustellen. Wie die kollidierenden Marken im Verkehr tatsächlich eingesetzt werden, ist nicht ausschlaggebend (RKGE in sic! 2001, 133 – Otor/Ator).
› Marken, deren wesentliche Bestandteile in der Nähe von beschreibenden Zeichen liegen oder wegen des häufigen Gebrauches für ähnliche Produkte verwässert sind, verfügen nur über geringe Kennzeichnungskraft. Sie werden als ‹schwache Marken› bezeichnet. Solche Marken verfügen nur über einen engen Schutzbereich. Hingegen gelten Marken, die wegen ihres fantasievollen Gehalts auffallen oder sich durchgesetzt haben, als stark. Ihnen eignet ein weiter Schutzumfang (BGE 122 III 385 – Kamillosan; Marbach, a. a. O., 113; David, a. a. O., N. 13 zu Art. 3).
› Grundlage für die Beurteilung der Markenähnlichkeit ist der Registereintrag der beiden sich gegenüberstehenden Marken, nicht deren effektive Benutzung im Verkehr (Marbach, a. a. O., 115; David, a. a. O., N. 12 zu Art. 3). Die Ähnlichkeit zweier Marken bestimmt sich gemäss ständiger Praxis auf Grund des Gesamteindruckes, wobei den prägenden Markenelementen entscheidend Gewicht zuzumessen ist (Marbach, a. a. O., 116). Da die kollidierenden Zeichen dem Publikum kaum direkt gegenüberstehen, ist bei der Beurteilung auf das Erinnerungsbild, welches die Abnehmer von den Marken haben, abzustellen (David, a. a. O., N. 15 zu Art. 3). Mögliche und normale Verschiebungen des Erinnerungsbildes sind in die Beurteilung mit einzubeziehen (Alois Troller, Immaterialgüterrecht, Band I, 3. Aufl., Basel 1983, 232 f.). Massgebend sind die gesamten Umstände des konkreten Einzelfalles, insbesondere die Produktenähe, die Art der beanspruchten Produkte und die angesprochenen Abnehmerkreise (Marbach, a. a. O., 117).

Eintragungsverfahren:
↓
Eintragungsgesuch
↓
Prüfung
↓
Eintragung/Rückweis.
↓
Widerspruchs-
Verfahren
↓
Beschwerde an Reko

› Werden Wortmarken miteinander verglichen, sind deren Klangbild, Schriftbild und Sinngehalt gegenüberzustellen. Die Ähnlichkeit auf nur einer dieser Ebenen begründet in der Regel einen Abwehranspruch (Marbach, a. a. O., 118; David, a. a. O., N. 17 zu Art. 3). Bei der Analyse des Klangbildes spielen insbesondere die Vokalfolge, der Wortanfang und die Silbenzahl, daneben aber auch der Wortstamm, die Konsonantenfolge und die Wortlänge eine Rolle (BGE 122 III 388 – Kamillosan; Marbach, a. a. O., 119 f.; David, a. a. O., N. 19 ff. zu Art. 3). Kurzwörter prägen sich optisch und akustisch leichter ein als längere Wörter. Die Gefahr von Verwechslungen ist deshalb bei solchen Marken weniger gross (BGE 121 III 379 – Boss/Boks; Marbach, a. a. O., 120).
› Das Beifügen neuer Bestandteile zu einer bestehenden Marke, das Weglassen einzelner Bestandteile oder das Hinzufügen zusätzlicher Bestandteile zum kennzeichnenden Hauptelement einer bestehenden Marke ist immer dann ungenügend, wenn die neuen Elemente nicht geeignet sind, den Gesamteindruck des neu geschaffenen Zeichens wesentlich zu bestimmen, wenn somit die Marken in ihrem wesentlichen Bestandteil übereinstimmen (David, a. a. O., N. 11 zu Art. 3; RKGE in sic! 2000, 389 – Blue Jeans Gas (fig.)/Gas Statikon). Dies gilt insbesondere dann, wenn für die neue Marke von einer bestehenden Marke eine Silbe oder ein einzelner Buchstabe beigefügt oder weggelassen wird (RKGE in sic! 2001, 211 – Lemo/Lem).

Markenanmassung verboten

Markenanmassung, Markennachmachung und Markennachahmung sind verboten. In Art. 61 Abs. 1 lit. a MSchG wird der Begriff der ‹Anmassung› nicht näher umschrieben. Als Markenanmassung gilt die missbräuchliche Verwendung durch einen unbefugten Dritten, die körperliche Aneignung der fremden Marke.[13] Wichtig ist, dass ein strafrechtlich relevanter Markenmissbrauch nur dann vorliegt, wenn das verletzende Zeichen für gleiche oder gleichartige Waren oder Dienstleistungen wie die verletzte Marke verwendet wird, wenn also Verwechslungsgefahr geschaffen wird. Massgeblich sind also auch im Bereich der MSchG-Strafbestimmungen die allgemeinen Bestimmungen von Art. 3 Abs. 1 lit. b und c MSchG.[14] Ob Verwechslungsgefahr gegeben ist, beurteilt sich an sich nach den beiden Komponenten ‹Waren- bzw. Dienstleistungsgleichartigkeit› einerseits und ‹Markenähnlichkeit›.

Sonderstellung berühmter Marken
Eine Sonderstellung nimmt die berühmte Marke ein. Im Gesetz ist nicht definiert, wann eine Marke als berühmt zu qualifizieren ist. Voraussetzung ist eine ‹überragende› Verkehrsgeltung und allgemeine Wertschätzung weit über die produktespezifischen Abnehmerkreise hinaus (‹Swatch›, ‹Bugatti›, ‹Coca Cola› usw.).[15] Die berühmte Marke geniesst nur dann erweiterten Schutz, wenn deren Mitverwendung die Unterscheidungskraft gefährdet oder den Ruf ausbeutet. Imagetransfer ist in diesem Fall verpönt. In eine Gefahrenzone begibt sich auch, wer sich an berühmten, markenrechtlich geschützten Filmtiteln anlehnt (z. B. ‹Goldfinger›).

Gewerbsmässigkeit wird von Amtes wegen verfolgt
Gewerbsmässige Markenpiraterie wird von Amtes wegen verfolgt (Art. 61 Abs. 3 MschG). Das Bundesgericht hat bezüglich Gewerbsmässigkeit mit BGE 116 IV 322 die Praxis begründet, dass der Vorwurf der Gewerbsmässigkeit eine berufsmässige Tatbegehung bedingt. Eine solche liegt nach dieser Praxis nur vor, wenn sich aus der Zeit und den Mitteln, die der Täter für die deliktische Tätigkeit aufwendet, aus der Häufigkeit der Einzelakte innerhalb eines bestimmten Zeitraums sowie aus den angestrebten und erreichten Einkünften ergibt, dass die deliktische Tätigkeit nach der Art eines Berufes ausgeübt werden soll.[16] Der Täter muss in unbestimmt vielen Fällen deliktisch handeln. Diese vom Bundesgericht gesetzte Hürde der berufsmässigen Tatbegehung ist sehr hoch angesetzt. In Frage kommen nur noch krasse Fälle eigentlicher Markenpiraterie, wenn man bedenkt, dass etwa beim Bezug von sage und schreibe 160 000 gefälschten ‹Lacoste›-Polohemden zum Zweck der Weiterveräusserung Gewerbsmässigkeit verneint wurde.[17]

IOC und FIFA schützen viele Kategorien
Die grossen Veranstalter – wie beispielsweise das IOC oder die FIFA – schützen ihre verschiedenen Wort- und Wort-Bild-Marken sowie Formmarken für nahezu alle Waren- und Dienstleistungskategorien. Das kommt einem nahezu absoluten Schutz gleich. Zu Unrecht glauben die Markeninhaber allerdings oft, dadurch jede Verwendung der geschützten Wortmarke auch nur schon im redaktionellen Bereich verbieten zu können (z. B.

*Berühmte Marken schützen vor jeglichem Gebrauch für beliebige Waren oder Dienstleistungen, nicht nur in den eingetragenen Klassen.
Das Branchenprinzip gilt nicht.*

---

[13] Willi, Kommentar MSchG, N 5 zu Art. 61; David, Kommentar zum MSchG, 2. A., N 7 zu Art. 61.
[14] David, op. cit., N 8 zu Art. 61.
[15] BGE 116 (1990) II 463 sowie BGE 116 (1990) II 614 zu ‹Gucci›.
[16] BGE 119 (1993) IV 132.
[17] BGE 117 (1991) IV 162.

Eingetragene und geschützte Marken des IOC

Olympische Logos, Symbole und Begriffe für die Schweiz: Vom Internationalen Olympischen Comité (IOC) mit Sitz in Lausanne wurden in der Schweiz nachstehende Marken geschützt und ins Markenregister eingetragen:

Marke	geschützt in den Klassen
Olympische Ringe (schwarzweiss)	9, 14, 16, 36, 38 und 41
Olympische Ringe (vierfarbig)	9, 14, 16, 36, 38 und 41
Logo du Musée Olympique	3, 8, 9, 14, 16, 18, 20, 21, 25, 28, 29, 30, 32, 33, 41 und 42
Altius	3, 8, 9, 14, 16, 18, 20, 21, 25, 28, 30, 29, 32, 33, 41 und 42
Olympic	9, 14, 16, 36, 38 und 41
Olympnet	9, 38 und 42
Logo Solidarité Olympique	3, 8, 9, 14, 16, 18, 20, 21, 25, 28, 29, 30, 32, 33, 41 und 42
Hymne Olympique	9, 14, 16, 36, 38 und 41
Citius-Altius-Fortius	9, 14, 16, 36, 38 und 41
Citius	9, 14, 16, 36, 38 und 41
C.I.O.	9, 14, 16, 36, 38 und 41
IOC	9, 14, 16, 36, 38 und 41
Olympique	9, 14, 16, 36, 38 und 41
Fortius	9, 14, 16, 36, 38 und 41
Comité International Olympique	9, 14, 16, 38 und 41
International Olympic Commitee	9, 14, 16, 36, 38 und 41
Olympiade	9, 14, 16, 36, 38 und 41
Olympiad	9, 14, 16, 36, 38 und 41
Jeux de l'Olympiade	9, 14, 16, 36, 38 und 41
Games of the Olympiade	9, 14, 16, 36, 38 und 41

Registrierte Wortmarken der FIFA

2006 (hängiges Verfahren) / 2006 FIFA World Cup Germany / A Time to make Friends / Confederations Cup (hängiges Verfahren) / FIFA Club World Championship / FIFA Fussball-Weltmeisterschaft Deutschland 2006 / FIFA WM / FIFA WM 2006 / FIFA Women's World Cup / FIFA World Cup / Deutschland 2006 / Die Welt zu Gast bei Freunden / Fair Play / FIFA / FIFA World Cup / For the good of the Game (hängig) / Fussball Berlin 2006 (hängig) / Fussball Dortmund 2006 (hängig) / Fussball Frankfurt 2006 (hängig) / Fussball Globus / Fussball Hamburg 2006 (hängig) / Fussball München 2006 (hängig) / Fussball WM 2006 / Fussball WM Deutschland / Fussball WM 2006 Deutschland (& device with colour) / Fussball WM 2006 Deutschland (& device) / Germany 2006 (& emblem device) / Germany 2006 / Klub 2006 – Die FIFA WM im Verein / Spheriks (hängig) / Talente 2006 – Die FIFA WM in der Schule / WM / WM 2006 / WM Bier / WM Deutschland 2006 / WM Pils (hängig) / World Cup (& device) / World Cup 2006 / World Cup 2006 Germany / World Cup Germany

Fallbeispiel

Liegt hier ein markenmässiger Gebrauch (Kennzeichnung von Waren oder Dienstleistungen) vor? Verwechslungsgefahr mit geschützten Warenkennzeichen? Wird mit einer berühmten Marke ‹gespielt›? Werden urheberrechtlich geschützte Werke verwendet? Wenn ja, müsste dann die Einwilligung des Urhebers vorliegen? Könnte mit dieser Werbung geschütztes Design benutzt worden sein?

durch ein Verbot von Berichterstattung über Leserreisen an die Olympischen Spiele Sydney 2000 ohne Erlaubnis der Markenberechtigten). Damit verkennen sie indes, dass auch im Markenrecht eine Grundrechts-Güterabwägung angestellt werden muss. Das Informationsinteresse der Medien kann eine Verwendung der markenrechtlich geschützten Begriffe im redaktionellen Teil rechtfertigen.

Von Parfümerie-Waren bis Werkzeugen
Nicht nur das IOC, auch die FIFA hat in vielen Ländern zahlreiche Wort- und Bildmarken registriert, welche den umfassenden Schutz der FIFA-Aktivitäten in einem grossen Teil der insgesamt 45 Waren- und Dienstleistungskategorien sicherstellen sollen. Der Schutz reicht von den chemischen Erzeugnissen über Parfümeriewaren, Öle, Maschinen, Werkzeuge, über Möbel und Bekleidungsstücke bis hin zu den Kategorien Unterhaltung und Verpflegung. (Siehe Anhang XI, Seite 251, ‹Internationale Klassifikation der Waren und Dienstleistungen› gemäss Nizza-Abkommen, in ausführlicher Fassung publiziert unter www.ige.ch, Suchpfad Marken – CH-Registrierung.) Die FIFA hat nicht nur Marken registriert, welche direkt mit der Fussball-WM 2006 in Deutschland zusammenhängen, sondern auch solche, die allgemeine Events kennzeichnen. Die FIFA hat – wie andere Weltkonzerne – ein weltweites Marken-Überwachungsprogramm mit einem Netzwerk von IP-Fachleuten (Intellectual-Property-Fachleuten) etabliert, welche Verletzungen von FIFA-Marken ahnden und Widerspruchsverfahren führen (wenn der Markenschutz bestritten wird). Die Lizenznehmer und Geschäftspartner von FIFA müssen Verletzungen unverzüglich melden. Das kann wie beim IOC zu geharnischten Briefen führen (cease and desist letters). Alle Fäden laufen bei der FIFA Marketing & TV AG in Zug zusammen (Tel. 041 727 00 00). Diese Gesellschaft wirkt auch präventiv über Right-Protection-Programme-Teams auf potenzielle Verletzer ein. Dazu zählt auch eine gezielte Internet-Überwachung.

Individualmarken gehören einem Einzelnen, Kollektivmarken einem Verband. Garantiemarken sollen Beschaffenheit, Herkunft oder Qualität gewährleisten. Für Garantie- und Kollektivmarken sind genehmigungspflichtige Reglemente zu erlassen (Art. 23 ff. MschG).

Informationen über www.ige.ch
Zum Registrierungsverfahren und den Möglichkeiten, Identitätsabklärungen zu veranlassen, besuchen Sie am besten die Website des Instituts für Geistiges Eigentum (www.ige.ch). Dort finden Sie die Richtlinien für die Markenprüfung und für das Widerspruchsverfahren (über den Suchpfad Juristische Informationen – Rechtsgebiete – Marke…), die Liste der Internationalen Waren- und Dienstleistungsklassifikation mit insgesamt 45 Klassifikationen (über den Suchpfad Marke – CH-Registrierung – Klassifikationen) und ein breites Spektrum an ergänzenden Informationen und Formularen. Recherchen und Suchabfragen können Sie über www.swissreg.ch vornehmen. Zu beachten ist, dass Abbildungen von Design erst seit Inkrafttreten des neuen Designgesetzes im Jahr 2002 über Internet publiziert werden.

Das Design

Es schützt die zwei- oder dreidimensionale ‹Gestaltung von Erzeugnissen› (die Marke schützt Herkunftskennzeichnung). Schutzfähiges Design muss nicht nur neu, sondern auch ‹eigenartig› sein. Anders als bei Marken wirkt der Schutz von Design branchenunabhängig. Das Designgesetz hat im Jahre 2002 das frühere Muster- und Modellgesetz abgelöst.

Produktegestaltung kann oft sowohl als Design, als auch als Formmarke geschützt werden. International kann eine Marke im EU-Raum nach den Richtlinien der Europäischen Gemeinschaft geschützt werden («Gemeinschaftsmarke») oder massgeschneidert über den EU-Raum hinaus nach dem Madrider Abkommen über die internationale Registrierung von Marken (MMA) und dem Protokoll dazu (MMP). Die Internationale Marke wird in Genf bei der Organisation mondiale de la Propriéte intellectuelle (OMPI) hinterlegt und durchläuft von dort eine Prüfung in jedem einzelnen bezeichneten Land.

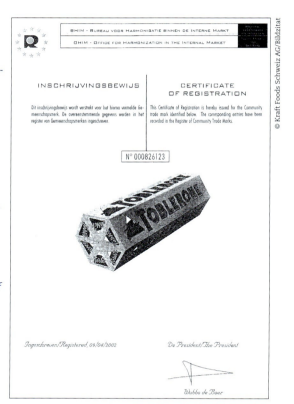

Worin unterscheidet sich Designschutz vom Markenschutz?

Der Begriff Design sei auch in Designerkreisen ‹unbestimmt›, ohne klare Konturen, vergleichbar mit dem unbestimmten Begriff der ‹Kunst›.[18] Design umfasst alle äusserlich wahrnehmbaren Erscheinungsformen. Das Gesetz spricht von ‹Gestaltung von Erzeugnissen› (in klarer Abgrenzung vom Inhalt oder von der Funktionalität von Erzeugnissen). Böse Zungen behaupten, der Begriff enthalte Schein und Sein, oder, wohlwollender ausgedrückt: ‹Design bildet die Brückenfunktion zwischen Ästhetik und Funktionalität.›[19]

Designschutz ist branchenunabhängig

Nicht alles, was unter dem Oberbegriff ‹Design› geschaffen wird, ist auch designschutzfähig. Insbesondere ist Designschutz nicht mit Markenschutz gleichzustellen. Während Markenschutz die branchenbezogenen Wort-, Bild- und Form-Kennzeichen schützen will, schützt Design branchenunabhängige Gestaltung von Erzeugnissen. Werke des Corporate Designs sind im Markenrecht häufig besser aufgehoben als im Designrecht. Es stehen dort die Kennzeichnungskraft und das Bedürfnis, Rückschlüsse auf ein Unternehmen herzustellen, im Vordergrund, nicht die ästhetische Gestaltung eines bestimmten Erzeugnisses.

Als Design gilt jede Gestaltung von «Erzeugnissen oder Teilen von Erzeugnissen, die namentlich durch die Anordnung von Linien, Flächen, Konturen

---

[18] *Köbi Gantenbein, Chefredaktor der Zeitschrift ‹Hochparterre›, anlässlich einer Designrechts-Tagung im Frühjahr 2002 an der ETH-Zürich.*

[19] *Michael Ritscher in den Unterlagen zur erwähnten Designrechtstagung.*

oder Farben oder durch das verwendete Material charakterisiert sind» (Art. 1 DesG). Das Wort ‹namentlich› weist darauf hin, dass die Aufzählung keinen abschliessenden Charakter hat. Festzuhalten ist, dass die Farbe für sich allein im Designrecht keine grosse Relevanz hat, dies im Unterschied zur Marke mit Farbansprüchen.

Manche Produktegestaltung ist allerdings sowohl als Design als auch als Marke schützbar. So kann die Valser-Wasser-Flasche von Colani sowohl als Design, als auch als dreidimensionale Formmarke hinterlegt und geschützt werden. Designschutz schliesst Markenschutz nicht aus, und Markenschutz schliesst Designschutz nicht aus. Designschutz ist nur während max. 25 Jahren möglich (5x5 Jahre), Markenschutz ist beliebig, jeweils um 10 Jahre verlängerbar. Markenschutz setzt keine Neuheit voraus.

Designschutz setzt Neuheit und Eigenart voraus

Das Designgesetz, in Kraft seit 1. Juli 2002, verlangt Neuheit und ‹Eigenart› als Schutzvoraussetzung. Es verbietet nicht nur die sklavische Nachahmung, sondern bereits Nachahmungen, welche ‹wesentliche Merkmale› des geschützten Designs aufweisen und dadurch bei den in der Schweiz beteiligten Verkehrskreisen den gleichen Gesamteindruck hinterlassen (Art. 2 Abs. 3 DesG). Die maximale Schutzdauer wurde von 3x5 auf 5x5 = 25 Jahre heraufgesetzt. Überdies wurde das Mitbenutzungsrecht des gutgläubigen Drittbenutzers verbessert. Und neu ist auch der Lizenznehmer zur Klage gegen einen Verletzer aktiv legitimiert.

Was bedeutet Neuheit?

Formelle Neuheit setzt voraus, dass den massgebenden Verkehrskreisen in der Schweiz zum Zeitpunkt der Hinterlegung kein identisches (!) Design bekannt ist. Grundsätzlich darf also weltweit keine gleiche Produktegestaltung vorliegen, die in der Schweiz bekannt sein könnte. Eine Kopie kann durch das Designgesetz grundsätzlich nicht geschützt werden.

Eigenart: Mindestmass an geistigem Aufwand?

Eigenart ist das eine Erfordernis für Designschutz, Neuheit das zweite. Eigenart bedeutet ‹Unähnlichkeit› mit bekannten früheren Designs. Wenn der Gesamteindruck eine Ähnlichkeit ergibt, ist das Design nicht schutzfähig. Wer bloss die Farben eines bestehenden Designs abändert, hat noch keine ‹eigenartige› schöpferische Leistung erbracht. Ob sich nun aber ein Design von einem andern genügend unterscheidet, ist eine Wertungsfrage, die im Zweifelsfall von den Gerichten zu entscheiden ist. Diese hatten nach bisheriger Rechtsprechung zu beurteilen, ob ein ‹Mindestmass an geistigem Aufwand› (BGE 104 II 329, 113 II 80) vorliegt – ein Kriterium, das wohl nach dem Wortlaut des neuen Gesetzes nicht mehr aufrecht erhalten werden kann. Es wird sich weisen, wieweit der Schutzumfang des neuen Designgesetzes weiter reicht, d. h. die Schutzvoraussetzungen geringer als früher sind. Der Bundesrat jedenfalls führte in seiner Botschaft aus, der «Tendenz zur Annäherung an die Kriterien des individuellen Charakters im Urheberrecht» sei unbedingt Einhalt zu gebieten (Botschaft BBl 2000, S. 2739). Die Form muss dem Gegenstand ferner gegeben werden, um den Geschmack, den Sinn für das Schöne anzusprechen, sie darf nicht funktions- oder nützlichkeitsbedingt sein (BGE 95 II 472, 92 II 204).

Kostengünstiges Schutzrecht: anders als beim Markenschutz können beim Design mehrere Variationen der selben Gestaltung hinterlegt werden (Sammelhinterlegung). Internationaler Schutz erfolgt nach Pariser Verbandsübereinkunft und Haager Abkommen zentral über OMPI in Genf (www.ompi.ch).

Eigenart ist nicht gleichbedeutend mit Qualität oder Schönheit. Massgebend ist nur die Unterscheidungskraft gegenüber bestehenden Designs. Eigenart (genügende Unterscheidung von anderem Design) ist schwieriger zu beurteilen als Neuheit (Identität mit anderem). Bei der Beurteilung der Eigenart wird auf den Gesamteindruck abgestellt. Massgebend sind die in der Schweiz beteiligten Verkehrskreise. Die Eigenart fehlt, wenn sich ein neues Design nur in unwesentlichen Merkmalen von andern Designs unterscheidet, welche den massgebenden beteiligten Verkehrskreisen bekannt sein könnten (Art. 2 Abs. 3 DesG). Das Designrecht geht von einem engeren Begriff der Nachahmung aus als das Marken- und Wettbewerbsrecht, welche jede Verwechslungsgefahr verhindern wollen.

Ausschlussgründe

Anders als im Markenrecht prüft das IGE im Designrecht ein angemeldetes Design weder auf Neuheit noch auf Eigenart. Ist die Schutzfähigkeit umstritten, müssen Gerichte entscheiden.

Fehlt es an den Voraussetzungen der Neuheit und der Eigenart, fehlt es an der Schutzfähigkeit – Eintragung wird zwar u. U. gewährt (weil das IGE die Neuheit nicht prüft), das Recht kann aber nicht gegenüber Dritten durchgesetzt werden. Ausgeschlossen ist der Designschutz überdies, wenn überhaupt kein Design (sondern beispielsweise eine Erfindung) vorliegt oder wenn die Merkmale des Designs ausschliesslich durch die technische Funktion des Gebrauchsgegenstandes bedingt sind (nützlichkeitsbedingte Gestaltung) oder wenn das Design gegen Bundesrecht, Staatsverträge, die öffentliche Ordnung oder die guten Sitten verstösst (Art. 4 DesG). So dürfen Wappen und andere Zeichen der Eidgenossenschaft und der Kantone nicht zu geschäftlichen Zwecken auf Erzeugnissen (Waren) und deren Verpackung verwendet werden (Art. 2 ff. WSchG).[20]

Wann beginnt der Schutz?

Erst mit der Hinterlegung (Eintragung) erlangt das Design oder die Marke den Schutz (Art. 5 DesG und Art. 5 MschG). Vor der Eintragung spricht man vom ‹Recht auf das Design›, nach der Eintragung vom ‹Recht am Design›. Der Designschutz gewinnt unter anderem deshalb an Bedeutung, weil die Registrierung einfach und kostengünstig ist. Eine Schwarzweiss-Fotografie oder eine Zeichnung (z. B. der Fassadengestaltung) genügt. Hinterlegung und Publikation inbegriffen, kostet die Registrierung eines einzelnen Designs mit max. drei Abbildungen rund 250 Franken. Wie im Markenrecht gibt es auch im Designrecht die Möglichkeit von Recherchen und Vorabklärungen (Einzelheiten dazu über www.ige.ch).

Das Eintragungsverfahren bei Designschutz[21]

Die Anmeldung kann auf einem offiziellen oder auf einem vom IGE anerkannten oder vorgeprüften Formular erfolgen (Einzelheiten dazu unter www.ige.ch). Eine oder mehrere zur Reproduktion geeignete Abbildungen oder Zeichnungen müssen beigelegt werden. Wenn mehrere Designs in einem Gesuch hinterlegt werden, müssen alle Gegenstände derselben Warenkategorie angehören. Zur Eintragung berechtigt ist der Designer oder dessen Rechtsnachfolger. Wie im Markenrecht gibt es auch im Designrecht verschiedene Klassifikationen – im Frühjahr 2004 waren es 33 Klassifikationen (gemäss sogenanntem Locarno-Abkommen, weshalb auch

---

[20] *Siehe auch S. 42 ff und Auszug aus Wappenschutzgesetz (siehe Anhang XI, Ziffer 8).*
[21] *Weiterführende Literatur: Willi und Heinrich (siehe Literaturverzeichnis im Anhang).*

von Locarno-Klassifikationen gesprochen wird, gegenüber den Nizza-Klassifikationen im Markenrecht).

Das IGE prüft im Rahmen des Eintragungsverfahrens nicht, ob die Person, welche das Eintragungsgesuch einreicht, auch tatsächlich dazu berechtigt ist. Es wird vermutet, dass der Ersthinterleger der Berechtigte ist (Art. 6 DesG). Auch die Ausschlussgründe werden vom IGE nicht vollständig geprüft. Das IGE prüft nicht, ob bereits ein identisches Design hinterlegt ist. Es prüft nur, ob überhaupt ein Design im Sinne des Gesetzes vorliegt, ob das zu hinterlegende Design Bundesrecht verletzt und ob es gegen die guten Sitten verstösst, nicht aber, ob das eingereichte Design neu oder eigenartig ist (Art. 4 DesG i. V. m. Art. 16 DesV). Erweist sich aber im Nachhinein, dass das eingetragene Design nicht neu war im Zeitpunkt des Hinterlegungsdatums, wird die Eintragung rückwirkend gelöscht. Im Streitfall entscheidet darüber das Gericht.

Recherchen und Suchabfragen können Sie über www.swissreg.ch vornehmen. Zu beachten ist, dass Abbildungen von Design erst seit Inkrafttreten des neuen Designgesetzes im Jahr 2002 über Internet publiziert werden.

Ideenklau verboten
Beide, Designschutz und Urheberrechtsschutz, wollen den Ideenklau verhindern. Die Nachahmung eines hinterlegten Designs ist widerrechtlich, wenn eine Verschiedenheit im Gesamteindruck nicht mehr haften bleibt. Was sich genügend unterscheidet, ist designrechtlich nicht verboten. Ungenügende Unterscheidungsmöglichkeit ist ein Verstoss gegen geschütztes Design. Verboten ist aber nur die gewerbliche nachahmerische Nutzung,

---

Corporate Design und Designmanagement

«Die industrielle Massenproduktion nivelliert, tendiert zum Einheitsbrei. Franchising im Foodbereich, Franchising in der Hotellerie, Modeketten über die ganze Welt. Einige wenige dominieren immer grössere Teile der Erde. Alles wird immer ähnlicher. Und alles soll gut sein. So gesehen ist Differenzierung – vereinfachend festgestellt – nur noch über ästhetische Profilierung möglich. Produkte- und Dienstleistungsgestaltung (sprich: Design) ist von existenzieller Bedeutung nicht nur für Unternehmen geworden, sondern auch für Städte und Regionen. Corporate Design ist als übergreifende visualisierte Darstellung des Leitbildes und des Handelns einer Unternehmung, einer Person oder einer Institution zu verstehen. Es geht um das Sichtbarmachen von Werten, Strategien, Grundhaltungen. Corporate Design ist Manifestierung der inneren Haltung der Führungskräfte auf allen Stufen der Unternehmung und im Idealfall aller Mitarbeiterinnen und Mitarbeiter. Die Umsetzung und das Handling von Corporate Design nennt man Designmanagment.

Designmanagement ist mehr als Durchsetzen von Erscheinungsbildern auf Dokumenten, Websites, Briefschaften und Hausbeschriftungen. Designmanagement ist ein Prozess und muss den Prozessen der Unternehmung und der Produkte folgen. Die äusseren Zwänge zu erkennen und proaktiv mitzugestalten ist die Aufgabe des Designmanagements. Produktedesign ist nur ein Teil des Designmanagements. Design ist eine Frage der Gesamtqualität des Produkts.» (Zitat/Verfasser unbekannt)

Aufgepasst beim Abbilden von Designobjekten: es könnten auch künstlerische Werke sein, wie z.B. der Le-Corbusier-Stuhl. Dann darf man das ‹Designobjekt›, weil es auch ein Kunstobjekt ist, nicht ohne Zustimmung der Urheberberechtigten abbilden. Im Zweifelsfall immer Pro-Litteris fragen.

© Bildzitat Einladungskarte ‹Designrechtstagung›

nicht die Herstellung und Nutzung zu privaten Zwecken (Art. 9 Abs. 1 DesG). Das Ausschliesslichkeitsrecht des Rechtsinhabers ist eingeschränkt durch das mit dem neuen Designgesetz gestärkte Mitbenützungsrecht des gutgläubigen Dritten, welcher ein noch nicht hinterlegtes oder veröffentlichtes Design bereits (gutgläubig) genutzt hat (Art. 12 ff. DesG).

Bedeutung von Design nimmt zu
Anfang dieses Jahrhunderts waren beim Institut für Geistiges Eigentum (www.ige.ch) rund 5000 Designs und 15 000 Marken hinterlegt. Die Tendenz ist steigend. Aus dem Werbebereich haben im Bereich Designschutz vor allem die Präsentationsvorrichtungen (Displays) für Produkte und der Schutz von ästhetisch gestalteten Verpackungen zugenommen. Aber auch in der Architektur haben die Gestalter den Designschutz entdeckt: Weil nicht jede Architektur bereits als künstlerisches Werk urheberrechtlichen Schutz findet, gehen Architekten dazu über, die Gestaltung einer Fassade oder Häuserform als Design zu hinterlegen. Zugenommen hat auch das Industrial-Design (z. B. für Sprechstellen, Abfalleimer, Sitzbänke usw.) – dies als Folge eines wachsenden Bewusstseins für Städtemarketing.

Wenig Bedeutung hat der Designschutz hingegen im sogenannten Web-Design. Bildschirmschoner (nicht aber Website-Software), gestalterische Layout-Masken für ein Webdesign (wie übrigens auch für ein Buch- oder Zeitungsdesign) können als Design hinterlegt und dadurch geschützt werden. Nicht geschützt werden kann eine einzelne Seite mit Inhalt. Hier greift nur der urheberrechtliche Schutz, wenn die Seite Werke im Sinne des Urheberrechts enthält.

Schutzbereiche überschneiden sich

Die Schutzbereiche überschneiden sich, sie schliessen sich nicht aus: Das Ergebnis einer gestalterischen Leistung kann gleichzeitig eine schutzfähige Marke (oder Firma) und/oder ein schutzfähiges Design und/oder gar ein urheberrechtlich geschütztes Werk sein. Wenn der Kreation gar noch eine technische Erfindung zugrunde liegt, käme allenfalls der patentrechtliche Schutz hinzu – beispielsweise bei einer neuen Armbanduhr. Auf der technisch neuen Uhr kann die geschützte Marke vermerkt sein, das Zifferblatt kann in gestalterischer Hinsicht als Design geschützt werden und – man denke an die Bill-Uhren – urheberrechtlichen Schutz geniessen.

Viele kreative Leistungen von Werbern und Designern sind in der einen oder andern Form ‹schutzfähig›. Eine Kennzeichnung kann – branchenbezogen – als Marke geschützt werden, eine gestalterische Leistung ebenfalls, eine gestalterische Leistung kann aber auch branchen- oder produkteunabhängig als Design geschützt werden. Schliesslich kann eine kreative Leistung derart ‹schöpferisch-individuell› sein, dass ein künstlerisches Werk im Sinne der Urheberrechtsgesetzgebung vorliegt. In diesem Fall setzt der Schutz keine Registrierung beim Institut für Geistiges Eigentum voraus.

In gestalterischer Hinsicht lässt sich folgende Rangordnung aufstellen:

> **Keine gestalterischen Mindestanforderungen**
> Keine gestalterischen Mindeststandards setzt das sogenannte Kennzeichenrecht voraus (Firmen-, Namen- und Markenschutz). Im Gegensatz zu den Firmen und Namen müssen Marken nicht aus reinen Wortzeichen bestehen, sie können Bildzeichen oder kombinierte Wort-Bild-Zeichen, ja sogar dreidimensionale Form- oder Klangmarken sein.[22]

> **Neuheit und ein Mindestmass an gestalterischer Leistung**
> Gestalterische Mindestanforderungen muss ein Design aufweisen, wenn es schützbar sein soll (Art. 2 DesG). Nach der Rechtsprechung braucht die Formgebung nicht das Ergebnis einer schöpferischen Tätigkeit zu sein; sie darf aber auch nicht im Nächstliegenden haften bleiben.

> **Geistige Schöpfung mit individuellem Charakter**
> Setzt den Urheberrechtsschutz voraus, somit mehr als ein Mindestmass an gestalterischer Leistung. Das ist mehr als ‹Eigenart› im Sinne des Designgesetzes.[23] Die Grenzen sind fliessend: Schon ein geringer Grad selbstständiger schöpferischer Tätigkeit kann ein urheberrechtlich geschütztes Werk generieren.[24] Schöpferisches Design mit individuellem Charakter kann zu den Werken der angewandten Kunst gezählt werden und fällt häufig auch in den Anwendungsbereich des Urheberrechtsschutzes.

---

[22] *Mehr dazu u. a. Staub/Hilti, WIR 1998, S. 76.*
[23] *BGE 104 (1978) II 329, 113 (1987) II 80.*
[24] *Le-Corbusier-Entscheid BGE 113 (1987) II 190 und neu 125 (1999) III 338.*

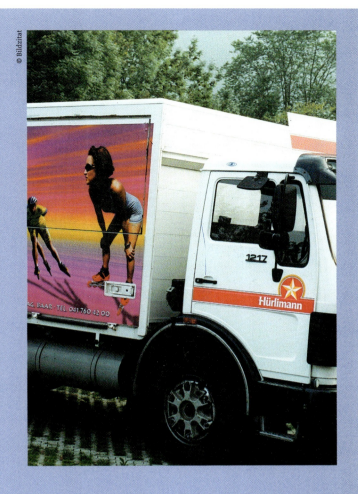

© Bildzitat

4 Persönlichkeitsschutz

Persönlichkeitsgüter: Ehre, Worte, Bild, Privatsphäre, Prominenz…

Das Selbstbestimmungsrecht an Wort und Bild kann kommerziell genutzt werden. Das Urheberrecht am Bild und die Persönlichkeitsrechte der Abgebildeten sind deshalb zu unterscheiden.

Persönlichkeitsrechte schliessen alle elementaren Rechtsgüter ein, welche direkt mit der menschlichen Person zusammenhängen: Leib und Leben, psychische und physische Integrität, Ehre, Ruf, Pietät, vor allem aber auch das Selbstbestimmungsrecht über die Äusserungsformen der menschlichen Person: das Recht am eigenen Namen, am eigenen Bild, am eigenen Wort, an der eigenen Stimme, an der eigenen Prominenz.

4.1 Das Selbstbestimmungsrecht als Schranke

In der kommerziellen Kommunikation ist das Selbstbestimmungsrecht der in der Kommunikation eingesetzten Personen – seien es Worte, Bilder oder Stimmen – zu beachten. Folgende Persönlichkeitsrechte stehen zur Diskussion:

> das Recht am eigenen Bild: Nur Bilder von Personen des öffentlichen Lebens dürfen im redaktionellen Teil zu Informationszwecken veröffentlicht werden. Für Werbezwecke ist aber auch von Personen des öffentlichen Lebens immer die Zustimmung einzuholen. Verpönt ist auch die unzulässige Fokussierung auf Leute in einem Zufallspublikum (Besucher eines Sportanlasses oder eines Restaurants, Flanieren auf der Strasse). Zulässig ist eine Abbildung eines Menschen, wenn sie nur ‹Beiwerk› ist, beiläufige Präsenz.

> das Recht an der eigenen Stimme und an der eigenen Prominenz: Nicht nur das Bild, auch die andern Äusserungsformen der menschlichen Person sind nicht frei verfügbar. So dürfen die Stimme oder der Name von Prominenten nicht ohne Erlaubnis zu Werbezwecken verwendet werden (siehe dazu Seite 88 ff.).

> das Recht am eigenen Wort: Soweit Worte überhaupt veröffentlicht werden dürfen, müssen sie korrekt wiedergegeben werden (Verbot sinnentstellender Kürzungen).

> das Recht am eigenen Lebensbild: Medien und Autoren dürfen Firmengeschichten oder Lebensgeschichten nicht beliebig zu Roman- oder Filmvorlagen verwenden.

> das Recht auf Vergessen: Im Gegensatz zu absoluten Personen der Zeitgeschichte haben relative Personen der Zeitgeschichte, d. h. solche, die nur vorübergehend Schlagzeilen machten, ein Recht auf Vergessen.[1]

> das Recht auf Pietätsschutz bei Angehörigen: Angehörige können geltend machen, ihre eigene Gefühlswelt würde in unzulässiger Weise verletzt, wenn Privates oder Vergessenes öffentlich würde (Fall Irniger).

> das Recht auf Achtung der Privatsphäre (in räumlicher Hinsicht und in sachlicher Hinsicht). Man unterscheidet die Intimsphäre (muss bei allen Personen geschützt sein), die Gemeinsphäre (es handelt sich hier um den halbprivaten Bereich, welcher bei Personen der Zeitgeschichte und des öffentlichen Lebens von öffentlichem Interesse sein kann) und die eigentliche Öffentlichkeitssphäre (all das, was sich in gewollter Öffentlichkeit abspielt). Der harte Kern der Privatsphäre ist strafrechtlich geschützt in Art. 179 ff. StGB (Verletzung des Schriftgeheimnisses, Abhören und Aufnehmen von Gesprächen[2], Missbrauch des Telefons usw.). Die Unbefangenheit der menschlichen Kommunikation soll gewährleistet sein.

> das Recht auf Schutz der Ehre und des Rufs. Die menschliche Ehre ist auch strafrechtlich geschützt (Art. 173 f. StGB, Üble Nachrede/Verleumdung). Der zivil-

---

[1] *BGE 127 (2001) I 145 und BGE 122 (1996) III 449 mit Verweis BGE 111 (1985) II 209, ebenso BGE 109 (1983) II 353 betreffend Lebensgeschichte eines Mörders und jüngst BGE 5C. 156/2003 vom 23. 10. 2003.*

[2] *Die Revision des Art. 179^{quinquies} StGB bringt den Journalisten nichts, vgl. Franz Ricklin, medialex 1/04/S. 9.*

zur Abbildung auf Seite 83:

> Pia Z., leidenschaftliche Scaterin, willigte als Sekretärin ein, in einer Mitarbeiterzeitschrift mit Bildern aus ihrem Hobbybereich (Skaten) abgebildet zu werden. Ein Jahr später sah sie sich als Werbeträgerin auf einer Lastwagenwand. Die Verletzung des Rechts am eigenen Bild kostete 3000 Franken – Prozess erledigt durch Vergleich.

rechtliche Persönlichkeitsschutz schützt auch das berufliche und gesellschaftliche Ansehen. Mit andern Worten: Nicht jede Rufschädigung ist strafbar – aber jede strafbare Ehrverletzung ist auch eine zivilrechtliche Persönlichkeitsverletzung.

- das Recht auf informationelle Selbstbestimmung: Jeder Mensch bestimmt seinen sozialen Geltungsanspruch selbst (Verankerung im Datenschutzgesetz, welches sich nicht nur auf die Datenbanken, sondern auf jede Bearbeitung und Veröffentlichung personenbezogener Daten oder beispielsweise Zitate bezieht). Teil der informationellen Selbstbestimmung ist das Recht auf Wahrheit: Niemand muss sich unwahre Tatsachenbehauptungen gefallen lassen (das Bundesgericht lässt allerdings Fehler zu, soweit der Betroffene ‹nicht in einem falschen Licht› erscheint.[3]
- der Schutz des Namens: Alle Namen, auch die ‹Firmen›, d. h. die Namen von Unternehmen, die im Handelsregister eingetragen sind, profitieren von einem gesetzlich verankerten Schutz (Art. 29 ZGB und Art. 944 OR). Namensschutz geniessen auch die Gemeinden und Kurznamen wie ‹SBB›. Die Namen von verstorbenen Personen geniessen allerdings in der Schweiz – zu Unrecht – noch keinen postmortalen Persönlichkeitsschutz.[4] Diese Namen darf man nur dann nicht verwenden, wenn sie für bestimmte Produkte markenrechtlich geschützt sind.
- Im redaktionellen Teil kann wegen eines überwiegenden Interesses der Öffentlichkeit und der Medien ohne Einwilligung über solche Schranken hinweggegangen werden, in der kommerziellen Kommunikation braucht es immer eine Einwilligung. Das wird bei den Bildern und bei der Werbung mit Prominenz häufig übersehen.

---

3 Studer, Medienrecht, S. 128.
4 Zum postmortalen Persönlichkeitsschutz Andrea Büchler in AJP 1/2003, S. 3 ff., negativ im Zusammenhang mit Obduktion BGE 129 (2002) I 302, ebenso BGE 129 (2002) I 173.

Das Datenschutzgesetz ist auch auf die Medien anwendbar (Minelli-Entscheidung des Bundesgerichts in 127 (2001) III 481. Zitate und Bilder sind Personendaten, welche faktengetreu und nach Verhältnismässigkeitsgrundsätzen bearbeitet werden müssen. Die Berichterstattung über die Rede von Christoph Blocher verletzte diese Grundsätze ebenso wie die stark reduzierten Zitate aus dem Bericht von Botschafter Jagmetti.

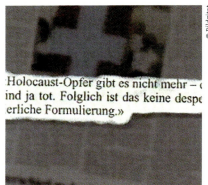

Das Recht des Fotografen und...

Wer Bilder bei Fotoagenturen einkauft, kauft urheberrechtliche Nutzungsrechte ein, selten aber ‹Reproduktionsrechte› der Abgebildeten. Bildrechte sind urheberrechtliche Nutzungsrechte. Wer Bildrechte erwirbt, erhält vom berechtigten Urheber (oder dessen Rechtsnachfolger) die Reproduktionsrechte. Die Bildagentur sichert zu, dass der Fotograf mit der vereinbarten Nutzung einverstanden ist. So heisst es beispielsweise in den Vertragsbedingungen von Keystone zum Zugriffsrecht auf Keystone Online: «Das Verwendungsrecht gilt für die einmalige Nutzung des Bildmaterials für den bei Bestellung der Bilder angegebenen Verwendungszweck; grundsätzlich gilt das Verwendungsrecht für die einmalige Nutzung des Bildmaterials für Pressezwecke in dem von Ihnen genannten Medium; jede anderweitige Verwendung, insbesondere für Werbezwecke, ist nur aufgrund einer speziellen Vereinbarung zulässig. Die Verwendung in elektronischen Medien wie z. B. dem Internet usw. ist nicht erlaubt und ist nur bei einer vor-

---

Recht auf Vergessen

Ein früheres Mitglied der ‹Fasel-Bande›, welche Ende der 1970er-Jahre Raubüberfälle verübte, erhielt 85 000 Franken Schadenersatz, weil es das ‹Journal de Genève› 1998 wieder ans Licht der Öffentlichkeit zerrte. Der erfolgreich im Berufsleben integrierte Mann erlitt nach Erscheinen des Artikels einen Zusammenbruch und verlor seine Stelle (Entscheid des Bundesgerichts 5C. 156/2003 vom 23. Oktober 2003, publ. in Plädoyer 1/04 S. 67; zum ‹Recht auf Vergessen› auch Glaus, in medialex 4/04).

hergehenden Absprache möglich. [...] Bei der Verwendung des Bildmaterials ist der Urheberrechtshinweis Keystone/ev. Agentur/Fotograf usw. bei jeder Bildverwendung anzugeben.»

Das Recht am eigenen Bild
Mit dem Nutzungsrecht kaufen Keystone-Kunden (und die Kunden anderer Bildagenturen) allerdings noch keine Persönlichkeitsrechte der Abgebildeten ein. Das Recht am eigenen Bild ist nicht Teil des Urheberrechts (des Fotografen), sondern ein eigenständiges Recht, das Persönlichkeitsrecht der Abgebildeten. Auch Abgebildete, die an öffentlichen Anlässen rechtmässig fotografiert wurden, dürfen lediglich im gleichen redaktionellen Kontext noch einmal veröffentlicht werden, nicht aber zu politischen oder kommerziellen Werbezwecken verwendet werden ohne ihre Einwilligung. Ein öffentlicher Auftritt an einem Sportanlass führt zwar zu einem überwiegenden Interesse der Medien: sie dürfen Bilder von diesem Anlass zu aktueller Berichterstattung verwerten. Gegen die Bildveröffentlichung im redaktionellen Teil können sich die Teilnehmer nicht zur Wehr setzen. Genau gleich verhält es sich bei Demonstrationen. Demonstranten nehmen die Berichterstattung in aktuellen Medien mit Text und Bild als ‹Lebensrisiko› in Kauf. Als Abgebildete können sie in einem Archiv abgelegt und zu gleichen redaktionellen Zwecken allenfalls noch einmal verwendet werden. Mehr aber nicht. Zu weiteren Verwendungszwecken müssen sie sich nicht hergeben: weder Otto Normalbürger noch Prominente. Alle haben ein Recht am eigenen Bild. Das nicht zu verwechseln ist mit dem Bildrecht des Fotografen. Nur in den seltensten Fällen haben Pressefotografen umfassende ‹Abgebildetenrechte› – auch zu Werbezwecken – eingeholt. Das macht die Arbeit von Werbeagenturen nicht leicht. Denn die Bildagenturen haben die Persönlichkeitsrechte meistens nicht geklärt.

Was tun? Im Zweifelsfall neu!
Beim Bildereinkauf für Werbung müssen Agenturen deshalb darauf achten, dass die Fotoagentur auch Rechtsgewähr für die Abgebildeten übernehmen kann. Das hiesse: Die Agentur steht dafür ein, dass die Abgebildeten (und nicht nur der Fotograf) einverstanden sind mit dem Verwendungs-

---

Auszug aus den ‹Allgemeinen Geschäftsbedingungen für Bezug und Verwendung von Bildern ab digitaler Datenbank von Keystone›

Rechte an den Bildern/Haftung

1) *Keystone* weist darauf hin und der Kunde nimmt zur Kenntnis, dass *Keystone* den Kunden in jedem Fall nur ein Recht auf Verwendung der Bilder einräumt. Diese Einschränkung gilt insbesondere für Bildvorlagen, die vom Bildinhalt her weiteren Urheberrechten und/oder anderen Persönlichkeitsrechten unterliegen (z. B. Abbildungen von Kunstwerken, Personen usw.). Der Kunde ist verpflichtet, die entsprechenden Rechte selber einzuholen, wobei ihn *Keystone* im Rahmen eines separaten schriftlichen Auftrags und gegen entsprechende Vergütung des Aufwandes unterstützen kann.

2) Der Kunde trägt in jedem Fall die volle Verantwortung für die Veröffentlichung bzw. Verbreitung eines Bildes. *Keystone* lehnt jede Haftung – insbesondere bei der Verletzung des Persönlichkeitsschutzes oder der Rechte Dritter – ab.

zweck. Allerdings wird die Bildagentur nur in seltenen Fällen diese Gewissheit haben, weil Abgebildete höchst selten zum Voraus in jeglichen Verwendungszweck einwilligen. Deshalb wohl steht kein Wort zu den Persönlichkeitsrechten von Abgebildeten in den Verträgen mit den Archivverwaltern. Dafür geben Bildagenturen in der Regel keine Gewähr. Es sei denn, dies sei ausdrücklich von der Werbeagentur ausgehandelt worden.
Wo die Bildagentur für Persönlichkeitsrechte nicht Gewähr leisten kann, ist im Zweifelsfall zu empfehlen, neues Bildmaterial nachzustellen mit Zustimmung der abgebildeten Personen. Wie die AGB der Bildagenturen deutlich machen (siehe Kasten), kann vom Begriff ‹lizenzfrei› nicht auf Persönlichkeitsrechte geschlossen werden. Keystone schreibt: ‹Lizenzfrei bedeutet, dass der Preis eines Bildes unabhängig von seiner Verwendung und Auflage ist. Einmal gekauft, können die Bilder beliebig oft für eigene Zwecke genutzt werden, wie z. B. im Internet, für Online- und Multimedia-Design, bei Werbekampagnen und auf Verkaufsaktionen, Präsentationen und Broschüren, auf Buchumschlägen und Buchseiten. Sie können aber auch Abzüge für die private Verwendung bestellen. Die Lieferung erfolgt per Download, die Bezahlung per Kreditkarte.› Mit einem Freipass bezüglich Persönlichkeitsrechte von Abgebildeten hat dies nichts zu tun.

Das Recht am eigenen Wort und Bild
Das Recht am eigenen Wort schützt die Selbstbestimmung am gesprochenen und geschriebenen Wort. Der Schutz schliesst auch das Verbot von Kontextentstellungen ein.[5] Das Recht am eigenen Bild verbietet einerseits die Benutzung von Personenbildern zu Werbezwecken, aber auch die Fokussierung auf einzelne Leute in einem Zufallspublikum z. B. bei einem Sportanlass, beim Flanieren auf der Strasse usw.

4.2 Prominenz ist eigenes Schutzgut

Prominente sind kein Freiwild, jedenfalls in der kommerziellen Kommunikation nicht. Werbung mit fremden Personen setzt immer eine Einwilligung der Abgebildeten oder der Zitierten voraus. Wer jedoch keine Einwilligung einholt, wird in der Schweiz vergleichsweise milde zur Kasse gebeten. Für fehlbare PR- und Werbeagenturen ist der Imageschaden beim Kunden allerdings beträchtlich, er wird solches Gebaren selten auf die Dauer hinnehmen. In jüngster Zeit haben Kunden wiederholt Regress auf Agenturen genommen, welche die Persönlichkeitsrechte von Werbeträgern (talents) nicht geregelt hatten.
Das Einmaleins des Prominentenschutzes ist schnell erklärt: Im redaktionellen Teil darf themenbezogen ungefragt mit Prominenz illustriert werden, wenn der Kopf etwas mit der Sache zu tun hat. Die Grenzen dieser Freiheit werden allerdings überschritten bei Kontextentstellung, unzulässiger Kontextverflechtung, fehlendem Sachzusammenhang und unzulässiger Rufschädigung.
In der kommerziellen Kommunikation ist immer die Zustimmung der betroffenen Person verlangt, bei Prominenten auch dann, wenn mit Doppel-

---

[5] *Ausführlich dazu Glaus, Das Recht am eigenen Wort, Bern 1997.*

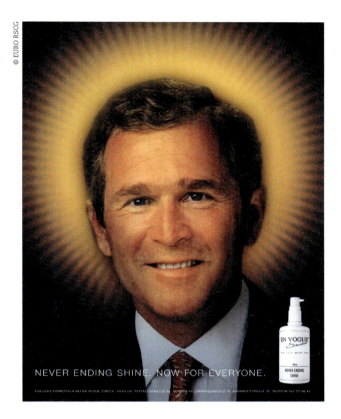

Es darf gelacht werden. Der Kreative weiss bisweilen: «Wo kein Kläger, da kein Richter» und nimmt das Risiko in Kauf (mit dem Einverständnis des Werbeauftraggebers).

gängern und Namensvettern gearbeitet wird. Denn nicht nur das Bild von Prominenten (und Nicht-Prominenten) ist geschützt. Art. 29 Abs. 2 und Art. 28 ZGB verbieten die Werbung mit fremden Namen. Die erwähnten Gesetzesbestimmungen schützen auch materielle Interessen eines Namensträgers (dazu ausführlich Bruno Seemann, Prominenz als Eigentum, Baden-Baden 1996). Bei einem Schauspieler, welcher sich beispielsweise als Luciano Pavarotti ausgibt, handelt es sich sowohl um eine Namensanmassung als auch um eine Verletzung von Art. 28 ZGB.

Der Fall ‹Rothschild›
Das right of publicity (das Recht, frei über die Kommerzialisierung der Person entscheiden zu können) verbietet auch Anlehnung und Ausbeutung über Trittbrettfahren oder Doubles. So hatte das Kassationsgericht des Kantons Zürich (ZR 85 Nr. 54) folgenden Entscheid gefällt: Ein gewisser Helmut Rothschild aus Düsseldorf, der in keiner verwandtschaftlichen Beziehung zu den berühmten Rothschilds stand, vermarktete unter seinem tatsächlichen Namen ‹Rothschild›-Uhren, Brillen, Zigaretten, Feuerzeuge usw. Er hob in der Werbung hervor: «R wie Rothschild, dies ist der Name der neuesten männlichen Linie auf dem Markt. Die Produkte sind würdig, auch im Badezimmer eines Bankiers zu stehen.»
Dies liess sich die berühmte Familie Rothschild nicht gefallen. Wegen Namensgleichheit lag zwar keine Namensanmassung im Sinne von Art. 29 Abs. 2 ZGB vor, jedoch eine Persönlichkeitsverletzung im Sinne von Art. 28 ZGB. Dies entschieden alle drei Gerichtsinstanzen (Bezirksgericht, Handelsgericht und Kassationsgericht). Sie vertraten die Auffassung, die unerlaubte

Nutzung des kommerziellen Wertes eines berühmten Namens stelle schon als solche eine Persönlichkeitsverletzung dar. Im gleichen Sinne hatten bereits deutsche Gerichte entschieden.[6]

Werkherrschaft und Imageherrschaft
Die Werkherrschaft des Urhebers wird somit ergänzt durch eine ‹Imageherrschaft› des Prominenten, an welchem man sich auch nicht über den Umweg eines Doubles vergreifen darf. Ausnahmen (wegen überwiegender öffentlicher Interessen) gelten für den redaktionellen Teil von Presse- und Verlagserzeugnissen, auch Bücher, Titelblätter und Kalender (so jedenfalls ein deutsches Gericht, Seemann S. 147).
Werbung mit Doubles und mit Namensvettern ist immer dann unzulässig, wenn der Ruf des Prominenten ausgebeutet wird. Solche Werbung ist nur zulässig mit Einwilligung der berühmten Namensvettern (aktuelles positives Beispiel Mastro-Lorenzo-Werbung am Schweizer Fernsehen). Ob und wieweit auch ein postmortaler (über den Tod hinaus gehender) Persönlichkeitsschutz greift, ist umstritten. In der Schweiz wird – im Unterschied zu Deutschland –, ein postmortaler (über den Tod hinausgehender) Schutz noch nicht anerkannt – gute Gründe sprechen allerdings dafür.[7]

Auch die Promi-Stimme ist geschützt
Von der Imageherrschaft des Prominenten wird auch die Stimme erfasst, und zwar nicht nur die wirkliche Stimme aus einer existierenden Aufnahme, sondern auch die Nachahmung der Stimme, sogenannte ‹sound-alikes› (wie das Doubeln eines Stars, Seemann S. 111). Die Rechtsentwicklung in Europa und in der Schweiz gleicht sich immer mehr der amerikanischen an: Das right of publicity, das Recht an den Publizitätsrechten einer prominenten Person, schützt auch vor Imitation charakteristischer Sprech- und Gesangstile oder vor dem Nachstellen mit einem Schauspieler oder vor der Rufausbeutung durch einen ‹Namensvetter›.[8]

4.3 Kundenmagazin: redaktionelle Kommunikation?

Heikel ist die Abgrenzung zwischen redaktionellem und kommerziellem Teil. Eine Titelbildseite einer Gratis-Hauspostille ist in Deutschland als redaktioneller Teil eingestuft worden: Ausgangspunkt war die Klage eines Schauspielers, dessen Bildnis grossformatig auf der Frontseite der ‹Chris-Revue› prangte, einer Kundenzeitschrift der grössten Drogeriekette der BRD, in einer Auflage von 2,45 Millionen mehrmals jährlich erscheinend, verlegt von einem Werbeunternehmen im Auftrag des Inhabers der Drogeriemarktkette. Festzuhalten ist, dass die beanstandete ‹Chris-Revue› Beiträge zu den Themen ‹Wunderwerk Haut›, ‹Mode und Make-up: Herbst-Winter-Trends›, ‹Schönes Haar – gesunde Umwelt› usw. enthielt und dass – und dies war für die rechtliche Würdigung nicht unwesentlich – die Zeitschrift ‹auch Werbung

---

[6] *Caterina-Valente-Entscheid, dazu Seemann S. 135.*

[7] *Vgl. dazu vorne Fussnote 4, bejahend Ott/Grieder in AJP 2001, S. 627, für Deutschland Oliver C. Brändel ‹Das postmortale Persönlichkeitsrecht als Nachlassgegenstand› in: Festschrift für Willi Erdheim, Köln 2002, S.49.*

[8] *Rothschild-Entscheid ZR 85 Nr. 54.*

Kundenmagazine, die als Werbeträger für Produkte eingesetzt werden und einen «erkennbaren Bezug zu bestimmten Waren oder Dienstleistungen» haben, sind auch nach deutscher Rechtsprechung Werbeprodukte und keine redaktionellen Medien. Die Persönlichkeitsrechte der abgebildeten Personen müssen so oder so geklärt werden. Haben sie eingewilligt, in diesem Kontext veröffentlicht zu werden? Einkauf im Bildarchiv garantiert selten auch die Abklärung der Persönlichkeitsrechte.

für die Produkte und Leistungen anderer Anbieter› publizierte (wie der Bundesgerichtshof wörtlich feststellte). Über den Schauspieler und die Schauspielerin Uschi G. erschien in der gleichen Nummer ein Bericht des Inhalts, endlich würde das Paar in der Fernsehserie ‹Zwei Münchner in Hamburg› zum wirklichen Paar. Das Frontseitenbild des Schauspielers war ein Standfoto anlässlich der Dreharbeiten zur TV-Serie, im Auftrag einer Werbeagentur zum Zwecke der redaktionellen Nutzung ohne Entgelt aufgenommen. Der Schauspieler hatte einer Verwendung des Bildes zu Werbezwecken nicht zugestimmt. Er klagte deshalb auf künftige Unterlassung und Schadenersatz, als er sich ungewollt auf der Frontseite sah, und machte geltend, sein Recht am eigenen Bild sei zu kommerziellen Zwecken missbraucht worden, weil die ‹Chris-Revue› ein Werbeprospekt und keine Zeitung mit redaktionellem Inhalt sei.

Der Bundesgerichtshof hielt Folgendes fest: Die Einwilligung zur Bildpublikation für eigentliche Werbezwecke sei grundsätzlich auch bei Personen der Zeitgeschichte immer erforderlich. Nur für redaktionelle (ideelle) Zwecke habe das Publikationsinteresse Vorrang vor den Persönlichkeitsrechten. Ob ein Werbeprodukt oder ein redaktionelles Produkt vorliege, entscheide sich nicht an der Qualität des redaktionellen Inhalts, sondern ausschliesslich daran, ob das Bild ‹als Werbeträger für Produkte eingesetzt wird›.[9]

---

[9] *Entscheid des Bundesgerichtshofs vom 14. März 1995, publiziert in ZUM 8/9/1995. Abgestellt wurde auf die Frage, ob ein ‹erkennbarer Bezug zu bestimmten Waren oder Dienstleistungen› bestehe.*

Kundenzeitschriften und Broschüren können durchaus redaktionellen Charakter haben. Sie profitieren dann vom Vorrang eines überwiegenden Informationsinteresses. Prominente haben hier das Nachsehen. Im redaktionellen Teil dürfen bekannte Schauspieler, Stars aus Sport und Spiel, Politiker und Polterer quasi beliebig ausgebeutet werden – meist grossformatig auf der Frontseite – damit lassen sich Leserschaften in Bann ziehen und auf Promi-Seite Marktwert generieren.

Geschäftsberichte und Corporate Publishing
Nicht zur redaktionellen Kommunikation, sondern zur kommerziellen zählen indes Geschäftsberichte und rein produktebezogene Corporate-Communication-Publikationen aller Art. Auch das Corporate Publishing baut auf Sympathieträger. Sie zieren Firmenbroschüren und Kundenzeitschriften. Und immer wieder stellt sich die Frage, ob für die Bilder Einverständnis und Entschädigung erforderlich sind oder ob sich die Corporate-Publishing-Agentur der Prominenz frei bedienen darf. Nein. Denn im Bereich der kommerziellen Kommunikation müssen die Abgebildeten in die Bildpublikation einwilligen. Eine Ausnahme darf dort angenommen werden, wo Bilder im Rahmen eines halböffentlichen Firmenanlasses geschossen wurden (z. B. Dolder-Meeting des ‹Tages-Anzeigers›, Sankt Peter Forum einer Bank), d. h.

Bundesgerichtshof stärkt Corporate Publishing
Im Urteil vom 14. März 1995 führte der Bundesgerichtshof Folgendes aus:
«Allerdings wird das Bild des Klägers als Blickfang für eine Zeitschrift eingesetzt, die in erster Linie der Produktwerbung dient. Die ‹Chris-Revue› folgt damit indes nur einer Praxis, die auch bei anderen Blättern zu beobachten ist. Dies erlaubt jedoch noch nicht den Schluss, dass die abgebildete Person als Werbeträger für die Produkte eingesetzt wird, für die im Innern des Blattes geworben wird. […]
Die Grenze des Einsatzes eines solchen Bildes zur Werbung für einzelne Produkte ist jedoch erst dann überschritten, wenn der Leser durch die Abbildung dazu geführt wird, zwischen dem Abgebildeten und den im Heftinnern angebotenen Produkten oder Leistungen eine gedankliche Beziehung herzustellen, wenn in den Augen des Lesers die Vorstellung entsteht, dass der Abgebildete zu diesen Produkten steht, sie empfiehlt und als Anreiz für den Kauf dieser Waren sein Bild zur Verfügung stellt. […] Demgegenüber bestehen im vorliegenden Fall zwischen dem Bild des Klägers auf der Titelseite und einzelnen Produkten, denen die Werbung auf der Titelseite und im Innern des Heftes gilt, keine erkennbaren Beziehungen.
[…] Dem unbefangenen Durchschnittsleser ist geläufig, dass eine bestimmte Gruppe von Publikumszeitschriften gleichfalls die Bilder beliebter oder bekannter Persönlichkeiten auf den Titelseiten ihrer Blätter abzudrucken pflegt, um hierdurch die Aufmerksamkeit der Leser auf ihre Blätter zu lenken. […] Daran ändert auch nicht die Besonderheit, dass die ‹Chris-Revue› von ihrer Aufmachung her dazu bestimmt ist, in erster Linie Werbeträger für die Produkte nur eines Unternehmens zu sein.
[…] Dem Durchschnittsleser ist bekannt, dass auch Werbezeitschriften dann, wenn sie das Bild einer beliebten prominenten Persönlichkeit auf dem Titelblatt veröffentlichen, ohne einen erkennbaren Bezug zu bestimmten Waren oder Dienstleistungen zum Ausdruck zu bringen, lediglich den Zweck verfolgen, die Attraktivität ihres Blattes zu steigern.»

an Anlässen, welche erkennbar der Selbstprofilierung des Einladenden dienen, wobei das Fotografiertwerden zumindest für Corporate-Communication-Dokumentationen des einladenden Unternehmens in Kauf genommen wird. Für darüber hinausgehende Verwendungen, insbesondere für Produktewerbung, kann indes eine stillschweigende Zustimmung nicht angenommen werden.

Fragwürdige Unterscheidung
Für die Schweizer Corporate-Publishing-Unternehmen stellt sich die Frage, ob der Entscheid nach Schweizer Recht gleich ausgefallen wäre. Dazu ist folgendes festzuhalten: Im ‹Obersee Nachrichten›-Entscheid[10] vertrat das höchste Schweizer Gericht den Standpunkt, die Gratiszeitungen seien «in erster Linie auf die Bedürfnisse und Interessen der Inserenten ausgerichtet; ihre redaktionellen Anreicherungen dienen vorab dazu, im Interesse der Werbung die Leserbeachtung zu steigern». Da es dabei allerdings um die Frage ging, ob auch Gratiszeitungen in den Genuss der indirekten Förderung durch reduzierte Posttaxen kommen sollten (Frage wurde verneint), lassen die damaligen Überlegungen des Bundesgerichts nicht den Schluss zu, Gratiszeitungen könnten sich nicht auf die verfassungsmässig garantierte Medienfreiheit berufen.

Der Europäische Gerichtshof für Menschenrechte und die EMRK, aber auch das Bundesgericht lassen grundsätzlich zu, dass kommerzielle Informationen strengeren Einschränkungen unterworfen werden als ideelle Informationen.[11]

Für Gratiszeitungen, Corporate Publishing und Kundenzeitschriften aller Art gelten in Sachen Persönlichkeitsrechte die gleichen Massstäbe (Freiräume und Schranken) wie für die übrigen Medien. Nur die eindeutig produktebezogene Bebilderung ist Werbung, das redaktionelle Umfeld geniesst – mag es noch so dürftig sein – den Vorrang des Publikationsinteresses. Denn: «Die Garantie der Pressefreiheit lässt es nicht zu, das Eingreifen dieses Grundrechts von der Qualität des jeweiligen Presseerzeugnisses oder redaktionellen Beitrags abhängig zu machen» (so der Deutsche Bundesgerichtshof).

> Die publizistische Publikation ist privilegiert, aber nicht schrankenlos frei (siehe vorne S. 10 ff. und S. 15 ff.).

---

[10] BGE 120 (1994) Ib 144.

[11] medialex 1/00/18, Jörg Paul Müller und Martin Looser plädieren für die Gleichwertigkeit der Freiheitsrechte, d. h. Berücksichtigung des sozialen Werts einer Information ungeachtet der begrifflichen Zuordnung in kommerzielle oder nicht kommerzielle Kommunikation. Denn: «Wir wissen im Grunde zu wenig über die gegenseitige Abhängigkeit von demokratischer Ordnung und der Freiheit wirtschaftlichen Wettbewerbs in einer Gesellschaft, um mit gutem Gewissen durchwegs das eine vor das andere setzen zu können. [...] In einer Verfassungsordnung, welche die pluralistische Meinungsbildung in der Demokratie und die Freiheit des wirtschaftlichen Marktes als gemeinsame und interdependente Anliegen verfolgt und grundrechtlich schützt, müssen in Sachverhalten, die demokratie- und marktpolitisch relevant sind, immer beide Gesichtspunkte berücksichtigt werden. Deshalb darf die Beurteilung von Kommunikationsinhalten nicht» von der Zufälligkeit einer juristisch-begrifflichen Zuordnung zur Meinungsfreiheit oder zur Wirtschaftsfreiheit abhängen.

Fallbeispiele

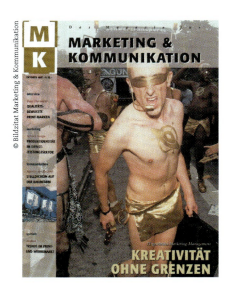

Diese Aufnahme von einer Street-Parade landete nach der Veröffentlichung im ‹Sonntagsblick› im Bildarchiv des Verlags und wurde zwei Jahre später für die Sondernummer ‹Kreativität ohne Grenzen› der Fachzeitschrift ‹Marketing & Kommunikation› verwendet. Nun aber war das Bild zur Illustration eines Fachthemas ausgewählt worden. Eine Frontseite eines Magazins mit redaktionellem Teil ist keine kommerzielle Kommunikation, sondern publizistische Kommunikation. Wer sich an der Street-Parade öffentlich exponiert, darf im redaktionellen Teil ‹behandelt› werden. Wenn der Abgebildete nach Erscheinen des Bildes im ‹Sonntagsblick› eine weitere Verwertung des Bildes im redaktionellen Kontext hätte aus achtenswerten Gründen verhindern wollen, hätte er nach den Bestimmungen des Datenschutzgesetzes (Art. 15 DSG) eine Sperrung oder doch mind. einen Vormerk verlangen müssen (Zum Archivrecht, siehe BGE 127 I 145 und Glaus, ‹Das Recht auf Vergessen›, in medialex 4/04).

Zum Bildzitat

Das Bild der jungen Frau auf der Lastwagen-Wand (Abbildung Seite 83) war im Rahmen eines Foto-Shootings für die Sommerausgabe eines Bike-Magazins geschossen worden. Ein Jahr später fand sich die junge Frau auf der Lastwagenwand. Dazu hatte sie indes keine Einwilligung gegeben. Es mussten nach Vergleichsverhandlungen 2000 Franken Lizenzgebühren bezahlt werden.
Darf nun das Bild in diesem Buch publiziert werden? Ja, aus zwei Gründen: Die Publikation in einem Lehrbuch war im Rahmen der Vergleichsverhandlungen vereinbart worden als Bestandteil des Anwaltshonorars. Auch ohne diese Vereinbarung dürften in einem wissenschaftlichen Werk «aktuelle Ereignisse» illustriert werden. Zudem geniessen nach überwiegender Lehrmeinung auch Bilder das Zitatprivileg, jedenfalls so weit das Zitat notwendig ist, um einen Sachverhalt zu erläutern. Das Zitatrecht auch für Bilder wird mit der Sozialpflichtigkeit des Eigentums gegenüber der Öffentlichkeit begründet.
Das Beispiel zeigt, wie viele Interessen in einer einzigen Kommunikationsmassnahme tangiert, verschachtelt und deswegen – gleichzeitig – zu beachten sind:
- das Urheberrecht des Fotografen des Bildes, falls man das Bild als künstlerisches Werk qualifizieren müsste
- die Rechte des Verlags des Sport- und Trend-Magazins
- das Persönlichkeitsrecht der Abgebildeten
- das Meinungsfreiheits- und Informationsrecht des Buchautors und der Leser/-innen
- die Wissenschaftsfreiheit

© Obersee Nachrichten

Beamtenschreck will dem Schmerkner Gemeinderat Finanzkompetenzen entziehen

Josef Schmidlin (71): «Eine solche Mafiazentrale gehört nach Palermo»

Aufgabe:

Prüfen Sie, ob Sie die gesetzlichen Grundlagen verstanden haben: wer ist in diesem Text nur ‹mittelbar› betroffen, wer ‹direkt› (identifizierbar) und allenfalls gar ‹widerrechtlich› evtl. ‹strafbar› verletzt?

Seit er pensioniert ist, hat er eine grosse Leidenschaft: Josef Schmidlin (71) aus Schmerikon hat sich den Kampf gegen Behördenfilz und Geldverschwendung auf die Fahne geschrieben. In Tausenden von Leserbriefen griff er die Entscheide des Schmerkner Gemeinderats schon an. Bisher fiel Schmidlin vor allem als verbaler Motzer auf. Jetzt hat er erstmals Nägel mit Köpfen gemacht und erfolgreich ein Referendum ergriffen. Und: Der Rentner will noch mehr!

Da hat der Schmerkner Gemeinderat die Rechnung ohne Josef Schmidlin gemacht. Dass der rüstige Pensionär gerne gegen die Behörden wettert, war bekannt. Davon zeugen unzählige Leserbriefe, davon zeugen mehrere Bundesordner voll mit bitterbösen Briefen an Behörden, Parlamentarier und Bundesräte. Zu Beginn dieses Jahres dann die Überraschung: Vorbei waren die Zeiten, in denen der 71-Jährige nur in den Leserbriefspalten polterte. Der Pensionär wurde politisch aktiv.

Mit Unterschriftenbögen zog Schmidlin von Haus zu Haus. Eine harte Knochenarbeit, wie er den ON sagte. Die Sammelaktion war von Erfolg gekrönt. 241 Personen unterschrieben das Referendum gegen die Neugestaltung der Badebucht beim Hallenbad in Schmerikon. Nötig wären nur 187 gewesen. Streitpunkt: Die Gemeinde will für 197 000 Franken eine neue Badestrand schaffen. Da dieser noch vor Saisonbeginn fertig sein soll, holte die Gemeinde den Kredit über ein Referendumsverfahren ein. Ein weiterer Kredit von 215 000 Franken für die Entwässerung der Liegewiese wird im April an der Bürgerversammlung vorgelegt.

Schmidlin plant Initiative

Schmidlin stört sich am Gesamtprojekt: «Dass die Gemeinde völlig sinnlos Geld verlocht, nehme ich nicht länger hin. Die Zeche müssen wir Bürger über die Steuern bezahlen.» Er wolle endlich eine genaue Auflistung, wieviel Geld Schmerikon bisher ins Hallenbad gesteckt habe. Er fordere ein Gesamtkonzept. Den Behörden wirft Schmidlin zudem Vetterliwirtschaft vor. Der Schmerkner Vizeammann sei Chef bei der Johann Müller AG, und diese verdiene mit dem Auffüllen der Bucht vermutlich wieder eine schöne Stange Geld, ist er überzeugt. «Der hat doch ein Interesse, dass gebaggert wird», poltert Schmidlin.

Gegenüber den ON nahm der 71-Jährige kein Blatt vor den Mund: «Solchen Gaunereien kann ich nicht länger tatenlos zusehen. Eine Mafiazentrale, wie wir sie in Schmerikon haben, sollte man nach Palermo verlegen.» Happige Angriffe, die mit Sicherheit übers Ziel hinausschiessen. Tatsache ist andererseits: Gegen die Baupläne beim Bad in Schmerikon gibts Widerstand.

Ob die Schmerkner Bürger Schmidlins Einschätzung über Filz und Mafiamethoden teilen, wird sich allenfalls an der Urne zeigen. Der Behördenschreck jedenfalls wittert nach seinem ersten Politerfolg Morgenluft. Wie Schmidlin den ON sagte, habe er bereits neue Pläne. Im Frühjahr werde er eine Initiative starten. Mit dieser wolle er die Finanzkompetenzen des Gemeinderats zurückstutzen. Heute kann der Rat für 100 000 Franken jährlich Projektierungskredite vergeben. «Damit muss Schluss sein», sagt Schmidlin: «In Zukunft soll der Gemeinderat zuerst den Bürger fragen, bevor auch nur ein einziger Franken in ein Projekt gesteckt wird.»

«Das ist sein legitimes Recht»

Auf der Gemeinde gibt man sich unterdessen gelassen. «Es ist Schmidlins legitimes Recht, Referenden zu ergreifen und Initiativen zu lancieren», sagte Gemeindeschreiber Claudio De Cambio gegenüber den ON. Dass der Pensionär der Gemeindeverwaltung Geldverschwendung vorwerfe, sei nichts Neues. Für den geplanten Angriff auf die Finanzkompetenzen des Gemeinderates hat De Cambio andererseits wenig Verständnis: «Wenn wir den Bürgern ein Projekt vorlegen, so brauchen wir Entscheidungsgrundlagen. Ohne Projektierungskredite wären dem Gemeinderat die Hände gebunden», so De Cambio. Ausserdem liege der jährliche Betrag von 100 000 Franken im Rahmen des Üblichen.

Und zur Badebucht meinte der Gemeindeschreiber: «Wir wollen das Schmerkner Bad für Besucher und Besucherinnen attraktiver machen.» Heute ist die Bucht ein algenverseuchter Tümpel. Das Wasser zirkuliert zu wenig und steht ab. Die Gemeinde will deshalb einen flachen Kiesstrand schaffen. Der Gemeinderat erhofft sich positive Auswirkungen auf die Besucherzahlen. Schmidlin findet das Projekt völlig unnötig. Für eine bessere Belüftung des Wassers reiche es, die früher eingesetzte Pumpe wieder in Betrieb zu nehmen.

■ Marcel Degiacomi

Seit seiner Pension sammelt der gelernte Automechaniker Josef Schmidlin Zeitungsartikel, verfasst Leserbriefe und attackiert die Behörden. Foto: Marcel Degiacomi

Wer ist betroffen/verletzt (und mit welcher Äusserung)	mittelbar betroffen	unmittelbar betroffen	verletzt	widerrechtlich verletzt	Evtl. strafbar verletzt

5 UWG schützt Fairness im Wettbewerb

Unlauter sind: Irreführung, Rufausbeutung, Verwechslungsgefahr und...

Das Wettbewerbsrecht schützt Fairness im Wirtschaftsleben. Es verbietet jegliches Verhalten gegen den Grundsatz von Treu und Glauben.

Das Wettbewerbsgesetz (Bundesgesetz gegen den unlauteren Wettbewerb = UWG) schützt nicht nur die Konkurrenten, sondern den Markt generell, auch die Konsumenten. Das Verhalten für sich genügt, es braucht keine tatsächliche Schädigung eines Betroffenen oder den Nachweis einer Widerrechtlichkeit, wie bei der Persönlichkeitsverletzung. Unlauterkeit setzt auch kein Verschulden des Verletzers voraus (Schwenninger Rz 13 f.). Das Verschulden ist nur Voraussetzung für die Geltendmachung von Schadenersatz- oder Genugtuungsansprüchen (wie dies auch bei Persönlichkeitsverletzungen der Fall ist).[1] Die Herausgabe des erzielten Gewinnes kann allerdings ohne Nachweis eines Verschuldens des Verletzers verlangt werden (Art. 9 Abs. 3 UWG).

Die Generalklausel

Neben den wichtigen Spezialtatbeständen in Art. 3 und 5 UWG (nebenan!) erfasst die Generalklausel von Art. 2 UWG weitere unlautere Verhaltensweisen, so insbesondere die sklavische Nachahmung und systematische Annäherung, besonders aggressive Marketingmethoden im Direktmarketing und Auswüchse unsachlicher Werbung.[2] Darunter fallen auch das Nichtbeachten der Robinsonliste des Schweizerischen Verbands für Direktmarketing (SVD, Postfach, 8708 Männedorf), besonders aggressive Partyverkaufs-Methoden etc. Zulässig sind indes reklamehafte Übertreibungen und Superlative (Werturteile), die niemand ernst nimmt (das ‹schönste›, ‹einmalig›, ‹unschlagbar› usw.) und die auch keine Tatsachenbehauptungen enthalten, die überprüfbar sind.[3]

5.1 UWG gilt auch für Medien

Das UWG ist nicht nur auf direkte Wettbewerbsverhältnisse, sondern auf jede potenzielle Wettbewerbsbeeinflussung anwendbar – es hat einen funktionalen Ansatz. Es kommt einzig darauf an, ob ein Verhalten direkt oder indirekt geeignet ist, den Wettbewerb zu beeinflussen; die blosse Gefährdung kann relevant sein.[4] Weder wird ein direktes Wettbewerbsverhältnis vorausgesetzt, noch muss der Kläger eine direkte Schädigung nachweisen. Das Wettbewerbsrecht ist auch auf die marktrelevante Medienberichterstattung anwendbar, nicht aber auf die nicht-wirtschaftliche und politische Berichterstattung.[5] Wollte man den Begriff ‹wirtschaftlich› strapazieren, wäre die Lauterkeitskommission letztlich für sämtliche politischen Debatten zuständig, weil es kaum mehr eine politische Frage gibt, welche nicht im weitesten Sinn wirtschaftliche Implikationen hat (siehe dazu Kap. 1). Eine Medienäusserung muss somit ein Mindestmass an wirtschaftlicher Implikation (eine, wenn auch nur abstrakte, Benachteiligung) haben.

---

[1] *Art. 28 ff. ZGB.*

[2] *Eingehender dazu Schwenninger Rz 17 und 26.*

[3] *Schwenninger Rz 21.*

[4] *Carl Baudenbacher, Lauterkeitsrecht, Basel (2001), Art. 1 N 46; Pedrazzini/von Büren/Marbach, Immaterialgüter- und Wettbewerbsrecht, Bern (1998) m S. 199, N 839 ff., Peter Studer in ‹Handbuch für die Anwaltspraxis› Band IX, Basel 2005, Separatdruck Saxer S. 24 ff.*

[5] *dazu Peter Studer in ‹Handbuch für die Anwaltspraxis›, Band IX, Basel 2005.*

zur Abbildung auf Seite 97:

› *Der Sensemann beschäftigte das Bundesgericht und den Europäischen Gerichtshof für Menschenrechte (EGMR). Diese Zuspitzung ging dem EGMR zu weit. Textlich allerdings schützte der EGMR die freie Meinungsäusserung. Einseitige und provokative Berichterstattung ist in Printmedien erlaubt. Nur Radio und Fernsehen sind auf Grund der Verfassung und Gesetzgebung auf Sachgerechtigkeit verpflichtet (siehe dazu S. 11).* ‹

Die Lauterkeitsgrundsätze schränken die Überprüfungsbefugnis der Lauterkeitskommission selbst bei wirtschaftlichen Fragen zusätzlich ein. «Werden solche Fragen jedoch Gegenstand einer Abstimmung, so sind sie der politischen Propaganda zuzuordnen, und zwar während der Zeitdauer von der Bekanntgabe des Abstimmungsdatums bis einen Tag nach erfolgter Abstimmung» (Grundsatz 1.3).

Mehrere Gerichtsentscheide haben die Kommunikationsbranche nachhaltig durchgeschüttelt:

› Der Bernina-Fall über angeblich nähtechnische Rückstände des Nähmaschinen-Herstellers mit Verurteilung eines Journalisten (BGE 117 [1991] IV 193 ff.).
› Die Mikrowellenentscheide I und II (BGE 120 [1994] II 76 und 125 [1999] III 185, Letzterer nach Rüge des EGMR im Entscheid vom 25. 8. 1998 [mit dem Ergebnis dass der Sensemann nicht mehr eingesetzt werden darf]).
› Der BSE-Flugblatt-Entscheid zugunsten freier Meinungsäusserung (BGE 123 [1997] IV 211).
› Contraschmerz-Entscheid mit Verurteilung der ‹Kassensturz›-Verantwortlichen, weil diese exemplarisch ein Medikament an den Pranger gestellt hatten (BGE 124 [1998] II 72).
› Preisvergleich zu Physikzeitschriften wurde geschützt (BGE 125 [1999] III 286).
› Pressebericht zu unnötigen chirurgischen Eingriffen geschützt (BGE 124 [1998] IV 262).

In all diesen Entscheiden ging es um den Inhalt von Presse-Erzeugnissen. Häufig wird das Lauterkeitsrecht auch als Rechtsbehelf gegen Nachahmungen bemüht. Dabei wird bisweilen übersehen, dass das Lauterkeitsrecht nur die sklavische Nachahmung ahndet.

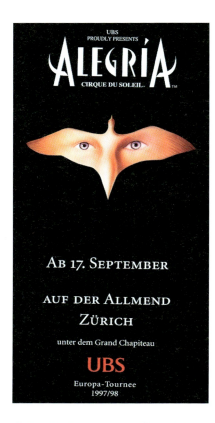
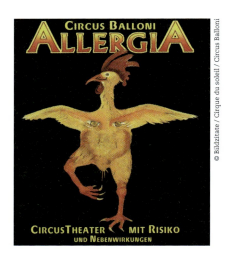

Zirkus Balloni lancierte nach dem Programm des Cirque du Soleil sein ‹Allergia›. Unlauterer Wettbewerb? Unzulässige Rufausbeutung? Urheberrechtsverletzung oder Parodieprivileg? Verletzung einer geschützten Marke wegen Verwechslungsgefahr?

5.2 Kein genereller Ideenschutz über UWG

Wettbewerbsrecht schützt fairen Wettbewerb, Urheberrecht verbietet Imitation, und Markenrecht unterbindet Verwechslungsgefahr. Die drei Schutzzonen können sich überschneiden. Sie müssen immer kumulativ geprüft werden.

Blosse Ideen und Inhalte sind grundsätzlich frei. Was urheber-, design- oder markenrechtlich nicht geschützt ist, darf nicht durch die Hintertür des Lauterkeitsrechts verboten werden. Doch aufgepasst: auch wenn der Inhalt einer Broschüre oder eines Buches ‹gemeinfrei› ist, kann die Darstellungsform ausnahmsweise geschützt sein: urheber- oder wettbewerbsrechtlich (BGE 113 II 309; 64 II 162 ff. und 88 IV 123 ff.). Die wissenschaftliche Aussage selbst oder ein Unterrichtskonzept für sich allein sind Gemeingut. Deshalb hat das Obergericht Luzern 1997 einem ‹Kontenrahmen KMU› den urheberrechtlichen Schutz versagt: «Die blossen Strukturen der Buchhaltung beinhalten keine individuelle Charakterisierung der heutigen betriebswissenschaftlichen Erkenntnisse, sondern stellen Gemeingut dar» (sic! 2/1998 S. 180). Solches Gemeingut kann nicht durch die Hintertür des Lauterkeitsrechts geschützt werden. Was design- oder urheberrechtlich nicht geschützt ist, kann grundsätzlich nicht monopolisiert werden. Nur ausnahmsweise, wenn das Imitieren ‹planmässiges Heranschleichen› oder ‹sklavisches Anlehnen› an eine Vorlage ist, hilft das Lauterkeitsrecht. «Die systematische Häufung raffinierter Nachahmungen bis an die Grenze des Unzulässigen ist mit Treu und Glauben ebenso wenig zu vereinbaren wie eine einmalige genaue Nachahmung, wenn sie darauf angelegt ist, den guten Ruf des Konkurrenzerzeugnisses in schmarotzerischer Weise auszubeuten.»[6] Die Imitation von urheberrechtlich nicht geschützten Werken

---

[6] BGE 104 (1978) II 334, 108 (1982) II 77 ‹Rubikwürfel›.

ist nur bei sklavischer Nachahmung oder Reproduktion eines marktreifen Arbeitsergebnisses ohne eigenen Aufwand wettbewerbsrechtlich unzulässig.[7] Inspiration ja, Schmarotzertum nein.

Mit andern Worten: Nicht registriertes oder nicht mehr registrierbares Design darf grundsätzlich nachgeahmt, darf aber nicht auf jede verwerfliche Art und Weise kopiert werden. Wo sich allerdings ein nicht registriertes Kennzeichen im Verkehr durchgesetzt hat und mehr als zehn Jahre im Gebrauch war, kann eine Nachahmung unzulässig sein. So wurde einem Kleinverleger der Titel ‹Züri Ost Anzeiger› verboten, weil die Inseratekombination ‹Das ZüriOst-Kombi› sich über mehr als zehn Jahre im Verkehr durchgesetzt hatte.

Beschluss der Lauterkeitskommission vom 23. Mai 2000 betreffend ‹Züri Ost Anzeiger› in Erwägung:

1) Vorab ist festzustellen, dass die zur Diskussion stehenden Handlungen in einem nahezu identischen Verbreitungsgebiet stattfanden, nämlich im Wirtschaftsraum der Beschwerdeführerinnen, was im Übrigen auch nicht bestritten wird. Für die Beurteilung kommen im vorliegenden Fall die Inserenten dieser Publikationen als massgebendes Zielpublikum in Frage (vgl. zur Praxis der SLK: SLKE vom 20. Januar 2000 E. 2. c [‹Schlossgold›], sic! 2000, 154, m. w. H.; vgl. auch G. Joller, Verwechslungsgefahr im Kennzeichenrecht, Bern 2000, 305, mit Darstellung der Rechtsprechung des Bundesgerichts).

2) Vorliegend geht es um die Beurteilung der lauterkeitsrechtlichen Verwechslungsgefahr gemäss Art. 3 lit. d UWG. Gegenstand der Verwechslung sind dabei die Zeitungstitel bzw. das Zeichen der Inseratekombination (vgl. dazu Ch. Hilti, SIWR III, Basel 1996, 483; BGE 102 II 122 [‹Annabelle›]; 87 II 40 [‹Blick›]; 40 II 504 [‹Bieler Tagblatt›]).

› Eine lauterkeitsrechtliche Verwechslungsgefahr nach Art. 3 lit. d UWG ist dann gegeben, wenn «das Publikum Gefahr läuft, die nachgebildeten Produkte mit denjenigen des Konkurrenten zu verwechseln oder diesem zuzurechnen» (BGE 116 II 365 E. 4 [‹Niveau›], m. w. H.). Dabei kann auch bereits die Vermutung des Bestehens rechtlicher oder wirtschaftlicher Beziehungen zwischen den beiden Unternehmen der jeweiligen Produkte genügen.

› Es besteht wohl zwischen den beiden Produkten der Unterschied, dass es sich bei jenem der Beschwerdeführerinnen um den Titel eines sog. Inseratekombis, bei jenem des Beschwerdegegners um einen Zeitungstitel handelt. Doch lässt sich eine Gegenüberstellung insofern rechtfertigen, als es sich beim Inseratekombi um die Bezeichnung für einen einheitlichen Marktauftritt zweier Zeitungstitel handelt, welche das Ziel einer gemeinsamen Akquisition von Inseratekunden für den jeweiligen Zeitungstitel verfolgt. Das Inseratekombi ‹Züri Ost› ist dementsprechend als Titel und in diesem Sinne als Kennzeichen zu betrachten.

› Mit seiner (gratis erscheinenden) Zeitung ‹Züri Ost Anzeiger› verfolgt der Beschwerdegegner hinsichtlich der Inserateakquisition das gleiche Ziel wie die Beschwerdeführerinnen, nämlich die (Teil-)Finanzierung für die Herausgabe der Publikation. Beide Parteien treten gegenüber ihren Inseratekunden mit einem ähnlichen Titel in Erscheinung. Das Zeichen des Beschwerdegegners unterscheidet sich lediglich durch den Zusatz ‹Anzeiger›. Bezüglich des ersten Teils des Zeichens besteht Identität.

› Ausschlaggebend für die Beurteilung ist vorliegend der Umstand, dass sich die beiden Titel tatsächlich vergleichen lassen, da sie – hinsichtlich der Inserateakquisition – den gleichen Zweck verfolgen. Der Unterschied besteht lediglich darin,

---

7 Art. 3 lit. e und Art. 5 lit. c UWG, zum Verbot des Inline-Links M. Schweizer, AJP 3/03 S. 256.

Weil zwei Verlage das ‹ZüriOst-Kombi› mehr als zehn Jahre als Kennzeichen (allerdings ohne markenrechtlichen Schutz) gebrauchten, war es unlauterer Wettbewerb, einen ‹ZüriOst-Anzeiger› zu lancieren. Merke aber: Dort, wo die Nachahmung von der Zweckbestimmung her den Ausgangserzeugnissen entsprechen muss, z. B. bei den Autozubehörteilen, ist die Nachahmung nicht unlauter, wenn das Original weder urheber-, marken- noch designrechtlich geschützt ist.[8]

dass (von Seiten der Beschwerdeführerinnen) zwei Zeitungstitel unter einer gemeinsamen, neuen Bezeichnung auf dem Markt erscheinen, und dies zudem seit mindestens zehn Jahren. Es ist darüber hinaus als bekannt vorauszusetzen, dass der Titel des Kombis (‹Züri Ost›) von der Werbewirtschaft eine klare Zuordnung zu den beiden Zeitungstiteln der Beschwerdeführerinnen erfährt, und das nicht zuletzt auf Grund des Umstandes, dass dieser Titel seit der MACH Basis 1992 als Inseratekombi der beiden Publikationen erscheint.

› Wenn nun ein neuer Marktteilnehmer für den gleichen Wirtschaftsraum einen Titel wählt, der lediglich den Zusatz ‹Anzeiger› erfährt, liegt die Vermutung eines rechtlichen oder wirtschaftlichen Zusammenhangs ohne weiteres vor. Das Publikum (Inserenten) läuft damit Gefahr, die beiden Titel auf Grund ihrer Ähnlichkeit zu verwechseln. Ist somit eine Verwechslungsgefahr gegeben und damit der Tatbestand von Art. 3 lit. d UWG erfüllt, ist das Verhalten des Beschwerdegegners als unlauter zu qualifizieren.

Abgesehen davon wurde seitens der Beschwerdeführerinnen glaubhaft dargelegt, dass es tatsächlich zu Verwechslungen gekommen ist. Selbst wenn es vielleicht nur zu einzelnen Verwechslungen (in der Form von Inserateplatzierungen bei der Konkurrenz) gekommen wäre, genügte diese Tatsache bereits, den Tatbestand der Verwechslung zu bejahen.

Die Beschwerde ist aus diesen Gründen gutzuheissen, und der Beschwerdegegner ist zu ersuchen, auf den Titel ‹Züri Ost Anzeiger› zu verzichten.

---

[8] BGE 116 (1990) II 471 ff. betreffend ‹Volvo-Ersatzteile›.

Markenrechtsverletzung wegen Verwechslungsgefahr? Unlautere Anlehnung? Urheberrechtlich eine Imitation?

Kumulative Anwendung der Schutzvorschriften

Die Schutzgüter in den verschiedenen spezialgesetzlichen Schranken sind verschieden. Deshalb kann der gleiche Tatbestand eine Markenverletzung, eine Namensverletzung und unlauterer Wettbewerb sein. So kann sich die Messe Basel sowohl auf Markenrecht als auch auf Bestimmungen des UWG berufen, wenn eine andere Messe mit einem verwechselbaren Logo auftritt – vorausgesetzt, die Basler haben ihr Logo nicht nur für den nationalen Raum markenrechtlich schützen lassen. Auch der Grasshopper Club berief sich im Verfahren gegen Markenpiraten auf Markenschutz, aber auch auf Tatbestände des unlauteren Wettbewerbs (UWG) und auf den Namensschutz (siehe auch Kapitel 8). Vereine, welche ihre Logos noch nicht beim Eidgenössischen Institut für Geistiges Eigentum zur Eintragung angemeldet haben, sind nicht schutzlos, wenn sie die Kennzeichen über viele Jahre unangefochten verwendet haben (siehe dazu das Züri-Ost-Beispiel). Die noch nicht registrierten Wort-Bild-Marken können nämlich wettbewerbsrechtlich geschützte Kennzeichen sein. Als Namens- resp. Persönlichkeitsverletzung wird jeder unbefugte Gebrauch des fremden Namens betrachtet, der die schützenswerten Interessen des Namensträgers beeinträchtigt. Die Beeinträchtigung besteht darin, dass Verwechslungsgefahr geschaffen wird durch Fehlvorstellungen über die Identität eines Namensträgers oder dessen Beziehung zu andern Personen oder Sachen.[9]

Vorvertraglicher Vertrauensmissbrauch

Unlauter ist auch der vorvertragliche Vertrauensmissbrauch (BGE 113 II 319, 90 II 51). Beispiele: Einladung zur Bemusterung oder Offerte, dann aber Arbeitsvergabe an einen Dritten, Verwechslungsgefahr schaffen bei im Verkehr etablierten Ausstattungen (Art. 3 lit. d UWG), blosses Reproduzieren (Art. 5 lit. c UWG).[10]

Unlauter handelt, wer Werbeanstrengungen eines Konkurrenten derart penetrant nachahmt, dass sie wegen des raffinierten Kopierens oder Anlehnens verwechselbar sind. Durch die Häufung der Übereinstimmungen kann

---

[9] *In diesem Zusammenhang sind auch die erfolgreichen Klagen gegen Inhaber von Domain-Namen mit Ortsbezug zu sehen. Siehe dazu BGE 128 (2002) III 401, publ. auch in sic! 12/2002, S. 860 betr. Luzern, SJZ 98 2002, Nr. 23, S. 580; BGE 126 (2000) II 239 betr. Berner Oberland, in diesem Zusammenhang ebenfalls BGE 129 (2003) III 353.*

[10] *Zur Verwertung fremder Leistungen ohne eigenen Aufwand bei der Übernahme von Inseraten im Internet AfP 4/96, S. 405 und media lex 1/97 S. 5.*

eine schmarotzerische und systematische Annäherung entstehen. Nicht jede spielerische ‹Anlehnung› erreicht aber den Grad einer unlauteren Wettbewerbsmassnahme.[11]

Die wichtigsten Spezialtatbestände. Neben der Generalklausel enthält das UWG eine Reihe von Spezialtatbeständen:

> Herabsetzungsverbot (Art. 3 lit. a UWG)
> Irreführungsverbot (Art. 3 lit. b UWG)
> Herbeiführen von Verwechslungsgefahr (Art. 3 lit. d UWG)
> Vergleichende und anlehnende Werbung (Art. 3 lit. e UWG)
> Sklavische Nachahmung und systematische Annäherung (Art. 2 i. V. mit Art. 3 lit. d/e und Art. 5 lit. c UWG)
> Abkupfern und Nachahmung von immaterialgüterrechtlich (spezialgesetzlich z. B. durch URG, MschG oder DesG) geschützten Elementen – Marken, Design, künstlerische Werke wie zum Beispiel markenrechtlich geschützte Slogans wie «Uncle Bens', der Reis, der niemals klebt» oder «Oulevay macht das Leben süss».[12]

Entscheidsammlung der Lauterkeitskommission fehlt

Die an sich begrüssenswerte Tätigkeit des Branchen-Selbstkontrollorgans Lauterkeitskommission hat dazu geführt, dass es nur wenige Gerichtsentscheide gibt. Die wenigen Entscheide sind im Handbuch für die Anwaltspraxis zum unlauteren Wettbewerb im Beitrag von Rechtsanwalt und Presseratspräsident Dr. Peter Studer dargestellt. Wegen der fehlenden Gerichtspraxis wäre die Branche dringend auf eine gute Publikationspolitik der Lauterkeitskommission angewiesen. Nur so könnten sich die Betroffenen ein Bild machen von den Grenzen der grundsätzlich zulässigen vergleichenden Werbung, von der Praxis zur geschlechterdiskriminierenden Werbung, zur Identifikations- und Firmengebrauchspflicht usw. Die Lauterkeitskommission beschränkt sich indes immer noch auf eine dürftige und äusserst lückenhafte Darstellung einzelner Entscheide in den jährlichen Tätigkeitsberichten und gelegentliche – ebenfalls lückenhafte – Beiträge in der Zeitschrift ‹sic!› Wünschbar wäre deshalb, dass die Praxis der Lauterkeitskommission zumindest im wissenschaftlichen Kontext – allenfalls anonymisiert – greifbar wäre.

Gerichtspraxis zum UWG: Der Raub des Verlags

Einer der spärlichen Entscheide zum UWG betrifft ein Sammelwerk aus der Architektur. Der ehemals im Kanton Waadt wohnhafte italienische Architekt und Professor Arturo Sartoris hatte 1932 in Italien einen Klassiker

---

**Art. 5 UWG:
Verwertung fremder Leistung**

Unlauter handelt insbesondere, wer ein ihm anvertrautes Arbeitsergebnis wie Offerten, Berechnungen oder Pläne unbefugt verwertet; ein Arbeitsergebnis eines Dritten wie Offerten, Berechnungen oder Pläne verwertet, obwohl er wissen muss, dass es ihm unbefugterweise überlassen oder zugänglich gemacht worden ist; das marktreife Arbeitsergebnis eines andern ohne angemessenen eigenen Aufwand durch technische Reproduktionsverfahren als solches übernimmt und verwertet.

---

[11] Beispiel des Zirkus Balloni S. 100.
[12] Schwenninger Rz 29.

veröffentlicht: «Gli Elementi dell'Architettura Funzionale». Das Werk war 1941 in einer dritten Auflage erschienen und bereits nach kurzer Zeit wieder vergriffen. Verhandlungen über eine vierte Auflage scheiterten. Schliesslich publizierte der Verleger ein nur leicht verändertes Werk. Sartoris stellte fest, dass 458 der insgesamt 543 Illustrationen aus seinem Werk stammten. Der Genfer Cour de Justice hielt fest: Die Auswahl von Fotografien, die dem Gemeingut angehören, kann als solche eine originelle Sammlung bilden, welche mehr darstellt als eine einfache Anreihung von Fotografien. Auch wenn nicht jedes einzelne Bild urheberrechtlich geschützt ist, kann das Gesamtwerk als individuelle geistige Schöpfung gelten.[13]

Die Reproduktion von mehr als 84 Prozent der in einer Sammlung enthaltenen Fotografien und Pläne, bei identischer Reihenfolge wie im Original, verletzt das Urheberrecht des Buchautors, auch wenn ein Teil der Bilder Gemeingut war. Aber nicht nur dies: das Gericht qualifizierte den Raubzug des Verlags auch als unlauter im Sinne des Bundesgesetzes gegen den unlauteren Wettbewerb (UWG). Es hielt unter Berufung auf das Bundesgericht fest, das UWG sei parallel zum URG (Urheberrechtsgesetz) anwendbar. Die unveränderte Reproduktion der Mehrheit der in einem Werk enthaltenen Fotografien verletze Art. 5 lit. c UWG.

Auszüge aus dem Tätigkeitsbericht 2003

› Definition ‹kommerzielle Kommunikation›

Die Kommission ist für die Beurteilung einer Beschwerde nur zuständig, wenn damit die kommerzielle Kommunikation des Beschwerdegegners im Sinne des Grundsatzes Nr. 1.1 gerügt wird. Werden bestehende Kunden mit einem Schreiben angeschrieben, in welchem eine Änderung gewisser nebensächlicher Vertragsmodalitäten vorgeschlagen wird (z. B. Wechsel vom schriftlichen zum elektronischen Geschäftsverkehr), geht es nicht um eine Beeinflussung einer Mehrzahl von Personen zum Zweck des Abschlusses oder der Verhinderung eines Rechtsgeschäftes. Insofern steht keine kommerzielle Kommunikation gemäss Grundsatz Nr. 1.1 zur Beurteilung, und die Kommission ist für die Behandlung solcher Beschwerden nicht zuständig. Die Zuständigkeit der Kommission ist hingegen zu bejahen, wenn es um eine essenzielle Vertragsänderung geht (Preisänderung) und dabei auch das Recht auf Vertragsauflösung tangiert wird. Auch ein Rundschreiben an bestehende Kunden, welches nicht die Abänderung eines bestehenden Vertrags zum Inhalt hat, sondern den Abschluss eines neuen Vertrages bewirbt, ist als kommerzielle Kommunikation im Sinne des Grundsatzes Nr. 1.1 zu werten. Gleiches gilt für einen Standardbrief an ehemalige Vertragskunden.

› Alleinstellungswerbung

Die Behauptung «Wir wissen, dass es in der Schweiz Anbieter gibt, die auf den ersten Blick billiger sind als X. Wir wissen aber auch, dass keiner ein annähernd gleich gutes Preis/Leistungs-Verhältnis bietet» ist eine sogenannte Alleinstellungsbehauptung, die zulässig ist, wenn sie die im Lauterkeitsrecht auch sonst geltenden Grundsätze der Richtigkeit bzw. Wahrheit, Klarheit und Fairness (Treu und Glauben) berücksichtigt. Eine solche Alleinstellungswerbung erhebt grundsätzlich den Anspruch auf objektive Richtigkeit und stellt eine Tatsachenbehauptung dar, welche im Sinne von Art. 13 a UWG bzw. Grundsatz Nr. 1.8 zu verifizieren ist. Wenn also die Richtigkeit der Werbeaussage «Wir wissen aber auch, dass keiner ein annähernd gutes Preis/Leistungs-Verhältnis bietet» nicht nachgewiesen werden kann, liegt eine

---

[13] SMI 1996, 263 ff.

unzulässige Alleinstellungswerbung vor. Die Werbeaussage beinhaltet keine reklamehafte Übertreibung, da sie keine Elemente der Wertung enthält. Eine reklamehafte Übertreibung, welche den Nachweis der Richtigkeit nicht verlangt, kann auch vorliegen, wenn die Äusserung mit Tatsachenmitteilungen verbunden ist. Diese wurde für die Aussage «Wir wissen aber auch, dass keiner ein annähernd gleich gutes Preis/Leistungs-Verhältnis bietet» aber verneint. Ob eine zu beweisende Tatsachenbehauptung oder eine reklamehafte Übertreibung vorliegt, entscheidet sich danach, ob die reklamehafte Übertreibung vom massgebenden Zielpublikum als solche erkannt wird. In gleichem Sinne hat die Kommission auch die Werbeaussage «Einfach billiger telefonieren» als zu beweisende Tatsachenbehauptung qualifiziert.

Schadenersatz und Genugtuung

Sartoris erhielt zwar nicht die eingeklagten 100 000 Franken, doch musste ihm der B.T.V. den Verkaufserlös aus den in der Schweiz verkauften Büchern abliefern (8 Prozent von den 742 zu Fr. 59.– verkauften Büchern). Dem Verlag wurde verboten, das Raubzeug weiter in der Schweiz zu verkaufen, er musste auf eigene Kosten das Gerichtsurteil in vier Fachzeitschriften nach Wahl des Architekten publizieren lassen und darüber hinaus dem betagten Doyen 10 000 Franken Genugtuung zahlen. Ganz ungeschoren konnte Sartoris den Gerichtssaal nicht verlassen. Weil er allzulange weiterverhandelt hatte, obwohl im Laufe der Vertragsverhandlungen längst feststand, dass er nicht mit B.T.V. ins Geschäft kommen wollte (und konnte), hiess das Gericht die Schadenersatzforderung des Verlags wegen rechtsmissbräuchlichem Verhandlungsgehabe (culpa in contrahendo) teilweise gut. Sartoris musste dem Verlag 1500 Franken Spesenersatz rückvergüten. ⌐

Fallbeispiel:

Wie vergleichende Werbung ist auch die Kommunikation von Testresultaten nicht generell verboten. Es müssen dabei allerdings die Lauterkeitsgrundsätze Nr. 3.3. (Kommunikation von Tests) und Nr. 3.5 (vergleichende Werbung) beachtet werden (Siehe dazu Anhang II).

Aufgabe:

Beurteilen Sie diese beiden Beispiele vor dem Horizont der Lauterkeitsgrundsätze 3.3 und 3.5 sowie Art. 3 UWG.

6 ‹Werbevertrag› ist kein klares Label

Werbeverträge regeln die langfristige Zusammenarbeit mit einer Agentur oder Einzelarbeiten.

In der Kommunikationsbranche gibt es keine SIA-ähnlichen Normen. Die Verträge sind auslegungsbedürftig, sie können Auftrags-, Werkvertrags- und Lizenzvertragselemente enthalten.

Die Redewendung ‹Werbevertrag› oder ‹Beratervertrag› ist ein unbestimmter Oberbegriff, mit welchem auf ein Vertragsverhältnis zwischen Auftraggeber und Werbe- oder PR-Agentur hingewiesen wird. Diese vertraglichen Abmachungen können vielfältig sein. Die eine Leistung kann Beratung sein, eine andere Kreation, die Übertragung von Nutzungsrechten eine weitere. Auch Vermittlung von Leistungen oder gar das Gesamtmanagement können Bestandteil dieser Verträge sein. Deshalb unterstehen diese Verträge meist nicht nur dem Auftragsrecht, wie eine überholte Rechtsauffassung aus den 1970er-Jahren argumentierte. Damals diskutierten die Werberechtler heftig, ob der Werbevertrag (ausschliesslich) dem Auftrags- oder aber (ausschliesslich) dem Werkvertragsrecht unterstehe. Der Streit geht auf eine heute längst überholte, ältere Bundesgerichtspraxis zurück. Alles, was nicht eindeutig als Werkvertrag, Arbeitsvertrag oder Vermittlungsgeschäft qualifiziert werden konnte, unterstellte das Bundesgericht früher dem Auftragsrecht. Gemischte Dienstleistungsverträge gab es nach der damaligen Praxis nicht. Es konnte den Werbeauftraggebern deshalb recht sein, weil sie den Werbevertrag nach Auftragsrecht ‹jederzeit› auflösen konnten (Art. 404 OR). Das wiederum schätzten die Agenturen weniger, doch profitierten sie nach Auftragsrecht von einer eingeschränkten Haftungsregelung. Sie mussten lediglich sorgfältig tätig sein, sie hafteten nach Auftragsrecht für sorgfältiges Tätigwerden – aber nicht dafür, dass die von ihnen gelieferten Werke auch wirklich die vorausgesetzten oder vereinbarten Eigenschaften aufwiesen.

Praxisänderungen 1983

Das Bundesgericht hat 1983 dem Entweder-, (Auftragsrecht) oder (Werkvertrag) ein Ende bereitet. Im Zusammenhang mit einem Architekturvertrag hielt es fest, komplexe Vertragsverhältnisse könnten nicht einfach dem Auftragsrecht oder dem Werkvertragsrecht unterstellt werden. «Art. 394 Abs. 2 OR zwingt demnach nicht dazu, ein komplexes Vertragsverhältnis, wie den Architektenvertrag, entweder ganz als Auftrag oder ganz als Werkvertrag zu beurteilen. Die Anerkennung gemischter Verträge erlaubt den Vertragspartnern wie dem Richter, den Umständen angepasste Lösungen zu finden, die der Rechtswirklichkeit besser entsprechen als eine einheitliche Qualifikation» (BGE 109/1983 II 460, David/Reutter S. 394 mit Verweisen). Im gleichen Jahr, aber kurz zuvor hatte das Bundesgericht entschieden, dass auch geistige Schöpfungen dem Werkvertragsrecht unterstehen können, wenn sich der geistige Gehalt materialisiert manifestiere (BGE 109/1983 II 37, David/Reutter S. 396 mit weiteren Verweisen).

Auch David/Reutter führen dazu im jüngsten (und umfassendsten) Werberechts-Kommentar aus: «Im Lichte der bundesgerichtlichen Rechtsprechung können damit auch von der Werbeagentur geschaffene Geisteswerke nach Werkvertragsrecht beurteilt werden» (S. 396). Nur dann, wenn die Erbringung von blosser Beratung durch die Werbeagentur im Vordergrund steht und nicht die Ablieferung von Ergebnissen (gestalteten Werken), ist nach Auffassung der Autoren David und Reutter von einer «Prädominanz des Auftragsrechts» auszugehen.[1]

Werkvertragselemente überwiegen

Wenn Vertragsgegenstand «die Entwicklung und Realisierung eines Kommunikationskonzepts sowie die Entwicklung und Realisierung der ent-

> Viele ‹Werbeverträge› und ‹Agenturverträge› sind gemischte Verträge, sie enthalten Auftragselemente und Werkvertragselemente.

zur Abbildung auf Seite 109:

> Werbevertrag ist nicht gleich Werbevertrag. Im einen Fall handelt es sich um eine Lead-Funktion der Agentur über das gesamte Unternehmen mit einer Pflicht, die Marke zu führen, im andern Fall schliesst der Werbevertrag nur die Einführung eines bestimmten Produkts ein. Es ist zu empfehlen, die BSW-Branchengrundsätze oder den ASW-Werbeleistungsvertrag als Checkliste beizuziehen.

sprechenden Werbemittel» ist oder «Gestaltungsarbeiten bis hin zur fototechnischen Bearbeitung, Texte und Übersetzungen sowie produktionstechnische Aufwendungen», überwiegen die Werkvertragselemente. Wenn sich ein Unternehmen vorbehält, «jederzeit schriftlich Änderungen der vereinbarten Leistungen anzubringen», nachdem es sich bereits verpflichtet hat, «frühzeitig die für die Vertragserfüllung erforderlichen Vorgaben bekannt zu geben», und die Agentur «vereinbarte oder vorausgesetzte Eigenschaften» an den selbst kreierten Werken gewährleistet und eine Nachbesserungspflicht der Agentur ausbedungen wurde, weist dies ebenfalls auf Werkvertrags-Elemente hin. Etwas vereinfacht ausgedrückt: Vieles, was nach Art. 9 des Reglements über die Anerkennung von Werbeagenturen *(Anhang V)*, welcher die fachlichen Voraussetzungen für Full-Service-Werbeagenturen regelt, unter die Phasen 3 und 4 (Konzeption und Realisation)

---

[1] David/Reutter a. a. O.: «Anzumerken ist in dieser Hinsicht, dass die von den Werbebranchen-Verbänden herausgegebenen Vertragsmuster wie auch die spärliche Literatur offenbar eher davon ausgehen, dass der Werbevertrag umfassend dem Auftragsrecht unterzuordnen ist. Diese Ansicht ist kaum zutreffend und zu wenig differenziert. […] Je nach Ausgestaltung im Einzelfall kann ein umfassender Werbevertrag in gewissen Bereichen dem Auftragsrecht unterstehen, in anderen Belangen aber nach werkvertraglichen Regeln beurteilt werden. […] Einen Werbevertrag schlechthin gibt es nicht». Zur Abgrenzung zwischen Agenturverhältnis und Pachtverhältnis beim Inseratevermittlungsgeschäft vgl. BGE 115 (1989) II 59; 83 (1957) II 32, 84 (1958) II 529, und 59 (1933) II 262.

fällt, untersteht dem Werkvertragsrecht. Die Phasen 1 (Situationsanalyse) und 2 (Kommunikationsstrategie) unterstehen eher dem Auftragsrecht.

Nur Aufträge sind jederzeit, aber nicht zur Unzeit kündbar
Für Aufträge im Sinne des Auftragsrechts schreibt das Gesetz in Art. 404 Abs. 2 OR zwingend die jederzeitige Kündbarkeit vor. Sogenannte ‹Unzeit›-Bestimmungen sind zurückhaltend auszulegen. Ziffer 22 der BSW-Grundsätze scheint mir in dieser allgemeinen Form nicht über alle (juristischen) Zweifel erhaben, was der Schweizer Werbe-Auftraggeberverband (SWA) in seinen abweichenden Empfehlungen zum Ausdruck bringt.

6.1 Elemente des Werbevertrags

› Die folgenden Elemente sind häufig in so genannten Werbeverträgen enthalten: *Beratungstätigkeit:* die blosse Beratungs-, Koordinations- und Überwachungstätigkeit in der Phase der Analyse, der Strategieentwicklung und später in der Produktions- und Vertriebsphase – ohne Gewähr für ein konkretes Arbeitsergebnis – ist dem Recht über den einfachen Auftrag (Art. 394 ff. OR) unterstellt. Der Media-Beratungsvertrag ist nach Auftragsrecht zu beurteilen, der Insertionsvertrag hingegen nach Werkvertragsrecht (BGE 115/1989 II 58).
› *Kreations- und Produktionstätigkeit:* die schöpferische Tätigkeit in der Konzeptions- und Realisationsphase, welche in so genannte ‹Werke› mündet (in Skizzen, Entwürfe, Reinzeichnungen, konkretisierte Konzepte usw.), untersteht dem Werkvertragsrecht (Art. 363 ff. OR). Unter Werkvertragsrecht fällt auch der Vertrag über Direct Mailing.[2] Zum Wesen des Werkvertrags gehört, dass ein Arbeitsergebnis versprochen wird, nicht nur Beratung und geistige Dienstleistung wie beim Auftragsverhältnis. Die Vergütung ist geschuldet, wenn das mängelfreie Arbeitsergebnis abgeliefert wurde. Beim Auftrag ist die Vergütung auch bei Ausbleiben des Arbeitsergebnisses geschuldet.
› *Nutzungsrechte:* Das Vertragsverhältnis zwischen Werbeagentur und Werbeauftraggeber schliesst meistens Fragen der Nutzungsrechte an urheberrechtlich geschützten Werken ein (auch wenn die Vertragsparteien dies selten sorgfältig regeln!). Während die Erstellung des Werkes dem Werkvertragsrecht untersteht, sind die Nutzungsrechte Gegenstand eines Lizenzvertrages. Dies ist ein im Gesetz nicht geregelter Vertrag (Innominatsvertrag).
› *Vermittlungstätigkeit:* Häufig enthält ein Werbevertrag auch vermittelnde Tätigkeit. Diese kann – je nach Auftrag – dem Recht zum Mäklervertrag (Art. 412 ff. OR) oder zum Agenturvertrag (Art. 418 a ff. OR) unterstellt sein, beispielsweise dort, wo die Annoncen-, Abonnenten- oder Kundenbewirtschaftung einer Agentur übergeben wird, welche auf Namen und auf Rechnung des Auftraggebers Verträge abschliesst.

Dürfen Dritte beigezogen werden?
Die Werbeagentur kann zur Erfüllung der ihr selbst auferlegten Leistungspflichten Dritte beiziehen: Grafiker, Texter, Fotografen, Schauspieler, Models. Bei der Frage, wieweit der Beizug von Dritten zulässig ist, wenn die Parteien in dieser Frage keine Vereinbarungen getroffen haben, ist in der bisherigen Diskussion zu wenig unterschieden worden zwischen den verschiedenen Leistungsphasen. Werbeagenturen müssen den Teil *Analyse,*

---

[2] *David/Reutter* S. 400.

Strategische Planung und Konzeption ‹persönlich›, d. h. mit eigenen Leuten, erbringen. Wegen dieser kreativen Stärken wird eine Agentur ausgewählt. Anders verhält es sich für den Teil *Realisation* und noch einmal anders für die Teile *Produktion* und *Vertrieb*. Die Realisation wird bei Grossagenturen in der Regel auch von ihnen selbst erbracht werden müssen – gegenlautende Vereinbarungen vorbehalten. Dieser Grundsatz wird aber vor allem bei Kleinagenturen nicht das gemeinsame Verständnis der Vertragsparteien sein. Der Kunde will in jeder Hinsicht die bestmögliche Qualität, weshalb es Pflicht der Agentur ist, je nach Einschätzung der eigenen Fähigkeiten Dritte zur Vertragserfüllung beizuziehen – im Namen und auf Rechnung der Agentur, nach Absprache mit dem Kunden auch im Namen und auf Rechnung des Kunden. Überall dort, wo es dem Kunden aber erkennbar auf persönliche Fähigkeiten der Agentur-Mitarbeiter/-innen ankommt – dies wird vor allem im planerischen und kreativen Bereich sowie bei der Oberaufsicht (Gesamtmanagement) der Fall sein –, ist eine Vergabe an Dritte nur mit Zustimmung des Kunden zulässig.[3] Weil nach Gesetz sowohl im Auftrags- als auch im Werkvertragsrecht vom Grundsatz der persönlichen Ausführung auszugehen ist, empfiehlt es sich, in den Zusammenarbeitsvereinbarungen möglichst klare Abreden zu treffen. Auch in der kommerziellen Kommunikation kann nur bei kleinen Agenturen von persönlicher Ausführung ausgegangen werden.

Aufklärungs-, Beratungs- und Abmahnungspflichten

Teil eines Werbevertrages ist – von Gesetzes wegen, auch ohne entsprechende Vertragsklausel – eine Aufklärungs-, Beratungs- und Abmahnungspflicht bei unsachgemässen Weisungen. Dies sind vertragliche Nebenpflichten. Der Kunde soll sich ein realistisches Bild von den Erfolgschancen der vorgeschlagenen Massnahmen bzw. der Vor- und Nachteile einzelner Massnahmen machen können.[4] Zur Haftung siehe das folgende Kapitel.

Rechenschaftspflicht

Auch die Rechenschaftspflicht gilt von Gesetzes wegen. Zur jederzeitigen Rechenschaftspflicht – auf Verlangen des Kunden – kommt allenfalls nach Auftragsrecht eine Herausgabepflicht hinzu, hat doch der Beauftragte der Auftraggeberin auf Verlangen alles herauszugeben, was ihm auf Grund des Auftrags zugekommen ist.[5]

Treue- und Verschwiegenheitspflicht

Diese gilt von Gesetzes wegen, wenn auftragsrechtliche Beratungstätigkeit vorliegt. Aus der Treuepflicht ergeben sich die Pflicht zur Geheimhaltung und ein Verbot der Interessenkollisionen, insbesondere der Doppelvertretung.[6] Dies gilt bezüglich der Produkte in einem gleichen Marktsegment, aber nicht generell bezüglich der Tätigkeit für konkurrierende Unternehmen. Ein solch weitgefasstes Konkurrenzverbot müsste schriftlich vereinbart werden. Agenturen dürften solche Schranken aber nur dann akzeptieren, wenn man ihnen im Gegenzug Exklusivität zusichert. Heute

---

[3] *Auch David/Reutter, S. 412, betonen die persönliche Leistungspflicht.*
[4] *Zur Abmahnungspflicht des sachverständigen Vertragspartners BGE 116 (1990) II 455 ff.*
[5] *Art. 400 OR, siehe dazu Kapitel «Wem gehören die Daten?».*
[6] *David/Reutter S. 418.*

sind viele Grossagenturen gleichzeitig nebeneinander für Grossunternehmen (z. B. Swisscom, Post, Banken, Verlage usw.) tätig. Konkurrenzverbote werden in der Regel nur bezüglich der Marktsegmente verabredet. Wichtig ist die vertrauensbildende gegenseitige offene Information, weniger das Konkurrenzverbot an sich.

Begriffdefinitionen
- Prozenthonorar (…%): Klassische Agenturvergütung, indem auf den Fremdrechnungen der Zuschlag von …% (z. B. …%) als Honorar für die Leistungen der Agentur verrechnet wird.
- Flat-Fee: Pauschalhonorar, Monatspauschalen, Fixhonorar. Zum Voraus definierte, fixe Vergütung für eine klar definierte Gegenleistung der Agentur.
- Cost-Plus: Verrechnung der angefallenen Stunden und Kosten nach Aufwand.
- Erfolgsabhängige Honorierung: Bonus-System, Incentive-System oder ähnlich. Der Kunde will die Agentur gemessen an der Erreichung eines bestimmten Ziels vergüten.
- GU: Die Agentur handelt wie ein Generalunternehmer. Sie erhält den Gesamtauftrag und rechnet diesen auch gesamthaft ab.
- DL – Delkredere/Durchlauf: Die Agentur handelt im Auftrag und Namen des Kunden und übernimmt in diesem Fall auch die Bezahlung der Fremdrechnungen.
- WL – Weiterleitung: Der Kunde will alle Fremdrechnungen selbst bezahlen. Die Agentur kontolliert auf sachliche und rechnerische Richtigkeit, visiert die Rechnung und leitet sie weiter an den Kunden zur Bezahlung.

6.2 Der Rahmenvertrag

In letzter Zeit wird vermehrt mit Rahmenverträgen gearbeitet. Werbeauftraggeber wollen verbindlicher wissen, was sie zu erwarten haben, kostenmässig, qualitätsmässig, im Konfliktfall, nach Auflösung des Vertrages. Viele Agenturen und Kunden schliessen deshalb zu Beginn oder zur Weiterführung einer Zusammenarbeit einen Rahmenvertrag ab.

Mit dem Rahmenvertrag wollen die Vertragsparteien in der Regel mehrere Zielsetzungen erreichen:
- Mit einem übergeordneten Vertragswerk sollen die generellen Regeln der Zusammenarbeit vereinbart werden, damit die Vertragsparteien nicht bei jedem einzelnen Auftrag oder Projekt das Allgemeine regeln müssen, sondern sich auf die Spezifikationen beschränken können (Leitplankenfunktion).
- Die Agentur soll Ressourcen (brain, manpower, Logistik, Technik usw.) für die termingerechte Konzeption und Realisation einzelner Projekte sicherstellen (Gewährleistung der Verfügbarkeit).
- Die Parteien vereinbaren, zu welchen Aufwandtarifen oder Pauschalen Projekte realisiert werden (Kostentransparenz).
- Die Agentur bietet der Kundin Rabatte an, wenn das Auftragsvolumen jährlich eine Mindestsumme erreicht (finanzielle Vorteile).
- Mit dem Rahmenvertrag wird grünes Licht erteilt zur Zusammenarbeit, wobei die Parteien bis zu den einzelvertraglichen Abmachungen frei bleiben wollen.
- Mit dem Rahmenvertrag will der Werbeauftraggeber über das ganze Unternehmen den gleichen Vertragsstandard sicherstellen (was der Eigenheit der kreativen Tätigkeit sehr oft nicht gerecht wird, weil Materiallieferungsverträge nicht so ohne weiteres auf kreative Tätigkeit übertragen werden können).

Elemente des Rahmenvertrages
In einem Rahmenvertrag regeln die Parteien Folgendes:
- die Zielsetzungen der Zusammenarbeit, die Dauer der Zusammenarbeit und die Auflösungsmodalitäten,
- die allgemeinen Rechte und Pflichten der Agentur (Sorgfaltspflicht bei der Auswahl, der Instruktion und der Überwachung von Mitarbeitern und Dritten; monatliche Rapportierungspflicht, Pflicht, Projekte und Kostenvoranschläge schriftlich genehmigen zu lassen; Protokollierungspflicht usw.),
- die Pflichten des Kunden (Offenlegungspflicht, Gewährung des Zutrittsrechts, Zurverfügungstellen von Mitarbeitern usw.),
- die Honoraransätze,
- die Abrechnungs- und Zahlungsmodalitäten,
- das Rabattierungssystem,
- Nutzungsrechte und/oder geistiges Eigentum,
- Aufbewahrungs- und Herausgabepflichten an Daten.

Rahmen und Details vermischt
Sehr oft werden im Rahmenvertrag jedoch nicht nur der Rahmen, sondern auch einzelne erste Projekte namentlich erwähnt. Es ist von Auftragserteilung die Rede, obwohl in der Präambel erwähnt wird, Leistungspflichten und Leistungsrechte entstünden erst mit dem Abschluss von Einzelverträgen. Solche Vertragselemente in Rahmenverträgen sind verbindlich, es handelt sich um ein gemischtes Vertragswerk. Es enthält Rahmenvereinbarungen und einzelvertragliche Abmachungen. Probleme ergeben sich, wenn allgemein von namentlich genannten ‹absehbaren› Projekten die Rede ist. Wenn es an anderer Stelle heisst, die Parteien wollten erst gebunden sein, wenn die einzelnen Aufträge schriftlich erteilt worden seien, kann kein Anspruch auf Realisierung der ‹absehbaren› Projekte abgeleitet werden. Allerdings ist eine untere Grenze anzunehmen: Wenn ein Werbeauftraggeber nach Abschluss eines Rahmenvertrages überhaupt keinen Auftrag erteilt, muss er die Kosten entschädigen, welche der Agentur auf Grund des Rahmenvertrages entstanden sind (z. B. Bereitstellen von manpower, Investitionen, Vertragsabschlusskosten usw.).

> Wichtige Vertragselemente sind oft in Kontaktrapporten oder Bestätigungsschreiben enthalten. Eine ordentliche Dokumentation erleichtert die Beweisführung.

Vorgehen bei der Vertragsgestaltung
Beim Abfassen von Verträgen sollte man nicht gleich zum nächstbesten Muster greifen. Bei grösseren Projekten ist es empfehlenswert, zuerst das System aller Beteiligten (systemischer Ansatz) aufzuzeichnen (siehe Illustration). Selbst bei einem einfachen Buchprojekt, aber vor allem bei facettenreichen, komplizierten Event-, Kommunikations- oder Kunstprojekten liegen vielfältige Beziehungsfelder vor, welche es zu regeln gilt.

Verweis auf Protokolle
Problematisch sind die protokollarisch anmutenden Nebenklauseln in Rahmenverträgen: Beiläufig wird erwähnt, die Agentur habe im Rahmen der Langfriststrategie bereits Konzepte entwickelt. Hier bedeutet die Unterschrift Anerkennung der Leistungen. Und das gibt häufig Knatsch, wenn es zum Bruch kommt. Wenn auf Protokolle früherer Sitzungen verwiesen wird, sollte man diese am Schluss des Rahmenvertrages zum integrierenden Bestandteil des Abkommens erklären und dem Vertragswerk im Anhang beilegen.

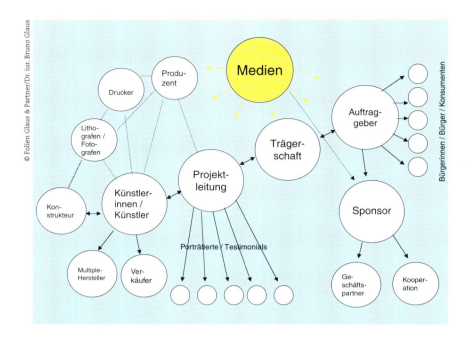

Ein eindrückliches Beispiel von Branding und Merchandising ist das mocmoc-Projekt des Künstlerduos ComCom (mehr Information dazu über www.comcom.ch).

Die Checkliste
Wenn das ‹System› aufgezeichnet worden ist, empfiehlt es sich, zu den einzelnen Beziehungen (Nummern) die Abläufe zu skizzieren. Erst in einer dritten Phase sollte die ‹Checkliste› zum Vertragsaufbau beigezogen werden, um die einzelnen Beziehungen zu regeln.

Vertragswesen in der Kommunikation
Checkliste

- Präambel
- Vertragsparteien
- Vertragsgegenstand
- Art / Umfang der Leistungen / Termine / Verantwortlichkeiten
- Urheberrechtsregelung / Nutzungsrecht / Eigentum an Daten
- Entgelt / Zahlungstermine
- Gewährleistung / Garantie
- Haftung
- Vertragsdauer und Regelung der Vertragsauflösung
- Geheimhaltungspflicht / Konkurrenzverbot
- Archivierung / Aufbewahrungspflicht
- Gerichtsstand

6.3 Verweis auf AGB

Grundsätzlich können dem Bestätigungsschreiben auch Allgemeine Geschäftsbedingungen (AGB) beigelegt werden. Ob diese auch ohne ausdrückliche Akzepterklärung rechtsverbindlich werden, ist umstritten. Keinesfalls kann geduldet werden, dass über Bestätigungsschreiben und durch nachträgliche Zustellung von AGB der ursprüngliche mündliche Vertrag erweitert oder verändert wird (indem eine Agentur nachträglich die Nutzungsrechte des Kunden an ihren Leistungen einschränkt). Zur Verbindlichkeit bestimmter Klauseln hat sich in der Schweiz eine reichhaltige Gerichtspraxis entwickelt (siehe nachfolgend: ‹Unwirksamer Verweis auf AGB›). Die Branchengrundsätze des BSW und der Muster-Werbeleistungsvertrag des ASW sind – wie die SIA-Bestimmungen – allgemeine Vertragsbedingungen eines Branchenverbandes. Sie sind nicht allgemein verbindlich. Sie werden Vertragsbestandteil, soweit sie von den Vertragsparteien ausdrücklich oder stillschweigend – in einem Einzelvertrag oder in einem Rahmenvertrag – übernommen wurden.

Unwirksamer Verweis auf AGB

Unter den folgenden Umständen können die Allg. Vertragsbedingungen bzw. Branchengrundsätze trotz Übernahmeerklärung unverbindlich sein:
- Verstoss gegen zwingendes Gesetzesrecht;
- abweichende individuelle Abmachungen der Parteien (spezielle Abmachungen gehen den generellen immer vor);
- Unmöglichkeit, sich vom Inhalt der AGB in zumutbarer Weise Kenntnis zu verschaffen;
- atypischer Inhalt, Unlesbarkeit und Ungewöhnlichkeit einer Vertragsklausel (Ungewöhnlichkeits- oder Überraschungsregel) – darauf kann sich auch jene Vertragspartei berufen, welche die Verwendung der AGB veranlasst hat;
- Unwirksamkeit von ‹Vertragsfloskeln› (z. B. «Nachwährschaft wird wegbedungen»);
- ungenügende Kennzeichnung von Klauseln, in welchen eine Vertragspartei auf verfassungsmässige und persönlichkeitsrechtliche Ansprüche verzichtet (verfassungsmässiger Gerichtsstand, Einschränkung von Persönlichkeitsrechten wie Recht am eigenen Wort, Recht am eigenen Bild usw.);
- missbräuchliche Geschäftsbedingungen gemäss Art. 8 UWG: «Vorformulierte allgemeine Geschäftsbedingungen [...], die in irreführender Weise zum Nachteil einer Vertragspartei a) von der unmittelbar oder sinngemäss anwendbaren gesetzlichen Ordnung erheblich abweichen oder b) eine der Vertragsnatur erheblich widersprechende Verteilung von Rechten und Pflichten vorsehen.» Es genügt, dass die Geschäftsbedingung geeignet ist, in die Irre zu führen, eine tatsächliche Täuschung ist nicht erforderlich. Eine der Vertragsnatur erheblich widersprechende Verteilung von Rechten und Pflichten liegt vor, wenn eine Vertragspartei den dem Vertrag zugrunde liegenden wirtschaftlichen Zweck nicht oder nur unter erschwerten Bedingungen erreichen kann.

Untersuchung zu PR-Agenturen

Florina Krecke hat Anfang der 90er-Jahre des letzten Jahrhunderts die Verträge der Stadtzürcher PR-Agenturen und ihrer Kunden seziert[7] und dabei die folgenden Feststellungen gemacht:
- Die ersten Kontakte sind meist auf Initiative des Kunden zurückzuführen.
- Das erste und eventuell noch weitere Gespräche sind kostenlos.

---

[7] Florina Krecke, Verträge zwischen Stadtzürcher PR-Agenturen und ihren Kunden, Zürich 1992.

› Agenturen werden häufig erst im Krisenfall beigezogen.
› Agenturen werden von pragmatisch denkenden und handelnden Auftraggebern häufig direkt mit der Realisierung von Massnahmenpaketen beauftragt. Auf die Erarbeitung eines diesem zugrunde liegenden Gesamtkonzepts (Konzepterstellungsvertrag) wird verzichtet.
› Ein Detailkonzept unterscheidet sich von einem Grobkonzept nach folgenden Kriterien: mehr als allgemeine Umschreibungen, Möglichkeit der eigenständigen Verwendbarkeit des Konzepts durch den Kunden, kundenspezifische Denkprozesse, Genauigkeit in der Budgetierung, Umfang des Konzepts.
› Das Detailkonzept ist sehr oft auch eine Offerte für einen längerfristigen Zusammenarbeitsvertrag. Bei der Auftragserteilung (und sei es auch nur im Bestätigungsschreiben) ist klar festzuhalten, ob sich das Akzept des Kunden auf das ganze Konzept oder nur (allenfalls modifizierte) Teile davon bezieht.
› Vereinzelt werden mehrere Agenturen zu sog. Agenturpräsentationen eingeladen.
› Agenturpräsentationen enthalten nach Verbandsempfehlungen nur die Vorstellung der Agentur und eine Vorgehensskizze, nicht aber Konzepte.
› Vor allem öffentlich-rechtliche Auftraggeber bevorzugen die Wettbewerbspräsentation mit eher symbolischen Pauschalhonoraren für die Wettbewerbsteilnehmer.

Verbandsempfehlungen lassen sich heute kaum mehr durchsetzen. Der Vorwurf einer kartellistischen Absprache kann deshalb nicht erhoben werden.

Wie BSW und ASW empfiehlt auch die Branchenorganisation der PR-Unternehmungen, kreative und konzeptionelle Arbeiten nicht unentgeltlich zu leisten. Solche Empfehlungen nimmt die WEKO kritisch unter die Lupe, sie sollten indes nicht generell verboten sein, solange einzelne Verbände keine marktbeherrschende Stellung inne haben. Überdies müsste auch das Verhältnis der Branchenempfehlungen zu den Lauterkeitsvorschriften beachtet werden. So verbietet das UWG unter anderem das Anbieten und den Verkauf von Leistungen unter dem Einstandspreis.

Branchenempfehlungen werden wenig beachtet
Dass die Branchenempfehlungen Theorie sind, zeigt die Untersuchung. Florina Krecke kommt zu folgendem Schluss: «Diejenigen Agenturen, die tatsächlich nur eine Vorgehensskizze liefern, sind benachteiligt. Anderseits erleiden auch jene Agenturen einen Nachteil, die persönliches Gedankengut einbrachten, ohne am Ende vom Interessenten auserkoren zu werden.» Krecke zeigt auf, dass es den PR-Agenturen nicht besser ergeht als den Werbeagenturen: Auf (teure) Analysen und Gesamtkonzepte wird weitgehend verzichtet, obwohl diese unabdingbare Grundlage für die Massnahmen sind. Krecke: «Die Agenturen, welche unmittelbar eine Auswahl möglicher PR-Massnahmen offerieren, gehen pragmatisch vor: Sie setzen den Akzent weniger auf eine profunde Situationsanalyse als auf die rasche Aufzeichnung von konkreten Schritten zum Aufbau oder zur Verbesserung der Öffentlichkeitsarbeit des Kunden. Die konzeptionelle Phase wird mithin übersprungen» – oder sie wurde, dies wäre anzumerken, allenfalls bereits von einer gesamtberatenden Agentur vorgenommen, nun verstärkt mit der zusätzlich beigezogenen (PR-)Agentur. Dies wären sachlich vertretbare und plausible Gründe.
Wenn sich Agenturen ohne Vorliegen eines Gesamtkonzepts direkt mit der Realisierung von Massnahmen eindecken lassen, laufen sie Gefahr, die zur Realisierung der Massnahmen doch notwendige Situationsanalyse unentgeltlich leisten zu müssen oder unter dem Titel ‹Ausgangslage› einen psychologischen Kunstgriff zu tätigen mit dem Risiko, schlechte Arbeit zu leisten.

6.4 Vertragsdiktate

Im Bestreben, in Grossunternehmen einheitliche Standards durchzusetzen, ziehen grosse Werbeauftraggeber bisweilen ‹Rahmenvertragsmuster› aus dem Einkaufwesen hervor.

Agenturen müssen nach diesen Vertragsmustern beim Sub-Contracting alle Verpflichtungen aus dem Vertrag auf Arbeitnehmer, beigezogene Freelancer und andere ‹Drittunternehmungen› übertragen. Dass dies in dieser absoluten Form kaum möglich ist – und auch nicht Sinn macht! –, zeigt das folgende Beispiel. «Die Agentur überträgt der Kundin alle Nutzungsrechte, d. h. das volle Urheberrecht, uneingeschränkt. Das übertragene Recht umfasst auch das freie Recht zur Bearbeitung. Die Agentur stellt durch entsprechende Vereinbarungen mit Angestellten, Hilfspersonen und Dritten sicher, dass sämtliche im Zusammenhang mit dem Projekt entstandenen Rechte auf die Kundin übertragen werden können.»

Viele Agenturen haben mit ihren Mitarbeiterinnen nicht die volle Rechtsübertragung und schon gar nicht das Bearbeitungsrecht ausbedungen. Sie müssten ihre Verträge mit den Mitarbeitern mit Änderungskündigungen anpassen, weil die volle Rechtsübertragung und das Bearbeitungsrecht nicht gegen den Willen eines Mitarbeiters durchgesetzt werden können. Auch beim Einkauf von Bildern aus Bildarchiven (und anderen künstlerischen Werken) können nur selten uneingeschränkte Rechte eingekauft werden. Ganz zu schweigen von der Lizenzierung durch Verwertungsgesellschaften (Pro-Litteris, Suisa usw.). Auch Persönlichkeitsrechte können in der Regel nur zur beschränkten Nutzung erworben werden. Man denke an die Bildrechte, die ein Model lizenziert. Kein Model wird in ein beliebiges Bearbeitungsrecht einwilligen, kein Model wird Bildrechte zeitlich, örtlich und sachlich uneingeschränkt übertragen – es sei denn zum Jahrhundertpreis. Mit andern Worten: der vorgeschlagene Rahmenvertrag verlangt von der Agentur Dinge, die gar nicht erfüllbar sind.

Welche Schlüsse müssen Agenturen ziehen? Zum einen werden die Agenturen nicht darum herum kommen, ihren freien Mitarbeitern und den Unternehmungen, welche sie bei Konzeption und Realisation beiziehen, gewisse Pflichten zu überbinden und sich im grösstmöglichen Umfang die Rechtsübertragung sicherzustellen.[8] Der zur Zeit kursierende ‹Mustervertrag› grosser Werbeauftraggeber kann zwar eine anregende Gesprächsgrundlage sein, kaum aber der faire und qualitätsorientierte Interessenausgleich. An diesem müssten alle Beteiligten ein grösstes Interesse haben. Nur so ist qualitativ gute Werbung machbar!

> Arten der Rechtsübertragung: zeitlich befristet, räumlich beschränkt, sachlich beschränkt, exklusiv oder nicht? Full-Buyout?

6.5 Wenn die Agentur die Bank spielt

Grössere Projekte ziehen bisweilen eine Flut von Rechnungen nach sich. Es fehle dem Kunden die Transparenz, selbst wenn die Agentur die Rechnungen zur Zahlung freigegeben habe – machen die Kunden geltend. Erst recht dann, wenn die Rechnung durch mehrere Hände gehen muss, wie dies in vielen Grossunternehmen der Fall ist. Diese Klippe kann umschifft werden, wenn die Agentur die Bank (oder allenfalls gar Generalunterneh-

---

[8] Siehe dazu Textvorschlag SWA oben Seite 164.

merin) spielt. Nicht mehr einzelne Detailrechnungen gehen kundenseits durch alle Hände, sondern die Schlussabrechnung. Die Agentur zahlt die einzelnen Rechnungen der Lieferanten aus einem Kontokorrent, über das erst am Schluss abgerechnet wird.

Administrative Erleichterung ist das eine, Kostenrisiken das andere. Die Agentur übernimmt bei diesem Modell Kreditrisiken. Jedenfalls dann, wenn der Kunde nicht regelmässige und rechtzeitige Akonto-Zahlungen auf das Kontokorrent der Agentur leistet. Die Agentur spielt die Bank. Man spricht von Delkredere-Kunden. Sicherheiten müssten gestellt, Zinsen bezahlt werden. Das aber wollen Agenturen den treuen Kunden nicht zumuten. So wird ihre Banking-Dienstleistung zum Kundenbindungsinstrument. Selbst- und kostenbewusste Agenturen versuchen mit den Kunden Zwischenlösungen zu finden. Die Stellung der Agentur hat Folgen für die Steueradministration und für die Ertragslage, wenn die Risiken hoch sind.

Mehrwertsteuerpflicht?

Wie wird das Agentur-Banking mehrwertsteuerrechtlich behandelt? Die Antworten darauf fallen – auch seitens der bei den Agenturen engagierten Treuhänder – zum Teil unterschiedlich aus. Sandra Capt vom Rechtsdienst der Hauptabteilung Mehrwertsteuer in der Eidgenössischen Steuerverwaltung (ESTV) erklärte auf Anfrage des Autors, für Werbeagenturen gebe es keine eigene Branchenbroschüre. Sie verweist indes auf die Branchenbroschüre Nr. 16 (Liegenschaftsverwaltung/Immobilien). Die dort aufgeführten Grundsätze (für Verwaltungstätigkeit) kämen auch auf andere treuhänderische Verwaltungstätigkeiten zur Anwendung. Dabei sind verschiedene Abrechnungsmodalitäten zu unterscheiden:

Kunde als Direktzahler, Agentur als Vermittlerin

Bei dieser – immer noch üblichen – Variante wird die Rechnung auf den Kunden ausgestellt. Die Agentur ist ‹Weiterleiterin› (man spricht von Weiterleitungskunden), ist nur beratend, vermittelnd und kontrollierend tätig. Mehrwertsteuerrechtlich gilt jemand nur dann als direkter Stellvertreter (Vermittler) des mehrwertsteuerpflichtigen Kunden, wenn die Lieferung ausdrücklich im Namen und für Rechnung des vertretenen Kunden getätigt wird. In der Buchhaltung des Lieferanten wird nicht die Agentur (sondern der Kunde) als Debitor geführt; in der Buchhaltung des Kunden werden sämtliche Lieferanten einzeln als Kreditoren aufgeführt. Sandra Capt: «Die Rechnung darf in der Buchhaltung der Agentur nicht erfolgswirksam verbucht werden.» Die Agentur ist nur bezüglich ihrer eigenen Kreativ- und Beratungsleistungen Kreditorin.

Rechnungen von Lieferanten dürfen durchaus an die Agentur (vergleichbar einer Verwaltung) adressiert sein, wenn die verrechneten Lieferungen oder Dienstleistungen ausdrücklich im Namen und auf Rechnung des Vertretenen getätigt werden (Art. 11 Abs. 1 MWSTG). Die Agentur gilt in diesem Fall nur als (nicht mehrwertsteuerpflichtige) Vermittlerin. Dies aber nur dann, wenn in der Rechnung des Lieferanten der Agenturkunde mit vollem Namen und mit voller Adresse zumindest im Betrifftvermerk bezeichnet wird. Im Adressfeld selbst kann die Agentur als Zustelladresse aufgeführt werden. Ebenfalls möglich ist die folgende Adressierung: Name der Agenturkundin, P. A. (Postadresse) Agentur.

Die Agentur als Zwischenhändlerin oder Generalunternehmerin
Bei dieser Variante werden sämtliche Lieferantenrechnungen auf die Agentur ausgestellt. Diese handelt im eigenen Namen und auf eigene Rechnung. Es werden die Leistungen über die Aufwand- und Ertragskonti der Agentur ‹erfolgswirksam› verbucht. Wenn die Agentur zwar für fremde Rechnung, aber in eigenem Namen handelt, verliert die Agentur den Vermittlerstatus. Es liegen zwei unabhängige Rechtsgeschäfte vor, einerseits zwischen Lieferant und Agentur und anderseits zwischen Agentur und Kunden, welche beide steuerwirksame Geschäftsvorgänge sind (Art. 11 Abs. 2 MWSTG). Die Agentur verrechnet die Gesamtleistungen mit neuer Faktura an den Kunden und belastet Mehrwertsteuer. Gegenüber den Steuerbehörden kann die Agentur den Vorsteuerabzug geltend machen (Mehrwertsteuerpflicht der Agentur für den ganzen Betrag und Möglichkeit zum Vorsteuerabzug).

6.6 Das Zahlbordereau-Modell

Delkredere-Rechnungen: Bei dieser Variante wird der Vermittlerstatus beibehalten, der Lieferant stellt die Rechnung wie bei den weiterleitbaren Rechnungen auf den Namen des Kunden aus, die Agentur ist lediglich Zustelladresse. Die Lieferantenrechnung wird nun aber agenturseits auf einem Durchgangskonto erfasst. Der gesamte Bruttobetrag – Leistung und MWST – wird verbucht und an den Lieferanten bezahlt. Gegenüber dem Kunden wird nicht mehr Rechnung für Rechnung fakturiert, sondern ein Zahlbordereau verwendet. Auf dem Zahlbordereau wird keine Mehrwertsteuer abgerechnet. BSW-Vertreter liessen diese Variante 1994 (noch unter altem Steuersystem) klären: «Wenn das Zahlbordereau an den Kunden die von den Lieferanten in Rechnung gestellten Mehrwertsteuern separat ausweist, genügt das Zahlbordereau als Rechnungsbeleg. Dem Kunden fällt dadurch kein Mehraufwand an, er muss nicht jeden einzelnen Lieferantenkreditor erfassen, um die Vorsteuern geltend zu machen.» 1994 hat die Steuerverwaltung dieses System validiert. Auf Anfrage des Autors bestätigte die Steuerverwaltung, dass diese 1994 gutgeheissene Variante nach wie vor Gültigkeit habe.
Mit andern Worten: Zur Vereinfachung der administrativen Abläufe kann die Agentur als direkte Stellvertreterin für die Kundin ein Kontokorrent führen, aus welchem laufend Rechnungen von Lieferanten bezahlt werden. Die Kundin überweist unter Umständen zum Voraus Akontozahlungen – wenn die Agentur nicht Kreditinstitut spielen soll.

Vorschlag für die Vertragsgestaltung
Die Agentur führt für die Kundin treuhänderisch ein Kontokorrent, aus welchem die laufenden Rechnungen von Lieferanten und Dienstleistungsunternehmen bezahlt werden. Die Lieferanten werden angewiesen, die Rechnungen direkt an die Agentur zu adressieren, im Betrifftvermerk (aber deutlich) mit Angabe von Name und Adresse zum Ausdruck zu bringen, dass Debitor die Kundin ist.
Die Bezahlung der Rechnungen aus dem Kontokorrent setzt weiterhin das Visum der Kundin voraus. Die Rechnungen werden in der Buchhaltung der Agentur nicht erfolgswirksam verbucht. In der Buchhaltung der Lieferanten

wird nicht die Agentur, sondern die Kundin als Debitor geführt; in der Buchhaltung der Kundin werden sämtliche Lieferanten als Kreditoren aufgeführt. Die Agentur ist nur bezüglich ihrer eigenen Kreativ- und Beratungsleistungen Kreditorin.

Die Kundin leistet folgende Akontozahlungen auf das Kontokorrent:
› Bei Projekten mit einem Gesamthonorar bis zu Fr. … eine Akontozahlung bis max. 50 Prozent des Gesamtbudgets spätestens 30 Tage nach dem Briefing.
› Bei Projekten mit einem Gesamtbudget von mehr als Fr. … zwei Akontozahlungen bis max. 70 Prozent des Gesamthonorars, zahlbar eine erste Rate in der Höhe von 40 Prozent spätestens 30 Tage nach dem Briefing und eine zweite Rate in der Höhe von 30 Prozent je nach Verlauf der Realisationsarbeiten.

Die Agentur legt der Kundin nach der Realisation eine Schlussabrechnung zu sämtlichen Bewegungen auf dem Kontokorrent einschliesslich einer Schlussabrechnung über die eigenen Aufwendungen vor. Der Mehraufwand für die kontokorrentbedingte Administration wird mit einer Pauschale von 1 Prozent der Gesamtaufwendungen, mindestens jedoch mit Fr. … entschädigt. Soweit die Agentur aus eigenen Mitteln Vorleistungen zu Gunsten des Kontokorrents erbringen muss, weil der vereinbarte Akontozahlungsrhythmus eine termingerechte Bezahlung der Lieferanten-Rechnungen nicht möglich macht, werden die Vorschüsse mit 5 Prozent verzinst.

Zahlbordereau und MWST: Das sagt die Steuerverwaltung
› Die Rechnung muss grundsätzlich an den Kunden adressiert sein. Lautet die Rechnungsadresse dennoch auf die Agentur, so muss der Kunde anderswo auf der Rechnung, beispielsweise in der Betreffzeile, mit Name und vollständiger Adresse genannt werden. Ebenfalls möglich ist die peradressam-Adressierung. Hier ist der Kunde mit Name und Sitz seiner Firma gemäss Handelsregistereintrag in der ersten Adresszeile zu nennen, gefolgt von der Anschrift der Agentur.
› Die Agentur begleicht die Rechnung und verbucht diese auf einem Durchlaufkonto. Auf keinen Fall darf sie in die Buchhaltung der Agentur einfliessen. Die Agentur darf auf Grund dieser Rechnung keine Vorsteuern geltend machen.
› Die Agentur erstellt gegenüber ihrem Kunden ein Zahlbordereau, worin sämtliche in seinem Auftrag erfolgten Zahlungen über eine bestimmte Periode aufgelistet sind. Auf diesem Bordereau muss vermerkt sein, dass die Zahlungen im Namen und auf Rechnung des Kunden beglichen wurden (z. B. «Wir haben in Ihrem Namen und auf Ihre Rechnung folgende Leistungen bezahlt»), damit eine direkte Stellvertretung vorliegt. Zur Gewährleistung der Prüfspur sind die Lieferanten auf dem Bordereau so aufzuführen, dass der Bezug zur Originalrechnung, welche dem Bordereau angeheftet sein muss, einwandfrei hergestellt werden kann. Vorausgesetzt, die Originalrechnungen erfüllen die in Art. 37 MWSTG genannten Anforderungen an einen mehrwertsteuerkonformen Beleg, kann der Kunde den Vorsteuerabzug auf Grund des Totals des Zahlbordereaus vornehmen.

Linthverwaltung Lachen
Öffentlichkeitsarbeit Linthwerk

Bezeichnung und Adresse des Auftraggebers: Linthwerk, c/o Linthverwaltung, Tellstrasse 1, Lachen.
Objekt: Öffentlichkeitsarbeit Linthwerk, Beauftragter für Öffentlichkeitsarbeit.
Gegenstand und Umfang der Leistung: Gemäss Pflichtenheft und Leistungsverzeichnis.
Verfahrensart: Offenes Verfahren.
Bemerkungen: Die Aufwendungen für die Erstellung des Angebots werden nicht vergütet.
Sprache des Vergabeverfahrens: Deutsch.
Auftragsdauer: Zeitraum von drei Jahren. Die Arbeiten müssen unmittelbar nach der Rechtskräftigkeit der Vergabe aufgenommen werden.
Eignungskriterien und zu erbringende Nachweise: Bestandteil der Ausschreibungsunterlagen.
Zuschlagskriterien: Bestandteil der Ausschreibungsunterlagen.
Teilangebote: Nicht zulässig.
Adresse und Frist für den Bezug der Ausschreibungsunterlagen: Linthverwaltung, Tellstrasse 1, 8853 Lachen, Tel. 055 442 11 55, Fax 055 442 53 27. Bezug ab: 19. April 2004. E-Mail: markus.jud@linthwerk.ch
Ansprechperson: Markus Jud.
Rückfragen: Rückfragen sind schriftlich (Brief, kein E-Mail) bis spätestens 6. Mai 2004 einzureichen.
Adresse und Frist für die Einreichung des Angebots: Linthverwaltung, Tellstrasse 1, 8853 Lachen. *Stichwort:* Beauftragter für Öffentlichkeitsarbeit. *Eingabetermin:* 28. Mai 2004 (A-Post, Datum, Poststempel).
Verbindlichkeit des Angebots: sechs Monate.
Zeitpunkt der Offertöffnung: Woche 23/2004 (nicht öffentlich).
Präsentation: Die drei Bewerber mit der höchsten Punktzahl werden zu einer Präsentation ihres Angebots am 11. Juni 2004 eingeladen.
Verhandlungen: Besprechungen mit Offertstellern betreffend Erfahrung, Persönlichkeit, Leistungserbringung, Feststellung der Vereinbarkeit der übrigen Tätigkeiten und Verpflichtungen des Anbieters mit dem Mandat bleiben vorbehalten.
Rechtsmittelbelehrung: Gegen diese Ausschreibung kann innert zehn Tagen seit der Publikation im kantonalen Amtsblatt beim Verwaltungsgericht des Kantons St. Gallen, Spisergasse 41, 9001 St. Gallen, schriftlich Beschwerde erhoben werden. Die Beschwerde muss einen Antrag, eine Darstellung des Sachverhaltes sowie eine Begründung enthalten. Diese Ausschreibung ist beizulegen. Es gelten keine Gerichtsferien.

8853 Lachen, 22. April 2004

Linthwerk, c/o Linthverwaltung

Fallbeispiel

Dienstleistungen für Öffentlichkeitsarbeit und Werbung unterstehen dem Submissionsrecht der Kantone und des Bundes. Wenn die Schwellenwerte überschritten werden, müssen solche Arbeiten ausgeschrieben werden (im Bild: Ausschreibung der Linthverwaltung Lachen für die Öffentlichkeitsarbeit Linthwerk mit Illustrationen aus der Präsentationsmappe des Siegerprojekts von Leuzinger & Benz AG, Rapperswil). Bereits im Submissions-Verfahren – dazu das folgende Kapitel – ist auf Geschäftsbedingungen hinzuweisen, welche zur Anwendung kommen sollen. Die unterbreiteten Ideen sind mit Non-Disclosure-Klauseln zu schützen. Nicht genügend ist ein blosser Hinweis wie: «Die folgenden Konzeptskizzen sind nicht als Layouts für Plakate und Inserate zu verstehen, sondern als erste textliche und bildliche Umsetzungen der Aussagen. Sie basieren auf den erwähnten Arbeitshypothesen und haben keinen bindenden Charakter.» (Vgl. dazu Textvorschläge auf S. 126 und im Anhang).

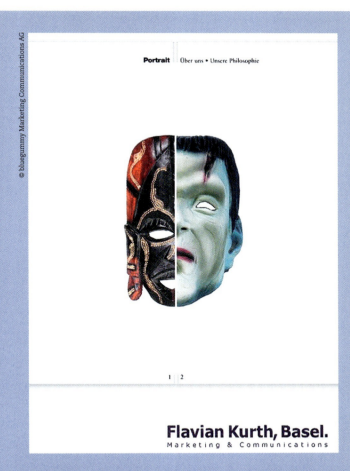

7 Ideenschutz durch Non-Disclosure-Vereinbarung

Ideenklau kann zwar nicht ganz, aber doch weitgehend präventiv verhindert werden.

Zwecks Ideenklau holen einzelne Unternehmen Agenturpräsentationen im Multipack ein und nutzen die besten Ideen. Nicht-Verwertungs-Vereinbarungen sind zu empfehlen.

Zusammenarbeitsverträge kommen im Werbe- und PR-Bereich auf drei verschiedenen Wegen zustande:

› über mehr oder weniger strukturierte Vertragsverhandlungen mit einzelnen Agenturen, welche zu formfreien oder schriftlichen Verträgen führen;
› über strukturierte Submissions-Offertverfahren, welche zu Verträgen führen;
› über strukturierte Submissions-Wettbewerbsverfahren, welche zu Zusammenarbeitsverträgen führen.

Schon die Aufnahme von Vertragsverhandlungen bewirkt ein Rechtsverhältnis zwischen den Parteien, ungeachtet dessen, ob die Verhandlungen zu einem Vertragsabschluss führen oder nicht. Wer verhandelt, verpflichtet sich grundsätzlich zu einem Verhalten, das Treu und Glauben entspricht. Fairness ist angesagt. Wer gegen diese Regel verstösst, macht sich eines schuldhaften Verhandlungsgebahrens haftbar (culpa in contrahendo). Überdies sind vorvertragliche Aufklärungspflichten zu beachten.

Eine Agentur hat die Pflicht, die Unternehmung auf unrichtige Anordnungen in den Offertunterlagen oder auf Verhältnisse hinzuweisen, welche die gehörige oder rechtzeitige Ausführung einer Kampagne oder eines andern geplanten Werks gefährden. Dies jedenfalls dort, wo eine Unternehmung solche Umstände nicht selbst erkennen kann.

Auch der Werbeauftraggeber (Besteller) kann sich vorvertraglich treuwidrig verhalten:

Kostenloses Offerieren hat seine Grenzen.

› indem er Arbeiten in Verletzung der vereinbarten Vergaberegeln vergibt (dazu unten);
› indem er unrichtige Angaben über Kosten bildende oder konzeptrelevante Faktoren macht;
› indem er Offerten oder Vorstudien für anderweitige Ausführung mit anderen Agenturen verwendet;
› indem er eine detaillierte Offerte mit Leistungsverzeichnis weitergibt, um eine Konkurrenzofferte einzuholen.

Wer solche Spielregeln verletzt, wird schadenersatzpflichtig. Mit einer Non-Disclosure-Vereinbarung kann die Agentur (und der Kunde!) den Schutz ausgetauschter Informationen verbessern (siehe Muster im *Anhang V*). Beide Vertragsparteien sichern sich zu, die Informationen geheim zu halten und in keiner Weise, auch nicht als Ideen, weiterzuverwenden. Eine gewisse präventive Wirkung ist solchen Vereinbarungen nicht abzusprechen. Auch wenn sie rechtlich schwer durchsetzbar sind – vor allem dann, wenn auf griffige Konventionalstrafen verzichtet wird.

Non-Disclosure-Vereinbarung

«Mit dem Öffnen und Sichten der präsentierten Unterlagen stimmen die beteiligten Personen zu, sämtliche daraus hervorgehenden Informationen, Text- und Gestaltungsideen, Kennzeichen, Konzepte und Kreationen geheim zu halten und nicht zu verwerten, es sei denn, es komme zu einer vertraglich vereinbarten Zusammenarbeit, welche die Verwertung zulässt. Diese Vereinbarung schliesst Ideen und Informationen ein, welche nicht von Gesetzes wegen geschützt sind. Mit einem Präsentationshonorar werden keine Nutzungsrechte abgegolten und eingeräumt.»

Die Verhandlungskosten

Die Kosten von Vertragsverhandlungen sind von jeder Partei selbst zu tragen, auch wenn es nicht zu einem Vertragsabschluss kommt. Nur bei

> *Zufall oder Ideenklau? Oben: Präsentation der Agentur. Unten: Realisation ohne Agentur. Darum: Wer einem Kunden gute Ideen verkauft, tut gut daran, die Mappe erst zu öffnen, wenn eine Nicht-Verwertungs-Vereinbarung unter Dach ist. Auf Präsentationsmappen sollte der Vermerk stehen: «Mit Öffnung des Dossiers anerkennt der Prüfende, die hier unterbreiteten Ideen in keiner Weise ohne Einwilligung des Präsentierenden zu verwerten».*

missbräuchlichem Verhandeln (culpa in contrahendo) kann ein Schadenersatzanspruch gestellt werden. Dieser allgemeine Grundsatz gilt auch für die Kosten einer Agenturofferte (unter Einschluss der Kalkulationskosten), und zwar auch dann, wenn eine Agentur auf Verlangen offeriert hat. Es sei denn, die Parteien hätten zum Voraus etwas anderes vereinbart, indem sie beispielsweise schon in der Verhandlungsphase die ‹Branchengrundsätze› des BSW verbindlich erklärt haben, wo es in Ziffer 12 unter der Überschrift ‹Exposé/Präsentationen› heisst: «Die Werbeagentur erbringt keine unentgeltlichen Vorleistungen. Sie ist gehalten, bei Annahme eines Präsentationsauftrages dem Kunden die Höhe des Präsentationshonorars schriftlich mitzuteilen.» Man beachte indes: Eine Offerte ist noch nicht unbedingt ein ‹Exposé›. Offertkosten zählen nach allgemeiner Verkehrsauffassung zu den Gemeinkosten jedes Unternehmers. Eine Offerte enthält aber in der Regel noch keine Ideenpräsentation, sondern beschränkt sich auf die Angaben zur Honorierungsart und zum Leistungsumfang.

Kosten für Vorstudien
Wer in Vertragsverhandlungen über den Abschluss eines Werbeberatungs- oder Zusammenarbeitsvertrags erste Projektstudien (oder sogenannte Vorstudien) in Auftrag gibt, die über herkömmliche Offertgrundlagen hinausgehen, hat dafür eine Entschädigung zu leisten (BGE 119 II 40). Er kann sich dieser Pflicht nicht mit der Begründung entziehen, es sei gar nicht zu einem Vertragsverhältnis gekommen, man habe die Offerte der Agentur nicht weiterverfolgt, geschweige denn angenommen. Nach bundesgerichtlicher Rechtsprechung liegt in solchen Fällen neben der unentgeltlichen Of-

fertstellung unter Umständen ein Teilvertragsverhältnis vor, welches sich stillschweigend oder konkludent auf die Vorstudie bezieht. Die solche Vorstudien hinnehmende Auftraggeberin kann nicht davon ausgehen, diese Leistungen seien unentgeltlich. Nicht kostenpflichtig sind Vorstudien nur dann, wenn die Agentur diese Leistungen aus eigenem Antrieb ohne Veranlassung oder Zustimmung des Bestellers erbringt.

Bereicherung durch Ideenklau
Die Pflicht, Vorstudien oder Grobkonzepte zu bezahlen, kann sich auch aus dem urheberrechtlichen Werkschutz ergeben. Wer aus offertbezogenen Plänen, Entwürfen oder ähnlichen Unterlagen Nutzen zieht, ohne hiezu berechtigt zu sein, hat die ungerechtfertigte Bereicherung gemäss Art. 62 OR zurückzuerstatten. Das Bundesgericht hat dazu ausgeführt, der Entschädigungsanspruch könne auch dann entstehen, wenn im Verlaufe von Verhandlungen nach Treu und Glauben nicht mehr angenommen werden dürfe, der Gestalter erbringe seine Leistungen gratis. Es kämen dann die Grundsätze der ungerechtfertigten Bereicherung zur Anwendung.

7.1 Das Submissionsverfahren

In einem gewöhnlichen Submissionsverfahren treten verschiedene Agenturen in einem geordneten Verfahren in Konkurrenz; der Besteller (Werbeauftraggeber) wählt – ohne an Wettbewerbsbedingungen gebunden zu sein – einen Vertragspartner aus. Im Submissionsverfahren lädt der Ausschreiber die eingeladenen Unternehmer (die Submittenten) zur Offertstellung ein und erklärt seine grundsätzliche Bereitschaft zum Vertragsabschluss. Die Einladung richtet sich entweder an eine beliebige Zahl von Agenturen (‹offene Ausschreibung›) oder an eine begrenzte Zahl (‹begrenzte Ausschreibung›). Im sogenannten ‹selektiven Verfahren› – einer Untervariante der begrenzten Ausschreibung – stellen die an einer Offertabgabe interessierten Agenturen einen Antrag auf Teilnahme, worauf der Werbeauftraggeber auf Grund bestimmter Eignungskriterien entscheidet, welche Agenturen ein Angebot einreichen dürfen (man spricht von einer ‹Präqualifikation›).
Im so genannten Vorsubmissionsverfahren wird eine Teil- oder Einzelleistung (z. B. das Direkt-Marketing oder das Corporate Design) evaluiert. Die ausgewählte Agentur wird schliesslich im Hauptsubmissionsverfahren ‹gesetzt› und ‹zwangsverheiratet› mit der Hauptagentur.
Der Submissionswettbewerb ist ein Preisausschreibeverfahren im Sinne von Art. 8 OR. Ein potenzieller Werbeauftraggeber veranstaltet einen Wettbewerb, indem er gegen Aussetzung eines Preises (z. B. In aussichtstellen eines längerfristigen Zusammenarbeitsvertrages) zur Offertstellung einlädt. Die Offerte ist oft mit der Ausarbeitung eines Grobkonzepts verknüpft und wird pauschal entschädigt. Vom reinen Submissionsverfahren unterscheidet sich das Wettbewerbsverfahren auch dadurch, dass im Wettbewerbsverfahren nicht unbedingt ein klar umschriebenes Projekt Gegenstand des Offertwesens ist, sondern allgemeine Werbe-, PR- und Branding-Ideen gesucht werden. Grundlage des Preisausschreibeverfahrens bilden die Ausschreibungsunterlagen, welche die Ausgangslage, Aufgabenstellung und die Verhandlungsgrundlage sowie Wettbewerbsbedingungen enthalten (sollten!). Die Wettbewerbsbedingungen regeln das (Auswahl-)Verfahren sowie die Jury.

Auch Werbung und Öffentlichkeitsarbeit unterstehen der Submissionsgesetzgebung, wenn die Auftragsvolumen die Schwellenwerte überschreiten, siehe Beispiel Seite 123.

Daraus sollte hervorgehen, welches der Inhalt des zu erwartenden Zusammenarbeitsvertrages ist (Art, Umfang, Dauer und Entschädigung der Leistungen).

Im Werbe- und PR-Bereich besteht ein Anleitungsbedarf, führen doch namhafte Unternehmungen immer noch Submissionswettbewerbe auf einem geradezu peinlichen Feld-Wald-und-Wiesen-Niveau durch. Die Baubranche hat mit der SIA-Ordnung 142 für Architektur- und Ingenieurwettbewerbe für einen einheitlichen Standard gesorgt. Den Werbe- und PR-Branchenverbänden steht – so bleibt zu hoffen – diese edle Aufgabe erst noch bevor.

Die enttäuschte Agentur

Grundsätzlich hat der nicht berücksichtigte Offertsteller oder Submittent (d. h. die Agentur) im Offert- oder Submissionsverfahren keinen Anspruch gegenüber dem Werbeauftraggeber. Ein Entgelt für ihre Aufwendungen kann die Agentur nur fordern, wenn dies vereinbart wurde. In Submissionswettbewerben wird häufig allen Teilnehmern eine minimale Grundpauschale in Aussicht gestellt.

Nur dann, wenn Spielregeln verletzt werden, hat die nicht berücksichtigte Agentur Anspruch auf vollen Ersatz des Schadens. Der Schaden besteht aus den Vermögensnachteilen, welche der Agentur aus der Teilnahme an der Submission oder am Wettbewerb entstanden sind. Je nach Umständen hat die Agentur auch Anspruch auf den entgangenen Gewinn. Schadenersatzpflichtig wird der Werbeauftraggeber, wenn er ohne zwingende sachliche Gründe keinem der eingeladenen Bewerber den in Aussicht gestellten Preis bzw. Auftrag vergibt, sondern einem nicht Beteiligten; wenn er die Vergaberegeln oder das Vergabeverfahren nicht einhält, indem er beispielsweise ein submissionswidriges Angebot berücksichtigt, oder wenn er die Idee der nicht berücksichtigten Variante von einer andern Agentur weiterverfolgen lässt.

Offerten sind Verhandlungskosten zu Lasten des Offerierenden, Ideenpräsentationen müssten entgeltlich sein.

Verhandlung, Submission und Wettbewerb

› Auf Vertragsverhandlungen auf der Basis einfacher Offerten kommen die allgemeinen Bestimmungen des Obligationenrechts (Art. 1 ff. OR) zur Anwendung. Das gewöhnliche Submissions-Offertwesen ist im Gesetz nicht ausdrücklich geregelt.

› Auf Submissionsverfahren der öffentlichen Hand können auch im Werbebereich die öffentlich-rechtlichen Submissionsbestimmungen zur Anwendung kommen.

› Im privatwirtschaftlichen Bereich werden die Rechtsnormen aus dem Versteigerungsrecht (insbesondere Art. 230 OR) analog angewendet, um unlautere Submissionsabsprachen zu verhindern. «Wenn in rechtswidriger oder gegen die guten Sitten verstossender Weise auf den Erfolg der Versteigerung eingewirkt worden ist, so kann diese innert einer Frist von zehn Tagen von jedermann, der ein Interesse hat, angefochten werden», lautet Art. 230 Abs. 1 OR.

› Auf das Wettbewerbsverfahren kommt eine Sonderbestimmung im Obligationenrecht zur Anwendung: «Wer durch Preisausschreiben oder Auslobung für eine Leistung eine Belohnung aussetzt, hat diese seiner Auskündigung gemäss zu entrichten. Tritt er zurück, bevor die Leistung erfolgt ist, so hat er denjenigen, die auf Grund der Auskündigung in guten Treuen Aufwendungen gemacht haben, hiefür bis höchstens zum Betrag der ausgesetzten Belohnung Ersatz zu leisten, sofern er nicht beweist, dass ihnen die Leistung doch nicht gelungen wäre» (Art. 8 OR).[1]

---

[1] Weiterführende Literatur dazu: Alfred Koller, Schweiz. Obligationenrecht, AT Band I, Rz 1699.

7.2 Plädoyer für mehr Schriftlichkeit

Trotz der Haftungsrisiken mögen viele Kreative Schriftliches nicht besonders gut. Die urbanen Söhne der Viehhändler sind überzeugt, Vertrauen sei besser als ‹Verträge›. Dem ist entgegenzuhalten: Schriftlichkeit fördert die Beweislage und die Qualität. Vertrauen und mündliche Abmachungen mögen genügen für schönes Wetter. Man kennt sich schon lange, man schätzt sich, Abmachungen erfolgen per Handschlag, oft am Telefon oder zwischen Tür und Angel. Schönwettermodelle bewähren sich jedoch nur in der Hochkonjunktur – und auch dann nicht immer. Man hat präsentiert, offeriert, skizziert und fliegt auf halber Strecke aus dem Rennen. Alles soll unentgeltlich gewesen sein.

Verträge sind Kommunikations-Vehikel
Dabei hätte ein Blatt Papier (und ein offenes Wort) manches klären können. Auch im Zeitalter der ISO-Zertifizierungen verzichten jedoch viele Agenturen auf schriftliche Verträge. Verzicht nicht aus Vertrauen, meist aus purer Bequemlichkeit. Manchmal aus Angst, man könnte das Vis-à-vis brüskieren. Das befürchten wir, im Privatleben wie im Geschäftlichen. Doch sobald es zum Konflikt kommt, werden wir uns bewusst: mit etwas ‹Schriftlichem› hätte sich das Konfliktpotenzial vielleicht nicht verhindern, aber doch minimieren lassen. Denn: Schriftliches fördert die Kommunikation. Das Überprüfen, die redaktionelle Feinarbeit und juristische Veredelung mag Sache der Juristen sein. Die Kommunikation ist Sache der Vertragsparteien. Der Beizug von Fachkompetenz ist nicht für jedes Geschäft zwingend notwendig. Angesichts der im Konfliktfall entstehenden Unkosten ist dem Recht Suchenden indes zu empfehlen: Wenn schon Beratungskosten, dann in der Anfangsphase, nicht erst beim Crash. So gesehen ist das Plädoyer für mehr Schriftlichkeit auch ein Plädoyer für Kostenbewusstsein dank Qualitätssicherung und Konfliktminimierung.

Auch E-Mails und Fax-Dokumente sind Beweismittel.

Schriftlichkeit zeugt von Qualitätsbewusstsein
Auch dort, wo Schriftlichkeit gesetzlich nicht vorgeschrieben ist, zeugen schriftliche Vereinbarungen vom Mut zum offenen Gespräch, von Selbstbewusstsein und von der Überzeugung beider Parteien, dass klare Abmachungen letztlich auch ein Instrument der Qualitätssicherung sind. Schriftlichkeit ist ein Hinweis auf Verlässlichkeit. Ein schriftliches Wort belegt die Kernpunkte der vertraglichen Vereinbarungen. Prävention ist besser als Prozessieren.
Zu den Kernpunkten jedes Geschäfts zählen die Erwartungen: die Eigenschaften des gekauften oder bestellten Gutes auf der einen Seite, die Zahlungsmodalitäten auf der andern. Darüber hinaus stellt man ein paar weitere Fragen, skizziert Erfahrungswerte und Risiken: Bekomme ich das, was ich erwarte, zum vereinbarten Preis? Welches sind die Eckpfeiler der vertraglichen Zusammenarbeit: die Termine, die Dauer der Zusammenarbeit, die Garantieleistungen (Rechts- und Sachgewähr), die Nutzungsrechte, das Eigentum an Daten, Fragen der Vertragsauflösung und der Archivierung? Diese Stichworte und Eckpfeiler müssen die Parteien immer selbst erarbeiten.

Auch Interview-Spielregeln schriftlich vereinbaren

Teil des informationellen Selbstdarstellungsrechts ist die Freiheit, Spielregeln für die Auswertung eines Mediengesprächs festzulegen: Der Interessensausgleich zwischen freier Presse und freien Menschen kann durch klare vertragliche Abmachungen zwischen den Beteiligten erzielt werden. Das Festlegen von Spielregeln und das Formulieren von Erwartungshaltungen (mit kurzer schriftlicher Bestätigung per Fax oder Modem) kann manchen Konflikt verhindern. Der Presserat hat im Fall ‹Cottier› Spielregeln zum Interview festgelegt.

Wer Auskunft geben will, kann in einem bestimmten Ausmass Bedingungen stellen:

› der Zweck der Recherche muss bekannt gegeben werden;
› die Kernaussagen zum Schwerpunktthema müssen veröffentlicht werden;
› die (in indirekter oder direkter Rede) ausgewerteten Aussagen des Interviewten müssen vor der Publikation zur Sachkorrektur vorgelegt werden (das ist schwieriger bei elektronischen Medien und im Zeitalter des Fax leicht bei Texten);
› die Auswahl der Illustration;
› die Möglichkeit der Wiederholung bei einem Versprecher bei der Aufzeichnung eines Radiointerviews;

Nur bei ausdrücklichem Vorbehalt können einzelne Aussagen ganz widerrufen werden. Unzulässig wäre ein völliges Umschreiben des Interviews. Grundsätzlich dient der Vorbehalt des Gegenlesens nur der Sicherstellung einer tatsachengetreuen Wiedergabe des Gesprächs und der korrekten Umformulierung in die Schriftsprache. Kraftausdrücke können widerrufen werden, wenn sie den Interviewten in einem zweifelhaften Licht erscheinen liessen. Und schliesslich dürfen alle verletzenden Äusserungen zurückgenommen werden.

7.3 Bestätigungsschreiben genügt

Viele Vertragsparteien haben auch deshalb Hemmungen vor schriftlichen Abmachungen, weil Schriftlichkeit vom Gesetz nicht vorgeschrieben ist. Man geniert sich, übersieht jedoch, dass es ein probates Mittel gibt, welches dem formalisierten schriftlichen Vertrag in Sachen Beweiswert sehr nahe kommt: das Bestätigungsschreiben. Auch Bestätigungsschreiben per Fax oder per E-Mail sind Beweismittel (Art. 962 Abs. 4 OR). Fax und E-Mail genügen indes (vorläufig) noch nicht für den Abschluss jener Verträge, welche von Gesetzes wegen nur schriftlich abgeschlossen werden können, d. h. handschriftlich unterzeichnet werden müssen (z. B. Schenkungsversprechen, Abzahlungsgeschäfte, Temporärarbeitsverträge, Bürgschaftserklärungen). Eine gesetzliche Regelung zur digitalen Unterschrift steht allerdings bevor.

Wer ein Bestätigungsschreiben erhält, muss widersprechen, wenn das Schreiben nicht den Abmachungen entspricht. Andernfalls wird vermutet, dass das Bestätigungsschreiben richtig ist.[2] Es sei denn, der schweigende Empfänger weise nachträglich nach, dass das Bestätigungsschreiben «vom Verhandlungsergebnis derart abweicht, dass nach Treu und Glauben nicht mehr mit dem Einverständnis des Empfängers gerechnet werden darf».[3]

---

[2] Gauch/Schluep/Schmid/Rey, Schweizerisches Obligationenrecht, Band I, 7. Auflage, Rz. 1161 ff.
[3] BGE 114 II 250 ff., ebenso 123 III 41.

Keine Rechte erzeugen kann somit ein unwidersprochenes Bestätigungsschreiben, das sich auf eine nicht abgeschlossene Vereinbarung bezieht. Zulässig ist die Präzisierung und Ergänzung einer mündlichen Vereinbarung im Bestätigungsschreiben. Vom Bestätigungsschreiben ist die blosse Offerte zu unterscheiden. Eine Offerte mit der Schlussbemerkung: «Ohne Ihren Gegenbericht gehen wir davon aus, dass Sie mit dem Vorschlag einverstanden sind», kann nur selten als Bestätigungsschreiben gelten.[4] Wenn die Auftraggeberin schweigt, könnte nur auf Grund qualifizierter Umstände auf ein Einverständnis geschlossen werden (z. B. langjährige Geschäftsverbindungen, Absprachen, auf diese Art miteinander zu verkehren, usw.). Eine solche Vereinbarung könnte folgendermassen lauten: «Auf Grund Ihres Auftrags werden wir Ihnen bis zum Monatsende ein Konzept unterbreiten. Soweit Sie nicht innerhalb von 30 Tagen Widerspruch gegen die vorgeschlagenen Massnahmen erheben, gehen wir davon aus, dass Sie das gesamte Massnahmenpaket realisieren werden.» Jedoch darf Akzept durch passive Konkludenz grundsätzlich nur mit grösster Zurückhaltung angenommen werden.

Wann kommt die Einigung zustande?
Die Spielregeln zum Vertragsabschluss legt das Obligationenrecht fest: abzustellen ist zuallererst auf die übereinstimmenden gegenseitigen Willensäusserungen (Art. 1 OR); wenn sich die Parteien über die Hauptpunkte geeinigt haben, wird vermutet, dass ungeregelte Nebenpunkte die Verbindlichkeit des Vertrages nicht hindern (Art. 2 Abs.1 OR). Mündliche Offerten unter Anwesenden oder am Telefon müssen sofort angenommen werden, wenn für die Annahme keine Frist eingeräumt wird (Art. 3/4 OR). Unbefristete, schriftliche Offerten (unter Abwesenden) müssen innert nützlicher Frist angenommen werden (Art. 5 OR). Offerten können unter Umständen auch stillschweigend (oder durch konkludentes Verhalten) angenommen werden (Art. 6 OR).

Versendung von Preislisten
Neben diesen allgemeinen Grundsätzen enthält das Obligationenrecht auch eine ausdrückliche Bestimmung zur Versendung von ‹Tarifen, Preislisten und dergleichen› (Art. 7 Abs. 2 OR). Die Versendung von Preislisten und Tarifen bedeutet grundsätzlich keine verbindliche Offertstellung. Wer indes nach einer ersten Besprechung dem Kunden vor Vertragsvertragsabschluss eine ‹Honorarordnung› zustellt, bringt zum Ausdruck, dass er zu diesen Bedingungen arbeiten will. Mit der stillschweigenden oder ausdrücklichen Annahmeerklärung des Kunden können die Honorarbedingungen Vertragsbestandteil.

---

4 Glaus 2000, S. 63.

Fallbeispiel:

Kassensturz erscheint unangemeldet auf dem Hof eines (medienunerfahrenen) Geflügelzüchters und filmt den überrumpelten Bauern mit Frau und Kind im Hintergrund.

Aufgabe:

Welche rechtlichen und medien-ethischen Grundsätze können dabei verletzt worden sein? Vgl. dazu auch Anhang IV.

© Bildzitat aus Videokassette ‹Infotainment› der Interkantonalen Lehrmittelzentrale, Lehrmittelverlag des Kantons Luzern, von Kurt Schöbi und Hansjörgen Mosimann.

Fallbeispiel:

Persönlichkeitsrechte sind auch Freiraum für autonome Lebensgestaltung.

Aufgabe:

Wie könnte Herr Blocher verhindern, dass er falsch zitiert wird (siehe dazu Illustrationen auf S. 86).

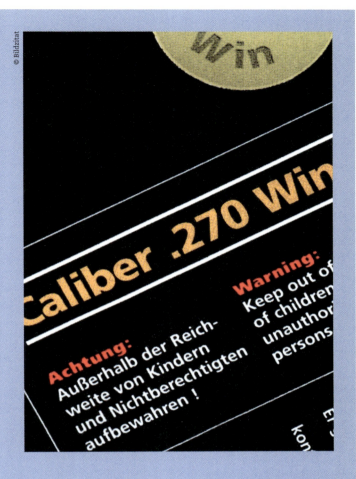

8 Haftungsfragen: Das Risiko der Agentur

Eine Agentur kann vertraglich oder ausservertraglich haften.

Kommunikationsagenturen haften nicht nur für mängelfreie Ware (Sachgewähr), sondern auch für mängelfreie Rechte (Rechtsgewähr). Von Bedeutung sind auch die Bestimmungen zur Produktehaftpflicht.

Was aber ist ein Mangel? Vorweg ist der Rechtsmangel vom Sachmangel zu unterscheiden. Wenn die Leistung der Agentur mit rechtlichen Mängeln behaftet ist, weil sie Persönlichkeitsrechte von Dritten verletzt, spricht man von Rechtsmangel. Die Agentur ist zur Rechtsgewährleistung verpflichtet. Sie ist aber auch verpflichtet, die Sache physisch mängelfrei abzuliefern. Man spricht hier von Sachgewährleistungspflicht. Auch unkörperliche (geistige) Werke unterstehen dem Werkvertragsrecht (BGE 109 [1983] II 37 und 114 [1988] II 56) und können mangelhaft sein, wenn sie die vertraglich vereinbarten oder vorausgesetzten Eigenschaften nicht aufweisen. Zu diesen Mängeln zählen beispielsweise:

> ein fehlerhafter Kostenvoranschlag,
> die ungenügende Gestaltung eines Verkaufsprospekts,
> mangelhafte Übersetzungsarbeiten,
> unkompetente Gutachtertätigkeit,
> ungenügendes Verfassen eines (Film-)Manuskripts,
> misslungene Anfertigung eines Kunstwerks (nicht selten wird subjektives Missfallen missbräuchlich zu einem Mangel uminterpretiert).

Was nicht gefällt, muss nicht Mangel sein
Je grösser die Gestaltungsfreiheit ist, desto geringer ist das Risiko, dass von einem ‹Werkmangel› gesprochen werden kann. «Que plus la liberté laissé à l'entrepreneur est grande, plus le contrôle du maître quant à la conformité de l'ouvrage avec ce qu'il en attendait est réduit», schreibt das Bundesgericht.[1] Zu unterscheiden sind Mängel am Werkträger und Mängel an der geistigen Schöpfung selbst, z. B. an der Textqualität oder der Gestaltungsqualität.
Werkmangel ist ‹Vertragsabweichung›, ‹mangelhaftes Arbeitsergebnis›. Es fehlt eine vertraglich geforderte Eigenschaft des Werkes. Massgebend ist, welche Qualität der Besteller nach dem Inhalt des Vertrages in guten Treuen erwarten durfte und welche Vorgaben der Besteller machte. Erwartet werden dürfen nicht nur die vereinbarten (und allenfalls explizit zugesicherten), sondern auch die üblicherweise vorausgesetzten Eigenschaften.

8.1 Offene und geheime Mängel

Nach der Erkennbarkeit des Mangels unterscheidet man offene und geheime Werkmängel. Offene Mängel sind «bei der Annahme und ordnungsgemässen Prüfung» des Werkes erkennbar (vergl. dazu Art. 270 Abs.1 OR). Der geheime Mangel kann entweder ein Folgemangel oder ein schlicht verborgener Mangel sein (Gauch Rz 1464 und 2074 ff.). Geheime Mängel «müssen dem Unternehmer sofort nach ihrer Entdeckung angezeigt werden, ansonsten das Werk auch insoweit als genehmigt gilt. Entdeckt ist ein Mangel mit dessen zweifelsfreier Feststellung» (BGE 107 [1981] II 175 E. 1 a). Die Rügefrist wird daher weder durch die objektive Erkennbarkeit des Mangels in Gang gesetzt noch durch die Feststellung der ersten Mängelspuren, sofern der Besteller nach Treu und Glauben davon ausgehen darf,

---

[1] BGE 115 (1989) II 54.

zur Abbildung auf Seite 135:

> Haftung bedeutet: Einstehen müssen für eigene bzw. fremde Verbindlichkeiten. Sie kann aus Vertrag oder ausservertraglich durch widerrechtliches Handeln entstehen. Von Haftung wird dann gesprochen, wenn ein Mangel vorliegt. Der Mangel kann die Sache oder die rechtliche Verfügungsmacht betreffen (Sach- oder Rechtsgewähr). Wer nicht rechtzeitig abmahnt, verliert die Mängelrechte.

es handle sich bloss um übliche Erscheinungen, die keine Abweichung vom Vertrag darstellten. [...] Andererseits darf ihr das Wissen eines aussenstehenden Dritten nicht zugerechnet werden (BGE 117 [1991] II 427 ff.).

Folgemangel und verborgener Mangel

Einfache Folgemängel entwickeln sich erst später zu einer wahrnehmbaren Vertragsabweichung (Abschmieren der Farbe), sind aber im Keim bereits vorhanden, wenn das Werk geliefert und geprüft werden muss. Sekundärmängel sind qualifizierte Folgemängel, welche wegen eines Primärmangels entstehen. Demgegenüber sind die schlicht verborgenen Mängel solche, die nicht nur im Keim, sondern im vollen Umfang bereits bei Abnahme vorhanden sind, vom Besteller aber trotz ordnungsgemässer Prüfung nicht erkannt werden können.

Erhebliche und geringfügige Mängel

Nach der Erheblichkeit des Mangels unterscheidet das Obligationenrecht erhebliche und minder erhebliche Mängel. Voll erhebliche Mängel sind «so erheblich, dass das Werk für den Besteller unbrauchbar oder unter Berücksichtigung aller Umstände sonstwie unannehmbar ist» (Gauch Rz 1468, Art. 368 Abs.1 OR). Unerhebliche Mängel gibt es bei Werkverträgen (im Gegensatz zu Kaufverträgen) nicht (Gauch Rz 1469).

Wer muss abmahnen?

Das Gesetz geht davon aus, dass die Sachkompetenz in der Regel beim Ausführenden, nicht beim Besteller liegt. Der Ausführende hat deshalb die

Pflicht, den sachunkundigen Besteller abzumahnen, auf Risiken hinzuweisen, die Machbarkeit anzuzweifeln. Das Bundesgericht hat dazu in BGE 116 [1990] II 455 f. festgehalten:

> Der Unternehmer im Werkvertrag schuldet ein mängelfreies Werk und hat sich bei dessen Mangelhaftigkeit je nach Erheblichkeit der Mängel die Wandelung des Vertrages oder die Herabsetzung des Werklohnes gefallen zu lassen oder kann zur Nachbesserung des Werkes verpflichtet werden; bei Verschulden haftet er überdies für den Mangelfolgeschaden (Art. 368 OR). [...] Die Sachgewährleistungsansprüche des Bestellers entfallen, wenn er durch Weisungen, die er entgegen den ausdrücklichen Abmahnungen des Unternehmers über die Ausführung erteilte, oder auf andere Weise die Mängel selbst zu vertreten hat (Art. 369 OR). [...] Die Sachgewährleistung des Unternehmers entfällt nach Art. 369 OR im allgemeinen bloss, wenn der Besteller trotz Abmahnung an seiner Weisung festhält. Die gesetzliche Regelung beruht dabei auf der Vorstellung, dass im Werkvertragsrecht die Sachkenntnis beim Unternehmer liegt. [...] Verfügt der Besteller über den erforderlichen Sachverstand, wird der Unternehmer von seiner Haftung auch dann befreit, wenn er eine Abmahnung unterlassen hat, es sei denn, er habe die Fehlerhaftigkeit der Weisung erkannt oder hätte sie erkennen müssen. [...] Objektiv erkennen muss der Unternehmer die Fehlerhaftigkeit einer Weisung, wenn sie (die Fehlerhaftigkeit; Anm. der Redaktion) offensichtlich oder er zur Nachprüfung der Weisung verpflichtet und nach dem vorausgesetzten Fachwissen in der Lage ist, die Fehlerhaftigkeit zu erkennen. Eine Nachprüfungspflicht des Unternehmers kann sich auch dann ergeben, wenn der Besteller eine Nachprüfung nach den Umständen des Einzelfalls in guten Treuen erwarten darf. Eine solche Nachprüfung kann nach zutreffender Auffassung dann erwartet werden, wenn der Sachverstand auf Seiten des Unternehmers (Spezialunternehmer) bedeutend weiter reicht als beim Besteller. Abzustellen ist dabei auf die spezifischen Verhältnisse des konkreten Falles. [...] Der Unternehmer hat bei der Herstellung des Werks die objektiv gebotene Sorgfalt aufzuwenden, selbst wenn seine subjektiven Kenntnisse, Fähigkeiten und Erfahrungen nicht ausreichen. [...] Der Unternehmer kann sich nicht darauf berufen, er habe die Abmahnung unterlassen, weil er den Fehler, den er hätte erkennen müssen, nicht erkannt habe. Durch das Unterlassen der Abmahnung hat der Unternehmer einen zusätzlichen Werkmangel gesetzt, den er zu vertreten hat. Es liegt somit kein Selbstverschulden der Beklagten im Sinne von Art. 369 OR vor, welches die Klägerin von ihrer Verantwortung vollständig entbinden würde.

8.2 Die Prüfungs- und Rügepflicht

Ein mangelhaftes Werk löst bestimmte Mängelrechte aus. Voraussetzung dafür ist: Rechtzeitige Prüfung – sofortige Mängelrüge. Die Mängelrechte kann ein Besteller verwirken, wenn er entweder

> das (mangelhafte) Werk ausdrücklich genehmigt oder
> die Prüfungs- und Rügefristen nicht einhält

Die ausdrückliche oder konkludente Genehmigung des Werkes kann nicht nur durch den Geschäftsführer, sondern nach den Stellvertretungsregeln auch durch bevollmächtigte Vertreter der Agentur (Sachbearbeiter, Projektleiter usw.) erfolgen. Die Erklärung muss sich an den Unternehmer (gestaltende Agentur, Fotograf, Künstler usw.) richten. Das vorbehaltlose Bezahlen einer Rechnung kann ein gewichtiges Indiz, jedoch nicht ein Beweis für die Genehmigung eines offenen Mangels sein.

Die Genehmigung schliesst nur ‹offene Mängel›, d. h. solche, die ohne weiteres erkennbar sind, wenn das Werk rechtzeitig und sorgfältig (= ordnungsgemäss) geprüft wird, nicht aber geheime Mängel, solche, die «bei der Abnahme und ordnungsgemässen Prüfung» nicht erkennbar sind, ein.[2] Diese geheimen Mängel können auch nach der Genehmigung, allerdings nur bis zum Ablauf der vertraglichen oder gesetzlichen Gewährleistungsfrist (nach Gesetz in der Schweiz ein Jahr), geltend gemacht werden. Bei absichtlicher Täuschung gilt indes eine zehnjährige Frist. Mit andern Worten: Auch nicht erkennbare Mängel können nach Ablauf der gesetzlichen oder vertraglichen Gewährleistungsfrist nicht mehr geltend gemacht werden. Einzige Ausnahme: nur Mängel, die vom Verkäufer oder Werkhersteller absichtlich verschwiegen wurden (Beweislast trägt der Besteller), können bis zu zehn Jahren nach Vertragsabschluss geltend gemacht werden.

Was heisst sofortige Mängelrüge?
Wer nicht rechtzeitig prüft und/oder nicht rechtzeitig rügt, verliert die Ansprüche aus Mängelhaftung. Der Werkbesteller hat eine Prüfungs- und Rügepflicht. Mit beidem kann nicht beliebig zugewartet werden – ganz im Gegenteil. Die Prüfung hat zu erfolgen, «sobald es nach dem üblichen Geschäftsgang tunlich ist» (Art. 367 OR), und die (darauf folgende) Rüge hat gar sofort zu erfolgen. Das Gesetz nennt weder zur Prüfung noch zur Rüge klare Fristen. Eine Prüfung hat zu erfolgen, wenn sie objektiv möglich und vernünftigerweise zumutbar ist. Dies hängt von den konkreten Umständen des Einzelfalles ab. Der Käufer oder Besteller ist berechtigt, aber nicht verpflichtet, die Prüfung einem amtlich eingesetzten oder privaten Sachverständigen zu übergeben. Nach erfolgter Prüfung innert tunlicher Frist muss sofort gerügt werden. Das gilt für Kaufgeschäfte (Art. 201 OR) wie bei Werk- und Mietverträgen, obwohl dies im Werkvertragsrecht nicht ausdrücklich erwähnt ist (Gauch Rz 2141, SJZ 96, 2000, S. 545 mit Verweis auf BGE 126 [2000] III 226 und Hinweis auf den Grundsatz der «widerspruchsfreien und koordinierten Anwendung der Rechtsordnung»). Sofortige Mängelrüge bedeutet in der Regel Rüge innerhalb von 7 Tagen (innerhalb einer Woche) nach Prüfung bzw. Entdeckung des Mangels (SJZ 96, 2000, 547; BGE 118 [1992] II 148). Die Rügefrist beginnt für offene Mängel mit Abschluss der Prüfung und für geheime Mängel mit der ‹zweifelsfreien Feststellung› (BGE 107 [1981] II 175).
Die Pflicht zur sofortigen Mängelrüge ist erfüllt, wenn die Rüge sofort nach ihrer Entdeckung oder nach Erkennbarkeit eines Mangels erfolgt. Wo der Prüfungsvorgang einige Zeit in Anspruch nimmt, müssen offensichtliche Mängel bereits während des Prüfungsvorgangs gerügt werden (Gauch Rz 2143).

Form der Mängelrüge
Mängelrügen können nach Gesetz formlos erklärt werden, doch ist an die Beweisprobleme zu erinnern, welche sich bei nicht schriftlichen Rügen ergeben können. Die Parteien können bei Vertragsabschluss (allenfalls auch über Allgemeine Geschäftsbedingungen) vereinbaren, dass Mängelrügen schriftlich unterbreitet werden müssen. Allerdings ist auch in solchen Fällen

Wann muss die Ware geprüft werden? Wann muss gerügt werden?

---
[2] BGE 117 (1991) II 427; zu den nachträglich auftretenden Mängeln BGE 107 (1981) II 175.

die Schriftlichkeit kein Gültigkeitserfordernis. Die Übermittlungsart ist ebenfalls frei wählbar. Es muss keine besonders rasche Übermittlungsart gewählt werden. Die Mängelrüge reist auf Risiko des Herstellers, dieser trägt das Zugangs- und Verzögerungsrisiko.

Inhalt der Mängelrüge
Eine Mängelrüge muss substanziiert werden und eine möglichst genaue Beschreibung der Mängel enthalten. Es genügt nicht, bloss die Hauptmängel zu nennen.[3] Haben mehrere Unternehmen den Mangel gemeinsam verursacht (z. B. Werbeagentur, Grafiker, Drucker, Standbauer), muss die Mängelrüge allen Beteiligten gegenüber erhoben werden.[4] Für die Verantwortung einzelner Personen müssen indes klare Indizien vorliegen. Es kann nicht verlangt werden, dass man aufs Geratewohl rügt mit einem Rundumschlag gegen alle im weitesten Sinn Beteiligten.
Unerlässlicher Inhalt der Rüge ist die Erklärung, den Vertragspartner haftbar zu machen. Der Besteller muss zum Ausdruck bringen, dass er das bestellte Werk (die gelieferte Ware) auf Grund der aufgeführten Mängel «nicht als vertragsgemäss anerkennen und den Unternehmer haftbar machen will».[5] Allerdings muss die Haftbarmachungserklärung nicht in allen Fällen ausdrücklich erfolgen. Es darf vermutet werden, dass die Mitteilung eines Mangels jeweils auch zum Zweck der Rüge und der Haftbarmachung geschieht.[6]

Abweichende Vertragsabreden
Die gesetzlichen Vorschriften über die Prüfungs- und Rügepflichten sind dispositiver Natur, d. h. die Parteien können die Pflichten verschärfen, mildern oder ganz wegbedingen. Für Käufer und Werkbesteller ist es ratsam, auf eine Verlängerung der Rüge- und Garantiefristen hinzuwirken. Der Nachteil allzulanger Rügefristen ist allerdings, dass der Käufer oder Besteller in diesem Fall denjenigen Teil des Schadens selbst zu tragen hat, der bei unverzüglicher Behebung des entdeckten Mangels hätte vermieden werden können (Art. 99 und 44 OR).

Folgen der Mängelrüge
Mängelhaftung setzt tatsächliche Mängel voraus. Wenn die Agentur, ein Gestalter oder ein Kunstschaffender auf eine Mängelrüge hin nicht reagiert, kann daraus nicht automatisch auf einen Werkmangel geschlossen werden. Allerdings kann Stillschweigen ein Indiz für das Vorliegen mangelhafter Ware sein und damit die Beweiswürdigung des Richters beeinflussen. Wenn tatsächlich ein Mangel vorliegt, kann der Besteller die verschiedenen Mängelrechte ausüben (Preisminderung, Wandelung, allenfalls Nachbesserung, bei Verschulden auch Schadenersatz). In der Mängelrüge selbst muss man die Ansprüche noch nicht konkretisieren.

---

[3] OR-Zindel/Pulver N 18 zu Art. 367 OR.
[4] SJZ 96, 2000, S. 546.
[5] BGE 107 (1981) II 175, Gauch Rz 2133.
[6] Gauch Rz 2134.

Werkvertragliche Mängelhaftung oder auftragsrechtliche Sorgfaltshaftung?

Bei der Realisierung von Werbe- und PR-Aufträgen sind die Agenturen heute einem enormen Kostendruck seitens der Kunden ausgesetzt. Mehr und mehr kommt es auch vor, dass die Agenturen – manchmal zu Recht, manchmal zu Unrecht – für Fehler in der Produktion (z. B. Druckereien) oder Fehler in der Rechteabklärung verantwortlich gemacht werden. Es werden ihnen mangelhafte Planung, ungenügende Koordination, lückenhafte Weisungen oder ungenügende Überwachung und vor allem das Nichteinhalten von Kostenvoranschlägen oder Budgets vorgeworfen. Es kollidiert in diesen Fällen die werkvertragliche Mängelhaftung des Produzenten (z. B. der Druckerei) mit der Vertragshaftung der Werbeagentur, welche beratend und vermittelnd für die Bestellerin (Werbeauftraggeberin) tätig ist.

Agentur als Hilfsperson des Kunden

Die Stellung der Agentur ist häufig mit jener eines Bauleiters vergleichbar. Der Auftrag besteht nicht in der körperlichen Herstellung des Werkes, sondern im Management des Auftrags. Rechtlich handelt es sich nach der neueren (von einem Teil der Wissenschaft kritisierten) Rechtsprechung des Bundesgerichts aus dem Jahre 1988[7] um ein gemischtes Vertragsverhältnis mit Elementen des Werkvertrags und des Auftrags. Auf die beratenden Teile kommt Auftragsrecht, auf die werkherstellenden Elemente Werkvertragsrecht zur Anwendung. Bei Leistungen, welche dem Werkvertragsrecht unterstehen, gilt nach Gesetz die oben erwähnte strenge Prüfungs- und Rügepflicht.[8] Von ‹Übernahmeverschulden›[9] wird dann gesprochen, wenn die Agentur Arbeiten annimmt, denen sie wegen mangelhafter Ausbildung, personeller Engpässe, fehlender Technik usw. nicht gewachsen ist. Massstab für die Beurteilung der Sorgfaltspflicht sind der anerkannte Wissensstand, der Branchenstandard, berufstypische Verhaltensregeln, Usanzen und die besonderen Umstände und Verhältnisse des Einzelfalles.[10] Zur Sorgfaltspflicht gehört auch, dass die Agentur die Zulässigkeit der Werbung unter rechtlichen Gesichtspunkten abklärt. Dies betrifft auch den Inhalt textlicher Aussagen und die Gestaltung von Packungen.[11] Im Zweifelsfall hat sie sich an einen Spezialisten zu wenden.

Der Agenturkunde muss sich das Verhalten der beratenden und überwachenden Agentur entgegenhalten lassen. Auch hier kann eine Analogie zum Bauwesen gezogen werden. Die Gerichtspraxis zur vertraglichen Haftung des Architekten[12] unterscheidet zwischen Fällen, in denen ein Architekt neben andern Fachleuten als gleichberechtigter Fachmann in eigener Verantwortung auftritt, und solchen, in denen er – mit Vorrechten ausgestattet – auch mit der Überwachung der andern Unternehmer beauftragt

---

[7] BGE 114 (1988) II 56.

[8] BGE 107 (1981) II 175.

[9] BGE 124 (1998) III 161.

[10] Rolf Weber, Probleme des einfachen Auftrages, in: AJP 1992, 177 ff.; Walter Fellmann, Der einfache Auftrag, in: Berner Kommentar, Art. 398 OR, N 355; David/Reutter S. 414, BGE 115 (1989) II 64.

[11] David/Reutter S. 415; zur Vertrauenshaftung und zur Produktehaftpflicht siehe Kap. 8, Ziffer 8.5.

[12] BGE 125 (1999) III 223 und 95 (1969) II 52.

wird. Die Rechtsprechung sieht im Architekten, der Pläne entwirft und sich mit der Zuweisung und der Überwachung der Arbeiten befasst, eine Hilfsperson des Bauherrn im Sinne von Art. 101 OR gegenüber den ausführenden Bauunternehmungen. Fehler in den Plänen und jedes andere Verschulden des Architekten können dem Bauherrn angerechnet werden. Auch die Werbeagentur wird – anders als eine PR-Agentur – häufig mit dem Lead (mit der Gesamtbetreuung) beauftragt. Sie ist immer dann als Hilfsperson des Werbeauftraggebers einzustufen, wenn sie mit der Überwachung der Projektrealisation beauftragt wurde.

Haftung für den Kostenvoranschlag

Nach Auftragsrecht beurteilt sich die Haftung der Agentur für die Genauigkeit des Kostenvoranschlags[13]: Bei Kostenüberschreitung wegen Mehrleistungen haftet die Agentur wie ein Architekt bei Verschulden für den entstandenen ‹Vertrauensschaden›. Dieser Schaden errechnet sich aus der Differenz zwischen den effektiven Erstellungskosten und dem subjektiven Wert des Werks für die Bestellerin.

Werbeberater haftet wie Architekt

Das Bundesgericht hat im Zusammenhang mit einem für Kostenüberschreitungen verantwortlichen Architekten (BGE 119 [1993] II 251) Grundsätze entwickelt, die auch für Werbeberater von Bedeutung sind:

> Nach Art. 398 Abs. 2 OR, der auf das vorliegende Vertragsverhältnis anzuwenden ist, haftet der Beauftragte dem Auftraggeber für getreue und sorgfältige Ausführung des ihm übertragenen Geschäfts. Er hat zum Nutzen und nicht zum Schaden des Auftraggebers zu handeln. Namentlich hat der beauftragte Architekt (Werbeberater) einen Kostenvoranschlag sorgfältig zu erstellen und die Kosten ständig daraufhin zu überprüfen, ob sie sich im Rahmen des Voranschlags halten (BGE 108 [1982] II E. a mit Hinweisen).
>
> Bei Überschreitung des Kostenvoranschlags ist zwischen der Haftung für verursachte Zusatzkosten und jener für Kostenüberschreitung bei den budgetierten Positionen zu unterscheiden. Die Ungenauigkeit des Voranschlags kann sich ergeben aus dem Nichtberücksichtigen von Einzelleistungen, aus einem Rechnungsfehler, aus falschen Annahmen bei der Festlegung der Leistungsmengen, des Umfangs von Regiearbeiten oder der erwarteten Preise. Ein ungenauer Kostenvoranschlag stellt eine unrichtige Auskunft der beratenden Fachperson über die zu erwartenden Kosten dar – wobei dem Fachberater nach Bundesgericht «mit Rücksicht auf die damit verbundenen Unsicherheiten eine Toleranzgrenze zugebilligt wird».

Wie wird der Schaden bei Überschreitung des Kostenvoranschlags berechnet?

Bei Überschreitung dieser Toleranzgrenze (Faustregel: 10%) liegt eine Schlechterfüllung des Vertrags vor, wofür der Architekt und der Werbeberater bei Verschulden haften. Die Haftung beschränkt sich auf den Ersatz des ‹Vertrauensschadens›, der dem Besteller daraus erwächst, dass er auf die Richtigkeit des Kostenvoranschlags vertraut und dementsprechend seine Dispositionen getroffen hat.

Bei der Ermittlung des Schadens kann nicht auf den Mehrwert der Baute (oder der Werbemittel), den diese durch die Kostenüberschreitung erfahren hat, abgestellt werden. Die Anrechnung des vollen Mehrwerts würde eine Benachteiligung des Bauherrn bedeuten, so weit dieser den Mehrwert nicht gewollt hat. Es kann für die Schadenberechnung infolgedessen nicht ein-

---

[13] BGE 119 (1993) II 251.

fach die objektive Wertsteigerung in Anschlag gebracht werden, sondern es ist von einem subjektiven Wert auszugehen. Der Schaden ergibt sich aus der Differenz zwischen den effektiven Erstellungskosten und dem subjektiven Wert des Werks (der Werbung) für den (Werbe-)Auftraggeber. Er stellt die vertragsbezogene Verschlechterung der Vermögenslage des Bauherrn dar. Zur Berechnung des Schadens ist dabei immer von der Vertragsgrundlage auszugehen. Der Werbeberater haftet indessen wie der Architekt nicht für Mehrkosten bedingt durch Unvorhersehbares.[14]

Beispiel: Misslungenes Druckprodukt
Am Beispiel des misslungenen Druckprodukts kann der Unterschied illustriert werden. Die Agentur, welche den gesamten Herstellungsprozess einer Kundenzeitschrift begleitet und überwacht, ist mit dem Bauleiter vergleichbar. Sie ist Hilfsperson des Werbeauftraggebers. Fehler der Agentur bei der Auftragserteilung muss sich der Werbeauftraggeber anrechnen lassen – allerdings mit Regressmöglichkeit auf die Agentur. Anders dort, wo eine Agentur lediglich ein Konzept erstellt hat, die Instruktion und Überwachung der Druckerei aber vom Werbeauftraggeber (oder seinem Grafiker) ausging. Wenn ein Druckprodukt wegen Engpässen in der Druckerei auf den geforderten Zeitpunkt hin nicht hergestellt werden kann, wird der Werbeauftraggeber von der Druckerei Schadenersatz verlangen. Diese wiederum wird sich auf verspätete Dispositionen der Agentur berufen. Die Druckerei kann dem Werbeauftraggeber das Verhalten der Werbeagentur dann entgegenhalten, wenn dieser die Agentur mit der Realisation und der Ausführungsüberwachung beauftragt hat. Ausschlaggebend ist, ob die Agentur das Recht und die Pflicht zur Überwachung des Herstellungsprozesses hatte.

Regress auf die Agentur
Die Agentur haftet dem Werbeauftraggeber vertraglich – wie der Architekt – entweder aus Werkvertrags- (für taugliches Resultat, z. B. Pläne, Terminpläne, Entwürfe, Daten) oder aus Auftragsrecht (für sorgfältige Instruktion und Überwachung der Ausführenden). Nach Werkvertrag haftet die Agentur dann, wenn sie das Produkt selbst herstellt oder für die Herstellung als GU verantwortlich zeichnet. Die Haftung aus Auftragsrecht geht weniger weit, haftet doch die Agentur nach Auftragsrecht nur für Sorgfalt im Vorgehen, d. h. bei der Planung, bei der Auswahl der Ausführenden, bei der Instruktion der Ausführungen und bei der Überwachung der Ausführenden (Art. 398 OR).
Wenn mehrere Agenturen, zum Beispiel eine Werbeagentur und eine Mediaagentur – wie Architekt und Ingenieure –, als gleichberechtigte Partner beigezogen werden und zusammenwirken, sind sie beide nicht als Hilfspersonen des Werbeauftraggebers zu qualifizieren. Sie haften – soweit sie nicht den Auftrag gemeinsam übernommen oder den Schaden zusammenwirkend verursacht haben – nicht solidarisch für das Ganze. Das Bundesgericht hat in BGE 115 [1989] II 44 zur solidarischen Haftung von Architekt und Bauunternehmer Folgendes ausgeführt:

> «Gemäss Art. 50 Abs. 1 OR haften mehrere Personen dem Geschädigten solidarisch für das Ganze, wenn sie den Schaden gemeinsam ... verursacht haben.» Das Bundesgericht hat diese Bestimmung, die gemäss Art. 99 Abs. 3 OR auch für die vertragliche

---

[14] Textvorlage aus BGE 119 II 251, redigiert und auf die Werbeberatungsproblematik bezogen.

Haftung gilt, noch in neuester Zeit dahin ausgelegt, dass sie ein schuldhaftes Zusammenwirken bei der Schadenverursachung voraussetzt, jeder Schädiger um das pflichtwidrige Verhalten des andern also weiss oder jedenfalls wissen könnte. Fehlt es an einem gemeinsamen Verschulden in diesem Sinne, weil mehrere Personen voneinander unabhängige Handlungen begangen haben oder sonstwie aus verschiedenen Rechtsgründen für den gleichen Schaden haften, so ist unechte Solidarität gemäss Art. 51 Abs. 1 OR anzunehmen. […]

Ein solches Zusammenwirken zwischen Architekt und Unternehmer ist wegen der Verschiedenheit ihrer vertraglichen Verpflichtungen und der unterschiedlichen Haftung, die sich daraus im Falle einer schlechten Erfüllung des Vertrages zu Gunsten des Bauherrn ergibt, auch nach der Lehre nicht leichthin anzunehmen (Gauch, Der Werkvertrag, 3. Aufl. Rz 2022 und 2027 und N. 38 a zu Art. 398 OR; R. Schumacher, in: Das Architektenrecht, S. 105 ff. Rz 716 und 717). Die Auffassung der Vorinstanz, zwischen den Prozessparteien sei bloss unechte Solidarität anzunehmen, verstösst daher nicht gegen Art. 50 OR.

8.3 Haftungsausschlussklauseln

Haftung kann eingeschränkt werden. Auch im Werbebereich gilt als Grundsatz die Vertragsfreiheit (Privatautonomie). Werbeauftraggebern und Agenturen ist es erlaubt, ihre Geschäftsbeziehungen frei zu regeln. Dabei haben sie allerdings die zwingenden gesetzlichen Vorschriften zu beachten. Vor diesem Hintergrund sind auch die Enthaftungsklauseln zu prüfen. Die Vertragsparteien können die (nicht zwingende) gesetzliche Haftung präzisieren, einschränken oder völlig wegbedingen, sie können sie aber auch erweitern (was eher selten vorkommt).[15]

Einschränkung auf grobes Verschulden

Die Hauptschranke ist in Art. 100 des Obligationenrechts zu finden: «Eine zum Voraus getroffene Verabredung, wonach die Haftung für rechtswidrige Absicht oder grobe Fahrlässigkeit ausgeschlossen sein würde, ist nichtig.» Zulässig ist somit lediglich der Haftungsausschluss für gewöhnliche (mittlere) und leichte Fahrlässigkeit. Wie im Einzelnen die Schranken liegen, ist ein Tummelfeld für richterliches Ermessen. Wo die Haftung auf einen bestimmten Betrag beschränkt wird, ist diese Beschränkung nicht wirksam für absichtliches oder grobfahrlässiges Handeln. Eine Freizeichnungsklausel «für jedes Verschulden» ist zwar nicht völlig ungültig, jedoch nicht anwendbar für Vorsatz oder grobe Fahrlässigkeit. Bei Kaufgeschäften (und auch bei Auktionen) sowie bei Werkverträgen darf die Haftung des Verkäufers oder Herstellers bezüglich Sachmängeln auf absichtliche Täuschung beschränkt werden (Art. 199, 234 Abs. 3 und 365 OR, BGE 123 III 165 ff.). Kaum ein Werbeauftraggeber dürfte sich allerdings mit einer solchen ‹Freizeichnungs-Klausel› einverstanden erklären.

---

[15] *Erweiterte Haftung kann beispielsweise Haftung für zufälligen Untergang von Unterlagen beinhalten oder Haftung für technischen Support oder Back-up von EDV-betriebenen Installationen bei Multimedia-Vorführungen.*

Wegbedingung der Sorgfaltshaftung
Wo Agenturen nur, aber immerhin, als Berater tätig sind, haften sie für getreue und sorgfältige Ausführung des Auftrags (wie ein Arzt, Treuhänder oder Anwalt). Daraus wird der Schluss gezogen, dass die Wegbedingung der Sorgfaltshaftung ungültig sei, weil das sorgfältige Tätigwerden das vertragstypische Element sei. Anwälte und Ärzte können die Haftung für sich und ihre Hilfspersonen auch deshalb nicht auf grobe Fahrlässigkeit einschränken, weil sie ein «obrigkeitlich konzessioniertes Gewerbe» betreiben (Art. 101 Abs. 3 OR). Für nicht konzessionierte gewerbliche Dienstleistungsverhältnisse lässt indes die herrschende Lehre die Möglichkeit der Haftungsbeschränkung auf grobes Verschulden zu. Von dieser Möglichkeit könnten BSW und ASW – vorbehalten bleibt die gegenlautende Interessenlage des SWA – Gebrauch machen. Eine qualifizierte (garantierte) Zusicherung von Eigenschaften kann indes nicht durch die Hintertür über eine Freizeichnungsklausel wegbedungen werden.

Produktehaftpflicht kann nicht wegbedungen werden
Das Produktehaftpflichtgesetz (Art. 8 PrHG) schränkt die Freizeichnungsmöglichkeit ein. Es sieht die verschuldensunabhängige Kausalhaftung des Herstellers und Importeurs vor. Der Konsument soll auf diese Weise vor den immer undurchsichtigeren Gefahren der industriell erzeugten Waren geschützt werden. Diese Schranke ist von denjenigen Agenturen zu beachten, welche Werbeartikel direkt aus dem Ausland importieren (z. B. Feuerzeuge, Tischbomben, Produkte mit gesundheitsschädigenden Ingredienzen usw.). Sollte es in der Folge zu einer Schädigung an Menschen oder Sachen kommen, kann sich die Agentur als Importeurin den Geschädigten gegenüber nicht auf Freizeichnungsklauseln berufen.

Völlige Wegbedingung der Haftung für Hilfspersonen
Nach Gesetz (Art. 101 Abs. 2 OR) könnte eine Agentur die Haftung für Dritte, welche sie zur Ausführung des Auftrags beizieht, beschränken oder aufheben. Diese Freizeichnung kann weitergehen als die Freizeichnung für eigenes Verschulden. Es kann damit auch die Haftung für grobes Verschulden der Hilfspersonen wegbedungen werden. Dies allerdings dann nicht, wenn das Subunternehmerverhältnis auf einer engen Beziehung von Firmen besteht, welche im eigenen Interesse (und nicht vorwiegend im Interesse von Kunden) kooperieren.[16] Solche Freizeichnungsklauseln müssen unmissverständlich und klar sein. Soweit die Haftungsbeschränkungen in Allgemeinen Geschäftsbedingungen aufgenommen werden, sind sie im Zweifel eng auszulegen, «namentlich dann, wenn sie die Stellung des Kunden verschlechtern».[17]

Die häufigsten Haftungsbeschränkungen
> Die Agentur haftet nur für bestimmte Mängel (bei Verwendung untauglichen Materials, nur für Minderwert, welcher Fr. 5000.– übersteigt, keine Haftung für Farb- oder Massabweichungen usw.).
> Die Agentur haftet nur bei Verschulden.
> Für Sachmängel haftet die Agentur nur bei grobem Verschulden.

---

[16] BGE 112 (1986) II 347, *Schätzung eines Kunstgegenstandes.*
[17] BGE 115 (1989) II 479; 118 (1992) II 145.

> Die Haftung für Subunternehmer wird ausgeschlossen.
> Die Agentur haftet für Subunternehmer nur so weit, als sie auf die Materiallieferanten zurückgreifen kann.
> Das Wandelungs- oder Minderungsrecht ist ausgeschlossen. Der Werbeauftraggeber hat nur ein Nachbesserungsrecht (und muss dabei allenfalls nicht alle Kosten selbst tragen).
> Für Mängelfolgeschäden haftet die Agentur nicht (oder nur bis zum Auftragswert oder bis zum Zehnfachen des Werklohns).

8.4 Haftung für Rechtsverletzungen

Kaum zu glauben, wie oft die Werke von Keith Haring, Roy Lichtenstein, Salvador Dalí und Konsorten ohne Erlaubnis kopiert oder imitiert, wie gedankenlos Prominente ungefragt als Werbesujets eingesetzt werden. Der Fettnäpfe gibt es wirklich viele. Kommerzielle Kommunikation und Gestaltung, insbesondere Werbeaussagen und PR-Texte, können falsch sein, unnötig verletzend (herabsetzend), irreführend, besonders aggressiv, sie können Verwechslungsgefahr herbeiführen oder Nachahmungen anderer Werke sein, sich schamlos anlehnen an andere Produktegestaltungen oder unzulässige Vergleiche enthalten.[18] Und selbstverständlich sind auch Werkklau oder Werkimitation unlauter.

Das Abstimmungskomitee «Steuergesetz JA» druckte faksimile eine Seite der gegnerischen Abstimmungszeitung ab und musste der Illustratorin des gegnerischen Komitees nach einem aussergerichtlichen Vergleich später Fr. 1000.– Lizenzgebühr zahlen. Nach Auskunft des gegnerischen Komitees kam diese Einigung zustande, weil der Ausgang einer gerichtlichen Auseinandersetzung ‹zu ungewiss› gewesen sei. Die ProLitteris habe allerdings empfohlen, den Fall vor Gericht zu ziehen.

[18] *Lauterkeitsgrundsätze in www.lauterkeit.ch.*

Den «Prozess am Hals» hat meistens der Kunde. Bei ihm ist mehr zu holen als bei der Agentur. Zwar ist das Risiko, erwischt zu werden, bisweilen gering. Wo kein Kläger, da kein Richter. Doch lohnt sich auch ein kleines Restrisiko nicht. Nichts könnte dem Image der Unternehmung und der Agentur mehr schaden als der Abbruch einer Übung auf halber Strecke wegen vorsorglicher Massnahmen (Verbotsklage). Ein vom Richter verfügtes vorsorgliches Verbot kann kostspielig und auch werbemässig vernichtend sein. Es vermag eine Kommunikationsstrategie während Jahren zu blockieren.

Weil Kommunikationsfachleute für ‹rechtmässige› Ware haften, müssen sie die Gefahrenzonen kennen und Rechtskenntnisse haben. Geschädigten Dritten gegenüber haften sie solidarisch mit dem Werbeauftraggeber. Art. 7 des Reglements der Schweizerischen Werbewirtschaft über die Anerkennung von Werbeagenturen sieht vor, dass die Agentur zur Vermeidung von Ansprüchen Dritter das geistige Eigentum und somit auch die Urheberrechte an allen Werbemitteln besitzen muss. Tut sie dies nicht, fällt die Anerkennung dahin. Dieser Pflicht kommen die meisten Agenturen insoweit nach, als sie von den Mitarbeitern die Abtretung aller Immaterialgüterrechte verlangen. Nicht aber von allen freien Mitarbeitern, da hier die volle Rechtsübertragung sehr oft gar nicht möglich ist. Die Agentur kann höchstens Nutzungsrecht für den vereinbarten Nutzungszweck gewährleisten.

Die Agentur muss die Verwendungsrechte, welche notwendig sind für den Einsatz, gewährleisten, sie muss garantieren können, dass dem Einsatz des Werbemittels keine Rechte Dritter entgegenstehen.[19] Wenn es zu Rechtsverletzungen kommt, stellt sich die Frage der Haftung, sei es vertraglich, sei es ausservertraglich. Die verantwortliche Agentur wird entweder (ausservertraglich) direkt vom geschädigten Konsumenten oder Mitbewerber oder (vertraglich) vom Werbeauftraggeber eingeklagt. Der Kunde nimmt ‹Regress› auf die Agentur, wenn er haftbar gemacht wird.

Mit dem Bundesgesetz gegen den unlauteren Wettbewerb (UWG) vom 19. Dezember 1986 ist der unverfälschte und lautere Wettbewerb über die Regeln des Obligationenrechts hinaus verstärkt worden. Danach ist unlauter «jedes täuschende oder in anderer Weise gegen den Grundsatz von Treu und Glauben verstossende Verhalten oder Geschäftsgebaren, welches das Verhältnis zwischen Mitbewerbern oder zwischen Anbietern oder Abnehmern beeinflusst».[20] Unzulässig sind Werbetexte, die Erwartungen wecken, welche dem realen Angebot bei weitem nicht entsprechen,[21] oder besonders aggressive Werbetexte oder -methoden. Auch mit dem sogenannten ‹Swissair-Entscheid› vom 15. November 1994 hat sich das Haftungsrisiko im Werbebereich eher verschärft.

8.5 Vertrauenshaftung und Produktehaftpflicht

Haftung kann nicht nur wegen Rechtsverletzung aus Vertrag entstehen, sondern auch wegen Rechtsbegründung: «Werden in einer Werbung kon-

> Was bedeutet Rechtsgewähr, was Vertrauenshaftung, was Produktehaftpflicht?
>
> Antwort: folgende Seiten oder www.glaus.com (dort unter ‹Publikationen›).

---

[19] *Zur Rechtsgewähr siehe auch S. 135 ff. und S. 153.*
[20] Art. 2 UWG.
[21] BGE 1990 (1964) IV 109, SMI 1989, S. 160.

krete Aussagen gemacht, so können diese Aussagen dem Erwerber der beworbenen Sache oder Dienstleistung gegenüber rechtsverbindlich und zum Inhalt des Vertrages über den Erwerb dieser Sache oder Dienstleistung werden. Wird in einer Autowerbung zum Beispiel mit dem Slogan ‹10 Jahre Garantie gegen Durchrosten› geworben, so kann sich ein Käufer des besagten Fahrzeuges gegenüber dem Werbung treibenden Unternehmen darauf berufen, auch wenn im eigentlichen Kaufvertrag nichts von einer solchen Garantie steht» (Schwenniger Marc, Werberecht: Kommentierte Textausgabe, Zürich 1999, S. 29 ff.). Gewährleistungsansprüche können deshalb nicht nur durch die explizite Zusage von Eigenschaften, sondern auch durch den allgemeinen Werbeauftritt begründet werden. Haftbar gemacht werden kann unter Umständen gar ein Dritter, welcher sich vertrauenserweckend für ein Produkt einspannen lässt.

Haftung für gewecktes Vertrauen: Der Swissair-Entscheid

Die Swissair-Beteiligungen AG gründete im Jahr 1987 eine Tochtergesellschaft (IGR Holding AG). Diese bot gegen Vorauszahlungen Luxusferien in der Nähe von Golfplätzen an. Die Werbeunterlagen waren im Wissen und mit Einverständnis der Swissair-Beteiligungen AG gestaltet worden und nahmen auf die Muttergesellschaft ausdrücklich Bezug: «Überall, wo International Golf and Country Residence steht, steht Swissair darunter. Und selbstverständlich auch dahinter. Denn die IGR ist zwar ein selbstständiges Unternehmen der Swissair-Beteiligungen AG, arbeitet aber nach den gleichen unternehmerischen Maximen wie ihre Mutter. Dass sich das von Anfang an auf die Internationalität, die Gastfreundschaft, die Betreuung und die Zuverlässigkeit von IGR auswirkt, liegt auf der Hand.»

Vertrauens- und Produktehaftung betreffen auch die Werbung.

Trotz dieser vielversprechenden Werbung ging die IGR bald einmal Konkurs. Ein geschädigtes Unternehmen, welches insgesamt mehr als Fr. 90 000.– als Mietvorauszahlung für ein 40-jähriges Mitbenützungsrecht luxuriöser Hotels geleistet hatte, klagte gegen die Muttergesellschaft, die Swissair-Beteiligungen AG. Das Bundesgericht schützte die Klage der Geschädigten und bejahte eine Haftung aus ‹erwecktem› Konzernvertrauen.

«Nötige Warnung an die Werbetexter»

Das Bundesgericht hielt in diesem Entscheid Folgendes fest:

› Auch Werbeaussagen können berechtigte Erwartungen wecken und damit haftungsrechtliche Bedeutung erlangen.

Unter Umständen haftet somit ein Unternehmen auch bei Fehlen einer vertraglichen Grundlage oder ohne deliktisches Verhalten. Das Urteil wurde als «angebrachte und nötige Warnung an die Werbetexter, dass sie nicht ins Blaue schreiben» bezeichnet (N. Druey, SZW 1995, S. 96). Es werden damit Loyalitätspflichten im Geschäftsleben ins vorvertragliche Stadium ausgedehnt. Mit der Aufnahme von Vertragsverhandlungen begründen die Vertragsparteien bereits Rechtspflichten, wenn sie durch ihr Verhalten Vertrauen begründen. Auch im Produktehaftpflichtrecht kommt dieser Grundsatz zur Anwendung: Wer Vertrauen in ein Produkt schafft, hat für die erweckten Erwartungen einzustehen.[22]

---

[22] Walter Fellmann, *Haftung für Werbung – ein erster Schritt zu einer allgemeinen Vertrauenshaftung?*, medialex 2/95 S. 94.

Unvorsichtigkeit verdient keinen Schutz

Nicht jede übertriebene Werbeaussage ist allerdings geeignet, berechtigte Erwartungen zu wecken. Je allgemeiner eine Aussage ist, desto weniger kann sie als ernst gemeinte Zusicherung von bestimmten Eigenschaften und Funktionen verstanden werden. Je präziser indes eine Werbeaussage Eigenschaften eines Produkts hervorhebt, desto eher sind diese Aussagen geeignet, berechtigte Erwartungen aufkommen zu lassen. «Schutz verdient nicht, wer bloss Opfer seiner eigenen Unvorsichtigkeit und Vertrauensseligkeit oder der Verwirklichung allgemeiner Geschäftsrisiken wird [...], sondern nur, wessen berechtigtes Vertrauen missbraucht wird.»[23]

«Solidarische Haftung aller»

Wer widerrechtlich in seinen Persönlichkeitsrechten, Urheberrechten oder Wettbewerbsrechten verletzt wird, kann gegen jeden, der an der Verletzung mitwirkt, vorgehen;[24] der Grundsatz gilt auch bei Wettbewerbsverlet-

Mit einem persönlichkeitsverletzenden ‹Sonntagsblick›-Ausschnitt kreierte eine Kommunikationsagentur ein Flugblatt für ein Abstimmungskomitee ‹Nein zum Abbau einheimischer Arbeitsplätze›. Weil das Komitee das Corpus Delicti weiterverbreitete, wurde es selbst zum Verletzer. Es musste dem Verletzten 5000 Franken Genugtuung zahlen. Der ‹Sonntagsblick› wurde mit gerichtlichem Urteil zur Bezahlung einer Genugtuungssumme in der Höhe von 13000 Franken verpflichtet und musste die fragliche Ausgabe vom 9. Februar 1997, Seite 10, gestützt auf Art. 15 DSG physisch vernichten.

---

[23] Swissair-Entscheid in BGE 120 (1994) II 336.
[24] Art. 28 ZGB.

zungen, obwohl im UWG eine explizite Regelung fehlt.[25] Agenturen und Werbeauftraggeber haften in der Regel solidarisch für das Ganze, der Geschädigte kann wahlweise und willkürlich nur gegen einen oder gegen alle vorgehen. Wird nur das werbende Unternehmen eingeklagt, kann dieses unter Umständen auf die Agentur Rückgriff nehmen wegen Verletzung der vertraglichen Sorgfalts- oder Leistungspflichten.

Herausgabe des Gewinns
Wer die gesetzlichen Normen aus eigenem Verschulden verletzt, muss dem Kläger Schadenersatz und allenfalls gar (zusätzlich) Genugtuung zahlen. Kann dem Verletzer kein Verschulden nachgewiesen werden, kann er dennoch zur Herausgabe des Gewinns verpflichtet werden. So beispielsweise der Werbeauftraggeber, der ahnungslos ein abgekupfertes Bild oder ein Plagiat einsetzt.

Strafrechtliche Folgen
Falsche, irreführende, unnötig verletzende und täuschende Werbung kann auch strafbar sein.[26] Es droht Gefängnisstrafe oder Busse bis zu 100 000 Franken. Die strafrechtliche Praxis ist allerdings sehr zurückhaltend. So hat das Bundesgericht im BSE-Flugblatt-Entscheid festgehalten, unter Berücksichtigung des Grundrechts der Meinungsäusserungsfreiheit sei eine strafbare unlautere Anschwärzung nur mit Zurückhaltung anzunehmen.[27]
Ordnungsbussen wegen Übertretung von verwaltungsrechtlichen Werbevorschriften (z. B. bei Heilmittelwerbung) können bis zum Betrag von 5000 Franken einer juristischen Person (z. B. Aktiengesellschaft) aufgebrummt werden, auch wenn die verantwortliche Person nicht eruiert werden kann.[28]

Die Lauterkeitskommission zur Haftung der Agentur
> Die Lauterkeitsgrundsätze der Lauterkeitskommission halten den Haftungsgrundsatz ausdrücklich fest: Werbe- und PR-Agenturen haften für die ‹Rechtmässigkeit› einer werblichen Aussage. Sie können von Geschädigten und Verletzten direkt belangt werden (Lauterkeitsgrundsatz Nr. 1.7; Verantwortlichkeit für die Werbeaussage). Ins Recht gefasst werden kann aber auch der Werbeauftraggeber. Es gilt das «Prinzip der solidarischen Haftung» somit auch bei Werbeaussagen. Nebst der Werbeagentur und dem Medienunternehmen ist insbesondere auch der Werbeauftraggeber verantwortlich.

> Die Lauterkeitsgrundsätze Nr. 1.7 und 1.8 halten fest, was sich bereits aus den gesetzlichen Normen ergibt: Haben mehrere den Schaden gemeinsam verschuldet, sei es als Anstifter, Urheber oder Gehilfen, so haften sie dem Geschädigten solidarisch (Art. 50 OR).

---

[25] Baudenbacher, Art. 11 Rz 2.
[26] Art. 23 UWG.
[27] BGE 123 (1997) IV 211, umfassend dazu Urs Saxer, UWG und Medienberichterstattung – eine Bestandesaufnahme nach 10 Jahren Praxis, Separatdruck 2000.
[28] Art. 6 Abs. 2 des Bundesgesetzes über das Verwaltungsstrafrecht: «Der Geschäftsherr, Arbeitgeber, Auftraggeber oder Vertretene, der es vorsätzlich oder fahrlässig in Verletzung einer Rechtspflicht unterlässt, eine Widerhandlung des Untergebenen, Beauftragten oder Vertreters abzuwenden oder in ihren Wirkungen aufzuheben, untersteht den Strafbestimmungen, die für den entsprechend handelnden Täter gelten. Ist der Geschäftsherr, Arbeitgeber, Auftraggeber oder Vertretene eine juristische Person ... so wird Absatz 2 auf die schuldigen Organe, Organmitglieder, geschäftsführenden Gesellschafter ... angewendet.»

> Im Schlossgold-Entscheid der Schweizerischen Lauterkeitskommission vom 20. Januar 2000 heisst es: «Zum anderen ergibt sich aus dem Grundsatz der SLK über die Verantwortlichkeit für die Werbeaussage (Grundsatz Nr. 1.7), dass der Werbeauftraggeber sehr wohl haftbar gemacht werden kann, da das Prinzip der solidarischen Haftung auch bei Werbeaussagen gilt, womit nebst der Werbeagentur und dem Medienunternehmen insbesondere auch der Auftraggeber verantwortlich ist (vgl. dazu L. David et al. in ‹Werberecht›, Kommentierte Textausgabe, Zürich 1999, 35; P. Schaltegger, Die Haftung der Presse aus unlauterem Wettbewerb, Zürich 1992, 67 ff.; M. Taufer, Einbezug von Dritten im UWG, Zürich 1997, 153 ff.; W. Fellmann, Haftung für Werbung – ein erster Schritt zu einer allgemeinen Vertrauenshaftung?, medialex 1995, 94 ff., insbes. 95 f., unter Berücksichtigung von BGE 120 II 331 E. 2, [‹Swissair›]; H. O. Marti, Die Werbeaussage und ihre Rechtsfolge, Zürich 1981, 2 ff.; ferner F. Riklin, Schweizerisches Presserecht, Bern 1996, § 10 Rz. 13).»[29]

Die vorsätzliche oder fahrlässige Übertretung der verwaltungspolizeilichen Vorschriften wird von Amtes wegen (meist mit Busse oder Haft) geahndet. Die Verletzung dieser Vorschriften kann (muss aber nicht immer!) einen Tatbestand des unlauteren Wettbewerbs darstellen. Klageberechtigt sind dann nicht nur die direkten Konkurrenten, sondern auch die Konsumenten. Verletzungstatbestände können aussergerichtlich bei der Lauterkeitskommission (www.lauterkeit.ch) gerügt werden. Allenfalls kann ein Verstoss auch beim verbandseigenen Schiedsgericht (z. B. der Vereinigung der schweiz. Zigarettenindustrie) gerügt werden, was verbandsrechtlich Konventionalstrafen nach sich ziehen kann.

Der Schwarze Peter liegt bei der Agentur

Agenturen und innerbetriebliche Kommunikationsfachleute müssen auch diese Schranken deshalb kennen, weil sie bei schuldhaftem Handeln allenfalls zur Verantwortung gezogen werden können, sei es aus auftrags- oder werkvertraglicher Haftung, sei es aufgrund der arbeitsrechtlichen Sorgfaltspflicht.

Die gesetzlichen und verbandsrechtlichen Schranken beschränken unter Umständen die Gegenleistungspflicht des Gesponserten beim Sponsoringvertrag (z. B. bei kommerzieller Kommunikation für alkoholische Getränke, für Tabakwaren, Medikamente usw.). Der Sponsor kann die der Agentur oder dem Kunden geschuldete Zahlung reduzieren, wenn der gesponserte Anlass zu einer öffentlichen Kontroverse führt oder gar eine Sanktion auslöst. Auch hier stellen sich Haftungsfragen, wenn die Kommunikationsagentur den Kunden nicht frühzeitig und klar auf diese beschränkten Gegenleistungen aufmerksam macht.

Verpackungsvorschriften

Besondere Beachtung ist den Verpackungsvorschriften zu schenken, weil Nachlässigkeiten in diesem Bereich zur Produktehaftpflicht des Herstellers oder Importeurs führen können, welche dann ihrerseits wieder auf die gestaltungsverantwortliche Agentur Rückgriff nehmen möchten. «Der Schutz des Verbrauchers erfordert es, dass alle am Produktionsprozess Beteiligten haften, wenn das Endprodukt oder der von ihnen gelieferte Bestandteil oder Grundstoff fehlerhaft war. Aus demselben Grunde hat die Person, die Produkte in die Gemeinschaft einführt, sowie jede Person zu haften, die

---

[29] *Ganzer Wortlaut von Grundsatz 1.7 und 1.8.*

sich als Hersteller ausgibt, indem sie ihren Namen, ihr Warenzeichen oder ein anderes Erkennungszeichen anbringt», heisst es in den Richtlinien des Rats der Europäischen Gemeinschaft vom 25. Juli 1985 über die Haftung für fehlerhafte Produkte.[30] Das Europäische Produktehaftungsrecht geht (wie das schweizerische) von folgender Prämisse aus: «Nur bei einer verschuldensunabhängigen Haftung des Herstellers kann das unserem Zeitalter fortschreitender Technisierung eigene Problem einer gerechten Zuweisung der mit der modernen technischen Produktion verbundenen Risiken in sachgerechter Weise gelöst werden.»

Produktehaftpflicht auch bei Prospekten...
Nach dem Bundesgesetz über die Produktehaftpflicht (PrHG) aus dem Jahre 1992 haftet der Hersteller (oder an seiner Stelle der Importeur) verschuldensunabhängig für den Schaden, den ein fehlerhaftes Produkt bewirkt, wenn dadurch eine Person getötet oder verletzt oder eine Sache beschädigt wird. Produkt im Sinne des Gesetzes ist jede bewegliche Sache. Fehlerhaft ist ein Produkt immer dann, wenn es nicht die Sicherheit bietet, die der Durchschnittskonsument unter gegebenen Umständen erwarten darf. Dabei ist nach dem Gesetzeswortlaut insbesondere auch abzustellen auf «die Art und Weise, in der es dem Publikum präsentiert wird» (Art. 4 PrHG). Deshalb bestimmen Prospektegestalter und Verpackungsdesigner das Risiko der Produktehaftpflicht eines Herstellers oder Importeurs ganz wesentlich mit und riskieren dabei gar, dass der Kunde versucht, auf den unsorgfältigen oder nicht wissenden Gestalter Regress zu nehmen.

Die rechtliche Relevanz des Gestalterischen
Wer Kataloge, Broschüren mit Versicherungsbedingungen, Verpackungen und Verpackungsbeilagen oder Prospekte mit Lieferbedingungen gestaltet, muss sich der rechtlichen Relevanz des Gestalterischen bewusst sein: Je gefahrenträchtiger ein Produkt ist, desto deutlicher muss der Gefahrenhinweis sein. Und zwar in der Landessprache. Und je mehr eine Vertragsklau-

---

Grundsätze der Produktehaftung
Die Reihenfolge der nachstehenden Grundsätze richtet sich nach dem Aufbau der schweizerischen Gesetzgebung:
Allg. Haftungsvoraussetzung (Art. 1): Die herstellende Person oder Firma haftet verschuldensunabhängig dafür, wenn ein fehlerhaftes Produkt eine Person tötet oder verletzt oder eine Sache beschädigt oder zerstört.
Der Hersteller (Art. 2): Als Hersteller gilt nicht nur, wer ein Teil- oder Endprodukt herstellt, sondern auch, wer im Rahmen seiner geschäftlichen Tätigkeit das Produkt einführt und vertreibt.
Das Produkt (Art. 3): Als Produkt gilt jede bewegliche Sache, ausgenommen landwirtschaftliche Erzeugnisse und Jagderzeugnisse (so weit sie noch keiner Verarbeitung unterzogen wurden).
Der Fehler (Art. 4): Als Fehler gilt, was immer nicht die Sicherheit bietet, die man unter Berücksichtigung aller Umstände erwarten kann. Dabei wird insbesondere berücksichtigt, wie ein Produkt dem Publikum präsentiert (dargeboten) wird.
Ausnahmen (Art. 5): Ausnahmen von der Haftung können u. a. dort zur Diskussion stehen, wo Fehler nach dem Stand der Wissenschaft und Technik zum Zeitpunkt der Inverkehrsetzung noch gar nicht erkannt werden konnten.
Selbstbehalt (Art. 6): Bei blossen Sachschäden gilt ein Selbstbehalt von Fr. 900.–.

---

[30] Publiziert in Fellmann, Grundriss der Produktehaftpflicht, Bern 1993, S. 186.

sel von der gesetzlichen Ordnung abweicht, desto deutlicher muss ein Hinweis sein (Art. 8 lit. a UWG). Derjenige, der geltendes Recht über allgemeine Geschäftsbedingungen wegbedingen will, muss dies mit hinreichender Deutlichkeit zum Ausdruck bringen. Mehrdeutige Klauseln werden nach der Unklarheitsregel gegen den Verfasser ausgelegt.[31] Erfahrungsgemäss neigten die Verfasser allgemeiner Vertragsbestimmungen dazu, die eigene Position zu Lasten des weniger gewandten Vertragspartners zu verbessern, meinte das Bundesgericht kürzlich in einem Entscheid. Und es sei notorisch, dass Kleingedrucktes häufig nicht gelesen werde (BGE 122 [1996] III 124). Daraus kann nur Nutzen ziehen, wer ausserhalb des Kleingedruckten (oder fett im Kleingedruckten!) deutlich auf Gefahren oder Haftungsbeschränkungen hingewiesen hat. Andernfalls muss er sich allenfalls die Ungewöhnlichkeitsregel entgegenhalten lassen.

Die Checkliste

Folgende Checkliste kann behilflich sein bei der Beantwortung der Frage, welche Gefahrenhinweise ausdrücklich erwähnt werden müssten:
- Welches sind die bestehenden Gefahren, mit welchen Otto Normalverbraucher nicht unbedingt rechnen muss (z. B. Gesundheitsschäden bei korrektem Gebrauch des Produkts)?
- Welche Kundenreklamationen und Rückfragen sind in den letzten Jahren registriert worden?
- Wie präsentieren Konkurrenten vergleichbare Produkte?
- Gibt es neue wissenschaftliche Erkenntnisse in diesem Herstellungsbereich?
- Welche kritischen Medienberichte sind zu diesem Produktesegment in den letzten Jahren publiziert worden (z. B. Gefahr für Kinder, Missbräuche, Gesundheitsschädigungen usw.)?

Haftung für Rechtsverletzungen

Wer sich an immaterialgüterrechtlich geschützten Werken vergreift, ohne eine Einwilligung einzuholen, muss Lizenzgebühren nachzahlen – allerdings nicht immer einen Strafzuschlag. Geschädigte können sich auf die so genannte ‹Lizenzanalogie› berufen, wenn ihre Arbeiten unrechtmässig verwendet werden. Wer geistiges Eigentum klaut und dabei ertappt wird, hat nach dem Grundsatz der Lizenzanalogie die «branchenübliche Vergütung für die Verwendung des urheberrechtlich geschützten Werks» zu bezahlen. Dieser Grundsatz gilt auch bei Persönlichkeitsverletzungen. Wer mit Bild unerlaubt auf einer Lastwagenwand zum Pin-up-Girl wird (oder jedenfalls zum Werbesubjekt!), kann die branchenübliche Entschädigung verlangen. Während es bei den Urheberrechtsverletzungen meist klare Anhaltspunkte für das ‹Branchenübliche› gibt, insbesondere durch die Tarife der Verwertungsgesellschaften, fehlen im Persönlichkeitsrecht vergleichbare Ansätze. Anhaltspunkte und Auslegungshilfen sind Branchenempfehlungen und auch die internationalen Tarife, so zum Beispiel Sprecher-Tarife, Tarif für Models usw. Bei der Entscheidfindung ist allenfalls auch die 10-Prozent-Regel analog anzuwenden: 10 Prozent des Werbewertes gehören dem Urheber, weitere 10 Prozent den Testimonials, den Menschen, die mit Bild und/oder Stimme Zeugnis ablegen für ein Produkt. Der Verband Schweizerischer Werbeauftraggeber (SWA) empfiehlt seinen Mitgliedern drin-

> Auch das Recht am eigenen Bild, am Namen, an der Prominenz oder am eigenen Wort kann kommerzialisiert werden.

---

[31] David/Reutter S. 405.

gend, die Entschädigung für die Schaffung von Etiketten, Packungen, Erscheinungsbildern, Marken, Signeten, Namenszügen und ähnlichen Werken mit der Übertragung der vollen Urheberrechte (nicht nur der Nutzungsrechte) zu verbinden.

Wie schnell Werber ins Fettnäpfchen treten können, zeigt nicht nur das Beispiel des Titelbilds zu diesem Kapitel, sondern auch der nachfolgende Fall:

Schadenersatzpflicht für Politiker

Eine Berufsfotografin hatte im Auftrag eines Politikers ein Porträt – eine Passfoto – hergestellt. Dieses war für ein einmalig erscheinendes Heft bestimmt. Zusätzlich kaufte der Politiker von der Fotografin zum Preis von insgesamt Fr. 60.– fünf Diapositiv-Duplikate, die alle einen Kleber mit der Aufschrift ‹Copyright M. B.› trugen. Im Frühjahr 1994 kandidierte der gleiche Politiker als Vertreter des Landesrings der Unabhängigen (nachfolgend LdU) für ein politisches Amt in der Stadt Zürich. In einer Tageszeitung erschienen drei Wahlinserate mit Schwarzweiss-Reproduktionen der gekauften Farbdiapositivs, ohne weitere Zustimmung der Fotografin. Diese (nachfolgend Klägerin genannt) klagte gegen den Politiker (nachfolgend Beklagter genannt) und forderte vom Beklagten für die drei Inserate eine Nutzungsgebühr von Fr. 3850.– nebst 5% Zins seit dem 30. April 1994. Mit Urteil vom 13. November 1995 hiess das Obergericht des Kantons Zürich die Klage im Teilbetrag von Fr. 3420.– gut. Es entschied, die von der Klägerin erstellten Fotografien seien urheberrechtlich geschützte Werke, und mit deren eigenmächtigen Weitergabe an den LdU habe der Beklagte an einer Urheberrechtsverletzung mitgewirkt, was ihn schadenersatzpflichtig mache. Den zu ersetzenden Schaden bemass das Gericht nach der sogenannten Lizenzanalogie auf Grund der Preisempfehlungen für Bildhonorare 94 der Schweizerischen Arbeitsgemeinschaft der Bildagenturen und -archive (SAB) mit Fr. 950.– pro Inserat oder gesamthaft mit Fr. 2850.–, erhöht um einen Verletzerzuschlag von 20%, d. h. Fr. 570.–.

Preisempfehlungen der SAB

Das Obergericht legte die Preisempfehlungen der SAB dahingehend aus, dass die Vergütung von der Grösse des gesamten Inserats und nicht bloss vom Ausmass der Fotografie abhänge und sich bis zu einer Viertelseite in gleicher Höhe bemesse. Das Bundesgericht bestätigte das Urteil in wesentlichen Punkten mit folgender Begründung:

«Nach den Feststellungen der Vorinstanz übergab der Beklagte eines der urheberrechtlich geschützten Diapositive dem LdU im Bewusstsein, dass es für die Werbung im Wahlkampf verwendet werde. Dass er den Empfänger (die Partei) darauf hingewiesen hätte, das Bild sei von der Urheberin für eine Verwendung noch nicht freigegeben worden, ist nicht festgestellt. Die Unterlassung aber gereicht dem Beklagten unbesehen des ‹Copyright-Klebers› der Klägerin zum Verschuldensvorwurf, da das Bild ausdrücklich zum Zweck der publizistischen Verwendung begeben wurde und es ohne Mitwirkung des Beklagten vom LdU nicht dazu verwendet werden konnte. Zu Recht ist das Obergericht von einer Mittäterschaft des Beklagten im Sinn von Art. 62 Abs. 2 URG i. V. m. Art. 50 OR ausgegangen.»[32]

---

[32] Art. 50 Abs. 1 OR lautet: «Haben mehrere den Schaden gemeinsam verschuldet, sei es als Anstifter, Urheber oder Gehilfen, so haften sie dem Geschädigten solidarisch.»

Kein ‹Verletzerzuschlag› – höchstens Wahrscheinlichkeitsschaden
Das Bundesgericht gab dem Politiker nur in einem Nebenpunkt Recht: «Begründet ist die Berufung dagegen insoweit, als der Beklagte sich gegen Verletzerzuschlag von Fr. 570.– wendet. […] Ziffer 7 der ‹Grundsätze für die Lieferung und Verwendung von Bildmaterial› der Preisempfehlung 94 der SAB bestimmt: ‹Eine Weitergabe der Bilder an Dritte ohne vorherige schriftliche Zustimmung des Bildanbieters ist nicht gestattet, auch nicht für Lizenzausgaben. Auch eine Duplizierung der Bilder ohne Einwilligung des Bildanbieters ist nicht gestattet. Bei unberechtigter Verwendung des Bildmaterials wird zusätzlich zum Honorar ein Schadenersatz von Fr. 1000.– geschuldet.› Dass die Parteien diese Allgemeinen Geschäftsbedingungen der SAB in ihre vertraglichen Rechtsbeziehungen integriert hätten, ist weder festgestellt noch dargetan. Damit scheidet ein darauf gestützter Verletzerzuschlag als vereinbarte Vertragsstrafe (Konventionalstrafe) aus. […] Die Suisa hat in ihrer Tarifordnung für die unbefugte Werknutzung eine Verdoppelung des Tarifansatzes normiert und damit auch in der Rechtsprechung Verständnis gefunden. […]
Ob ein pauschalisierter Verletzerzuschlag im Tarif der Verwertungsgesellschaften bundesrechtskonform ist, sich insbesondere – analog der deutschen Rechtsprechung – aus der besonderen Struktur dieser Gesellschaften und der Natur der von ihnen zu verwaltenden Rechte begründen lässt, ist im vorliegenden Verfahren nicht zu entscheiden. Für Verletzungen wie hier lässt sich indes ein pauschalisierter Verschuldenszuschlag, so wünschenswert er rechtspolitisch auch sein mag, de lege lata nicht halten. Wie auch die Vorinstanz festgehalten hat, würde dadurch ein pönales Element im Sinn von ‹punitive damages› in das geltende Recht eingeführt, welches den allgemeinen Prinzipien der Schadens- und Ersatzbemessung, auf welche Art. 62 Abs. 2 URG ausdrücklich verweist, widerspricht und gewöhnlich gar als Verstoss gegen den Ordre public erachtet wird.
Das bedeutet nicht, dass bei der Schadensschätzung nach der genannten Norm nicht auch Elemente berücksichtigt werden dürfen, die ausserhalb der eigentlichen Lizenzanalogie stehen; hierzu hat der Verletzte aber mindestens substanziert aufzuzeigen, dass die Verletzung geeignet war, weiteren Schaden zu bewirken, und dass der Eintritt solchen Schadens wahrscheinlich war. Solche Indizien sind im vorliegenden Fall weder festgestellt noch dargetan, und es ist auch nicht ersichtlich, inwiefern eine Vergütung von Fr. 2850.– für die drei Inserate den Schaden und die immaterielle Beeinträchtigung der Klägerin nicht vollumfänglich zu decken vermöchte.»[33]

Was ist Lizenzanalogie?
Der Lizenzanalogie liegt die folgende Überlegung zugrunde: Legal kann man fremdes Gut nur auf Grund eines Vertrages nutzen. Der Benützer hat dann in aller Regel für das Nutzungsrecht (= Lizenz) eine Vergütung zu bezahlen. Deshalb soll, wer fremdes Immaterialgut ohne Einwilligung des

---

[33] BGE 122 (1996) III 468, publiziert in sic! 2/1997, zum Wahrscheinlichkeitsschaden BGE 102 II 223 (Perroud), im gleichen Entscheid auch Ablehnung des immateriellen Schadenbegriffs: «Das muss auch dort gelten, wo eine bestimmte Aufwendung ihren inneren Wert verliert, weil der mit ihr angestrebte Zweck sich nicht oder nicht vollständig einstellt»; zum entgangenen Feriengenuss: BGE 115 II 481; Larese im medialex 3/97 S. 139.

Urhebers nutzt, die gleiche Entschädigung zahlen müssen wie derjenige, welcher nicht einfach klaut, sondern höflich um Erlaubnis fragt und zahlt. Der deutsche Bundesgerichtshof hat zum Urheberrechtsschutz folgende Überlegungen formuliert: «Der Rechtsinhaber kann keine Vorkehrungen gegen Verletzungen treffen, Verletzungen nur schwer feststellen und den ihm entgangenen Gewinn nur schwer nachweisen, da sich die hypothetischen Geschehensabläufe (ohne den Eingriff des Verletzers) nicht ohne weiteres rekonstruieren lassen. Ein einigermassen sicherer Anhaltspunkt für den zugefügten Schaden ergibt sich jedoch daraus, dass die Immaterialgüterrechte, die dem Rechtsinhaber eine bestimmte Verwertung ausschliesslich vorbehalten, üblicherweise auch im (sic!) Weg der Lizenzvergabe genutzt werden und sich aus dieser Sicht die vom Verletzer ersparte Lizenz als Gewinnentgang des Rechtsinhabers darstellt» (BGH GRUR 1977, 541). Für die Fotografin bedeutet dies nach dem zitierten Bundesgerichtsentscheid Folgendes: Sie muss nicht konkreten Schaden nachweisen, sondern sie kann sich darauf beschränken, vom Verwerter des Porträts (Politiker oder Partei) eine Vergütung zu verlangen, die der Verletzer ihr hätte zahlen müssen, wenn die Benutzung des Porträts (d. h. des künstlerischen Werks als Rechtsgut) ausgehandelt worden wäre und somit auf einem Lizenzvertrag beruht hätte.

Vermögensausgleich durch Lizenzgebühren
Mit andern Worten: Wer beim Klauen von Immaterialgut ertappt wird, hat nach der Praxis des Bundesgerichts im zitierten Entscheid, publiziert in der Zeitschrift sic! 2/1997, die «branchenübliche Vergütung für die Verwendung des urheberrechtlich geschützten Werks» zu bezahlen.[34]
Lizenzgebühren zahlen muss auch diejenige Agentur, welche nicht nur den Stil von Roy Lichtenstein, sondern Werke imitiert und – doppelt gravierend! – verändert. Es kommen dann die ProLitteris-Tarife zur Anwendung. Deshalb ist allen Kommunikationsfachleuten dringend zu empfehlen, die Rechte an vorbestehenden Werken, die als Vorlage genutzt werden sollen, bei den Berechtigten, sei es den Verwertungsgesellschaften, sei es bei den Künstlern selbst, abzuklären und einzukaufen. Auch das blosse Nachstellen eines Werkes, z. B. das Nachstellen einer Kunstfotografie, kann zu einer Rechtsverletzung führen. Pro memoria: der Einkauf von Bildrechten schliesst nicht automatisch auch die Rechte der Abgebildeten ein. Diese Persönlichkeitsrechte sind separat zu regeln. Es gibt dann jeweils zwei Lizenzvereinbarungen: eine für die urheberrechtlichen Nutzungsrechte, eine für die persönlichkeitsrechtlichen Nutzungsrechte.[35]

Der Grasshopper-Club Zürich schob Marken-Piraterie einen Riegel
Labels von Sportgesellschaften, aber auch von Unternehmen und Prominenten können gleich dreifach geschützt sein: marken-, wettbewerbs- und persönlichkeitsrechtlich. So setzt sich das GC-Logo aus drei je eigenständig und in ihrer Gesamtheit geschützten Bestandteilen zusammen: aus

---

34 Weiterführende Literatur: Christoph Nertz, Der Anspruch auf Zahlung einer angemessenen Vergütung bei rechtswidriger Benutzung fremder Immaterialgüterrechte, Diss. Basel 1995, S. 22 ff., R. M. Hilty, Lizenzvertragsrecht, Bern 2001, S. 545; Roger Staub, Leistungsstörungen bei Urheberrechtsverträgen, Bern 2000, S. 151 ff.; Patrick Kohler, Vermögensausgleich bei Immaterialgüterrechtsverletzungen, Zürich 1999, S. 73 ff.

Nicht nur das Signet GCZ, sondern auch der Heugümper, der Name und der Namensschriftzug sind geschützt. Marken-Piraterie ist verboten.

dem Schriftzug ‹Grasshopper-Club Zürich›, aus der grünen Heuschrecke und aus drei in sich verschränkten Buchstaben ‹GCZ›. Alle drei Elemente sind beim Eidgenössischen Institut für Geistiges Eigentum eingetragen. GC sei, so der Verein, «aus verständlichen Gründen daran interessiert, dass nur diejenigen Personen oder Gesellschaften Artikel mit dem GC-Logo veräussern, die dafür gegen Gebühr eine entsprechende Lizenz erhalten haben». Seit Frühjahr 1997 werden alle Vermarktungsaktivitäten für GC über die Grasshopper Fussball Services AG abgewickelt. Die Gesellschaft überwacht auch den Schwarzmarkt.

Mit Erfolg hat der Grasshopper-Club Zürich vor dem Zürcher Handelsgericht einem Piratenduo das Handwerk gelegt (Verfahren durch Vergleich erledigt). Die Beklagten hatten ohne Lizenz (ohne Erlaubnis) mit GC-Krawatten, -Mützen, -Schals, -Wimpeln, -Stirnbändern, -Jacken, -T-Shirts und anderen Fan-Artikeln das grosse Geschäft machen wollen. GC verlangte vorsorgliche Massnahmen (Unterlassungsklage, Beschlagnahmung). Dabei führten die Hoppers-Vertreter vor dem Handelsgericht aus: «GC hat im eigenen, aber auch im Interesse der Lizenz- und Sublizenznehmer gegen derartige Piraterieverkäufe einzuschreiten […] die Gefahr ist eminent gross, dass diese Lizenz- und Sublizenznehmer während der Dauer der Verletzungen nicht bereit sind, Lizenzgebühren zu bezahlen, oder die Nichtverlängerung des Lizenzvertrages in Betracht ziehen.»

Markenpiraterie kann mit vorsorglichen Massnahmen kurzfristig verboten werden, wenn ein Verein unverzüglich reagiert.

9 Lizenz heisst Nutzungserlaubnis

Der Regelungsbedarf: Befristet? Räumlich begrenzt? Sachlich eingeschränkt? Exklusiv?

Urheberrecht und Persönlichkeitsrecht sind ein Bündel von Teilrechten. Der Berechtigte kann über die kommerzialisierungsfähigen Rechte verfügen. Man spricht von Lizenz oder gar Abtretung (Full-Buyout).

Full-Buyout gilt bei ausdrücklicher Vereinbarung oder Branchenusanz.

Branchenusanz gilt bei kennzeichnungskräftigen, auf dauernde Nutzung angelegten Werbemitteln (Logos, Signete usw.).

Agenturen, Fotografen, Texter und Designer können entweder nur Nutzungsrechte übertragen oder das volle Urheberrecht. Auf die Urheberpersönlichkeitsrechte können sie vertraglich weitgehend verzichten. Urheber(verwertungs)rechte und Urheberpersönlichkeitsrechte liegen vorerst immer beim Schöpfer (Schöpferprinzip). Urheberrechte können aber ganz (eigentumsähnlich) oder nur als – räumlich beschränkte oder unbeschränkte, zeitlich befristete oder unbefristete, einfache oder exklusive, umfassende oder inhaltlich beschränkte – Nutzungsrechte auf Dritte, z. B. den Arbeitgeber, den Filmproduzenten, die Agentur, den Kunden, übertragen werden. Das ganze Urheberrecht wird von Experten auch als ‹Haus› bezeichnet, die einfachen Nutzungsrechte demgegenüber werden mit dem Wohn- oder Mietrecht verglichen. Wer ein Verwendungsrecht erwirbt, erwirbt noch nicht das volle Urheberrecht. Die Übertragung eines Teilrechts (z. B. Reproduktion in einem Geschäftsbericht) schliesst nicht die Übertragung weiterer Teilrechte ein, z. B. das Reproduktionsrecht auf der Web-Site (Art. 16 URG). Der Inhalt des Grundvertrages kann ausschlaggebend sein für die Frage, in welchem Umfang Verwendungsrechte übertragen wurden. Wer für einen Teilauftrag nach einer gegengezeichneten Auftragsbestätigung «alle Nutzungsrechte auf den Auftraggeber übertragen» hat, hat damit nicht die Nutzungsrechte aus allen früheren Aufträgen mitübertragen. Im Zweifelsfall gehen nur jene Nutzungsrechte auf die Auftraggeber über, die unbedingt erforderlich sind zur Erfüllung des Vertragszweckes (Übertragungszwecktheorie, fälschlicherweise auch Zweckübertragungstheorie genannt), und nur für technische Nutzungsmöglichkeiten, welche zum Zeitpunkt des Vertragsabschlusses bereits bekannt sind. Ein Abänderungsrecht muss ausdrücklich verabredet werden. Neue Nutzungsformen müssen zusätzlich vereinbart und entschädigt werden.

Experten empfehlen, den Begriff ‹Copyright› entweder nicht oder nur mit genauer Umschreibung, was damit gemeint ist, zu verwenden. Einerseits, weil nach unserem Sprachverständnis nicht klar zum Ausdruck kommt, ob damit das umfassende Urheberrecht (das ‹Haus›) oder nur die Gesamtheit der Nutzungsrechte (das ‹Wohnrecht›) gemeint ist, anderseits aber auch, weil Copyright in andern Rechtsordnungen eine ganz andere Bedeutung hat (so gilt im angloamerikanischen Recht das ‹Schöpferprinzip› nicht, und nach deutschem Recht kann das Urheberrecht eigentumsmässig nicht

---

Was heisst Copyright?
Der Begriff ‹Copyright› ist im deutschsprachigen Raum mehrdeutig und unklar. Experten empfehlen, den Begriff entweder nicht oder nur mit genauer Umschreibung zu verwenden. Copyright ist ein Oberbegriff und umfasst sowohl die Urheberverwendungsrechte (die wirtschaftlichen Nutzungsrechte) als auch die Urheberpersönlichkeitsrechte (dazu zählt das Bearbeitungsrecht). Zur Unterscheidung: Urheberrechte können zur blossen wirtschaftlichen Verwendung eingeräumt werden, deren Nutzung kann – allenfalls räumlich, zeitlich und sachlich beschränkt – gestattet werden (Lizenz), sie können aber auch eigentumsähnlich übertragen werden, so dass der Kunde wirtschaftlich alleiniger Berechtigter wird. Damit werden allerdings nicht auch die Urheberpersönlichkeitsrechte mit übertragen (Urheberpersönlichkeitsrechte sind Recht auf Anerkennung der Urheberschaft, Recht auf Nennung und Recht auf Werkintegrität, d. h. Bearbeitungsverbot). Selbst wenn das sogenannte ‹volle› Urheberrecht übertragen wird, ist darin nicht auch das Bearbeitungsrecht inbegriffen. Der Kunde kann mit dem Geschaffenen nicht «machen, was er will». Es sei denn, er habe auch das Bearbeitungsrecht vereinbart.

zur Abbildung auf Seite 159:

❯ *Ohne Einwilligung der Erstagentur (AY&R) und des Milchproduzenten-Verbandes darf die Zweitagentur für den Kunden CSI nicht mit der tanzenden Kuh ‹spielen›. Nach der Devise ‹Rechtliche Schranken sind Teppiche zur Kommunikation› holte die Zweitagentur die Erlaubnis des Milchproduzenten-Verbandes ein. Ohne die Einwilligung der Milchwerber wäre die CSI-Kampagne ein Verstoss gegen Urheberrecht und Lauterkeitsrecht gewesen.* ❮

übertragen werden). Hingegen wird die Verwendung des ©-Zeichens dennoch empfohlen. Das Zeichen hat eine präventive Schutz- und Warnfunktion. Die beigefügte Jahreszahl bringt zum Ausdruck, wann das Werk zum ersten Mal veröffentlicht wurde. Nicht massgebend ist diese Jahreszahl für die Schutzdauer. Diese dauert 70 Jahre, berechnet vom Tod des Urhebers an (Ausnahme bei Computerprogrammen: 50 Jahre).

Schriftliche Vereinbarungen empfohlen
Die Lizenzierung oder die Abtretung ist im Urheberrecht – anders als im Designrecht – formfrei möglich.[1] Bei unklaren Abmachungen gilt die Auslegungsregel von Art. 16 Abs. 2 URG: Im Zweifelsfall ist davon auszugehen, dass Rechte nur in dem Umfang übergehen, als es zur Erfüllung des Grundvertrages (z. B. Arbeitsvertrag oder Zweck des Werbevertrages) erforderlich ist.[2] Was dies im Einzelfall aber bedeutet, kann wiederum umstritten sein. Auch die Branchengrundsätze von BSW und die Module des Werbeleistungsvertrags des ASW – so denn einer der beiden Verträge zum Vertragsgegenstand erhoben wurde – können den Besonderheiten des Einzelfalles nicht vollumfänglich gerecht werden.[3] Deshalb ist eine individuelle und schriftliche Regelung sehr zu empfehlen.[4] Folgendes ist bei der Lizenzklausel zu regeln:

---

[1] David/Reutter S. 432.
[2] Barrelet/Egloff 2000, Art. 16 URG N 20 ff.; David/Reutter S. 433.
[3] David/Reutter S. 434.
[4] Siehe dazu beispielsweise Kap. 9, Ziffer 9.2 ‹Vorschläge des SWA›.

> Nutzungsrechte zeitlich befristet oder nicht?
> Nutzungsrechte räumlich beschränkt oder nicht?
> Nutzungsrechte sachlich auf bestimmte Medien oder Werbemittel beschränkt oder nicht?
> Nutzungsrechte exklusiv oder nicht exklusiv, allenfalls exklusiv in zeitlicher oder räumlicher Hinsicht?
> Bearbeitungsrecht gewährt oder nicht?
> Urhebernennung wegbedungen oder nicht?
> Realisierung durch andere Vertragspartei möglich?

> Der Film zum Konzept "Milchkuh".
>
> Wir sehen die Milchkuh, das national bekannte Werbesymbol für die Milch. Sie steht einfach so da. Das Publikum weiss schon, was da jetzt kommen wird: entweder fängt die Milchkuh jetzt wieder zu steppen an oder sie tanzt Flamenco oder sie fliegt auf den Mond. Das ganze Publikum erwartet jetzt Milchwerbung. Aber weit gefehlt! Plötzlich kommt von links ein Pferd ins Bild, schlägt mit seinen Hinterbeinen kurz aus und befördert die gute Milchkuh aus dem Bild. Dann lächelt das Pferd Richtung Publikum und zwinkert vielsagend. Ein neues Werbesymbol ist geboren, das CSI-Paradepferd sozusagen.

Der Film zum Konzept ‹Milchkuh›: Ein Agenturmitarbeiter unterbreitet dem Rechtskonsulenten das obige Konzept: Der Mitarbeiter spürt, dass dies ein ‹heisser Lauf› sein könnte. Übung also abbrechen? Mitnichten. Fragen und Verhandeln! Auch im Werbebereich gilt: Joint-Ventures sind möglich.

Langfristig genutzte Werke sind nicht kampagnengebunden
Bei langfristig genutzten Werken wie Corporate Identity (CI), Marken, Etiketten, Signeten usw. ist auf die Vereinbarung zwischen den Parteien und, wo eine solche fehlt oder nur im Entwurf vorliegt, auf die Höhe des bezahlten Basishonorars abzustellen. In der Werbe- und Kommunikationsbranche gilt es andernfalls als Usanz[5], dass bei langfristig genutzten Werbemitteln bei entsprechend angemessener Entschädigung das volle Urheberrecht, nicht nur Teilverwendungsrechte übertragen werden. Nach dem Vertrauensprinzip darf der Werbeauftraggeber davon ausgehen, dass mit der Bezahlung des (angemessenen) Honorars für die CI- oder Marken-Entwicklung auch die uneingeschränkte Nutzung für den vorgesehenen Zweck und den vorgesehenen Bereich abgegolten sei. Anders verhält es sich,

---

[5] *In den meisten andern Punkten kommt den BSW-Branchengrundsätzen und dem ASW-Werbeleistungsvertrag keine Usanz-Qualität zu; vergl. dazu David/Reutter S. 404.*

wenn die Parteien Vorbehalte zur Weiterverwendung nach Vertragsauflösung angebracht haben oder das Werk wesentlich über den ursprünglich vorgesehenen Umfang hinaus genutzt wird (so z. B. eine Medikamentenverpackung, die mit einem Mal nicht nur schweizweit, sondern weltweit genutzt wird).

Hat die Agentur beim Erarbeiten nur bescheidenes Aufwandhonorar (Stunden- oder Tagesansätze) ohne Zuschlag in Rechnung gestellt und fehlt eine ausdrückliche Copyright-Regelung zur zeitlich unbefristeten Übertragung der Nutzungsrechte, riskiert der Auftraggeber Nachforderungen. Dies vor allem dann, wenn er die Leistungen des Werbers weit über den ursprünglich vorgesehenen Gebrauch hinaus verwendet (zum Beispiel räumlich oder produktemässig). Der SWA empfiehlt den Werbeauftraggebern deshalb dringend, ausdrückliche Vereinbarungen zur zeitlich unbefristeten und räumlich unbegrenzten Übertragung der Nutzungsrechte und deren Abgeltung zu treffen.

9.1 Kampagnengebundene Werbemittel

Bei Werbemitteln, die nur für kurzfristigen Einsatz vorgesehen sind, so genannte kampagnengebundenen Werbemitteln, gilt die Vermutung für volle Rechtsübertragung nicht. Bei kurzfristig genutzten Werbemitteln ist die Nutzung des geistigen Eigentums nach den meisten Verträgen während der Vertragsdauer im Honorar inbegriffen. Die Agentur kann deshalb nicht über das vereinbarte Honorar hinaus nach Vertragsauflösung noch Nutzungsrechte für zurückliegende Nutzungen einfordern. Hingegen kann die Agentur die langfristige Weiternutzung nach Vertragsauflösung von einer zusätzlichen Entschädigung abhängig machen, dann aber nicht verbieten. Bei unerlaubter Nutzung kann die Agentur auf Grund der ‹Lizenzanalogie› Entschädigung verlangen.

Diktate der Werbeauftraggeber beschränkt durchsetzbar
Unter dem schon mehrmals erwähnten Kostendruck sind heute manche Werbeauftraggeber darauf aus, möglichst umfassende Nutzungsrechte, wenn möglich gar das volle Urheberrecht zu erwerben. Dabei übersehen sie allerdings, dass ein voller Rechtserwerb häufig gar nicht möglich ist. Zwar kann die Agentur für die eigenen Leistungen eine solche Verpflichtung eingehen, nicht aber zum Voraus für Dritte. Von renommierten Fotografen und Textern wird die Agentur allerdings nicht (oder nur zu einem hohen Preis) ein Full-Buyout aushandeln können. Ganz zu schweigen von den ‹Talents› (Models, Schauspieler, Stars, Prominente), welche nur beschränkte Rechte übertragen wollen und auch können. Denn der Kern des Persönlichkeitsrechts ist nicht (oder jedenfalls nicht für unbeschränkte Zeit) übertragbar (siehe weiter unten). Allerdings ist in der früheren juristischen Literatur mit der Floskel, Persönlichkeitsrechte seien ‹nicht übertragbar› und ‹unverzichtbar›, der tatsächlichen Entwicklung nicht Rechnung getragen worden, sind doch Persönlichkeitsrechte heute zu einem guten Teil kommerzialisierungsfähig[6] und damit verzichtbar. Der Übertragbarkeit sind – den harten Kern betreffend – Grenzen durch Art. 27 ZGB gesetzt.

---

[6] *Glaus 1997, S. 138 ff.*

9.2 Textvorschläge für Lizenzierung

Der SWA empfiehlt seinen Mitgliedern, mit Vertragsklauseln die zeitlich unbefristeten und räumlich sowie sachlich unbeschränkten Nutzungsrechte sicherzustellen. Wenn die Agentur dies oder gar das volle Urheberrecht auf den Werbeauftraggeber übertragen soll, muss sie die Rechte überhaupt erst haben. Diese liegen nämlich – wie erwähnt – häufig nicht von Anfang an bei der Agentur, sondern vorerst beim Schöpfer. Deshalb empfiehlt der SWA untenstehende Texte, welche sicherstellen sollen, dass die Urheberrechte (und nicht nur beschränkte Verwertungsrechte) bei der Agentur liegen.

› **SWA-Vorschlag für Urheberrechtsregelung mit freien Mitarbeitern/Lieferanten**
Sämtliche Arbeitsergebnisse des freien Mitarbeiters/Lieferanten (ebenso Ideen, Entwürfe, Skizzen, auch in Teilen usw.) gehören der Firma X. So weit dies nach gesetzlicher Vorschrift oder nach dem zwischen den Parteien bestehenden Vertragsverhältnis nicht ohnehin der Fall ist, überträgt der freie Mitarbeiter/Lieferant im Rahmen dessen, was gesetzlich möglich und zulässig ist, sämtliche Rechte an geistigem Eigentum wie urheberrechtlich geschützte Werke, Know-how usw. vorbehaltlos und (zeitlich, sachlich und geografisch) unbeschränkt auf die Firma X. Insbesondere erwirbt die Firma X das Änderungs-, Bearbeitungs- und Übersetzungsrecht.
Der freie Mitarbeiter/Lieferant verpflichtet sich, diese Rechte weder für sich oder einen Dritten zu nutzen noch an einen Dritten abzutreten. Er verzichtet ferner ausdrücklich darauf, als Urheber genannt zu werden. Mit Bezahlung des vereinbarten Honorars sind alle Ansprüche des Mitarbeiters/Lieferanten abschliessend abgegolten.

› **SWA-Vorschlag für Urheberrechts-Regelung mit Arbeitnehmern**
Sämtliche Arbeitsergebnisse des Angestellten (ebenso Ideen, Entwürfe, Skizzen, auch in Teilen usw.) gehören der Firma X. So weit dies nach gesetzlicher Vorschrift (Art. 321 b und 332 OR) oder nach dem zwischen den Parteien bereits bestehenden Vertragsverhältnis nicht ohnehin der Fall ist, überträgt der Angestellte im Rahmen dessen, was gesetzlich möglich und zulässig ist, sämtliche Rechte an geistigem Eigentum wie urheberrechtlich geschützte Werke, Know-how usw. vorbehaltlos und unbeschränkt auf die Firma X. Insbesondere erwirbt die Firma X das Änderungs-, Bearbeitungs- und Übersetzungsrecht.
Mit dieser Vereinbarung wird zudem klargestellt, dass auch die Rechte an Arbeitsergebnissen, die der Angestellte bisher für die Firma X erbracht hat, an diese übertragen sind. Der Angestellte erklärt sich ausdrücklich damit einverstanden, dass die Firma X Arbeiten des Angestellten signiert. Die Firma X erlaubt umgekehrt dem Angestellten, bei Jurierungen, Preisverleihungen usw. sowie bei Anstellungsgesprächen (z. B. in einer Arbeitsmappe) auf seine Urheberschaft an den von ihm geschaffenen Arbeitsergebnissen hinzuweisen.

9.3 Immaterialgüterrecht im Arbeitsverhältnis

Im Arbeitsverhältnis gilt das ‹Schöpferprinzip› nur dann, wenn künstlerische Werke im Sinne des Urheberrechts geschaffen werden. Erfindungen und Design, die der Arbeitnehmer bei der Ausübung seiner dienstlichen Tätigkeit und in Erfüllung seiner vertraglichen Pflichten macht oder an deren Entstehung er mitwirkt, gehören dem Arbeitgeber (Art. 332 OR). Wenn der Arbeitgeber Erfindungen und Design, welche nicht in Erfüllung vertraglicher Pflichten hervorgebracht wurden, erwerben will, muss er dies schriftlich vereinbaren (Art. 332 Abs. OR). Der Arbeitnehmer muss solche

Leistungen dem Arbeitgeber anbieten, und dieser muss den Arbeitnehmer entschädigen, wenn er sie nicht zur Verwertung durch den Arbeitnehmer freigibt (Art. 332 Abs. 3 und 4 OR).

Leider hat es der Gesetzgeber versäumt, für urheberrechtlich geschützte Werke eine gleiche Regelung zu treffen. Ursprünglich bestand die Absicht, angestellte Grafiker, Fotografen, Texter und Musiker gleich zu behandeln wie die Schöpfer von designrechtlich schützbaren Arbeiten. Das hätte bedeutet, dass dem Arbeitgeber weitgehende Nutzungsrechte an der geistigen Schöpfung zugestanden hätten (so das Vervielfältigungs- und Verbreitungsrecht, nicht aber das Eigentumsrecht), immer vorausgesetzt, dass die kreative Leistung im Rahmen der Berufsausübung erbracht worden ist. Das Parlament hat sich dann aber schliesslich für das Schöpferprinzip auch im Arbeitsverhältnis entschieden.

> ❯ SWA-Abänderungsvorschläge zu den früheren Arbeitsgrundsätzen (heute BSW-Branchengrundsätze)
>
> Der SWA empfiehlt seinen Mitgliedern folgende Abweichungen von den vorgedruckten Arbeitsgrundsätzen und von der Honorarordnung von BSW/ASW in einem vorgedruckten Beiblatt: In Abweichung von den vorgedruckten *Arbeitsgrundsätzen* und von der *Honorarordnung* von BSW/ASW werden folgende Regelungen vereinbart, die integrierten Vertragsbestandteil bilden:
>
> ❯ *Künftige Geltung* (Ziff. 1): Für künftige zusätzliche Aufträge bleiben anders lautende Regelungen bei der jeweiligen Arbeitsvergabe vorbehalten.
>
> ❯ *Treuepflicht* (Ziff. 3): Diese gilt auch für die Mitarbeiter der Agentur; selbst nach ihrem Ausscheiden.
>
> ❯ *Auftragserteilung an Dritte* (Ziff. 4): Die Berechtigung der Werbeagentur, Dritte beizuziehen, setzt voraus, dass der Auftraggeber über die Vergabe externer Leistungen für Realisation und Produktion informiert und der Budgetrahmen eingehalten wird.
>
> ❯ *Nutzungsrechte* (Ziff. 7): Für Werke, deren Urheberrecht an den Auftraggeber nicht abgetreten ist, beginnt die Inanspruchnahme der Nutzungsrechte mit dem ersten öffentlichen Auftritt. Sie werden ab diesem Zeitpunkt jeweils mit dem vereinbarten Honorar abgegolten. Im Falle einer Vertragsauflösung erlischt die Entschädigungspflicht ... Jahre nach dem ersten öffentlichen Auftritt jedes Werkes, spätestens aber 3 Jahre nach Vertragsauflösung. Die Entschädigung beträgt jährlich max. 10% der Kosten für Produktion und Streuung für die genutzten Werbemittel.
>
> ❯ *Eigenleistungen* (Ziff. 15): Leistungen, die vom Auftraggeber allein erbracht werden, sind im Einzelfall schriftlich festzuhalten. Solche Eigenleistungen sind nicht honorarpflichtig.
>
> ❯ *Zusatzleistungen* (Ziff. 17) und *Spezialaufgaben* (Ziff. 18): Voraussehbare Kosten, die zu Budgetüberschreitungen führen könnten, sind aufzuzeigen.
>
> ❯ Spesen (Ziff. 17): Übliche Reisekosten und Spesen sind im Honorar eingeschlossen. Ausserordentliche Auslagen müssen dem Auftraggeber vorgängig unterbreitet und von ihm genehmigt werden.
>
> ❯ *Geistiges Eigentum* (Ziff. 19): Für langfristig genutzte Werke – wie Marken, Signete, Slogans und andere Corporate-Design-Elemente – werden sämtliche Urheberrechte und übrigen Immaterialgüterrechte mit der Entrichtung der Entschädigung vollumfänglich, zeitlich unbefristet und räumlich unbeschränkt auf den Auftraggeber übertragen.
>
> ❯ *Beratungsvertragsdauer* (Ziff. 22): Diese kann von beiden Partnern unter Einhaltung einer sechsmonatigen Frist jeweils per Ende eines Kalendermonates aufgekündigt werden.

Für urheberrechtlich schützbare Werke, welche Arbeitnehmer im Arbeitsverhältnis schaffen, gilt Folgendes: ohne besondere Vereinbarung erwirbt die Arbeitgeberin nicht das volle Urheberrecht, somit keine eigentumsähnlichen Rechte an künstlerischem Schaffen (Texte, Bilder, Grafiken, Kompositionen usw.). Das Schöpferprinzip wirkt zu Gunsten des Arbeitnehmers; dieser tritt seine schöpferischen Leistungen nur im Rahmen von ausdrücklichen oder stillschweigenden vertraglichen Vereinbarungen zur Verwertung an die Agentur ab. Nach Art. 321 b Abs. 2 OR hat der Arbeitnehmer dem Arbeitgeber alles herauszugeben, was er in Ausübung seiner vertraglichen Tätigkeit hervorgebracht hat. Das gilt allerdings nur für jene Arbeiten, die als Teil der Arbeitsorganisation und unter den Direktiven der Arbeitgeberin erbracht wurden. Das gilt nicht für Schöpfungen, die nichts mit der Arbeitsorganisation zu tun hatten. Wenn der Texter in seiner Freizeit einen Schlager komponiert, hat die Agentur darauf keine arbeitsvertraglichen oder urheberrechtlichen Ansprüche. Es handelt sich um so genannte ‹freie Werke›. Hier kann allenfalls eine Anbietungspflicht bestehen, wenn der Arbeitnehmer weiss, dass die Unternehmung auch in diesem Sektor tätig ist. Das folgt aus dem arbeitsrechtlichen Konkurrenzverbot.

> Entscheidend ist, ob künstlerische Werke im Arbeitsprozess oder ausserhalb des Arbeitsprozesses entstehen.

Die Agentur erwirbt somit von Gesetzes wegen nur das Eigentum am einzelnen Werkexemplar (Fotografie, Textentwurf usw.). Weitergehende Rechte tritt der angestellte Kreative jeweils nur so weit an die Agentur ab, als es zur Erfüllung des Vertragszwecks notwendig ist (Übertragungszwecktheorie). Eine Sonderregelung findet sich nur für Computerprogramme, welche «bei Ausübung dienstlicher Tätigkeiten sowie in Erfüllung vertraglicher Pflichten geschaffen» wurden. Die ‹Verwendungsbefugnisse› über solche Programme gehören nach Art. 17 des Urheberrechtsgesetzes ausschliesslich dem Arbeitgeber.

Wem gehört das Positiv?

Die Fotopositive (und allenfalls nach Vertrag auch die -negative) eines angestellten Fotografen gehören somit der Agentur, auch die Entwürfe, Skizzen und Grafiken eines Mitarbeiters. Die Agentur muss aber dem Mitarbeiter den Zugang zum Original zu Vervielfältigungszwecken gewähren, falls dies erforderlich ist, um dem Arbeitnehmer die Ausübung seines Urheberrechts zu ermöglichen, es sei denn, dieser habe sich vertraglich verpflichtet, alle Verwertungsrechte an die Agentur abzutreten.[7] Der Arbeitgeber ist aber in jedem Fall verpflichtet, ein Originalwerkexemplar herauszugeben für Ausstellungen des Angestellten im Inland und auch für die persönliche Dokumentation des Arbeitnehmers. Wer als Grafiker in einer Werbeagentur arbeitet, hat am Schluss des Arbeitsverhältnisses nicht nur Anspruch auf ein Leistungszeugnis, sondern auch auf Druckbelege seiner Arbeiten. Das hat ein Gewerbliches Schiedsgericht in Basel bereits in den 1980er-Jahren entschieden; Druckbelege seien in der Branche wichtige Bestandteile für den Leistungsnachweis eines Arbeitnehmers. Das Gewerbliche Schiedsgericht bejahte deshalb grundsätzlich im Rahmen der Zeugnispflicht von Art. 330 a OR auch eine Dokumentationspflicht des Arbeitgebers.[8]

---

[7] *Siehe dazu den Textvorschlag oben.*
[8] *JAR 1986 C/I/7c.*

Nicht nur Musiker, auch Extremsportler vermarkten ihre Person und ihre Konzepte. Wer ohne Erlaubnis zu Werbezwecken auf Personen und Konzepte zurückgreift, verletzt Persönlichkeitsrechte und allenfalls auch Immaterialgüterrechte (Mit freundlicher Genehmigung von Sepp Schnyder, Dipl. Sport-Eventmanager, Brig).

Die Vermarktung eines Dance-Konzepts

Lizenziert werden können alle Immaterialgüterrechte (Urheberrecht, Designrecht, Markenrecht, Patente), aber auch Persönlichkeitsrechte, Know-how und Ausstattungen. Vor allem die Lizenzierung von Konzepten feiert Urständ. Das Beispiel DJ Bobo führte zu einem Gerichtsfall von breitem Interesse, beantwortet das Gericht doch die Frage: Was tun bei Zahlungsverzug des Lizenznehmers? Und der Prozess zeigt auf, wie man sich mit vorsorglichen Massnahmen Recht verschaffen kann oder eben nicht. Eine Gesellschaft von DJ Bobo löste einen mit ‹Lizenzvertrag› überschriebenen Vermarktungsvertrag für ein Dance-Konzept mit einer Lizenznehmerin fristlos auf. Daraufhin verlangte die Lizenznehmerin vor Gericht vorsorgliche Massnahmen, um DJ Bobo zu verbieten, das Konzept selbst zu vermarkten. Die Lizenznehmerin argumentierte, sie habe ‹absolute› und ‹exklusive› Vermarktungsrechte am Konzept DJ Bobo Live-Dance und DJ Bobo Clip-Dance erworben. Die säumige Lizenznehmerin verlangte vorerst superprovisorisch (in einem Schnellverfahren ohne Anhörung der Gegenpartei) vorsorgliche Massnahmen. Das Obergericht gewährte diese und verbot dem Lizenzgeber vorerst (gestützt auf Art. 65 Abs. 2 URG), sich als Nutzungsberechtigter des DJ Bobo Live-Dance bzw. des DJ Bobo Clip-Dance auszugeben und die ‹DJ Bobo Dance Club›, ‹DJ Bobo Dance Center› und ‹DJ Bobo Dance Style› zu verwenden bzw. eigene Tanzkurse auszuschreiben oder durchzuführen.

Die Lizenzierung eines Namens und eines Konzepts

Im nachfolgenden Massnahmeverfahren, in welchem auch der Lizenzgeber angehört werden musste, wurde zuerst geprüft, ob eine Exklusivlizenz vereinbart worden war. Dem zwischen den Parteien am 4. Mai 1996 abgeschlossenen und offenbar von juristischen Laien formulierten Vertrag war zu entnehmen, dass das zum Vermarktungskonzept des DJ Bobo Live- und Video-Clip-Dance notwendige Know-how (vor allem neueste Dance-Choreografien) und die entsprechenden Rechte in Form einer Exklusivlizenz der Lizenznehmerin vergeben worden waren. Dem Verb ‹vergeben› mass das Gericht die Bedeutung von ‹übertragen› zu.

Nebst der Lizenzentschädigung wurden im Weiteren noch Detailabsprachen u. a. bezüglich Verwendung des Logos, von Namen und Fotomaterial von DJ Bobo sowie Adressen des Fanclubs getroffen. Die Lizenznehmerin hatte sich darauf verlassen dürfen, dass ihr temporär Exklusivrechte übertragen worden seien. Gestützt darauf durfte sie die Markenanmeldung ‹DJ

Bobo Dance-Club› vornehmen. Ob den Unterlizenznehmern einzig obligatorische Rechte eingeräumt worden waren, war für den Hauptvertrag ohne Bedeutung. In den Unterverträgen wurden die Unterlizenznehmerinnen ausdrücklich als Franchisenehmerinnen bezeichnet, welche die reinen Nutzungsrechte am Namen ‹DJ Bobo Dance Club› und Know-how der Gesuchstellerin eingeräumt erhielten. Dabei sicherte die Lizenznehmerin den Franchisenehmerinnen zu, über Urheber-, Namens- und Markenrechte am ‹DJ Bobo Dance Club› und am Ausbildungskonzept zu verfügen.

Kündigungsmöglichkeit bei Unzumutbarkeit

Das Gericht hatte nun weiter zu prüfen, ob ein Grund zur vorzeitigen Auflösung des Exklusivvertrages bestand. Das Gericht hielt (etwas allzu pauschal!) fest, grundsätzlich sei nur die Übertragung von Urheberpersönlichkeitsrechten jederzeit widerruflich. Vorliegend wurden jedoch Vermarktungs- und Nutzungsrechte übertragen. Lizenzverträge mit einer festen Vertragsdauer können aber nur aus wichtigen Gründen vorzeitig aufgelöst werden. Zahlungsausstände über eine längere Zeit und nicht befolgte Abmahnungen können wichtige Gründe zur sofortigen Vertragsauflösung sein. Das Gericht hielt fest, damit werde auch der geschäftliche Ruf von DJ Bobo und dessen Management tangiert. Dies allein genügt bereits zur Begründung der Unzumutbarkeit. Zwischen den Parteien bestanden nach der fristlosen Auflösung nur noch Rückabwicklungspflichten (BGE 114 [1988] II 158). Das Gesuch um Erlass vorsorglicher Massnahmen wurde abgewiesen. Das Urteil wurde publiziert in sic! 1997/459.

Fallbeispiel

Als schmarotzerische Ausbeutung qualifizierte das Bundesgericht die ‹sklavische› Nachahmung des berühmten ‹Rubik›-Würfels (Illustrationen A und B). Die Gestaltung gemäss Illustration C wäre zulässig gewesen.

In der Schweiz war der Würfel patentrechtlich (Illustration D) und designrechtlich nicht geschützt, d.h. nicht registriert worden.

Aufgabe:

Warum lag keine Urheberrechts-Verletzung vor?

A

B

C

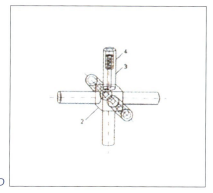

D

Bruno Glaus
Peter Studer
Kunstrecht
Ein Ratgeber für Künstler, Sammler,
Galeristen, Kuratoren, Architekten,
Designer und Medienschaffende
280 Seiten
zahlreiche Abbildungen und Illustrationen
16,5 x 24 cm Broschur
Fr. 57.– / € 38.–
ISBN 3-85932-441-1

Der erste Schweizer Ratgeber zum Kunstrecht. Wissenswertes für Künstler und Kunstinteressierte – nicht nur im Streitfall.

Viele Künstler, Medienschaffende, GaleristInnen und Restauratoren haben oft Mühe mit den heute geltenden Rechtsnormen in der Kunst. Verträge werden meist per Handschlag abgeschlossen – was sich rächt, sobald Konflikte auftreten. Dieser Ratgeber plädiert für mehr Schriftlichkeit und liefert praktische Regeln hierfür: Was gilt rechtlich als Kunstwerk? Worauf kann sich der Sammler bei Echtheitsbeteuerungen des Auktionshauses verlassen? Darf man den lange nach Rodins Tod nachgegossenen «Denker» als Original anpreisen? Und muss sich der Architekt jede spätere Veränderung seines ausgeführten Entwurfs gefallen lassen? Detailliert gibt das Buch Auskunft über Themen wie Kunstwerke als Gegenstände in Ehe- und Erbverträgen, als Galerie- und Restaurationsobjekte oder als Stiftungsgut. Und es informiert über die Rechtslage beim Handel mit illegalem Kulturgut und bei Fälschungen. Ergänzt mit Beispielen, Illustrationen und Tipps, bietet dieser erste Schweizer Ratgeber zum Kunstrecht ein praxisbezogenes Handbuch für Fachleute und Laien.

10 Wem gehören die Daten?

Wer die Daten hat, hat die Macht.

Nutzungsrecht ist das eine, der Besitz von reproduktionsfähigen Daten das andere. Ohne Daten keine Nutzungsmöglichkeit. Verträge sollten deshalb die Herausgabepflicht regeln.

Vertragliche Abmachungen

Die Herstellung eines Print- oder andern Medienprodukts, auch die bestellte Herstellung von Werbemitteln und künstlerischen Werken basieren auf Werkverträgen im Sinne von Art. 363 ff. OR. Durch den Werkvertrag verpflichtet sich der oder die Unternehmer/-in zur Herstellung eines Werkes und der Besteller zur Leistung einer Vergütung. Die Antwort auf die Frage, wem die Objektdaten eines bestimmten Werkes in einer bestimmten Produktionsphase gehören, hängt ab von den vertraglichen (ausdrücklichen, stillschweigenden oder konkludenten) Abmachungen zwischen Kunstschaffenden/Grafiker/Agentur und Kunden sowie zwischen Kunstschaffenden/Grafiker/Agentur (oder Kunden) mit Druckereien oder Druckvorstufenbetrieben. Hersteller und Besteller erwerben von Dritten Nutzungsrechte an Illustrationen, ohne dass Eigentumsrechte am Original der Illustration oder an den Daten erworben werden (Anm. Art. 10 der Geschäftsbedingungen der Swiss Graphic Designers SGD, Art. 9 Branchengrundsätze des BSW, ebenso Werbeleistungsvertrag von ASW und Ziff. 4 der allgemeinen Wiedergabebedingungen des SBf-Tarifs).

Urheberrechtliche Grundsätze bezüglich künstlerische Werke

Wo urheberrechtlich geschützte Werke geschaffen werden, gehen in der Regel ohne explizite vertragliche Abmachung nur beschränkte Nutzungsrechte auf den Besteller über (Art. 16 Abs. 2 URG, ausführlich dazu im vorgehenden Kapitel). Nur bei so genannt langfristig genutzten, nicht kampagnengebundenen Werbemitteln bzw. imagebildenden Kennzeichen darf der Besteller davon ausgehen, er habe mit dem vereinbarten Honorar sowohl die Arbeit als auch die Übertragung des vollen Urheberrechts (und damit eines Datensatzes) bezahlt. Diese Geschäftsusanz kommt auch in den BSW-Branchengrundsätzen (Art. 21, früher Art. 19) sowie im ASW-Werbeleistungsvertrag zum Ausdruck.

10.1 Datenveredelung: Neues Werk?

Wenn bei Datenveredelung in einem Vorstufenbetrieb oder in der Druckerei keine vertraglichen Abmachungen bezüglich des Eigentums an Daten getroffen wurden, muss zuerst geprüft werden, ob der ‹Bearbeiter› ein neues urheberrechtlich geschütztes Werk (ein Werk zweiter Hand) geschaffen hat. Die Fragen lauten:

› Entsteht durch die Ergänzung ein Werk zweiter Hand, an welchem vom ursprünglichen Werk unabhängige Urheberrechte entstehen?
› Entsteht ein Sammelwerk?
› Entsteht durch die ‹Veredelung› Miturheberschaft am Werk des Grafikers?

Werk zweiter Hand?

Wenn ein Werk ergänzt oder ‹veredelt› wird, ist zu prüfen, ob trotz der Bearbeitung das Charakteristische des ursprünglichen Werkes erhalten bleibt oder nicht. Bearbeitungen, die lediglich durch geringfügige Änderungen und Umgestaltungen vom ursprünglichen Werk abweichen, sind keine Werke zweiter Hand.[1] Ohne besondere Vereinbarung muss der Veredler nur

---

[1] *Barrelet/Egloff*, 2000 Art. 3 URG, N4.

zur Abbildung auf Seite 171:

> Wer physisch Anspruch auf Daten und Datenträger hat, darf aus urheberrechtlichen oder persönlichkeitsrechtlichen Gesichtspunkten allenfalls noch nicht über die Daten verfügen. Zum Sacheigentum hinzu braucht er eine Lizenz (Nutzungserlaubnis).

die Herstellung des vereinbarten Produkts möglich machen, nicht jedoch dem Besteller die veredelten Daten zur beliebigen späteren Nutzung herausgeben. Werbeagenturen vereinbaren deshalb zum eigenen Vorteil und zum Vorteil des Kunden, dass Lithografen einen vollen Datensatz zur freien Nutzung herausgeben.

Miturheberschaft?

Miturheberschaft setzt eine Zusammenarbeit bei der Werkschöpfung voraus: es braucht eine «Verständigung über eine gemeinsame Aufgabe, eine gegenseitige Unterordnung unter eine Gesamtidee, unter ein gemeinsames Ziel».[2] In diesem Ausnahmefall ‹gehören› die Daten allen Zusammenwirkenden. Ist der Druckvorstufenbetrieb aber von sich aus schöpferisch tätig, kann nicht von einer «Verständigung über die gemeinsame Unterordnung unter der Gesamtidee» ausgegangen werden, das Urheberrecht liegt allein beim Grafiker oder der Agentur (die Daten ‹gehören› in einem solchen Fall dem Grafiker). Miturheber können nur gemeinsam über das Werk verfügen (Art. 7 URG).

Sammelwerk?

Ein Sammelwerk gemäss Art. 4 URG ist eine Zusammenstellung von Werken oder Beiträgen, welche selbst wieder eine individuelle geistige Schöpfung ist. Entscheidend ist die Idee der Zusammenstellung; die blosse Addition macht noch kein Werk im urheberrechtlichen Sinn aus (Barrelet/Egloff, Art. 4,

---

[2] Rehbinder, *Schweizerisches Urheberrecht*, 2. Aufl., S. 87.

N4). Eine Datenbank kann somit ein Sammelwerk im Sinne des URG sein, wenn die einzelnen Daten für sich Werke darstellen und die Art und Weise der Zusammenstellung das Sammelwerk ergeben (z. B. Multimedia-Produkte, siehe dazu Ziffer 7). Das urheberrechtlich geschützte Sammelwerk muss nur bei besonderer Vereinbarung zur freien Nutzung an den Besteller ausgeliefert werden. Wenn das Erstellen einer Datenbank der eigentliche Vertragsgegenstand war, gehört das Vertragswerk dem Besteller. Wenn es lediglich Hilfsmittel oder Werkzeug des Herstellers ist, gehört sie – anderslautende Verabredungen vorbehalten – dem Unternehmer.

Urheberrechtlich nicht geschützte Bearbeitungsdaten

Wem gehören die Daten?
Aus urheberrechtlicher Sicht?
Aus sachenrechtlicher Sicht?
Aus persönlichkeitsrechtlicher Sicht?
Auf Grund vertraglicher Abmachungen?

Wenn keine urheberrechtlich geschützte Leistung vorliegt, gehören die bearbeiteten Daten dem Bearbeiter, das angelieferte Rohmaterial dem Besteller.[3] Alles, was der Besteller (Kunde) dem Hersteller geliefert hat (Werk, Werkstoff, Hilfsmittel, Nebenprodukte), gehört dem Besteller. Das zu bearbeitende Werk kann körperlich angeliefert worden sein (analoge Daten) oder unkörperlich (digitalisierte Daten, festgelegt auf einer Festplatte, Diskette oder CD-ROM). Wo eine Trennung von Rohmaterial und bearbeitetem Material nicht mehr möglich ist, ist allenfalls Art. 726 f. ZGB analog anzuwenden: «Hat jemand eine fremde Sache verarbeitet oder umgebildet, so gehört die neue Sache, wenn die Arbeit kostbarer ist als der Stoff, dem Verarbeiter, andernfalls dem Eigentümer des Stoffes.»

Allerdings hat sich – vor allem auch im Zusammenhang mit einer ISO-Zertifizierung – eine kundenfreundlichere Praxis verbreitet: das Eigentum an den Daten gehört dem Kunden, die Druckerei ist Dienstleisterin bezüglich Datenablage, Archivierung und Verwaltung (was u. U. etwas kostet). Nach Abschluss eines Auftrags hat der Unternehmer diesbezüglich eine nachvertragliche Aufbewahrungspflicht.

Der Vertrag zur Herstellung von Fotoaufnahmen

Ein ‹Fotoauftrag› ist – sofern kein Arbeitsverhältnis vorliegt – ein Werkvertrag. Umstritten ist häufig, ob nur die Herstellung von Positiven oder auch die Herstellung der Negativen Vertragsinhalt war. Bestellerseits wird argumentiert, die Herstellung der Negative sei nicht ein Nebenprodukt, sondern ein Zwischenprodukt, man habe das Werk als Gesamtes bezahlt und daher auch Anspruch auf die Negative. Die Fotostudios und freischaffenden Fotografen anderseits stellen sich auf den Standpunkt, die Negative hätten gegenüber dem Positiv lediglich eine Hilfsfunktion, weshalb der Kunde ohne besondere Abrede keinen Anspruch auf die Negative habe. Auftrieb erhält der Standpunkt der Fotografen durch die Tatsache, dass die modernsten elektronischen Aufnahmesysteme die Herstellung von Negativen nicht mehr voraussetzen.

10.2 Herausgabe von Negativen

Die Herausgabe von Negativen ist nicht Usanz. Fotonegative sind – wie der belichtete Film – ohne gegenlautende Vereinbarung lediglich Hilfsmittel (Handelsgericht des Kantons Zürich in einem nicht weiter be-

---

[3] So die Allgemeinen Geschäftsbedingungen des Verbands der Schweizer Druckindustrie – VSD.

«Hat jemand eine fremde Sache verarbeitet oder umgebildet, so gehört die neue Sache, wenn die Arbeit kostbarer ist als der Stoff, dem Verarbeiter, andernfalls dem Eigentümer des Stoffes» (Art. 726 Abs. 1 ZGB). So kann der vom Künstler bemalte Elefantenrohling durchaus Eigentum des Künstlers werden (im Bildwerk von Ursus A. Winiger aus einem Künstlerwettbewerb der St. Galler Kantonalbank).

gründeten Entscheid ZR 40, 1941, Nr. 115, Bezirksgericht See, Urteil vom 20. Januar 1998, publ. in Glaus 2000, S. 64). Wenn der Besteller den belichteten Film geliefert hat, müssen ihm nicht nur die entwickelten Positive, sondern auch die Negative, die Werkträger, herausgegeben werden. Wenn ein Fotostudio die Fotos selbst gemacht hat, gehören die Negative dem Fotostudio – gegenlautende vertragliche Abmachungen vorbehalten. Daten, welche erst beim Druckunternehmer entstehen, z. B. Daten einer Werkbearbeitung (Lithos), muss der Druckunternehmer nach den oben erwähnten Grundsätzen nicht herausgeben, wenn es nicht vertraglich vereinbart wurde, weil er nur das Endprodukt und die angelieferten Werke, Werkstoffe und Hilfsmittel ausliefern muss. Auch sachenrechtliche Überlegungen führen nicht zu einem andern Schluss: Nur vom Kunden selbst belichtete Filme müssen als Negative wieder zurückgegeben werden. Durch die Entwicklung findet keine Verschiebung der Eigentumsrechte durch Verarbeitung statt (Art. 726 ZGB). Gleiches gilt für die Bearbeitung der vom Kunden angelieferten Daten: diese müssen in der angelieferten Form zurückgegeben werden, die bearbeitete Version als Nebenprodukt bleibt indes beim Druckunternehmen, solange nicht Gegenlautendes vereinbart wurde (siehe Ziffer 4).

Urteil des Bezirksgerichts Gaster-See
Wenn sich die Parteien nicht einig sind, muss im Streitfall der Richter den Vertragsinhalt nach dem Vertrauensprinzip ermitteln. Im konkreten Fall konnte das Gericht keinerlei Anhaltspunkte dafür finden, dass die Parteien die Herausgabe der Fotonegative ausdrücklich oder stillschweigend verein-

bart hätten. Im konkreten Fall hatte der Kläger – ohne die Negative zu verlangen – die Herstellung von Hochzeitsfotografien vereinbart und die abgeholten Positive vorbehaltlos bezahlt. Selbst nach einem Jahr, als er weitere Kopien bestellt und bezahlt hatte, verlangte er die Negative nicht heraus. «Aus diesem Verhalten der Kläger bei und nach Vertragsabschluss kann somit nur geschlossen werden, dass Vertragsinhalt die Herstellung der Positive geworden ist. [...] Geschuldet ist einzig das vereinbarte Endprodukt, die Farbbilder», heisst es im Entscheid des Richters. Und er ergänzt, es bestehe diesbezüglich auch keine Branchenusanz, wonach Fotografen die Negative herauszugeben hätten. Im Übrigen habe das Handelsgericht des Kantons Zürich schon im Jahre 1941 erklärt, dass bei der Herstellung einer Fotografie durch einen Fotografen das Negativ beim Fotografen verbleibt und der Auftraggeber nur das Recht habe, dass ihm Kopien ausgehändigt würden.

K-Tip war anderer Meinung
Die Hilfsmittel zur Herstellung des Arbeitserfolgs, die Werkzeuge und Gerätschaften, bleiben Eigentum des Herstellers. Eine andere Meinung vertrat der K-Tip in Nr. 13 vom 4. 9. 1996, ohne die Meinung zu begründen. In einem Urteil des Einzelrichters des Bezirksgerichts Pfäffikon vom 28. August 1997 wurde die Herausgabe der Negative nur deshalb gutgeheissen, weil dies vertraglich vereinbart worden war. Der Präsident des Bezirksgerichts See zog auch die deutsche Judikatur und Literatur in Erwägung, wo überwiegend die Auffassung vertreten wird, die Negative seien blosse Hilfsmittel und gehörten – ohne gegenlautende Verabredung – dem Fotografen. Weder aus dem Urheberrecht noch aus dem Persönlichkeitsrecht und dem Datenschutzrecht lasse sich eine Herausgabepflicht ableiten, entschied das Bezirksgericht Gaster-See.

Ablieferungspflichten des Druckunternehmers
Auch der (Druck-)Unternehmer muss dem Kunden (Besteller) nur – wie der Fotograf – das Endprodukt abliefern, nicht aber die Zwischenprodukte, solange nichts Gegenteiliges vereinbart wurde. Nur der beratende Beauftragte (Arzt, Anwalt, Berater usw.) muss nach Art. 400 OR alles herausgeben, was ihm «aus irgendeinem Grunde zugekommen ist». Der Arzt wiederum habe die Röntgenbilder nur deshalb dem Patienten herauszugeben, weil er nach Auftragsrecht arbeite und deshalb nach Art. 400 OR einer Editionspflicht unterliege. Im Übrigen seien Röntgenbilder – anders als Fotonegative – das geschuldete Endprodukt und nicht lediglich ein Hilfsmittel zur Herstellung des Endprodukts.

10.3 Aufbewahrungspflicht

Die ISO-Norm geht bezüglich Lauftaschen von einer fünfjährigen Aufbewahrungsfrist aus, welche sich an der Verjährungsfrist gemäss Art. 128 Abs. 3 OR für Handwerksarbeit orientiert. Zu beachten ist indes die Aufbewahrungsfrist für im Handelsregister eingetragene Firmen, welche für alle geschäftsrelevanten Daten 10 Jahre beträgt. Die Aufbewahrungsfrist hängt eng mit der prozessrechtlichen Editionspflicht zusammen. Die Art. 957 ff. OR gelten «als Richtschnur dafür, wie rechtsrelevante Unterlagen bzw. Daten, die nicht unmittelbar kaufmännischer Natur sind (wie z. B. Produktionsdaten, Daten aus Computer Aided Design und Computer Aided Manufacturing), aufbewahrt und im Rechtsstreit gewürdigt werden müssen».[4] Das Führen der Geschäftsbücher schliesst gemäss erwähnter Botschaft auch die Aufbewahrung von Daten über die zugrunde liegenden Geschäftsvorfälle ein. «Aufzeichnungen auf Bild- oder Datenträgern haben die gleiche Beweiskraft wie die Unterlagen selbst» (Art. 962 Abs. 4 OR). Da für Werkverträge keine besonderen Formvorschriften gelten, bedarf es der mit Originalunterschrift bezeugten Schriftlichkeit nicht. Eine Handsignierung ist nicht Voraussetzung für die Rechtsgültigkeit der Abmachungen. Es gelten die allgemeinen Grundsätze des Vertragsrechts und je nach Abmachungsart die Beweisregeln bzw. die Beweisprobleme.[5]

Streit um Logo-Daten und Logo-Bearbeitung
Bei Logos, Signeten, CI und CD erwirbt der Besteller gewöhnlich das volle Urheberrecht. Die volle Abtretung des Urheberrechts schliesst auch die Pflicht zur Herausgabe eines digitalen Objekts, eines Datensatzes, ein. Nur so kann der Eigentümer (Werbeauftraggeber) auch tatsächlich über das Logo oder Signet verfügen. Bei nicht kennzeichnungskräftigen Werbemitteln (Prospekte, Flyer usw.) besteht eine solche Herausgabepflicht, wenn sie vereinbart wurde oder zur Erfüllung des Vertragszweckes (z. B. Druck des Prospektes) notwendig ist.

> Wer die Abtretung des vollen Urheberrechts vereinbart, hat auch Anspruch auf reproduzierbare Daten.

Kleine Änderungen erlaubt
Wer Anspruch auf reproduktionsfähige Daten hat, erwirbt damit noch kein Bearbeitungsrecht, er darf nur Veränderungen vornehmen, welche geringfügig oder zur Erfüllung des vertraglichen Zweckes notwendig sind. Nicht eingeschlossen sind aber gewichtige Abänderungen. Zur Veredelung zählt auch das Redesign oder Facelifting eines bestehenden, aber immer noch urheberrechtlich geschützten Werkes. Die Schweizer Armbrust des Vereins Swiss Label darf nach Jahrzehnten einem Redesign unterzogen werden, ohne dass dieses die bestehende Armbrustgestaltung entstellt.[6] Wer das volle Urheberrecht erwirbt, erhält immer auch ein Recht auf verhältnismässiges und zweckmässiges Redesign. ⌐

---

[4] Botschaft des Bundesrates zur OR-Revision vom 31. März 1999.
[5] Glaus, Das Recht der kommerziellen Kommunikation, Rapperswil 2000, S. 62.
[6] Beispiel: Armbrust von Swiss Label publ. in medialex 04/01/241 zu einem Entscheid des Obergerichts des Kantons Zürich, welcher eine ‹Entstellung› zwar nicht annahm, aber die Bearbeitung als solche untersagte: «Soweit die stilisierte Armbrust im Internetauftritt des Beklagten nicht im Rahmen des vom Kläger mitgestalteten Zeichens verwendet wird, ist sie [...] ein Werk zweiter Hand im Sinne von Art. 3 URG.» Die Umgestaltung im Internet war nicht zulässig (siehe Kap. 3. 1).

Venedig

1.1.–15.3. / 16.11.–31.12.

Hotel (Adresse/Beschrieb auf Seite 12)	mit Bad oder Dusche, WC Frühstücksbuffet	2 Tage 1 Nacht	3 Tage 2 Nächte	Zusatz- nacht
Macchiavelli Palace ★★★	**Doppelzimmer** Zuschlag Einzel	566.– 55.–	653.– 110.–	87.– 55.–
Corona d'Italia ★★★	**Doppelzimmer** Zuschlag Einzel	568.– 79.–	657.– 158.–	89.– 79.–
Brunelleschi ★★★★	**Doppelzimmer** Zuschlag Einzel	608.– 32.–	734.– 64.–	126.– 32.–

Unsere Leistungen:
Direktflug ab Zürich • Verpflegung an Bord • Unterkunft entsprechend dem von Ihnen ausgewählten Arrangement • Reisedokumentation • Betreuung durch unseren Vertreter in Venedig

Zuschläge:
Flughafentaxen: **Fr. 28.–**
Annullierungskosten- und Reisezwischenfall- versicherung: **Fr. 20.–**

Buchungsgebühren:
Für Beratung und Verkauf kann von Ihrem Reisebüro (Buchungsstelle) eine Auftragspauschale pro Buchung erhoben werden

11 Konsumentenschutz in Marketing und Verkauf

Sonderregelungen für Dienstleistungsbranchen: Spezifizierungspflicht bei Werbung mit Preisen.

Preisangabe-Vorschriften und Rücktrittsmöglichkeiten des Konsumenten sind wichtige Eckpfeiler in Marketing und Kommunikation.

Umsatzsteigerung ist das vorrangige Ziel jedes Marketings. Die Preise purzeln. Aktionen überschlagen sich. Bisweilen heiligt der Zweck die Mittel. Aller Marktauswüchse zu Trotz wurde im Zuge der Liberalisierung die bundesrechtliche Regulierung des Ausverkaufswesens per 1. 11. 1995 ersatzlos aufgehoben. Auch kantonale Einschränkungen sind seither nicht mehr zulässig.

11.1 Deregulierung des Ausverkaufswesens

Trotz Deregulierung des Ausverkaufswesens sind den aggressiven Verkaufsmethoden Schranken gesetzt. Die allgemeinen Bestimmungen des UWG – vorallem jene von Art. 3 – sind zu beachten. Das heisst: Die Angaben müssen wahrheitsgetreu sein. Irreführung und besonders aggressive Verkaufsmethoden sind verboten. Auch die Bestimmungen der Preisbekanntgabe-Verordnung (PBV, SR 942.211) sind zu beachten: Das heisst: Beim Eigenvergleich dürfen die verglichenen Preise höchstens während zweier Monaten gegenübergestellt werden. Der unverbilligte Preis muss mindestens doppelt so lange angeboten werden. Und der herabgesetzte darf nicht unter dem Einstandspreis vergleichbarer Waren liegen, weil sonst gegen das Lockvogelangebot (Art. 3 lit. f UWG) verstossen wird. Nur sehr beschränkt zulässig sind Preissenkungen bei Medikamenten.[1]

Sind Preisanschriften verbindlich?
In der Regel sind Angebote (im Gesetz als Antrag bezeichnet) verbindlich (Art. 3 OR). Der Antragssteller wird jedoch nicht gebunden, wenn er dem Antrag eine die Behaftung ablehnende Erklärung beifügt oder wenn ein solcher Vorbehalt sich aus der Natur des Geschäftes oder aus den Umständen ergibt (Art. 7 Abs. 1 OR). Wo der Adressat nicht auf eine Bindungswirkung schliessen darf oder muss, handelt es sich bloss um eine unverbindliche Einladung zur Offertstellung. So darf bei Zeitungsinseraten oder bei Ankündigungen auf Anschlagbrettern nicht von einem verbindlichen Angebot ausgegangen werden.[2] Auch die Versendung von Tarifen, Preislisten und dergleichen ist kein verbindlicher Antrag (Art. 7 Abs. 2 OR). Im gleichen Sinne hat sich die Schweizerische Lauterkeitskommission im Grundsatz Nr. 4.6 ‹Werbungen mit Rechnungen› ausgesprochen. Die Zustellung von Einzahlungsscheinen oder sonstigen Formularen, die als Rechnung ausgestaltet sind, ist unlauter, sofern nicht ausdrücklich darauf hingewiesen wird, dass es sich dabei um eine blosse Einladung für eine Bestellung handelt.

Preisangaben bei Warenauslage verbindlich
Verbindlich sind nach Gesetz nur Preisangaben bei Warenauslagen (Art. 7 Abs. 3). Die Auslage ist Angebot an jedermann zum Abschluss eines Handgeschäftes. Die Verbindlichkeit kann durch deutliche Hinweise wegbedungen werden (‹Verkauf freigestellt›). Die Verbindlichkeit von Preisanschriften findet Anwendung auf Waren (auch auf solche in und ausserhalb von Schaukästen), die unmittelbar ausgehändigt und mitgenommen werden

Wofür stehen die folgenden Abkürzungen: UWG, PBV, OR, BGE?

---
[1] BGE 123 (1997) I 206.
[2] OR-Ammann, Art. 7 N 5

zur Abbildung auf Seite 179:

> Im Unterschied zu Schaufensterauslagen müssen in der Werbung keine Preise angegeben werden. Wenn aber mit Preisen geworben wird, besteht in vielen Branchen eine Spezifizierungspflicht.

können.[3] Dienstleistungen fallen zwar nicht generell unter die Bestimmung von Art. 7 Abs. 3 OR (BGE 80 [1954] II 35 f.), werden aber von Art. 16 UWG erfasst, welcher bei einzelnen Dienstleistungen Regulierungen zulässt. Wurde die Ware mit einem Preis ausgelegt, besteht grundsätzlich keine Rückrittsmöglichkeit, wenn der Kunde im Begriff ist, die Annahme auszusprechen. Liegt hingegen ein Irrtum des Verkäufers vor, der für den Kunden offensichtlich ist, darf sich der Irrende auf den wesentlichen Erklärungsirrtum gemäss Art. 24 Abs. 1 Ziff. 3 OR berufen. Entscheidend ist dabei auch, ob eine erhebliche Differenz zwischen gewollter und tatsächlich vereinbarter Leistung bzw. Gegenleistung besteht. Das Bundesgericht hat einen wesentlichen Irrtum im Zusammenhang mit der irrtümlichen Beschriftung eines Ringes mit Fr. 1380.– statt mit Fr. 13 800.– angenommen.[4] Bereits erbrachte Leistungen sind zurückzuerstatten.

11.2 Preisangabepflicht

Art. 16 des Bundesgesetzes gegen den unlauteren Wettbewerb (UWG) statuiert eine Pflicht zur Preiszeichnung für Waren und auch für bestimmte Dienstleistungen (Coiffeurgewerbe, Taxigewerbe, Fahrzeugvermietung, Fitnessinstitute, Pauschalreisen, Fernmeldedienste usw.). Es ist der tatsächlich zu bezahlende Preis bekanntzugeben. In der entsprechenden Verord-

---

[3] BGE 105 (1979) II 24 E. 1.
[4] BGE 105 (1989) II 23.

> **Seco-Merkblätter für bestimmte Branchen**
>
> Beim Staatssekretariat für Wirtschaft kann man unter www.seco.admin.ch/ themen/ spezial/wettbewerb/preisbekanntgabe für bestimmte Dienstleistungen (Taxigewerbe, Garagegewerbe, Reinigungsbetriebe usw.) und Waren Informationsblätter, welche den jeweiligen Spezifizierungsgrad bestimmen, beziehen.

nung über die Bekanntgabe von Preisen vom 11. Dezember 1978 (PBV; SR 942.211) wird die Art und Weise, wie die Preisanschrift erfolgen soll, näher ausgeführt. Grundsätzlich ist der Verkäufer verpflichtet, den Preis auf der Ware selbst anzubringen (Art. 7 Abs. 1 PBV). Damit soll erreicht werden, dass keine irreführenden Preisangaben auf den Markt kommen und dass der Konsument die verschiedene Preise miteinander vergleichen kann. Es spielen dabei neben qualitativen auch quantitative Angaben eine Rolle indem z. B. über die vorrätige Menge unrichtig informiert wird oder Waren angeboten werden, die überhaupt nicht verfügbar sind.[5]

Die Ausnahmen von der Regel
Sollte eine solche Anschrift wegen technischen Gründen unzweckmässig sein oder übersteigt der Preis bei Antiquitäten, Kunstgegenständen, Orientteppichen, Pelzwaren, Uhren oder Schmuck Fr. 5000.–, muss der Preis nicht selber auf der Ware angebracht werden (Privileg). Möglich ist zum Beispiel die Regalanschrift oder die Auflagen von Katalogen. Diese Vorschrift gilt nicht für Waren, die an Versteigerungen, Auktionen und ähnlichen Veranstaltungen verkauft werden (Art. 3. Abs. 3 PBV).

Preisbekanntgabe in der Werbung
In der Werbung ist die Preisbekanntgabe nicht obligatorisch. Werbung im Sinne der Preisbekanntgabeverordnung (PBV) ist jede Ankündigung (Reklame usw.), die nicht in einem Verkaufslokal oder dessen Auslagen (Schaufenster, Schaukasten in unmittelbarer Nähe) erfolgt.[6] Wird für eine Ware oder Dienstleistung trotzdem mit einem Preis geworben, so muss neben dem allgemeinen Irreführungsverbot gemäss Art. 3 lit. b und Art. 18 UWG auch das Spezifizierungsgebot gemäss Art. 13 ff. PBV beachtet werden. Der tatsächlich zu bezahlende Preis sowie die Mehrwertsteuer müssen angegeben werden. Gesondert bekanntgegeben und beziffert werden müssen Rabatte, Rabattmarken oder Rückvergütungen (Art. 4 PBV). Der Spezifizierungspflicht ist Genüge getan, wenn sich der Konsument eine klare und zutreffende Vorstellung über den Inhalt der in Aussicht gestellten Gegenleistung machen kann.[7]

Spezifizierungspflicht am Beispiel Reisebranche
Gemäss Art. 14 Abs. 2 PBV ist die Ware nach Marke, Typ, Sorte, Qualität, und Eigenschaft zu umschreiben. In der Rechtsprechung wird diese Bestimmung im Zusammenhang mit Dienstleistungen sehr konsumentenfreundlich ausgelegt. Das Bundesgericht verlangte im Entscheid 113 (1987) IV 36,

---

[5] Pedrazzini/Pedrazzini, *Unlauterer Wettbewerb UWG*, Bern 2002, N 6.22 ff.

[6] Marc Schwenninger/Manuel Senn/André Thalmann, *Werberecht*, Zürich 1999, N 65.

[7] Marc Schwenninger/Manuel Senn/André Thalmann, *Werberecht*, Zürich 1999, N 69.

dass bei Reiseangeboten die wesentlichen Leistungen aufgeführt werden müssen: «Eine stichwortartige Darstellung der wesentlichen Leistungen, welche für den bekanntgegebenen Preis erbracht werden, genügt. Das Zeitungsinserat, das einen Preis bekanntgibt, muss zumindest Angaben enthalten über das Reiseziel, das wichtigste Transportmittel, die Art der Unterkunft (Mittelklasshotel; Doppelzimmer etc.), den Umfang der im angegebenen Preis inbegriffenen Verpflegung (Frühstück, Halbpension etc.) sowie die Dauer des Arrangements. Wo der angegebene Preis nur unter bestimmten Voraussetzungen, etwa betreffend die Reisedaten (Vorsaison; Hin- und/oder Rückreise in der Wochenmitte), gilt, muss auch dies aus dem Inserat hervorgehen». Das Bundesgericht lässt das Argument, dass eine solche Umsetzung praktisch unmöglich sei, nicht zu. Es weist darauf hin, dass der Anbieter der Spezifizierungspflicht entgeht, wenn er auf die Preisangabe verzichtet.

Dass diese Regelung nicht unproblematisch ist, zeigt der Entscheid 108 (1982) IV 120 ‹Schmuck›[8]. Bei diesem Entscheid äussert sich das Bundesgericht über Preisangaben in Schaufenster bei Luxuswaren und eventuelle Gefahren bezüglich Diebstählen. Es hält weiter fest, dass der Preis für einen potentiellen Käufer gerade bei Luxusgütern weniger informativ ist als bei anderen Waren. Trotzdem sei dies unerheblich und es spiele auch keine Rolle, dass das Parlament gerade bei Schmuckstücken und andern Luxusgütern an andere Formen der Preisbekanntgabe gedacht habe könnte. Die Pflicht zur Spezifizierung gilt auch für andere Waren und Dienstleistungen.

Spezifizierungspflicht bei Gratis-Gutscheinen

Gutscheine, die zum verbilligten oder kostenlosen Bezug von Waren oder Leistungen berechtigen, müssen auf dem Gutschein selbst die Bedingungen enthalten, zu denen die Ware oder Leistungen erhältlich sind. Fehlen entsprechende Angaben, so darf angenommen werden, dass die Gutscheine unbefristet und ohne Einschränkungen eingelöst werden dürfen (Grundsatz Nr. 3.8 der Schweizerischen Lauterkeitskommission).

Lockvogelangebot

Der Tatbestand des sogenannten ‹Lockvogelangebotes› verbietet regelmässiges besonders billiges Anbieten von ausgewählten Waren oder Leistungen, um den Anschein eines allgemein billigen Angebotes zu erwecken. Solche Angebote sind geeignet den Kunden zu täuschen (Art. 3 lit. f UWG), d. h. es handelt sich um eine Art der Irreführung. Die Lockvogelangebote werden unter dem Einstandspreis – also mit Verlust – angeboten und dieser Verlust muss durch andere Waren wieder ausgeglichen werden. Dies ist fast nur für Verkaufshäuser mit grossem Sortiment möglich und kann den Wettbewerb verfälschen.[9]

Folgende fünf Voraussetzungen müssen erfüllt sein: gezielte Auswahl von Leistungen, Verkauf deutlich unter dem Einstandspreis, besondere Hervorhebung in der Werbung (wobei auch markant präsentierte Auslagen eines Geschäftes darunter fallen) und die Täuschung des Kunden über die Leistungsfähigkeit des Werbenden oder der Konkurrenz. Weil solche Angebote als Grund für das allgemeine Ladensterben betrachtet wurden, hat der

Gesetze und Verordnungen des Bundes, z.B. die Preisbekanntgabe-Verordnung finden Sie über www.admin.ch (Suchpfad ‹Systematische Gesetzessammlung›).

---

[8] Pedrazzini/Pedrazzini, *Unlauterer Wettbewerb UWG*, Bern 2002, N 23.14
[9] Pedrazzini/Pedrazzini, *Unlauterer Wettbewerb UWG*, Bern 2002, N 6.56.

Wird in der Werbung mit Preisangaben geworben, gilt das Spezifizierungsgebot ebenso.
Quelle: Staatssekretariat für Wirtschaft, Preisbekanntgabeverordnung, Wegleitung für die Praxis.

Gesetzgeber diese Bestimmung ins UWG aufgenommen. Ziel und Zweck ist es, kleine und mittlere Unternehmen zu schützen. Die Bestimmung beschränkt sich daher auf Händlerstufe. In der Praxis wird der Tatbestand des ‹Lockvogelangebotes› leicht umgangen werden, indem ein Tatbestandsmerkmal nicht verwirklicht wird.

11.3 Sondernormen für Internet

Das Internet bietet eine sehr attraktive Form von Direktmarketing. Es ist nicht nur in zeitlicher Hinsicht vorteilhafter, sondern auch kostengünstiger als das herkömmliche Verbreiten von Werbesendungen. Daher ist es in kürzester Zeit zu einem häufigen (wenn auch nicht durchwegs beliebten) Marketinginstrument geworden.

E-Mail-Spamming
Missfallen erweckt vorallem die Spam-Flut. Unter ‹spamming› oder ‹Spam-E-Mail› versteht man unverlangt zugestellte E-Mails (Definition der Kommission der Europ. Gemeinschaften). Durch die reichliche Fülle der unerwünschten Werbe-E-Mails, besteht neben dem Zeitaufwand fürs Löschen zudem die Gefahr, dass das ‹normale E-Mail› aus Speicherkapazitätsgründen nicht mehr in der Mailbox Platz findet und so untergeht. Unter diesen Umständen wird Werbe-E-Mail zur Belästigung.[10]

Opt-in oder Opt-out?
Entweder gehen die Versender der Werbe-E-Mail nach dem Opt-out-Prinzip vor (wer reklamiert, wird gelöscht) oder aber nach dem Opt-in-Prinzip (der Interessierte kann seine E-Mail-Adresse in eine Liste eintragen, auf welche Firmen dann zurückgreifen.[11] Aufgrund zahlreicher Beschwerden wegen Zustellung unbestellter Werbung hat die Schweizerische Lauterkeitkommission den Grundsatz Nr. 4.4 (Aggressive Verkaufsmethoden im Fernabsatz) neu gefasst. Insbesondere agiert derjenige Anbieter aggressiv und damit unlauter, welcher einem Empfänger, welcher zum Ausdruck gebracht hat, dass er keine E-mail-Werbung wünscht, trotzdem Werbe-E-Mails zugeschickt. Oder

---

[10] Martin Spirig; Lauterkeitsrechtliche Konflikte im Internet, Bern/Stuttgart/Wien 2001, S. 210 sowie sic! 2/2002 Micha Charles Senn, ‹Werbung mit E-Mails›, S. 85 ff.

[11] Anm. medialex 1/02, Bruno Glaus, ‹E-Mail Spamming im Visier›, S. 3 f.

wenn es der Anbieter unterlässt, dem Empfänger die Möglichkeit anzubieten, mit dem gleichen Kommunikationsmittel zu erklären, keine weitere kommerzielle Kommunikation mehr erhalten zu wollen.[12]

Verhaltenskodex: Netiquette
Zudem gibt's einen Verhaltenskodex, welcher an die Selbstdisziplin der Benutzer des Internets appelliert und Verhaltensverbote auflistet, die sogenannte Netiquette (z.B. http://www.fau.edu/netiquette/net). Es handelt sich dabei um Sitten und Bräuche, die sich seit Bestehen des Internets herausgebildet haben. Sie sind weder allgemein verbindlich noch zwangsweise durchsetzbar. Gewisse Regeln sind aber für das Lauterkeitsrecht von Bedeutung.[13]

11.4 Bestimmungen für das Direktmarketing

Unter den Begriff des Direktmarketing (Direktwerbung) fällt neben dem Werbe-E-Mail auch die Telefonwerbung. Gemeinsam ist, dass sie sich nicht an das breite Publikum wenden, sondern direkt auf einzelne Adressaten zielen. Sie gelten dann als besonders aggressiv, wenn sie dem Adressaten unverlangt und ohne Einflussnahme auf den Empfang des Angebotes aufgedrängt werden. Obschon es dem Adressaten jederzeit frei stünde, das Gespräch durch Auflegen des Hörers zu beenden, entsteht in der Realität leicht eine Beeinträchtigung, weil der Adressat oft auf das Angebot einsteigt, damit das Gespräch ein Ende findet.[14] In den Grundsätzen Nr. 4.1 ff. der Schweizerischen Lauterkeitskommission ist das zulässige Direktmarketing geregelt. Der kommerzielle Zweck der Information über Waren und Dienstleistungen muss eindeutig, klar und verständlich sowie den verwendeten Fernkommunikationstechniken angepasst sein. Wer wesentliche Angaben verschweigt, z. B. die Identität des Anbieters oder wesentliche Eigenschaften, Preis, Gültigkeitsdauer des Angebotes, Einzelheiten über Zahlung und Lieferung oder Erfüllung, Rückgabemöglichkeit oder Widerrufsrecht, Garantie und Kundendienst, handelt unlauter (Grundsatz Nr. 4.2).

Telefonmarketing
Gemäss der Fernmeldedienstverordnung (FDV) vom 6. Oktober 1997 sind die in einem Verzeichnis aufgeführten Teilnehmerinnen und Teilnehmer berechtigt, eindeutig kennzeichnen zu lassen, dass sie keine Werbeanrufe erhalten möchten und dass ihre Daten zu Zwecken der Direktwerbung weder benutzt noch weitergegeben werden dürfen (Art. 65 FDV).

‹Hausiervorschriften› jetzt auf Bundesebene
Bis zum Jahr 2002 wurden die ‹Berufe im Herumziehen› durch kantonale Wandergewerbegesetze geregelt. Der Begriff des Wandergewerbes wurde in den verschiedenen kantonalen Regelungen sehr unterschiedlich de-

---

[12] Siehe dazu auch Jurius, Spamming aus strafrechtlicher Sicht, in: Jusletter 12. Januar 2004.
[13] Hans R. Schibli, Multistate-Werbung im internationalen Lauterkeitsrecht, Diss. Zürich 2004, Rz 335.
[14] Pedrazzini/Perazzini, Unlauterer Wettbewerb UWG, Bern 2002, N 7.41.

finiert. Je nach Kanton fielen darunter das Hausierwesen, das Handwerk im Herumziehen, die Wanderlager und Verkaufswagen, aber auch Schausteller, Zirkusse, Markthändler und weitere Berufe. Eine Bewilligungspflicht für solche Berufe war obligatorisch. Die Zulassungsvoraussetzungen sowie die Gebührentarife fanden jedoch eine sehr uneinheitliche Regelung, was die in diesem Bereich Tätigen erheblichen Ungleichbehandlungen aussetzte (Botschaft zu einem Bundesgesetz über das Reisendengewerbe vom 28. Juni 2000).

Seit dem 1. Januar 2003 ist das Bundesgesetz über das Gewerbe der Reisenden (SR 943.1) in Kraft. Die neue, für die ganze Schweiz einheitliche, Gesetzgebung umfasst alle Berufe, die ‹im Herumziehen› ausgeübt werden können, d.h. vom Kleinreisenden über Markthändler bis zu Zirkussen. Einzig die öffentlichen Geldsammlungen zu wohltätigen und gemeinnützigen Zwecken sowie die freiwilligen öffentlichen Versteigerungen verbleiben der kantonalen Gesetzgebungskompetenz. Die Ausübung dieses Gewerbes ist weiterhin bewilligungspflichtig. Reisende, die Konsumenten Waren oder Dienstleistungen an der Haustüre oder auf öffentlichen Strassen und Plätzen zum Kauf anbieten, benötigen eine Ausweiskarte. Die kantonalen Patente mit teilweise steuerlichem Charakter wurden abgeschafft. Es wird einzig

---

Wer die Abtretung des vollen Urheberrechts vereinbart, hat auch Anspruch auf reproduzierbare Daten.

Benützung des öffentlichen Grundes zu Werbezwecken

Die Aussenwerbung wird durch eine Vielzahl von Gesetzen, Verordnungen und Reglementen eingeschränkt. Die Benutzung des öffentlichen Grund und Bodens ist bewilligungspflichtig. Auf Bundesebene ist Art. 6 des Strassenverkehrsgesetzes relevant. Es verbietet Strassenreklame, die die Verkehrssicherheit beeinträchtigt. In der entsprechenden Verordnung (SSV) wird die unzulässige Beeinträchtigung näher ausgeführt. Insbesondere sind Strassenreklamen verboten bei denen eine Verwechslung mit Signalen oder Markierungen möglich ist, das Anbringen an Signalen oder deren Pfosten, bei gefährlichen oder unübersichtlichen Stellen, wenn die Reklame Lichteffekte erzeugt, bei Werbebanner über der Fahrbahn sowie Strassenreklame in dichter Folge etc.

Auch der Natur- und Heimatschutzes spielt bei der Aussenwerbung eine wichtige Rolle. Die Umsetzung, einschliesslich der Schutz des Landschafts- und Ortsbildes ist, ist grundsätzlich Sache der Kantone. In der Praxis wird diese Zuständigkeit weiter an die Gemeinden delegiert, die sodann entsprechende Reglemente erlassen. Auf kommunaler Ebene kommen baurechtliche Vorschriften zum Zuge, beispielsweise wenn die Reklametafel eine bestimmte Grösse überschreitet.[15]

Monopol

Für die Plakatwerbung auf öffentlichem Grund besteht in der Regel ein Plakatmonopol der Gemeinde. Gemäss wiederholter Rechtsprechung sind solche Monopole zulässig.[16] Die Gemeinde üben in der Regel dieses Monopol nicht selber aus, sondern übertragen es an ein Privatunternehmen. Beispielsweise wurde in der Stadt Zürich in Zusammenarbeit mit Stadtarchitekten die ganze Stadt mit den entsprechenden Plakatformaten (F4, F12, F200 etc.) ausgestattet. Die entsprechend benötigten Baugesuche sind bei der Bausektion II des Stadtrates eingeholt worden. Bei der Bewilligungserteilung für den Kunden müssen Restriktionen für Alkohol, Tabak und Politik sowie die Einschränkung bei Diskriminierung beachtet werden. Die Bewilligung der Baubehörden bedeutet noch nicht, dass die einzelne Werbung als solche den Lauterkeitsgrundsätzen entspricht (vergl. Kasten).

---

[15] Marc Schwenninger/Manuel Senn/André Thalmann, Werberecht, Zürich 1999, N 110 ff.

[16] BGE 125 (1999) I 209; Jusletter 7. Januar 2002, Markus Felber, Verfassungswidriges Plakatmonopol auf privaten Grundstücken.

noch eine Bewilligungsgebühr erhoben. Die Höhe der Gebühr hat der Bundesrat in der entsprechenden Verordnung geregelt und liegt zwischen Fr. 250.– und Fr. 1030.– (Art. 28 Verordnung zum Bundesgesetz über das Gewerbe der Reisenden). Den Kantonen steht es frei die Gebühr zu kürzen, wenn eine Bewilligung für kurze Zeit erteilt wird. Die entsprechenden Ausübungszeiten, die Benutzung des öffentlichen Grundes sowie für die Uebergangsvorschriften für Schausteller und Zirkusse werden weiterhin durch die kantonalen Gesetze geregelt. Auch die Strafverfolgung ist Sache der Kantone.

Formvorschriften für Direktmarketing
Entsprechend dem allgemeinen Prinzip der Vertragsfreiheit bedürfen Verträge gemäss Art. 11 Abs. 1 OR keiner besonderen Form. Davon ausgenommen sind all jene Fälle, wo das Gesetz eine solche Form ausdrücklich vorsieht. Eine solche gesetzliche Norm besteht für Direktmarketing nicht. Dafür bestimmt die Schweizerische Lauterkeitskommission (Selbstkontrollorgan der Werbebranche) in Grundsatz Nr. 4.3 folgendes: Wurde ein Vertrags mittels Telefon oder anderer Kommunikationsmittel abgeschlossen, so muss die Bestellung schriftlich bestätigt werden, ausser der Abnehmer verzichtet ausdrücklich darauf oder der Warenwert übersteigt Fr. 100.– nicht.

Rücktrittsmöglichkeiten?
Ist ein Vertrag zustande gekommen, kann dieser grundsätzlich nur unter bestimmten Voraussetzungen aufgelöst werden. Beispielsweise kann der Kunde einen wesentlichen Irrtum oder die Uebervorteilung bei einem krassen Ungleichgewicht zwischen Leistung und Gegenleistung geltend machen oder aber bei Vertragverletzung nach den Regeln von Art. 97 ff. OR vorgehen. Das neue Teilzahlungsrecht sieht binnen fünf Tagen nach Abschluss eines Abzahlungs- oder Vorauszahlungsvertrages eine generelle Verzichtsmöglichkeit vor (Art. 226c und 228 OR). Der Vertrag tritt erst nach fünf Tagen in Kraft. Ein Widerrufsrecht gilt nach den Bestimmungen der Art. 40b ff. OR auch bei Konsumentenverträgen über bewegliche Sachen und Dienstleistungen bei sogenannten Haustürgeschäften, Angeboten auf öffentlichen Strassen und Plätzen (nicht jedoch an Marktständen), sowie an Werbeveranstaltungen und Werbefahrten. Einerseits muss der Anbieter gewerbsmässig handeln und die Leistung des Konsumenten muss 100 Franken übersteigen (Art. 40a OR), andererseits muss der Kunde die Ware oder Dienstleistung für den persönlichen oder familiären Gebrauch erwerben.[17] Innerhalb von sieben Tagen kann der Kunde den Vertragsabschluss schriftlich widerrufen.
In allen andern Fällen gibt es kein Widerrufsrecht. Das Widerrufsrecht besteht insbesondere auch dann nicht, wenn der Kunde die Vertragsverhandlungen ausdrücklich gewünscht oder seine Erklärung auf einem Markt- oder Messestand abgegeben hat (Art. 40 c OR). Bei Versicherungsverträgen gelten diese speziellen Bestimmungen ebenfalls nicht.*

---

[17] *Schwenzer, OR AT, 2. Aufl., N 28.65 ff.*

* *An diesem Kapitel hat lic. iur. Rena Wisler mitgewirkt. Siehe dazu ihre «persönlich»-Beiträge im Herbst 2004 unter www.glaus.com/publikationen*

Mehr Kompetenz in Kommunikation.

Das SPRI ist seit über 35 Jahren die erste Adresse für Aus- und Weiterbildung in Public Relations und institutioneller Kommunikation in der Schweiz.

- Basiskurse in Public Relations.
- Ausbildung zur PR-Fachfrau/PR-Fachmann und Diplomlehrgang zum PR-Berater/zur PR-Beraterin als Vorbereitung auf die eidg. Prüfung.
- Nachdiplomkurse FH für Corporate Communications, Interne Kommunikation, Medienarbeit, Investor Relations u.a.m.
- Vertiefende Profiseminare in PR-Spezialgebieten

Einzelheiten sowie Anmeldung unter www.spri.ch oder Tel. 01 299 40 40.

Schweizerisches
Public Relations Institut
Ankerstrasse 53
8026 Zürich

Unabhängige Stiftung, 1969 gegründet durch die Schweizerische Public Relations Gesellschaft SPRG

Forschungs- und Weiterbildungsinstitut der HWZ Hochschule für Wirtschaft und Verwaltung Zürich, Teil der Zürcher Fachhochschule

Druck und Media AG
Uznacherstrasse 3
CH-8722 Kaltbrunn

T +41 (0)55 293 34 34
F +41 (0)55 293 34 00
www.ernidruck.ch
info@ernidruck.ch

> Buchgestaltung > Grafik > Internet > Druckvorstufe > Offsetdruck > Logistik

CORPORATE PUBLISHING

Denon Coprorate Publishing stellt erfolgreiche Mitarbeiter- und Kundenzeitschriften her.

Denon, das führende Medienhaus für professionelle Unternehmenskommunikation.

DENON Denon
Publizistik AG

 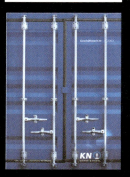  

Denon Publizistik AG   Denon Interactive AG   Denon Film AG
Hauptplatz 5 Telefon 055 220 81 88 Fax 055 220 81 77 8640 Rapperswil E-Mail info@denon.ch www.denon.ch

persönlich ▪▪▪
Die Medien der Schweizer Kommunikationswirtschaft

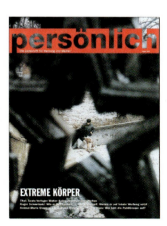

**"persönlich rot" –
die Zeitschrift für Werbung und Medien**

"persönlich rot" richtet sich in einer Auflage von 4900 Exemplaren an Verlage, Werbeagenturen, Kommunikationsspezialisten und Mediaagenturen.

"persönlich rot" ist offizieller Medienpartner des Art Directors Club "ADC", der Vereinigung für Werbekommunikation "Idée", der Allianz Schweizer Werbeagenturen "ASW" und des Branchenverbandes Schweizer Werbe- und Kommunikationsagenturen "BSW".

Das Magazin erscheint 10-mal im Jahr und berichtet über nationale und internationale Werbetrends und die Medienwelt.

**"persönlich blau" –
die Zeitschrift für Marketing und Unternehmensführung**

"persönlich blau" richtet sich in einer Auflage von 8000 Exemplaren an CEOs, Marketing- und Werbeleiter, Berater, Strategen und Persönlichkeiten der Wirtschaftselite.

"persönlich blau" erscheint 10-mal im Jahr und pflegt Medienpartnerschaften mit der Gesellschaft für Marketing "GfM", Promarca (Schweizer Markenartikelverband), dem "BSW" und eine Zusammenarbeit mit dem Schweizer Marketing Club "SMC", dem Swiss Economic Forum "SEF" und der economiesuisse.

Gemäss einer durch die IHA-GfK durchgeführten Befragung zeichnet sich "persönlich blau" durch hohe Glaubwürdigkeit und Kompetenz aus.

**"persoenlich.com" –
das Onlineportal der Schweizer Kommunikationswirtschaft**

"persoenlich.com", das führende Online-Portal der Schweizer Kommunikationswirtschaft, vernetzt die Branche mit Informationen und Dienstleistungen und sendet einen täglichen Newsletter an über 13 000 Abonnenten.
"persoenlich.com" publiziert einen Branchen-Stellenmarkt, "Spot of the day", "Poster of the week", neue Werbekampagnen und verschiedene weitere Dienstleistungen sowie ein umfassendes Adressenarchiv der Schweizer Werbeagenda.

persönlich Verlags AG | Hauptplatz 5 | CH- 8640 Rapperswil
T+41 55 220 81 71 | F+41 55 220 81 77 | www.persoenlich.com | info@persoenlich.com

Schule für Angewandte Linguistik

Höhere Fachschule für Sprachberufe
Staatlich anerkannte Diplome für

JOURNALISMUS
SPRACHUNTERRICHT
ÜBERSETZEN

Berufsbegleitende Aus- und Weiterbildung, Nachdiplome, Unternehmenskommunikation
Flexibilität durch individuelle Stundenplangestaltung

Semesterdauer:
Oktober - Februar, März - Juli

Intensivkurse:
August - September

SAL
Schule für Angewandte Linguistik
Sonneggstrasse 82, 8006 Zürich

Tel. 01 361 75 55, Fax 01 362 46 66
E-Mail: info@sal.ch, www.sal.ch

Die SAL ist **EDUQUA** zertifiziert

Inhaltsverzeichnis

Teil III Anhang

194	I	Verbände und Institutionen
199		Literaturverzeichnis
200		Abkürzungsverzeichnis
202	II	Lauterkeitsgrundsätze
212	III	Kodex von Lissabon
215	IV	Erklärung der Pflichten und Rechte der Journalistinnen und Journalisten
224	V	Reglement über das Berufsregister der Schweizer Werbung SW/SP
226	VI	Beratungsvertrag für PR-Leistungen (BPRA)
228	VII	Agreement Filmproduktion cfp/EAAA
229	VIII	Vertraulichkeitsvereinbarung (ausführlich)
231	IX	Allgemeine Geschäftsbedingungen Forum corporate publishing
233	X	SUISA – Erläuterungen zum Urheberrecht mit Bezug auf öffentliche Aufführungen musikalischer Werke
235	XI	Wichtige Gesetzestexte (inkl. Warenklassifikation)
262	XII	Stichwortverzeichnis

I Verbände und Institutionen

Verbände, Organisationen (Werbeauftragnehmer/Werbemittel/Werbeträger)

ADC Art Directors Club Schweiz
Oberdorfstrasse 15
CH-8001 Zürich
Tel. +41 (0)1 262 00 33
Fax +41 (0)1 262 02 74
www.adcschweiz.ch, adc@bluewin.ch

Allianz Schweizer Werbeagenturen (ASW)
Breitestrasse 1
Postfach 466
8304 Wallisellen
Tel. +41 (0)1 831 15 50
Fax +41 (0)1 831 14 24
www.asw.ch

BPRA Bund Schweizer Public Relations Agenturen
Geschäftsstelle c/o Burson-Marsteller AG
Grubenstrasse 40
Postfach
CH-8045 Zürich
Tel. +41 (0)1 455 84 13
Fax +41 (0)1 455 84 11
www.bpra.ch, info@bpra.ch

BSW Branchenverband Schweizer Werbe- und Kommunikationsagenturen
Winkelriedstrasse 35
CH-8033 Zürich
Tel. +41 (0)1 361 37 60
Fax +41 (0)1 361 38 10
www.bsw.ch, info@bsw.ch, info@bswjobs.com

economiesuisse
Verband der Schweizer Unternehmen
Hegibachstrasse 47
Postfach, CH-8032 Zürich
Tel. +41 (0)1 421 35 35
Fax +41 (0)1 421 34 34
www.economiesuisse.ch
info@economiesuisse.ch

FRP Fédération romande de publicitié et de communication
1, avenue Florimont
CH-1006 Lausanne
Tel. +41 (0)21 343 40 68
Fax +41 (0)21 343 40 69
www.presseromande.ch

GfM
Schweizerische Gesellschaft für Marketing
Bleicherweg 21, Postfach
CH-8022 Zürich
Tel. +41 (0)1 202 34 35
Fax +41 (0)1 281 13 30
www.gfm.ch, gfm@ihagfm.ch

IAA
International Advertising Ass. Swiss Chapter
Feldeggstrasse 54
CH-8008 Zürich
Tel. +41 (0)1 383 26 62
Fax +41 (0)1 383 26 69
www.iaa.ch

IGEM
Interessengemeinschaft elektronische Medien
Erlenweg 13
CH-5414 Lommiswil
Tel. +41 (0)32 641 06 10
Fax +41 (0)32 641 34 86
www.igem.ch, info@igem.ch

Idée-VfW
Vereinigung für Werbekommunikation
Breitestrasse 1
CH-8304 Wallisellen
Tel. +41 (0)1 831 15 53
Fax +41 (0)1 831 14 24
www.idee-vfw.ch, postmaster@idee-vfw.ch

PROMOSWISS
Schweiz. Fachverband für Werbe- und Verkaufsförderungsartikel
Riedweg 1
CH-4312 Magden
Tel. +41 (0)61 283 92 25
Fax +41 (0)61 281 72 25
www.promoswiss.ch, info@promoswiss.ch

PROMARCA
Schweizerischer Markenartikelverband
Geschäftsstelle: Spitalgasse 9
3011 Bern
Tel. +41 (0)31 312 55 65
Fax +41 (0)31 312 34 44
www.promarca.ch, info@promarca.ch

SAB/ASBI Schweiz. Arbeitsgemeinschaft der Bild-Agenturen und -Archive
Postfach, CH-5303 Würenlingen
Tel. +41 (0)56 297 31 35
Fax +41 (0)56 297 31 30
www.sab-photo.ch, info@sab-photo.ch

SASPO
Schweiz. Arbeitsgemeinschaft Sponsoring
Oberdorfstrasse 20
8820 Wädenswil
Tel. +41 (0)1 783 20 24
Fax +41 (0)1 783 20 21
www.saspo.ch, info@saspo.ch

SAVA Verband Schweizerischer Anzeigen- und Medien-Verkaufs-Unternehmen
Genferstrasse 24
Postfach 677
CH-8007 Zürich
Tel. +41 (0)1 283 86 86
Fax +41 (0)1 283 87 87

SBF Schweizer Berufsfotografen
Postfach 413
CH-3025 Bern
Tel. +41 (0)1 272 72 20
www.sbf.ch, mail@sbf.ch

SCGA Swiss Computer Grafics Association
Postfach 1901
CH-8021 Zürich
Tel. +41 (0)878 800 235
Fax +41 (0)878 800 237
www.scga.ch, info@scga.ch

script Schweizerischer Texterverband
Geschäftsstelle
Postfach 223
CH-8057 Zürich
Tel. +41 (0)43 288 50 61
Fax +41 (0)43 288 50 63
www.scriptweb.ch, kontakt@scriptweb.ch

Schweizer Werbung SW
Kappelergasse 14
CH-8022 Zürich
Tel. +41 (0)1 211 40 11
Fax +41 (0)1 211 80 18
www.sw-ps.ch, info@sw-ps.ch

Schweizerischer Gewerbeverband sgv/usam
Schwarztorstrasse 26
Postfach
CH-3001 Bern
Tel. +41 (0)31 380 14 14
Fax +41 (0)31 380 14 15
www.sgv-usam.ch, info@sgv-usam.ch

Schweizerischer Marketing Club SMC
Jurastrasse 20
CH-4600 Olten
Tel. +41 (0)62 207 07 70
Fax +41 (0)62 207 07 71
www.smc-cms.ch
sekretariat@smc-cms.ch

SDA Swiss Design Association
Weinbergstrasse 31
CH-8006 Zürich
Tel. +41 (0)1 262 03 11
Fax +41 (0)1 262 29 96
www.swiss-design-association.ch
sda@amsuet.ch

SDV Schweizer Direktmarketing Verband
Walzmühlestrasse 60, Postfach 616
CH-8501 Frauenfeld
Tel. +41 (0)52 721 61 62
Fax +41 (0)52 721 61 63
www.dmverband.ch, info@dmverband.ch

SWISSFILM ASSOCIATION
Theaterstrasse 4
CH-8001 Zürich
Tel. +41 (0)1 258 41 10
Fax +41 (0)1 258 41 11
www.filmproducers.ch, info@filmproducers.ch

SGD Swiss Graphic Designers
Limmatstrasse 63
CH-8005 Zürich
Tel. +41 (0)1 272 45 55
Fax +41 (0)1 272 52 82
www.sgd.ch, info@sgd.ch

SGV Schweizer Grafiker Verband
Schulhausstrasse 64
CH-8002 Zürich
Tel. + Fax +41 (0)1 201 07 37
www.sgv.ch, info@sgv.ch

SID Schweizerischer Verband Industrial Designers
Weinbergstrasse 31
CH-8006 Zürich
Tel. +41 (0)1 262 03 11
Fax +41 (0)1 262 29 96
www.industrial-design.ch
info@industrial-design.ch

simsa, Swiss Interactive Media and Software Association
Postfach 1211, CH-8032 Zürich
Tel. +41 (0)848 800 125
Fax +41 (0)878 800 125
www.simsa.ch, admin@simsa.ch

SMS Verband Schweizer Marketing- und Sozialforscher
Gewerbestrasse 5
CH-6330 Cham
Tel. +41 (0)41 743 24 14
Fax +41 (0)41 743 24 15
www.swissresearch.org
info@swissresearch.org

SPRG Schweizerische Public-Relations Gesellschaft
c/o Farner PR & Consulting
Oberdorfstrasse 28
CH-8001 Zürich
Tel. +41 (0)1 266 67 67
Fax +41 (0)1 266 67 20
www.sprg.ch

SVA Schweizerischer Verband für Aussenwerbung
Bahnhöheweg 82
Postfach
CH-3018 Bern
Tel. +41 (0)31 998 92 16
Fax +41 (0)31 998 92 60

SWA Schweizer Werbe-Auftraggeberverband
Stampfenbachstrasse 61
Postfach 6126
CH-8023 Zürich
Tel. +41 (0)1 363 18 38
Fax +41 (0)1 363 18 31
www.swa-asa.ch, info@swa-asa.ch

Verband Schweizer Presse
Baumackerstrasse 42
Postfach
CH-8050 Zürich
Tel. +41 (0)1 318 64 34
Fax +41 (0)1 318 64 62
www.schweizerpresse.ch
contact@schweizerpresse.ch

VISCOM Schweizerischer Verband für visuelle Kommunikation
Alderstrasse 40
Postfach
CH-8034 Zürich
Tel. +41 (0)1 421 28 28
Fax +41 (0)1 421 28 29
www.viscom.ch
visc.schweiz@viscom.ch

VSD Verband der Schweizer Druckindustrie
Schosshaldenstrasse 20
CH-3006 Bern
Tel. +41 (0)31 351 15 11
Fax +41 (0)31 352 37 38
www.druckindustrie.ch
office@vsd.ch

VSP Verband Schweizer Privatradios
Sekretariat Gstaltenrainweg 19
CH-4125 Riehen
Tel. +41 (0)61 601 61 49
Fax +41 (0)61 601 61 50
www.lokalradios.ch
guenter-heuberger@radiotop.ch

VSW Verband Schweizerischer Werbegesellschaften
Holbeinstrasse 30, Postfach
CH-8022 Zürich
Tel. +41 (0)1 261 30 33
Fax +41 (0)1 261 30 44
www.vsw-assp.ch, gs@vsw-assp.ch

VVG Vereinigung Visueller Gestalter
c/o W. Nachtnebel
Metzgasse 4, Postfach 224
CH-8450 Andelfingen
Tel. +41 (0)52 317 03 91
Fax +41 (0)52 317 03 91

WEMAR Fachvereinigung für Marketing-Kommunikation
LOGO! GmbH
Josef Hugentobler, Präsident
CH-8212 Neuhausen am Rheinfall
Tel. +41 (0)52 674 77 88
Fax +41 (0)52 674 65 88
www.wemar.com
josef.hugentobler@logo-sh.ch

Institutionen

Comedia die Mediengewerkschaft
Zentrale
Monbijoustrasse 33
CH-3001 Bern
Tel. +41 (0)31 390 66 11
Fax +41 (0)31 390 66 91
www.comedia.ch
info@comedia.ch

IGE Institut für Geistiges Eigentum
Einsteinstrasse 2
CH-3003 Bern
Tel. +41 (0)31 325 25 25
Fax +41 (0)31 325 25 26
www.ige.ch

Swissmedic
Erlachstrasse 8
CH-3000 Bern 9
Tel. +41 (0)31 322 02 11
Fax +41 (0)31 322 02 12
www.swissmedic.ch

ProLitteris
Universitätstrasse 96 (ab 2005)
Postfach
CH-8033 Zürich
Tel. +41 (0)1 368 15 15
Fax +41 (0)1 368 15 68
www.prolitteris.ch
webmaster@prolitteris.ch

Schweizerische Lauterkeitskommission
Kappelergasse 14, Postfach 4675
CH-8022 Zürich
Tel. +41 (0)1 211 79 22
Fax +41 (0)1 211 80 18
www.lauterkeit.ch
info@lauterkeit.ch

SMCC
Swiss Multimedia Copyright Clearing Center
Universitätstrasse 96, Postfach
CH-8033 Zürich
Tel. +41 (0)1 368 15 61
Fax +41 (1) 368 15 62
www.smcc.ch
mail@smcc.ch

SSA Société Suisse des Auteurs
Schweizerische Autorengesellschaft
Rue Centrale 12/14
CH-1003 Lausanne
Tel. +41 (0)21 313 44 55
Fax +41 (0)21 313 44 56
www.ssa.ch, info@ssa.ch

SUISA
Bellariastrasse 82, Postfach 782
8038 Zürich
Tel. +41 (0)1 485 66 66
Fax +41 (0)1 482 43 33
www.suisa.ch, suisa@suisa.ch

Swiss Expo and Event Makers
Postfach
CH-8024 Zürich
Tel. +41 (0)1 262 00 88
Fax +41 (0)1 262 27 07
www.expo-event.ch
postmaster@expo-event.ch

suissimage
Schweiz. Gesellschaft für die Urheberrechte an audiovisuellen Werken
Neuengasse 23
CH-3001 Bern
Tel. +41 (0)31 313 36 36
Fax +41 (0)31 313 36 37
www.suissimage.ch
mail@suissimage.ch

SWISSPERFORM
Konzessionierte Aufsicht für die Leistungsschutzrechte
Utoquai 43, Postfach 221
CH-8024 Zürich
Tel. +41 (0)1 269 70 50
Fax +41 (0)1 269 70 60
www.swissperform.ch
info@swissperform.ch

Informationen und Adressen zur Filmbranche:
Allgemeine Geschäftsbedingungen zur Werbefilm-Produktion hat auch der Branchenverband Schweizer Werbe- und Kommunikationsagenturen (BSW) erlassen: Bestellungen über www. bsw.ch (Informationen für Deutschland über www.gwa.de).
CH-Informationen für Produzenten sind auch über www.swissfilm.org erhältlich (Sekretariat Swissfilm Association, Theaterstrasse 4, 8001 Zürich, Tel. 01 258 41 10, Fax 01 258 41 11, info@swissfilm.org), Informationen zu Verträgen und Tarifen mit Sprecher/Innen über www.vps-asp.ch zugänglich, jene zu den Textern über www.scriptweb.ch, der Website des Schweizerischen Texterverbandes. Audiovisionsproduzenten und ausübende KünstlerInnen sind der swissperform angeschlossen, weitere Informationen dazu sowie die Adressen der Interpreten-Verbände finden sich über www.swissperform.ch, suissimage verwertet die Rechte der Regisseure und Regisseurinnen (Musterverträge über www.suissimage.ch). Schauspieler finden Tarif-Vergleiche auf internationaler Ebene auch über www.usefee.tv. Im Bereich der nicht-kommerziellen Filme gibt es diverse Musterverträge zwischen dem Verband der Schweizerischen Filmproduzenten (SFP, siehe www.swissfilmproducers.ch). Weitere Brancheninformationen auch über www.kinotv.com und www.filmnet.ch sowie www.realisateurs.ch.

Informationen und Kontaktadressen zu den wichtigen Institutionen im Bereich der publizistischen Kommunikation:

Presserat (www.presserat.ch)

Bundesamt für Kommunikation (www.bakom.ch)

Unabhängige Beschwerdeinstanz für Radio und Fernsehen (www.ubi.ch)

Die schweizerischen Verwertungsgesellschaften

Name Rechtsform Telefon/Fax	Sitz Adresse	› Gründungsjahr › Mitglieder › Umsatz	Aufgabenbereich
SUISA Genossenschaft T 01 485 66 66 F 01 482 43 33	8038 Zürich Bellariastrasse. 82 Postfach 782	› 1923/1942 › > 19 000 › > 130 Mio Fr.	nichttheatralische Musik (kleine Rechte)
PRO LITTERIS Genossenschaft T 043 300 66 15 F 043 300 66 18	8033 Zürich Postfach	› 1974 › > 6785 › > 21,6 Mio Fr.	Literatur, bildende Kunst, Fotografie, Rechtewahrnehmung
SUISSIMAGE Genossenschaft T 031 312 11 06 F 031 312 21 04	3001 Bern Neuengasse 23 Postfach 2190	› 1981 › > 1000 › > 36 Mio Fr.	Film, audiovisuelle Werke
SSA Société Suisse des Auteurs Genossenschaft T 021 312 65 71 F 021 312 65 82	1002 Lausanne rue Centrale 12 case postale 3893	› 1986 (vorher SACD 1947) › > 1400 › > 15 Mio Fr.	wort-, musikdramatische und audiovisuell Werke (zusammen mit Suissimage)
SWISSPERFORM Verein T 01 269 70 50 F 01 269 70 60	8024 Zürich Postfach 221 8024 Zürich	› 1993 › Mitglieder: SIG, IFPI, ASMP, SFP, SFVP, SRG etc. › > 27 Mio. Fr.	Darbietung, Ton- und Tonbildträger, Sendungen (Interpreten-/ Produzentenrecht)
SMCC Swiss Multimedia Copyright Clearing Center	8033 Zürich c/o ProLitteris	› 1996 › Pro Litteris, SSA, SUISA, Suissimage › unbekannt	Infostelle der Verwertungs- gesellschaften (Multimedia- Produkte und Datensysteme; Offline- und Onlinerechte).

Wichtige Websites für EU-Richtlinien und internationales Recht

› www.gwa.de
› www.online-recht.de /vorlink.html?europa
› www.datenschutz-und-datensicherheit.de/dudserver/ecommerce.htm
› http://www.cordis.lu/fp6/find-doc.htm
› http://europa.eu.int/comm/research/fp6/firstcallresult_en.html
› www.bonnanwalt.de
› www.euresearch.ch
› http://www.europarl.eu.int
› http://www.europarl.eu.int/factsheets/default_de.htm
› http://www.eaca.be/default.asp?s=Documentation&sb=Guidelines
› www.aaaa.org
› www.werbe.at

Wichtige Institutionen

› www.edsb.ch
(Eidgenössischer Datenschutzbeauftragter)
› www.datenschutz.ch
(Zürcher Datenschutzbeauftragter)
› www.datenschutz-zug.ch
(Datenschutzbeauftragter des Kantons Zug)

› SECO
Staatssekretariat für Wirtschaft (seco)
Ressort Recht, Effingerstr.1, 3003 Bern
Tel. 031 322 77 70, Fax 031 324 09 56
martine.maino@seco.admin.ch
Guido Suter (Sektionschef) 031 322 28 14
Denise Lörtscher, Office fédéral de la Justice
(031 323 12 67)
Reto Brand, Office fédéral de la Justice
(031 322 87 01)
› WEKO (Wettbewerbskommission)
siehe www.weko.ch

Literaturverzeichnis

Baldino Renzo/*Schneeberger* Beat, Le Guide Juridique, Genf 2000

Barrelet Denis/*Egloff* Willi, Das neue Urheberrecht, Bern 2000 (zit. Barrelet/Egloff)

Baudenbacher Carl, Lauterkeitsrecht, Basel 2001 (zit. Baudenbacher)

David Lucas/*Reutter* Mark A., Schweizerisches Werberecht, Zürich 2001 (zit.David/Reutter)

Druey Jean Nicolas, Information als Gegenstand des Rechts, Zürich 1995 (zit. Druey)

Fellmann Walter/*von Büren-von Moos* Gabrielle, Grundriss der Produktehaftpflicht, Bern 1993 (zit. Fellmann/von Büren-von Moos)

Gauch Peter, Der Werkvertrag, Zürich 1996 (zit. Gauch)

Glaus Bruno, Das Recht der kommerziellen Kommunikation, Rapperswil 2000 (zit. Glaus 2000)

Glaus Bruno/Studer Peter, Kunstrecht, Zürich 2003 (zit. Glaus/Studer 2003)

Glaus Bruno/ Das Recht am eigenen Wort, Bern 1997 (zit. Glaus 1997)

Heinrich Peter, Schweizerisches Designgesetz, Zürich 2002 (zit. Heinrich)

Hess Hans-Joachim, Kommentar zum Produktehaftpflichtgesetz, Bern 1996 (zit. Hess)

Hilty Reto M., Lizenzvertragsrecht, Bern 2001 (zit. Hilti)

Pedrazzini Mario M./*Pedrazzini* Federico A., Unlauterer Wettbewerb, Bern, 2002 (zit. Pedrazzini/Pedrazzini)

Pedrazzini Mario M./*von Büren* Roland/*Marbach* Eugen, Immaterialgüter- und Wettbewerbsrecht, Bern 1998 (zit. Pedrazzini/Büren/Marbach)

Rehbinder Manfred, Das Schweizerische Urheberrecht, Bern 2000 (zit. Rehbinder)

Schwenninger Marc/*Senn* Manuel und *Thalmann* André, Werberecht, Zürich 1999 (zit. Schwenninger)

Staub Leo / *Celli* Alessandro, Designrecht, Zürich/Basel/Genf 2003

Staub Leo/*Hilti* Christian, Wettbewerbs- und Immaterialgüterrecht, St.Gallen/Lachen 1998 (zit. Staub/Hilti)

Studer Peter/*Mayr von Baldegg* Rudolf, Medienrecht für die Praxis, Zürich 2001, (zit. Studer)

Troller Kamen, Grundzüge des schweizerischen Immaterialgüterrechts, Basel 2001 (zit. Troller)

Willi Christoph, Markenschutzgesetz, Zürich 2002 (zit. Willi)

Zeller Franz, Öffentliches Medienrecht, Stämpfli Verlag AG, Bern 2004 (zit. Zeller)

Abkürzungsverzeichnis

a.a.O.	am angegebenen Ort
Abs.	Absatz
ABV	Verordnung über die ausländischen Banken in der Schweiz (Auslandbankenverordnung)
AFG	Anlagefondsgesetz
AfP	Archiv für Presserecht
AFV	Anlagefondsverordnung
AJP	Aktuelle Juristische Praxis
AlkG	Bundesgesetz über die gebrannten Wasser (Alkoholgesetz)
AlkV	Alkoholverordnung
AnwG	Anwaltsgesetz
Art.	Artikel
ASW	Allianz Schweizer Werbeagenturen
AWV	Verordnung über die Arzneimittelwerbung (Arzneimittel-Werbeverordnung)
BAKOM	Bundesamt für Kommunikation
BankG	Bankgesetz
BankV	Bankverordnung
BEHG	Bundesgesetz über die Börsen und den Effektenhandel (Börsengsetz)
BEHV	Verordnung der Eidgenössischen Bankenkommission über die Börsen und den Effektenhandel (Börsenverordnung)
BGE	Bundesgerichtsentscheide
BGFA	Bundesgesetz über die Freizügigkeit der Anwältinnen und Anwälte
BGHZ	Entscheide des Bundesgerichtshof
BioV	Bio-Verordnung
BSW	Branchenverband Schweizer Werbe- und Kommunikationsagenturen
BV	Bundesverfassung
CISC	Wiener Kaufrecht
d.h.	das heisst
DesG	Bundesgesetz über den Schutz von Design (Designgesetz)
DesV	Verordnung über den Schutz von Design (Designverordnung)
DSG	Bundesgesetz über den Datenschutz (Datenschutzgesetz)
EFTA	Übereinkommen zur Errichtung der Europäischen Freihandelsassoziation
EMKV	Verordnung über die Kontrolle des Verkehrs mit Edelmetallen und Edelmetallwaren (Edelmetallkontrollverordnung)
EMRK	Europäische Menschenrechtskonvention
EuGH	Gerichtshof der Europäischen Gemeinschaft (Europäischer Gerichtshof)
FAV	Verordnung über Fernmeldeanlagen
FDV	Verordnung über Fernmeldedienste
ff.	folgende
Fn.	Fussnote
GebrV	Verordnung über Gebrauchsgegenstände
GestG	Gerichtsstandsgesetz
GS	Grundsätze der Schweizerischen Lauterkeitskommission
HMG	Bundesgesetz über Arzneimittel und Medizinprodukte (Heilmittelgesetz)
HregV	Handelsregisterverordnung
HRV	Verordnung über die Errichtung und Führung des Handelsregisters
i.V.m.	in Verbindung mit
IGE	Institut für Geistiges Eigentum
KKG	Bundesgesetz über den Konsumkredit
KUR	Kunstrecht und Urheberrecht
KVV	Verordnung über die Krankenversicherung
LFG	Bundesgesetz über die Luftfahrt
LFV	Verordnung über die Luftfahrt
LG	Bundesgesetz betreffend die Lotterien und die gewerbsmässigen Wetten
lit.	littera

LMG	Bundesgesetz über Lebensmittel und Gebrauchsgegenstände (Lebensmittelges.)
LMV	Lebensmittelverordnung
LV	Verordnung zum Bundesgesetz betreffend die Lotterien und die gewerbsmässigen Wetten
m.w.H.	mit weiteren Hinweisen
media lex	Zeitschrift für Kommunikationsrecht
MepV	Medizinprodukteverordnung
MG	Bundesgesetz über die Armee und die Militärverwaltung (Militärgesetz)
MschG	Markenschutzgesetz
MWSTG	Bundesgesetz über die Mehrwertsteuer (Mehrwertsteuergesetz)
N	Note
OR	Obligationenrecht
PatG	Bundesgesetz über die Erfindungspatente (Patentgesetz)
PBV	Preisbekanntgabeverordnung
RKGE	Eidgenössische Rekurskommission für geistiges Eigentum
RTVG	Bundesgesetz über Radio- und Fernsehen
RTVV	Radio- und Fernsehverordnung
Rz	Randziffer
SAV-RL	Verordnung über die Abgasimmission von Schiffsmotoren auf schweizerischen Gewässern
SBG	Bundesgesetz über Glücksspiele und Spielbanken (Spielbankengesetz)
sic!	Zeitschrift für Immaterialgüter-, Informations- und Wettbewerbsrecht
SIWR	Schweizerisches Immaterialgüter- und Wettbewerbsrecht
SJZ	Schweizerische Juristenzeitung
SLK	Schweizerische Lauterkeitskommission
SLKE	Entscheide der schweizerischen Lauterkeitskommission
SNB	Schweizerische Nationalbank
SRG	Schweizerische Radio- und Fernsehgesellschaft
SSV	Signalisationsverordnung
StGB	Schweizerisches Strafgesetzbuch
StoV	Verordnung über umweltgefährdende Stoffe (Stoffverordnung)
SUISA	Schweizerische Gesellschaft für die Rechte der Urheber musikalischer Werke
SVG	Strassenverkehrsgesetz
SWA	Verband Schweizerischer Werbeauftraggeber
TabG	Tabakgesetz
TabV	Verordnung über Tabak und Tabakerzeugnisse (Tabakverordnung)
TSchG	Tierschutzgesetz
TSchV	Tierschutzverordnung
UBI	Unabhängige Beschwerdeinstanz für Radio und Fernsehen
UNO-G	UNO-Gesetz, Gesetz zum Schutz von Namen und Zeichen der Organisation der vereinigten Nationen und anderer zwischenstaatlicher Organisationen
URG	Bundesgesetz über das Urheberrecht und verwandte Schutzrechte (Urheberrechtsgesetz)
UWG	Bundesgesetz gegen den unlauteren Wettbewerb
vergl.	vergleiche
VGV	Verordnung über Getränkeverpackungen
VSKF	Verband der Schweizerischen Kreditkarten und Finanzinstitute
VSV	Verordnung über den Strassenverkehr
VTS	Verordnung über die technischen Anforderungen an Strassenfahrzeuge
WSchG	Bundesgesetz zum Schutz öffentlicher Wappen und anderer öffentlicher Zeichen (Wappenschutzgesetz)
ZAV-Reglement	Reglement des Zürcher Anwaltsverbandes: ‹Anwalt und Öffentlichkeit›
ZGB	Zivilgesetzbuch
ZR	Zürcher Rechtsprechung
ZSR	Zeitschrift für Schweizerisches Recht

II Lauterkeitsgrundsätze

1. Geltungs- und Anwendungsgebiete

Grundsatz Nr. 1.1 Begriff der kommerziellen Kommunikation
Unter kommerzieller Kommunikation[1] ist jede Massnahme von Konkurrenten oder Dritten zu verstehen, die eine Mehrheit von Personen systematisch in ihrer Einstellung zu bestimmten Waren, Werken, Leistungen oder Geschäftsverhältnissen zum Zweck des Abschlusses eines Rechtsgeschäftes oder seiner Verhinderung beeinflussen.

Grundsatz Nr. 1.2 Formen der kommerziellen Kommunikation
Kommerzielle Kommunikation umfasst sämtliche Formen von Werbung, Direktmarketing, Sponsoring, Verkaufsförderung und Öffentlichkeitsarbeit.

Grundsatz Nr. 1.3 Politische Propaganda
Kommerzielle Kommunikation ist politische Propaganda nur, soweit sie wirtschaftliche Fragen beinhaltet. Werden solche Fragen jedoch Gegenstand einer Abstimmung, so sind sie der politischen Propaganda zuzuordnen und zwar während der Zeitdauer von der Bekanntgabe des Abstimmungsdatums bis einen Tag nach erfolgter Abstimmung.

Grundsatz Nr. 1.4 Gemeinnützige und religiöse Propaganda
Gemeinnützige und religiöse Propaganda gilt nicht als kommerzielle Kommunikation. Soweit religiöse oder gemeinnützige Organisationen eine kommerzielle Tätigkeit betreiben, haben diese die Grundsätze der werblichen Lauterkeit zu beachten.

Grundsatz Nr. 1.5 Direktwerbung/Direktmarketing
Direktmarketing umfasst alle Massnahmen gegenüber ausgewählten, physisch nicht anwesenden Personen, um diese über Angebote von Waren und Dienstleistungen in Kenntnis zu setzen, unabhängig davon, ob eine Anfrage vorliegt.

Grundsatz Nr. 1.6 Transnationale kommerzielle Kommunikation
Für die Beurteilung einer Massnahme der kommerziellen Kommunikation ist das Recht des Staates massgeblich, auf dessen Markt die Massnahme ihre Wirkung entfaltet.

Grundsatz Nr. 1.7 Verantwortlichkeit für die Werbeaussage
Die Verantwortung für die Richtigkeit und Rechtmässigkeit der Werbeaussage liegt beim Auftraggeber. Berater haften für die Rechtmässigkeit einer Werbeaussage.
Auftragnehmer und Mittler haben die übernommenen Aufträge mit der nötigen Sorgfalt auszuführen und haften bei Vorsatz oder grober Fahrlässigkeit.

Grundsatz Nr. 1.8 Beweislast
Jeder Werbetreibende muss die Richtigkeit seiner Werbeaussagen beweisen können.

2. Unzulässige Aussagen

Grundsatz Nr. 2.1 Verwendung des Begriffs ‹Schweiz›
Die Verwendung des Begriffs ‹Schweizer Ware› oder eine gleichlautende Bezeichnung in der Werbung ist unlauter, mit Ausnahme für
1) *Einheimische Produkte*
2) *Fabrikate*,
  > soweit sie zu 100% in der Schweiz hergestellt werden,
  > soweit sie in der Schweiz zu neuen Produkten mit mehrheitlich anderen typischen Merkmalen und mit einem völlig verschiedenen Gebrauchsnutzen umgestaltet werden,

---

[1] *Im Folgenden wird neben dem Begriff kommerzielle Kommunikation der umgangssprachliche Ausdruck Werbung synonym verwendet.*

› soweit eine sonstige Verarbeitung in der Schweiz wertmässig mindestens 50% der totalen Produktionskosten (Rohmaterialien, Halbfabrikate, Zubehörteile, Löhne, Fabrikationsgemeinkosten) ausmacht.

Ein Handels-, Fabrikations- oder sonstwie nach kaufmännischen Grundsätzen geführtes Unternehmen darf sich in der Werbung nur dann als ‹Schweizerisch› oder gleichbedeutend bezeichnen, wenn es (vorbehältlich der Einzelfirmen mit einem Jahresumsatz von weniger als Franken 100 000.–) in der Schweiz als Firma im Handelsregister eingetragen ist und in dem beworbenen Bereich in der Schweiz eine Tätigkeit ausübt.

Grundsatz Nr. 2.2 Verwendung akademischer Titel
Die Verwendung ausländischer, akademischer Titel in der Werbung ist unlauter, sofern nicht nachgewiesen werden kann, dass zur Erlangung eine vergleichbare Voraussetzung wie in der Schweiz erfüllt werden musste.

Grundsatz Nr. 2.3 Verwendung des Begriffs ‹invalid›
Als ‹invalid› werden im Zusammenhang mit Werbemassnahmen Personen verstanden, die infolge angeborener oder später entstandener körperlicher, geistiger oder seelischer Schäden in ihrer Erwerbstätigkeit so stark behindert sind, dass sie bei der Abgabe der ihnen noch möglichen wirtschaftlichen Leistungen auf die Wohltätigkeit der Abnehmer angewiesen sind.

Grundsatz Nr. 2.4 Verwendung von Medizinalpersonen
In der Werbung für Erzeugnisse, Vorrichtungen und Methoden, die der staatlichen Kontrolle nicht unterstehen, aber mit der Gesundheit in Verbindung gebracht werden, ist es nicht gestattet, auf Medizinalpersonen oder medizinisch-technisches Fachpersonal als Referenzen oder anderweitig hinzuweisen, um dem beworbenen Erzeugnis den Anschein eines Heilmittels oder eines heilmittelähnlichen Produktes zu geben.

3. Grundlagen

Grundsatz Nr. 3.1 Firmengebrauchspflicht in der Werbung
Sämtliche Unternehmen sind gehalten, im Geschäftsverkehr die im Handelsregister eingetragene Firmenbezeichnung vollständig und unverändert zu benutzen. Nicht zum Handelsregistereintrag verpflichtete Einzelunternehmen müssen ausnahmslos in der Firmenbezeichnung den Familiennamen des Inhabers angeben.
Kurzbezeichnungen, Logos, Geschäftsbezeichnungen und Enseignes sowie ähnliche Angaben dürfen nur zusammen mit der eingetragenen Firmenbezeichnung verwendet werden.
Unlauter sind alle Angaben, die geeignet sind, das Publikum über wesentliche, tatsächliche oder rechtliche Verhältnisse des Anbieters, seiner Firma, seiner Geschäftsbezeichnung, seines Wohnsitzes oder Sitzes sowie seiner Herkunft irrezuführen oder zu täuschen. Dies gilt insbesondere für
› Die Verwendung einer Firmenbezeichnung, die mit der im Handelsregister eingetragenen nicht übereinstimmt.
› Änderungen oder Weglassungen am Wortlaut der Firma, wie das Weglassen des Familiennamens des Inhabers bei Einzelfirmen.
› Die Verwendung von Enseignes oder sonstigen Geschäftsbezeichnungen anstelle von Firmenbezeichnungen (z.B. korrekt: Esoterik AG, Madame Tamara; unlauter Madame Tamara).
› Die Verwendung einer irreführenden Bezeichnung für ein im Handelsregister nicht eingetragenes Unternehmen (z.B. Müller Söhne oder Schmid + Sutter, die eine eintragungspflichtige Kollektivgesellschaft beinhalten).
› Die Irreführung über den Firmensitz von nicht im Schweizer Handelsregister eingetragenen ausländischen Unternehmen (z.B. Registered Trust Ltd, Postfach, 8048 Zürich).
› Die Nichtangabe des Sitzes der Hauptniederlassung bei Zweigniederlassungen oder blossen Betriebsstätten ausländischer Unternehmen.

Grundsatz Nr. 3.2 Persönlichkeits- und Datenschutz
1) Persönlichkeitsschutz
Es ist unlauter, in der kommerziellen Kommunikation ohne ausdrückliche Zustimmung Name, Abbild, Aussage oder Stimme einer identifizierbaren Person zu verwenden. Als Abbild gilt jede Dar-

stellung (auch durch Zeich-nung, Karikatur, Gemälde oder Double). Auf die Rechte der Angehörigen eines Verstorbenen ist angemessen Rücksicht zu nehmen.

2) Testimonials und Referenzen
Testimonials sind subjektive Aussagen von natürlichen Personen über ihre Erfahrungen mit bestimmten Produkten (Waren oder Dienstleistungen). Sie haben sich auf Angaben zum Produkt zu beschränken. Sie müssen hinsichtlich ihres Inhalts und Urhebers belegt werden können.

Jeder Hinweis auf Personen soll wahr und nicht irreführend sein. Die Bezugnahme auf fiktive Personen hat selbst dann zu unterbleiben, wenn über die Fiktion keine Unklarheit bestehen kann.

3) Datenschutz
  a) Bearbeitungsgrundsatz: Personendaten dürfen nur zu dem Zweck bearbeitet werden, der bei der Beschaffung angegeben wurde, aus den Umständen ersichtlich oder gesetzlich vorgesehen ist; Personendaten müssen sachlich zutreffen.
  b) Transparenzgrundsatz: Personendaten müssen stets mit der Herkunftsangabe der ursprünglichen Datensammlung gekennzeichnet sein.

Grundsatz Nr. 3.3 Durchführung und Kommunikation von Tests

1) Unter ‹Test› wird das Feststellen einer oder mehrerer Eigenschaften eines bestimmten Erzeugnisses, Verfahrens oder einer Dienstleistung nach einem vorgeschriebenen geeigneten Verfahren verstanden.
2) Die Durchführung von Tests und die Kommunikation von Testergebnissen hat unter den Gesichtspunkten der
   - Neutralität,
   - Objektivität,
   - Sachlichkeit und
   - Transparenz

   zu erfolgen.

   Hinsichtlich der Objektivität gelten die Gebote der Wahrheit (Täuschungsverbot), der Klarheit (Irreführungsverbot), der Vollständigkeit und der Nachvollziehbarkeit.
3) Die Durchführung von Tests oder die Kommunikation von Testergebnissen ist unlauter, wenn sie die vorstehenden Voraussetzungen nicht erfüllen.
4) Im übrigen gelten die ‹Richtlinien für Tests›.

Grundsatz Nr. 3.4 Ausländische Gutachten und dergleichen

Der Hinweis auf ausländische Gutachten und dergleichen in der kommerziellen Kommunikation ist unlauter, soweit diese in der Schweiz nicht verifizierbar sind.

Grundsatz Nr. 3.5 Vergleichende Werbung

Die vergleichende Werbung gilt als unlauter, sofern sie mittels unrichtiger, irreführender oder unnötig verletzender Äusserungen oder in unnötig anlehnender Weise mit anderen, ihren Waren, Werken, Leistungen oder deren Preisen vergleicht.

1) Unrichtig ist eine Äusserung, wenn
  - die verglichenen Waren oder Leistungen nicht vergleichsfähig sind, d.h. einen umfassenden und abschliessenden sachlichen Vergleich nicht ermöglichen,
  - der Bezugnahme nicht identische oder zumindest nicht vergleichbare – im System- oder Warenvergleich nicht austauschbare oder vertretbare – Elemente zugrunde gelegt werden,
  - die Angaben den Tatsachen, wie sie das Publikum versteht, nicht entsprechen,
  - die Bezugnahme fälschlicherweise als umfassend und abschliessend dargestellt wird.

2) Irreführend ist eine Äusserung, wenn
  - die Angabe Tatsachen unterdrückt, die nach den Erwartungen des Publikums im Zusammenhang mit der Äusserung ebenfalls gesagt werden müssten,
  - die Bezugnahme dem durchschnittlichen Verständnis des Empfängers nicht Rechnung trägt,
  - lediglich einzelne Vor- und Nachteile miteinander verglichen werden und die übrigen Elemente nicht identisch sind.

3) Unnötig verletzend ist eine Äusserung, wenn
  - ihr Inhalt unerlaubt ist, d.h. für sachliche Aufklärung der Abnehmerschaft nicht nötig ist,
  - ihr Zweck unerlaubt ist, d.h. mehr als für die Erstellung der Markttransparenz nötig in die Persönlichkeit des oder der Mitbewerber eingreift,
  - sie statt das beworbene Erzeugnis oder die beworbene Leistung zu rühmen, das verglichene Produkt oder die verglichene Leistung in direkter Weise herabsetzt.

4) *Unnötig anlehnend ist eine Äusserung,*
- die sich den guten Namen oder den Ruf eines anderen zunutze macht,
- die von einer fremden Unternehmensleistung profitiert.

Erfolgt die Äusserung systematisch oder wiederholt, wird ihre unnötige Anlehnung vermutet.

Grundsatz Nr. 3.6 Werbung mit Selbstverständlichkeiten
Jede Werbung, die für einzelne Waren, Werke oder Leistungen bestimmte Eigenschaften hervorhebt, ist irreführend und damit unlauter, wenn diese Eigenschaften für die meisten dieser Waren, Werke und Leistungen ohnehin zutreffen, üblich oder vorgeschrieben sind.

Grundsatz Nr. 3.7 Nachahmung werblicher Gestaltungen
1) Eine Nachahmung ist dann gegeben, wenn das Original in wesentlichen Teilen übernommen wird. Als Originale gelten kommerzielle Kommunikation sowie Waren, Werke und Leistungen anderer, die vorbestanden haben.
2) Entsteht durch die Nachahmung eine Verwechslungsgefahr oder ist die Nachahmung unnötig anlehnend, so ist sie unlauter.

Grundsatz Nr. 3.8 Gratis-Gutscheine zu Werbezwecken
Gutscheine, die zum verbilligten oder kostenlosen Bezug von Waren oder Leistungen berechtigen, müssen auf dem Gutschein selbst die Bedingungen enthalten, zu denen die Waren oder Leistungen erhältlich sind.

Fehlen entsprechende Angaben, so darf angenommen werden, dass die Gutscheine unbefristet und ohne Einschränkung eingelöst werden dürfen.

Grundsatz Nr. 3.9 Gewinnspiele oder Publikumswettbewerbe
1) Anforderungen gemäss Lotterierecht
Gewinnspiele und Publikumswettbewerbe sind unzulässig, sofern sie folgende vier Merkmale kumulativ aufweisen:
- Abschluss eines Rechtsgeschäftes (Zwang zum Vertragsabschluss, also zur Vereinbarung einer vertraglichen Leistung, was auch bei einem Kauf auf Probe oder Besicht zutrifft) oder Leistung eines vermögensrechtlichen Einsatzes (geldwerte Leistung des Teilnehmers auch in Form von Umtriebsentschädigungen, Spesen-, Versand- und andere Anteile, zusätzlich zu den effektiven Porto- und Übermittlungskosten) als Teilnahmevoraussetzung,
- Gewährung eines vermögenswerten Vorteils als Gewinn,
- Ermittlung der Gewinner oder der Höhe der Gewinne durch überwiegenden Zufall (Verlosung), so dass die Geschicklichkeit des Teilnehmers nicht mehr wesentlich erscheint,
- Planmässigkeit des Spiels oder Wettbewerbs, indem der Veranstalter sein Spielrisiko ausschliesst.

2) Anforderungen gemäss Lauterkeitsrecht
Unlauter handelt insbesondere, wer den Teilnehmer an einem Spiel oder Wettbewerb irreführt, so durch
- *Spielanlagen,* die den Teilnehmer im unklaren darüber lassen, ob ein Kauf für die Teilnahme nötig ist, oder glauben lassen, ein Kauf würde die Gewinnchancen erhöhen,
- *Vorabverlosungen* (Sweepstake), bei denen namentlich aufgeführten Personen ausgesetzte Gewinne in Aussicht gestellt werden, sofern der Veranstalter weiss oder wissen könnte, dass den genannten Personen die ausgesetzten Gewinne nicht zugeteilt worden sind, wobei die Gewinnzuteilung durch technische Vorrichtungen oder beauftragte Dritte dem Veranstalter zuzurechnen ist,
- *Preise,* die nicht in der Abstufung ihres Wertes aufgelistet werden, teilweise Wertangaben enthalten, teilweise nicht oder die bei einem Verkaufswert unter Fr. 100.– als wertvoll bezeichnet werden,
- *Gewinnversprechen,* die schlagwortartig angepriesen und nur an optisch untergeordneter Stelle relativiert werden, anstatt durch Hervorheben des Textes in ähnlich prägnanter Form an anderer Stelle unmissverständlich klarmachen, unter welchen Voraussetzungen der Teilnehmer welchen Preis in welcher Veranstaltung erhält,
- *Teilnahmebedingungen,* die verlangen, dass die Teilnahmeerklärung auf einem Formular für eine verbindliche oder probeweise Bestellung eingereicht wird, sofern auf dem gleichen Formular nicht unmissverständlich die wahlweise oder chancengleiche Teilnahme auch ohne verbindliche oder probeweise Bestellung erwähnt wird,
- *Teilnahmeerklärungen,* bei denen die Teilnahmeerklärung auf unterschiedlichen Formularen, nur mit der Bestellkarte ohne spezielle Rubrik für die Teilnahme ohne Bestellung, mittels verschiedenartigen Umschlägen oder Frankaturen zu erfolgen hat.

Als Verkaufspromotion stellt ein Gewinnspiel oder Wettbewerb eine *aggressive Verkaufsmethode* dar und ist unlauter, sofern der Veranstalter die Entscheidungsfreiheit des Teilnehmers beeinträchtigt, insbesondere durch
› Ausnutzung der Dankbarkeit des Teilnehmers, indem dem Teilnehmer bereits bei früheren Gewinnspielen oder Auslosungen ein Gewinn angeboten oder ausgerichtet worden ist,
› Appell an den Anstand, indem dem Teilnehmer trotz Wegbedingung einer Bestellung nahegelegt wird, zu bestellen.

Grundsatz Nr. 3.10 Garantierte Rückgabemöglichkeit
Jede Anpreisung, die die Rückgabe eines Produktes innert einer bestimmten Frist in Aussicht stellt, ist unlauter, sofern sie nicht folgende Anforderungen erfüllt:
1) Wird die Rückgabe ohne nähere Bedingungen oder in genereller Weise durch Wendungen wie z.B. «bei Nichtgefallen zurück» und dergleichen angeboten, so muss das unbeschädigte Produkt unter gleichzeitiger Rückerstattung der entrichteten Kaufsumme Zug um Zug ohne jegliche Abzüge und ohne Vorbehalt zurückgenommen werden.
2) Ist die Rücknahme an gewisse Bedingungen gebunden, so müssen diese klar und allgemein verständlich in der Werbung genannt werden. Der Empfänger ist lediglich angehalten, das Fehlen dieser Bedingungen glaubhaft zu machen.
3) Die Rückgabefrist für Produkte mit einer zugesicherten Eigenschaft oder Wirkung muss so bemessen sein, dass dem Empfänger die Überprüfung und Beurteilung dieser Eigenschaft oder Wirkung effektiv möglich ist.
4) Werden Waren auf Probe oder auf Besicht oder zur freien Prüfung angeboten, ist deutlich zu machen, wer die Rücksendekosten übernimmt und wie die Retournierung zu erfolgen hat.
5) Ansichtsendungen, die in Sukzessiv- oder Teillieferungen angepriesen werden, müssen unmissverständlich die Zahl der Lieferungen und den Preis der einzelnen sowie der gesamten Lieferungen angeben.

Grundsatz Nr. 3.11 Geschlechterdiskriminierende Werbung
1) Werbung, die ein Geschlecht diskriminiert, indem sie die Würde von Frau oder Mann herabsetzt, ist unlauter.
2) Geschlechterdiskriminierende Werbung liegt insbesondere dann vor, wenn sie die ein Geschlecht verkörpernde Person
› als Objekt von Unterwerfung, Untertänigkeit, Ausbeutung etc. darstellt,
› visuell, verbal oder akustisch herabwürdigt,
› im Kindes- und Jugendalter nicht mit erhöhter Zurückhaltung respektiert,
› in sexistischer Art und Weise beeinträchtigt. Sexistische Beeinträchtigung ist vor allem dann gegeben, wenn zwischen der das Geschlecht verkörpernden Person und dem Produkt kein natürlicher Zusammenhang besteht oder die Person in rein dekorativer Funktion (Blickfang) dargestellt wird.

Grundsatz Nr. 3.12 Trennung zwischen redaktioneller Information und kommerzieller Kommunikation
1) Kennzeichnung und Erkennbarkeit von kommerzieller Kommunikation
Kommerzielle Kommunikation, gleichgültig in welcher Form sie erscheint oder welchen Werbeträger sie benutzt, soll als solche eindeutig erkennbar und vom übrigen Inhalt klar getrennt sein. Wird sie in Werbeträgern veröffentlicht, die gleichzeitig Nachrichten und Meinungen publizieren, muss sie so gestaltet und gekennzeichnet sein, dass sie als bezahlte Einschaltung klar erkennbar ist.
2) Verbot von Schleichwerbung
Unentgeltliche redaktionelle Veröffentlichungen, die auf Unternehmen, ihre Produkte (Waren oder Dienstleistungen) hinweisen, dürfen nicht die Grenze zur Schleichwerbung überschreiten. Eine Überschreitung liegt insbesondere vor, wenn die Veröffentlichung über ein begründetes öffentliches Interesse oder das Informationsinteresse des Medienkonsumenten hinausgeht.
3) Verbot der Koppelung von kommerzieller Kommunikation mit redaktionellen Beiträgen
Es ist unlauter, im Interesse der Akquisition von kommerziellen Aufträgen redaktionelle Beiträge zuzusichern oder kommerzielle Aufträge vom Entgegenkommen im redaktionellen Teil abhängig zu machen.
4) Sponsoring von redaktionellen Beiträgen
Sponsoring von redaktionellen Beiträgen ist unlauter, sofern für den Medienkonsumenten nicht jederzeit nachvollziehbar ist, welche Teile der Publikation gesponsert sind und wer der Sponsor ist.

5) **Product Placement**
Die Abbildung oder Nennung von Produkten sowie Firmen- und Markenbezeichnungen in redaktionellen oder künstlerischen Angeboten ist unlauter, soweit redaktionelle oder künstlerische Interessen dies nicht rechtfertigen, bzw. soweit dies für das Publikum nicht transparent gemacht wird.

6) *Beilagen*
Beilagen oder Sonderseiten, deren Zustandekommen von einem entsprechenden Anzeigenaufkommen abhängt, sind durch eine vom übrigen redaktionellen Teil abweichende Gestaltung zu kennzeichnen. Der Kopf dieser Seiten ist mit dem Wort ‹Sonderseite› oder ‹Sonderbeilage› zu versehen. Ausserdem sind in einem separaten Impressum der Herausgeber und die verantwortliche Redaktion aufzuführen.

7) *PR-Botschaften auf bezahltem Raum*
PR-Botschaften können auch auf bezahltem Raum, d.h. als Inserate veröffentlicht werden. Um die Unterscheidung gegenüber dem Redaktionsteil sicherzustellen, sollen solche PR-Botschaften klar ersichtlich als ‹Werbe- oder Publireportage› bzw. als ‹Anzeige› oder ‹Inserat› bezeichnet werden.

4. Vorschriften für Direktmarketing

Grundsatz Nr. 4.1 Fernabsatz
Fernabsatz ist kommerzielle Kommunikation, die mit Hilfe eines oder mehrerer Kommunikationsmittel einen Vertragsabschluss ohne physische Anwesenheit der Parteien ermöglicht (Distanzgeschäft). Als Kommunikationsmittel kommen insbesondere die (herkömmliche oder elektronische) Post, Kurierdienste, Telefon, Telefax, Television, Radio oder Internet in Frage.

Grundsatz Nr. 4.2 Informationspflichten beim Fernabsatz
Der kommerzielle Zweck der Informationen über Waren und Dienstleistungen muss eindeutig klar und verständlich sowie den verwendeten Fernkommunikationstechniken angepasst sein.
Jede Art von Fernabsatz ist unlauter, sofern nicht die folgenden Informationen gegeben werden:
› Identität des Anbieters (Name, Firma, Adresse. Deckadressen und Postfachnummern genügen nicht),
› wesentliche Eigenschaften,
› Preis,
› Gültigkeitsdauer des Angebotes,
› Einzelheiten über Zahlung und Lieferung (wie Liefer-kosten, Lieferfristen) oder Erfüllung,
› Rückgabemöglichkeit oder Widerrufsrecht,
› Garantie und Kundendienst.

Grundsatz Nr. 4.3 Bestätigung und Widerruf beim Fernabsatz
Sofern der Abnehmer nicht ausdrücklich darauf verzichtet oder die Leistung des Abnehmers Fr. 100.– übersteigt, ist die Bestellung schriftlich zu bestätigen, bevor die Ware zugestellt oder die Dienstleistung ausgeführt wird.
Die Frist des Widerrufs- und Rückgaberechts von 7 Tagen beginnt bei Waren mit dem Tag ihres Eingangs, bei Dienstleistungen mit dem Tag des Vertragsabschlusses.

Grundsatz Nr. 4.4 Aggressive Verkaufsmethoden im Fernabsatz
1) Verkaufsmethoden im Fernabsatz sind kommerzielle Kommunikationen, die sich mittels persönlicher Adressierung an individuelle Personen richten.
2) Sie gelten als aggressiv und damit als unlauter,
   › wenn der Empfänger im voraus erklärt hat, keine kommerzielle Kommunikation erhalten zu wollen (z.B. durch Eintrag in der Robinsonliste des Schweizer Direktmarketing Verbandes SDV oder durch Registereintrag mit Sternmarkierung); besteht zwischen Anbieter und Empfänger eine Geschäfts- oder Kundenbeziehung, darf der Anbieter bis auf ausdrücklichen Widerruf das Einverständnis des Abnehmers annehmen,
   › wenn der Empfänger nach einer Kontaktnahme erklärt hat, keine kommerzielle Kommunikation mehr erhalten zu wollen (z.B. Refusé per Post, Meldung per Email),
   › wenn es der Anbieter unterlässt, dem Empfänger die Möglichkeit anzubieten, mittels dem gleichen Kommunikationsmittel zu erklären, keine weitere kommerzielle Kommunikation erhalten zu wollen (z.B. Wahloption auf der Website, wirksamer ‹unsubscribe› Link).

Grundsatz Nr. 4.5 Geschäftsabschluss ohne Bestellung
Jeder Geschäftsabschluss mittels Nachnahme ist unlauter, wenn
1) keine eindeutige Bestellung vorliegt,
2) gemäss OR 6 wegen der besonderen Natur des Geschäfts eine ausdrückliche Bestellung nicht zu erwarten ist,
3) es sich um eine Ansichtssendung handelt, oder
4) eine Rückgabemöglichkeit vorgesehen ist.

Grundsatz Nr. 4.6 Werbung mit Rechnungen
Der Gebrauch von Einzahlungskarten, -scheinen oder in sonstiger Weise als Rechnung gestalteten Formularen zu Bestellzwecken ist unlauter, sofern im Text oder in begleitenden Schriftstücken nicht unmissverständlich hervorgehoben wird, dass eine blosse Einladung zu einer Bestellung vorliegt.
Aus dem Bestellformular hat klar und vollständig hervorzugehen, welche Rechte und Pflichten Anbieter und Abnehmer mit der Bestellung eingehen.

5. Vorschriften für einzelne Branchen

Grundsatz Nr. 5.1 Carfahrten zu Werbezwecken
Einladungen zu Carfahrten mit Werbeschau, Werbevorträgen und Verkauf oder Bestellaufnahme für die beworbenen Produkte sind unlauter, wenn sie nicht deutlich als solche deklariert werden. Sie dürfen den Empfänger über den eigentlichen Zweck der Veranstaltung nicht irreführen. Aus den Einladungen muss ferner hervorgehen, für welche Produkte (Waren oder Dienstleistungen) geworben wird.

Grundsatz Nr. 5.2 Werbung für Finanzinstitute
Der Ausdruck ‹Bank› darf in der Werbung nur im Zusammenhang mit Unternehmen verwendet werden, die eine Bewilligung der Eidgenössischen Bankenkommission haben.
Der Begriff ‹Sparen› im Zusammenhang mit Spareinlagen oder dergleichen darf in der Werbung nur von Banken benutzt werden, die zur Entgegennahme solcher Einlagen berechtigt sind und darüber öffentlich Rechnung ablegen.
Die Bezeichnung ‹Anlagefonds› oder ähnliche Wendungen sind in der Werbung ausschliesslich für ein Vermögen reserviert, das von den Anlegern zum Zweck gemeinschaftlicher Kapitalanlagen aufgebracht und von der Fondsleitung nach dem Grundsatz der Risikoverteilung für Rechnung der Ausleger verwaltet wird. Für die Aufnahme der Geschäftstätigkeit bedarf die Fondsleitung einer staatlichen Bewilligung.

Grundsatz Nr. 5.3 Werbung für Heimarbeit
Jede Werbung, die für die Überlassung von Unterlagen für die Heimarbeit eine Vorauszahlung oder -leistung verlangt, ist unlauter.
Der Auftraggeber für Heimarbeit muss sich in der Werbung mit vollständiger Adresse identifizieren.

Grundsatz Nr. 5.4 Werbung von Lehrinstituten
Aus der Werbung von Lehrinstituten soll deutlich hervorgehen, dass deren Kurse
1) am betreffenden Lehrinstitut direkt zum Erwerb eines staatlichen oder anerkannten Diploms oder Fähigkeitsausweises führen können, oder
2) nur auf Prüfungen vorbereiten, die vom betreffenden Lehrinstitut selbst nicht abgenommen werden.

Grundsatz Nr. 5.5 Promotion von Medien im Werbemarkt
1) *Werbung mit Auflagezahlen (gedruckte Periodika)*
   a) WEMF/SW-beglaubigte Auflage
      Unter dem Begriff ‹Auflage› wird die von der WEMF AG für Werbemedienforschung beglaubigte Auflage verstanden. Grundlage sind die von der paritätischen ‹Kommission für Auflage und Verbreitung› (KAV) festgelegten ‹Bestimmungen über die Durchführung der WEMF/SW-Auflagebeglaubigung in der Schweiz›.
   b) Notariell beglaubigte Auflage
      Notarielle Beglaubigungen müssen sich in allen Fällen nach den o.a. ‹Richtlinien› der KAV richten.

2) *Werbung mit Daten der Mediaforschung*
Wenn immer möglich sollen Daten aus den aktuellen, offiziellen Mediaforschungen verwendet werden. Werden andere Daten verwendet, so müssen die wesentlichen Parameter den üblichen marktforscherischen Qualitätskriterien entsprechen (Sampling, Fallzahlen etc.).
Die Datenquelle und die zugrunde gelegten Auswertungskriterien (geographische Gebiete, einbezogene Medien, Altersklassen etc.) sind eindeutig zu deklarieren.

Grundsatz Nr. 5.6 Werbung für Registereintragungen
Jede Werbung für Eintragungen in Adressbüchern und Registern ist unlauter, wenn
1) aus den Geschäftsbedingungen nicht deutlich hervorgeht, welche Eintragungen kostenlos und welche kostenpflichtig sind,
2) der Anbieter belegbare Auskünfte über Ausmass und Art der Verbreitung der Publikation verweigert.

Grundsatz Nr. 5.7 Werbung für quasikosmetische/-medizinische Erzeugnisse und Methoden
Jede werbliche Anpreisung von Erzeugnissen und Methoden, die der Körperpflege und -hygiene sowie dem Wohlbefinden dienen, ist unlauter, sofern sie nicht den nachstehenden Richtlinien nachkommt:
1) Die Werbung hat das Erzeugnis oder die Methode klar zu umschreiben und darf keine Angaben enthalten, die den Anschein krankheitsheilender oder -verhütender, schmerzstillender oder schlaffördernder Wirkung erweckt.
2) Die Werbung darf nicht den Eindruck erwecken, dass mit dem Einsatz dieser Erzeugnisse und Methoden Hautfalten, Glatzen, Pigmentflecken dauernd beseitigt, Büsten gestrafft oder vergrössert und Hautfalten sowie anatomische Missbildungen oder andere irreversible Tatbestände dauernd rückgängig gemacht werden könnten.
3) Jede Anpreisung ist zu unterlassen, die eine dauernde Gewichtsabnahme ohne gleichzeitige Nahrungskontrolle, d.h. Diät und körperliche Bewegung glaubhaft machen will. Das gleiche gilt für die Anpreisung von Erzeugnissen und Methoden für die Entwicklung und Erhaltung von Muskeln ohne dauerndes körperliches Training.
4) Personen oder Situationen vor und nach der Behandlung dürfen nur wiedergegeben werden, wenn sie unter gleichen Bedingungen hinsichtlich Position, Massstab und Aufmachung sowie Dekor, Aufnahmewinkel, Beleuchtung und dergleichen aufgenommen worden sind oder dargestellt werden, sowie wenn sie sich weder phototechnischer noch anderer Vorkehren bedienen mit dem Zweck, die Abbildung vor der Behandlung nachteilig zu verändern oder die Wiedergabe nach der Behandlung zu verschönern.

Grundsatz Nr. 5.8 Werbung für Schmuck und Edelmetalle
1) *Edelsteine, Schmucksteine, Perlen*
   a) Edelsteine sind Brillant, Saphir, Smaragd und Rubin, d.h. Mineralien, die ohne Zutun des Menschen in natürlichen Vorkommen entstanden sind. Alle anderen Mineralien werden als Schmucksteine bezeichnet. Ein Teil davon (z.B. Berylle) wurden früher Halbedelsteine genannt, was unzutreffend und deshalb irreführend ist.
   b) Perlen sind natürliche Gebilde, die zufällig im Inneren von Mollusken (Muscheln) abgesondert werden und ohne menschliches Zutun entstehen.
   c) Der Begriff ‹echt›/‹edel› ist synonym mit ‹natürlich› und bezieht sich ausschliesslich auf Substanzen, die ohne menschliche Einflussnahme in der Natur entstanden sind. In der Werbung dürfen nur natürliche Edelsteine, Schmucksteine und Perlen mit ‹echt›, ‹edel›, ‹natürlich› oder gleichbedeutend bezeichnet werden.
   d) Künstliche Farbveränderungen von Edel- und Schmucksteinen sind anzugeben.
2) *Andere Steine und Kulturperlen*
   a) Synthetische Steine sind kristallisierte und rekristallisierte Produkte, deren Herstellung ganz oder teilweise durch den Menschen veranlasst wurde. Sie sind als solche zu bewerben. Imitationen sind Nachahmungen von natürlichen Steinen oder Fantasieprodukte, die ganz oder teilweise von Menschen hergestellt worden sind. Sie imitieren die Wirkung, die Farbe und das Aussehen natürlicher Edelsteine oder synthetischer Steine oder von Perlen und sind in der Werbung als solche oder als Similisteine zu benennen.
   b) Zucht- oder Kulturperlen sind Gebilde, deren Entstehung ganz oder teilweise durch menschliches Einwirken auf die Innenschale der produktiven Mollusken veranlasst wurde. Sie sind als Zucht- oder Kulturperlen zu spezifizieren.

c) Aus zwei oder mehreren Teilen zusammengesetzte Steine und Kulturperlen müssen als ‹zusammengesetzt› bezeichnet werden. In diesem Zusammenhang verwendete Begriffe wie Dublette, Triplette haben vor der Artbezeichnung zu stehen.

d) Künstliche Produkte, die ganz oder teilweise unter Zutun des Menschen veranlasst oder erzeugt wurden, sind als solche zu bezeichnen.

3) *Edelmetalle*

a) Edelmetalle sind Gold, Silber und Platin roh oder in Form von Schmelzprodukten (Goldbarren) oder Schmelzgut (Abfälle aller Art). Die Schmelzprodukte sind mit dem tatsächlichen Feingehalt sowie mit einem Schmelzer- und Prüfzeichen zu bezeichnen.

b) Edelmetallwaren sind Fertigprodukte aus Edelmetallen, auch in Verbindung mit anderen Stoffen (z.B. Edelsteine, Glas, Holz), nicht aber in Verbindung mit unedlen Metallen. Sie müssen eine gesetzliche Feingehaltsangabe und eine Verantwortlichkeitsmarke aufweisen. Uhrgehäuse aus Edelmetall müssen zudem mit einer amtlichen Garantiepunze gestempelt sein.

Zulässige Feingehalte (in Tausendstel):

Gold: 750 (= 18 Karat)
585 (= 14 Karat)
75 (nur für Uhrgehäuse)

Silber: 925 und 800

Platin: 950

c) Doublèwaren (auch ‹Plaquèwaren› genannt) sind Waren aus unedlem Metall, die auf galvanischem oder mechanischem Weg mit einer Schicht aus den vorgenannten Edelmetallen überzogen worden sind (Ausnahme: galvanische Versilberungen). Minimaldicke der Veredlung: 8 Mikron. Der Mindestfeingehalt ist ebenfalls vorgeschrieben. Doublèwaren sind mit der entsprechenden Bezeichnung (z.B. Doublé G 10 Mikron) und einer Verantwortlichkeitsmarke zu versehen. Feingehaltsangaben sind verboten.

d) Ersatzwaren sind Waren aus unedlem Metall mit einem Edelmetallüberzug unter 8 Mikron oder Waren aus Edelmetall, die den vorgeschriebenen Mindestfeingehalt nicht erreichen. Sie können als ‹vergoldet› ‹versilbert› oder ‹verplatiniert› bezeichnet werden.

Angaben des Feingehalts und der Dicke der Edelmetallschicht sind verboten. Phantasienamen wie ‹Gam›, ‹Gome›, ‹Nec›, ‹Dica›, u.a.m. dürfen für Waren mit einem niedrigen Goldgehalt (8–10 Karat) verwendet werden.

4) *Gemeinsame Bestimmungen*

Sämtliche Bezeichnungsvorschriften gelten nicht nur für die Gegenstände selber, sondern auch für die Werbung aller Art, Etiketten, Verpackungen, Garantiescheine, Rechnungen, usw.

Das Hausieren mit den in diesem Grundsatz aufgeführten Waren, sowie mit Uhren, ist verboten.

Grundsatz Nr. 5.9 Werbung für Tabakwaren und alkoholische Getränke

1) Untersagt ist jede Werbung für Tabakwaren und alkoholische Getränke, die sich speziell an Jugendliche unter 18 Jahren (Jugendliche) richtet und bezweckt, diese zum Konsum von Tabakwaren und Alkohol zu veranlassen.

Verboten ist insbesondere die Werbung:

› an Orten, wo sich hauptsächlich Jugendliche aufhalten,
› in Zeitungen, Zeitschriften oder anderen Publikationen, die hauptsächlich für Jugendliche bestimmt sind,
› auf Schülermaterialien (Schulmappen, Etuis, Füllfederhalter, usw.),
› mit Werbegegenständen, die unentgeltlich an Jugendliche abgegeben werden, wie T-Shirts, Mützen, Fähnchen, Badebälle,
› auf Spielzeug,
› durch unentgeltliche Abgabe von Tabakwaren und alkoholischen Getränken an Jugendliche,
› an Kultur-, Sport- oder anderen Veranstaltungen, die hauptsächlich von Jugendlichen besucht werden.

2) Die Werbung für gebrannte Wasser richtet sich nach Art. 42 b des Alkoholgesetzes.

Grundsatz Nr. 5.10 Werbung für konzessionspflichtige Erzeugnisse

Die werbliche Anpreisung von konzessionspflichtigen Erzeugnissen (insbesondere der Übermittlungstechnik) zu einem Gebrauch der von der zuständigen Konzessionsbehörde nicht bewilligt ist, gilt als unlauter, soweit nicht in der gleichen Werbung unmissverständlich auf den beschränkten oder auf den unzulässigen Gebrauch hingewiesen wird oder dies aus dem übrigen Zusammenhang klar ersichtlich ist.

Grundsatz Nr. 5.11 Werbung für Versicherungen
Die Verwendung des Begriffs ‹Versicherung› in der Werbung ist unlauter, wenn die nachgenannten Anforderungen nicht kumulativ erfüllt sind:
1) Vorliegen eines Risikos oder einer Gefahr,
2) Leistung des Versicherten (Prämie),
3) Leistung des Versicherers im Versicherungsfall,
4) Selbständigkeit der Operation,
5) Kompensation der Risiken nach den Gesetzen der Statistik
   › planmässiger Geschäftsbetrieb.
Versicherungen dieser Art dürfen nur von Unternehmen betrieben werden, die im Besitz einer staatlichen Konzession sind.

Grundsatz Nr. 5.12 Werbung für Heirat
Die Werbung mit Portraits in der Ich-Form für Heirat oder Partnervermittlung durch professionelle Vermittlungsinstitute oder von diesen beauftragten Personen, die nicht selbst Interessenten sind, ist unlauter.

Schweizerische Lauterkeitskommission
Lauterkeit in der kommerziellen Kommunikation

Commission Suisse pour la Loyauté
Loyauté dans la communication commerciale

Kappelergasse 14
Postfach 2585
8022 Zürich
T 01 211 79 22
F 01 211 80 18
info@lauterkeit.ch
www.lauterkeit.ch

III Kodex von Lissabon

(Genehmigt an der Generalversammlung vom 12. Juni 1989 als Verhaltensnormen der SPRG)

Teil 1 Kriterien für Personen, die diesem Kodex unterstehen

Artikel 1
Alle Mitglieder der Schweizerischen Public Relations Gesellschaft, die gemäss den Statuten der Gesellschaft aufgenommen wurden, gelten als Public Relations-Fachleute im Sinne dieses Kodex. Sie haben die im Kodex enthaltenen Verhaltensgrundsätze zu befolgen.

Teil 2 Allgemeine berufliche Verhaltensregeln

Artikel 2
In der Ausübung ihres Berufsstandes respektieren die Public Relations-Fachleute die Grundsätze der Allgemeinen Erklärung der Menschenrechte, insbesondere die Grundsätze Freiheit der Meinungsäusserung und Unabhängigkeit der Medien, welche auch das Recht des Individuums auf Informationen festhalten. Sie handeln in Übereinstimmung mit den Interessen der Allgemeinheit und unternehmen nichts, was die Würde und Integrität des Individuums verletzen würde.

Artikel 3
In der Ausübung ihres Berufes beweisen die Public Relations-Fachleute Aufrichtigkeit, moralische Integrität und Loyalität. Insbesondere dürfen sie keine Äusserungen und Informationen verwenden, die nach ihrem Wissen oder Erachten falsch oder irreführend sind. Im gleichen Sinn müssen sie vermeiden, dass sie – wenn auch unbeabsichtigt – Praktiken oder Mittel gebrauchen, die mit diesem Kodex unvereinbar sind.

Artikel 4
Public Relations-Aktivitäten müssen offen durchgeführt werden. Sie müssen leicht als solche erkennbar sein, eine klare Quellenbezeichnung tragen und dürfen Dritte nicht irreführen.

Artikel 5
In ihren Beziehungen zu anderen Berufsständen und zu anderen Bereichen der sozialen Kommunikation respektieren Public Relations-Fachleute die dort geltenden Regeln und Praktiken, sofern diese mit den ethischen Grundsätzen ihres Berufsstandes vereinbar sind. Public Relations-Fachleute respektieren die nationalen Berufskodizes und die geltenden Gesetze in allen Ländern, in denen sie tätig sind. Public Relations-Fachleute sind zurückhaltend in ihrer Eigenwerbung.

Teil 3 Spezifische Verhaltensnormen – Gegenüber Auftrag- oder Arbeitgebern

Artikel 6
Public Relations-Fachleute dürfen ohne ausdrückliche Zustimmung der betroffenen Auftrag- oder Arbeitgeber keine sich widersprechenden oder miteinander konkurrierenden Interessen vertreten.

Artikel 7
Bei der Ausübung ihres Berufes bewahren Public Relations-Fachleute absolute Diskretion. Sie respektieren gewissenhaft das Berufsgeheimnis und geben insbesondere keine vertraulichen Informationen weiter, die sie von früheren, gegenwärtigen oder potentiellen Auftrag- oder Arbeitgebern erhalten haben. Die Weitergabe solcher Informationen ist nur mit ausdrücklicher Zustimmung der betreffenden Auftrag- oder Arbeitgeber zulässig.

Artikel 8
Vertreten Public Relations-Fachleute Interessen, die denjenigen ihres Auftrag- oder Arbeitgebers zuwiderlaufen könnten, so müssen sie ihn zum frühest möglichen Zeitpunkt darüber unterrichten.

Artikel 9
Public Relations-Fachleute dürfen ihrem Auftrag- oder Arbeitgeber die Dienste einer Gesellschaft oder Organisation, an der sie ein finanzielles, geschäftliches oder anderes Interesse haben, nur dann empfehlen, wenn sie diese Interessen vorher offengelegt haben.

Artikel 10
Public Relations-Fachleute dürfen keine vertragliche Vereinbarungen eingehen, in denen sie ihrem Auftrag- oder Arbeitgeber messbare Erfolgsgarantien abgeben.

Artikel 11
Public Relations-Fachleute dürfen die Vergütung für ihre Dienstleistungen nur in Form eines Honorars oder Gehaltes entgegennehmen.
Sie dürfen auf keinen Fall eine Bezahlung oder eine sonstige Gegenleistung akzeptieren, deren Höhe sich nach dem messbaren Erfolg der erbrachten Dienstleistungen richtet.

Artikel 12
In der Ausführung von Dienstleistungen dürfen Public Relations-Fachleute ohne Zustimmung des jeweiligen Auftrag- oder Arbeitgebers kein Entgelt wie Rabatte, Provisionen oder Sachleistungen von Dritten entgegennehmen.

Artikel 13
Falls die Ausführung eines Public Relations-Mandates nach aller Voraussicht ein gravierendes Fehlverhalten und eine den Grundsätzen dieses Kodex widersprechende Vorgehensweise bedingen würde, müssen Public Relations-Fachleute ihren Auftrag- oder Arbeitgeber unverzüglich unterrichten und ihm mit allen gebührenden Mitteln zu einer Respektierung der Grundsätze im Kodex veranlassen. Selbst wenn der Auftrag- oder Arbeitgeber weiter an seinem Vorsatz festhält, sind Public Relations-Fachleute ohne Rücksicht auf persönliche Konsequenzen verpflichtet, gemäss dem Kodex zu handeln.

Gegenüber der öffentlichen Meinung und den Informationsmedien

Artikel 14
Die in diesem Kodex – insbesondere in den Artikeln 2, 3, 4 und 5 – festgehaltene Geisteshaltung beinhaltet die ständige Respektierung des Rechts auf Information durch die Public Relations-Fachleute sowie die Pflicht zur Bereitstellung von Informationen, soweit es die Wahrung des Berufsgeheimnisses zulässt. Sie umfasst ferner die Respektierung der Rechte und der Unabhängigkeit der Informationsmedien.

Artikel 15
Jeder Versuch, die Öffentlichkeit oder ihre Repräsentanten zu täuschen, ist nicht zulässig. Informationen müssen unentgeltlich und ohne irgendeine verdeckte Belohnung zur Verwendung oder Veröffentlichung bereitgestellt werden.

Artikel 16
Falls es unter Beachtung der Grundsätze in diesem Kodex erforderlich sein sollte, zur Wahrung der Initiative oder Kontrolle über die Verbreitung von Informationen Anzeigenraum oder Sendezeit zu kaufen, können dies Public Relations-Fachleute in Übereinstimmung mit den jeweils geltenden Regeln, Praktiken und Gepflogenheiten tun.

Gegenüber Berufskollegen

Artikel 17
Public Relations-Fachleute haben jeden unlauteren Wettbewerb mit Berufskollegen zu unterlassen. Unter Vorbehalt der im Artikel 19b enthaltenen Verpflichtung haben sie sich jeder Handlung oder Äusserung zu enthalten, die dem Ansehen oder der Arbeit eines Berufskollegen schaden könnte.

Gegenüber dem Berufsstand

Artikel 18
Public Relations-Fachleute haben sich jeder Verhaltensweise zu enthalten, die dem Ansehen ihres Berufsstandes schaden könnte. Insbesondere dürfen sie der Schweizerischen Public Relations Gesellschaft, ihrer Arbeit und ihrem Ansehen keinen Schaden zufügen, sei es durch böswillige Angriffe oder durch Verstösse gegen ihre Statuten und Reglemente.

Artikel 19
Die Wahrung des Ansehens des Berufsstandes ist ein Pflichtgebot für alle Public Relations-Fachleute. Sie sind nicht nur verpflichtet, den Kodex selbst einzuhalten, sondern auch:
a) beizutragen, dass der Kodex möglichst weit verbreitet sowie besser bekannt und verstanden wird;
b) alle Verstösse oder mutmassliche Verstösse gegen den Kodex, die ihnen bekannt werden, der zuständigen Disziplinarstelle zu melden und
c) alles in ihrer Macht Stehende zu unternehmen, um sicherzustellen, dass die Entscheidungen dieser Disziplinarstelle über die Anwendung des Kodex befolgt und dass verhängte Sanktionen durchgesetzt werden.

Public Relations-Fachleute, die einen Verstoss gegen den Kodex zulassen, verstossen dadurch selbst gegen den Kodex.

IV Erklärung der Pflichten und Rechte der Journalistinnen und Journalisten

Präambel
Das Recht auf Information, auf freie Meinungsäusserung und auf Kritik ist ein grundlegendes Menschenrecht.
Journalistinnen und Journalisten sichern den gesellschaftlich notwendigen Diskurs. Aus dieser Verpflichtung leiten sich ihre Pflichten und Rechte ab.
Die Verantwortlichkeit der Journalistinnen und Journalisten gegenüber der Öffentlichkeit hat den Vorrang vor jeder anderen, insbesondere vor ihrer Verantwortlichkeit gegenüber ihren Arbeitgebern und gegenüber staatlichen Organen.
Die Journalistinnen und Journalisten auferlegen sich freiwillig die bei der Erfüllung ihrer Informationsaufgabe einzuhaltenden Regeln; diese sind in der nachstehenden Erklärung der Pflichten der Journalistinnen und Journalisten festgelegt.
Um die journalistischen Pflichten in Unabhängigkeit und in der erforderlichen Qualität erfüllen zu können, braucht es entsprechende berufliche Rahmenbedingungen; diese sind Gegenstand der anschliessenden Erklärung der Rechte der Journalistinnen und Journalisten.

Erklärung der Pflichten der Journalistinnen und Journalisten
Die Journalistinnen und Journalisten lassen sich bei der Beschaffung, der Auswahl, der Redaktion, der Interpretation und der Kommentierung von Informationen, in Bezug auf die Quellen, gegenüber den von der Berichterstattung betroffenen Personen und der Öffentlichkeit vom Prinzip der Fairness leiten. Sie sehen dabei folgende Pflichten als wesentlich an:
1) Sie halten sich an die Wahrheit ohne Rücksicht auf die sich daraus für sie ergebenden Folgen und lassen sich vom Recht der Öffentlichkeit leiten, die Wahrheit zu erfahren.
2) Sie verteidigen die Freiheit der Information, die sich daraus ergebenden Rechte, die Freiheit des Kommentars und der Kritik sowie die Unabhängigkeit und das Ansehen ihres Berufes.
3) Sie veröffentlichen nur Informationen, Dokumente, Bilder, und Töne deren Quellen ihnen bekannt sind. Sie unterschlagen keine wichtigen Elemente von Informationen und entstellen weder Tatsachen, Dokumente, Bilder und Töne noch von anderen geäusserte Meinungen. Sie bezeichnen unbestätigte Meldungen, Bild- und Tonmontagen ausdrücklich als solche.
4) Sie bedienen sich bei der Beschaffung von Informationen, Tönen, Bildern und Dokumenten keiner unlauteren Methoden. Sie bearbeiten nicht oder lassen nicht Bilder bearbeiten zum Zweck der irreführenden Verfälschung des Originals. Sie begehen kein Plagiat.
5) Sie berichten jede von ihnen veröffentlichte Meldung, deren materieller Inhalt sich ganz oder teilweise als falsch erweist.
6) Sie wahren das Berufsgeheimnis und geben die Quellen vertraulicher Informationen nicht preis.
7) Sie respektieren die Privatsphäre der einzelnen Personen, sofern das öffentliche Interesse nicht das Gegenteil verlangt. Sie unterlassen anonyme und sachlich nicht gerechtfertigte Anschuldigungen.
8) Sie respektieren die Menschenwürde und verzichten in ihrer Berichterstattung in Text, Bild und Ton auf diskriminierende Anspielungen, welche die ethnische oder nationale Zugehörigkeit, die Religion, das Geschlecht, die sexuelle Orientierung, Krankheiten sowie körperliche oder geistige Behinderung zum Gegenstand haben. Die Grenzen der Berichterstattung in Text, Bild und Ton über Kriege, terroristische Akte, Unglücksfälle und Katastrophen liegen dort, wo das Leid der Betroffenen und die Gefühle ihrer Angehörigen nicht respektiert werden.
9) Sie nehmen weder Vorteile noch Versprechungen an, die geeignet sind, ihre berufliche Unabhängigkeit und die Äusserung ihrer persönlichen Meinung einzuschränken.
10) Sie vermeiden in ihrer beruflichen Tätigkeit als Journalistinnen und Journalisten jede Form von kommerzieller Werbung und akzeptieren keinerlei Bedingungen von seiten der Inserenten.
11) Sie nehmen journalistische Weisungen nur von den hierfür als verantwortlich bezeichneten Mitgliedern ihrer Redaktion entgegen, und akzeptieren sie nur dann, wenn diese zur Erklärung der Pflichten der Journalistinnen und Journalisten nicht im Gegensatz stehen.

Journalistinnen und Journalisten, welche dieser Bezeichnung würdig sind, halten es für ihre Pflicht, die Grundsätze dieser Erklärung getreulich zu befolgen. In Anerkennung der bestehenden Gesetze jedes Landes nehmen sie in Berufsfragen nur das Urteil ihrer Berufskolleginnen und -kollegen, des

Presserates oder ähnlich legitimierter berufsethischer Organe an. Sie weisen dabei insbesondere jede Einmischung einer staatlichen oder irgendeiner anderen Stelle zurück.

Erklärung der Rechte der Journalistinnen und Journalisten
Damit die Journalistinnen und Journalisten die von ihnen übernommenen Pflichten erfüllen können, müssen sie zum mindesten folgende Rechte beanspruchen können:
a) Sie haben freien Zugang zu allen Informationsquellen und die Freiheit zur unbehinderten Ermittlung aller Tatsachen, die von öffentlichem Interesse sind; die Geheimhaltung öffentlicher oder privater Angelegenheiten kann dabei den Journalistinnen und Journalisten gegenüber nur in Ausnahmefällen und nur mit klarer Darlegung der Gründe geltend gemacht werden.
b) Sie dürfen nicht veranlasst werden, beruflich etwas zu tun oder zu äussern, was den Berufsgrundsätzen oder ihrem Gewissen widerspricht. Aus dieser Haltung dürfen ihnen keinerlei Nachteile erwachsen.
c) Sie dürfen jede Weisung und jede Einmischung zurückweisen, die gegen die allgemeine Linie ihres Publikationsorgans verstossen. Diese allgemeine Linie muss ihnen vor ihrer Anstellung schriftlich mitgeteilt werden; ihre einseitige Änderung oder Widerrufung ist unstatthaft und stellt einen Vertragsbruch dar.
d) Sie haben Anspruch auf Transparenz über die Besitzverhältnisse ihres Arbeitgebers. Sie müssen als Mitglied einer Redaktion vor jeder wichtigen Entscheidung die Einfluss auf den Gang des Unternehmens hat, rechtzeitig informiert und angehört werden. Die Redaktionsmitglieder sind insbesondere vor dem definitiven Entscheid über Massnahmen zu konsultieren, welche eine grundlegende Änderung in der Zusammensetzung der Redaktion oder ihrer Organisation zur Folge haben.
e) Sie haben Anspruch auf eine angemessene berufliche Aus- und Weiterbildung.
f) Sie haben Anspruch auf eine klare Regelung der Arbeitsbedingungen durch einen Kollektivvertrag. Darin ist festzuhalten, dass ihnen durch ihre Tätigkeit in den Berufsorganisationen keine persönlichen Nachteile entstehen dürfen.
g) Sie haben das Recht auf einen persönlichen Anstellungsvertrag, der ihnen ihre materielle und moralische Sicherheit gewährleisten muss. Vor allem soll durch eine angemessene Entschädigung ihrer Arbeit, die ihrer Funktion, ihrer Verantwortung und ihrer sozialen Stellung Rechnung trägt, ihre wirtschaftliche Unabhängigkeit als Journalistinnen und Journalisten sichergestellt werden.

Diese Erklärung wurde an der konstituierenden Sitzung des Stiftungsrats der Stiftung Schweizer Presserat vom 21. Dezember 1999 verabschiedet.

Richtlinien zur Erklärung der Pflichten und Rechte der Journalistinnen und Journalisten

Ziff. 1 der ‹Erklärung der Pflichten›
Sie halten sich an die Wahrheit ohne Rücksicht auf die sich daraus für sie ergebenden Folgen und lassen sich vom Recht der Öffentlichkeit leiten, die Wahrheit zu erfahren.

Richtlinie 1.1 Wahrheitssuche
Die Wahrheitssuche stellt den Ausgangspunkt der Informationstätigkeit dar. Sie setzt die Beachtung verfügbarer und zugänglicher Daten, die Achtung der Integrität von Dokumenten (Text, Ton und Bild), die Überprüfung und die allfällige Berichtigung voraus. Diese Aspekte werden nachfolgend unter den Ziffern 3, 4 und 5 der ‹Erklärung der Pflichten› behandelt.

Ziff. 2 der ‹Erklärung der Pflichten›
Sie verteidigen die Freiheit der Information, die sich daraus ergebenden Rechte, die Freiheit des Kommentars und der Kritik sowie die Unabhängigkeit und das Ansehen ihres Berufes.

Richtlinie 2.1 Informationsfreiheit
Die Informationsfreiheit ist die wichtigste Voraussetzung der Wahrheitssuche. Es obliegt allen Journalistinnen und Journalisten, dieses Grundprinzip allgemein und individuell zu verteidigen. Der Schutz dieser Freiheit wird durch die Ziffern 6, 9, 10 und 11 der ‹Erklärung der Pflichten› und durch die ‹Erklärung der Pflichten› gewährleistet.

Richtlinie 2.2 Meinungspluralismus
Der Meinungspluralismus trägt zur Verteidigung der Informationsfreiheit bei. Er ist notwendig, wenn sich ein Medium in einer Monopolsituation befindet.

Richtlinie 2.3 Trennung von Fakten und Kommentar
Journalistinnen und Journalisten achten darauf, dass das Publikum zwischen Fakten und kommentierenden, kritisierenden Einschätzungen unterscheiden kann.

Richtlinie 2.4 Öffentliche Funktionen
Die Ausübung des Berufs der Journalistin, des Journalisten ist grundsätzlich nicht mit der Ausübung einer öffentlichen Funktion vereinbar. Wird eine politische Tätigkeit aufgrund besonderer Umstände ausnahmsweise wahrgenommen, ist auf eine strikte Trennung der Funktionen zu achten. Zudem muss die politische Funktion dem Publikum zur Kenntnis gebracht werden. Interessenkonflikte schaden dem Ansehen der Medien und der Würde des Berufs. Dieselben Regeln gelten auch für private Tätigkeiten, die sich mit der Informationstätigkeit überschneiden könnten.

Richtlinie 2.5 Exklusivverträge
Exklusivverträge mit Trägerinnen und Trägern von Informationen dürfen nicht Vorgänge oder Ereignisse zum Gegenstand haben, die für die Information der Öffentlichkeit und die Meinungsbildung von erheblicher Bedeutung sind. Wenn solche Verträge ein Informationsmonopol etablieren, indem sie andere Medien vom Zugang zu Informationen ausschliessen, beeinträchtigen sie die Pressefreiheit.

Ziff. 3 der ‹Erklärung der Pflichten›
Sie veröffentlichen nur Informationen, Dokumente Bilder, und Töne deren Quellen ihnen bekannt sind. Sie unterschlagen keine wichtigen Elemente von Informationen und entstellen weder Tatsachen, Dokumente, Bilder und Töne noch von anderen geäusserte Meinungen. Sie bezeichnen unbestätigte Meldungen, Bild- und Tonmontagen ausdrücklich als solche.

Richtlinie 3.1 Quellenbearbeitung
Ausgangspunkt der journalistischen Sorgfaltspflichten bildet die Überprüfung der Quelle einer Information und ihrer Glaubwürdigkeit. Eine genaue Bezeichnung der Quelle eines Beitrags liegt im Interesse des Publikums, sie ist vorbehältlich eines überwiegenden Interesses an der Geheimhaltung einer Quelle unerlässlich, wenn dies zum Verständnis der Information wichtig ist.

Richtlinie 3.2 Medienmitteilungen
Medienmitteilungen von Behörden, Parteien, Verbänden, Unternehmen oder anderer Interessengruppen sind als solche zu kennzeichnen.

Richtlinie 3.3 Archivdokumente
Archivdokumente sind ausdrücklich als solche zu kennzeichnen, allenfalls mit Angabe des Datums der Erstveröffentlichung.

Richtlinie 3.4 Illustrationen
Bilder oder Filmsequenzen mit Illustrationsfunktion, die ein Thema, Personen oder einen Kontext ins Bild rücken, die keinen direkten Zusammenhang mit dem Textinhalt haben (Symbolbilder), sollen als solche erkennbar sein. Sie sind klar von Bildern mit Dokumentations- und Informationsgehalt unterscheidbar zu machen, die zum Gegenstand der Berichterstattung einen direkten Bezug herstellen.

Richtlinie 3.5 Fiktive Sequenzen
Fiktive Sequenzen und gestellte Bilder, die in Fernsehberichten und Reportagen von Schauspielerinnen bzw. Schauspielern stellvertretend für die von einer Berichterstattung betroffenen realen Personen gespielt werden, sind klar als solche zu kennzeichnen.

Richtlinie 3.6 Montagen
Foto- und Videomontagen sind gerechtfertigt, soweit sie dazu dienen, einen Sachverhalt zu erklären, eine Mutmassung zu illustrieren, kritische Distanz zu wahren, oder wenn sie einen satirischen Angriff enthalten. Sie sind in jedem Fall deutlich als solche zu kennzeichnen, damit für das Publikum keine Verwechslungsgefahr besteht.

Richtlinie 3.7 Meinungsumfragen
Bei der Veröffentlichung von Meinungsumfragen sollten die Medien dem Publikum immer alle Informationen zugänglich machen, die für das Verständnis der Umfrage nützlich sind: Mindestens Zahl

der befragten Personen, Repräsentativität, mögliche Fehlerquote, Erhebungsgebiet, Zeitraum der Befragung, Auftraggeberin/Auftraggeber. Aus dem Text sollten auch die konkreten Fragen inhaltlich korrekt hervorgehen.

Richtlinie 3.8 Anhörung bei schweren Vorwürfen
Aus dem Fairnessprinzip und dem ethischen Gebot der Anhörung beider Seiten (‹Audiatur et altera pars›) leitet sich die Pflicht der Journalistinnen und Journalisten ab, Betroffene vor der Publikation schwerer Vorwürfe anzuhören. Deren Stellungnahme ist im gleichen Medienbericht kurz und fair wiederzugeben. Ausnahmsweise kann auf die Anhörung verzichtet werden, wenn dies durch ein überwiegendes öffentliches Interesse gerechtfertigt ist.
Der von schweren Vorwürfen betroffenen Partei muss nicht derselbe Umfang im Bericht zugestanden werden wie der Kritik. Aber die Betroffenen sollen sich zu den schweren Vorwürfen äussern können.

Ziff. 4 der ‹Erklärung der Pflichten›
Sie bedienen sich bei der Beschaffung von Informationen, Tönen, Bildern und Dokumenten keiner unlauteren Methoden. Sie bearbeiten nicht oder lassen nicht Bilder bearbeiten zum Zweck der irreführenden Verfälschung des Originals. Sie begehen kein Plagiat.

Richtlinie 4.1 Verschleierung des Berufs
Es ist unlauter, bei der Beschaffung von Informationen, Tönen, Bildern und Dokumenten, die zur Veröffentlichung vorgesehen sind, den Beruf als Journalistin/Journalist zu verschleiern.

Richtlinie 4.2 Verdeckte Recherchen
Verdeckte Recherchen sind ausnahmsweise zulässig, wenn ein überwiegendes öffentliches Interesse an den damit recherchierten Informationen besteht und wenn diese Informationen nicht auf andere Weise beschafft werden können. Sie sind weiter zulässig, wenn Ton- oder Bildaufnahmen Journalistinnen und Journalisten gefährden würden, immer ein überwiegendes öffentliches Interesse an diesen Aufnahmen vorausgesetzt. Besondere Beachtung ist der Wahrung des Persönlichkeitsschutzes von zufällig anwesenden Personen zu schenken. Journalistinnen und Journalisten dürfen den Rückgriff auf an sich unlautere Methoden auch in diesen Ausnahmefällen aus Gewissensgründen ablehnen.

Richtlinie 4.3 Bezahlung von Informantinnen/Informanten
Die Bezahlung von Informantinnen/Informanten, die nicht zum Berufsstand gehören, ist grundsätzlich nicht zulässig, da dadurch der Informationsfluss und der Inhalt der Information beeinträchtigt werden kann. Vorbehalten sind Fälle eines überwiegenden öffentlichen Interesses. Der Kauf von Informationen oder Bildern von Personen, die in ein Gerichtsverfahren verwickelt sind, ist untersagt. Vorbehalten ist die Rechtfertigung durch ein überwiegendes öffentliches Interesse, sofern die Information nicht auf andere Weise beschafft werden kann.

Richtlinie 4.4 Sperrfristen
Wenn eine Information oder ein Dokument mit einer gerechtfertigten Sperrfrist (Abgabe von Texten noch nicht gehaltener Reden; Beeinträchtigung wichtiger Interessen bei einer verfrühten Publikation usw.) an ein oder mehrere Medien übergeben wird, ist diese Sperrfrist zu respektieren. Sperrfristen dürfen nicht Werbezwecken dienen. Hält eine Redaktion eine Sperrfrist nicht für gerechtfertigt, hat sie die Quelle über ihre Absicht, umgehend an die Öffentlichkeit zu gehen, zu informieren, damit die Quelle die übrigen Medien benachrichtigen kann.

Richtlinie 4.5 Interview
Das journalistische Interview basiert auf einer Vereinbarung zwischen zwei Partnerinnen/Partnern, welche die dafür geltenden Regeln festlegen. Die Einhaltung dieser Regeln ist eine Frage der Fairness. Aus der Interview-Situation muss klar erkenntlich sein, dass die Publikation des Gesprächs beabsichtigt ist. Im Normalfall müssen Interviews autorisiert werden. Die interviewte Person darf jedoch keine grundsätzlichen Änderungen vornehmen, welche dem Gespräch eine andere Orientierung geben (Veränderungen des Sinnes, Streichung oder Hinzufügung von Fragen). In solchen Fällen haben Medienschaffende das Recht, auf eine Publikation zu verzichten oder den Vorgang transparent zu machen. Wenn beide Seiten mit einer Fassung einverstanden sind, kann hinter-

her nicht mehr auf frühere Fassungen zurückgegriffen werden. Äusserungen von Personen der Öffentlichkeit, welche in der Öffentlichkeit gemacht worden sind, sind auch ohne Rücksprache publizierbar.

Richtlinie 4.6 Plagiat
Wer ein Plagiat begeht, d.h. wer Informationen, Präzisierungen, Kommentare, Analysen und sämtliche anderen Informationsformen von einer Berufskollegin, einem Berufskollegen ohne Quellenangabe in identischer oder anlehnender Weise übernimmt, handelt unlauter gegenüber seinesgleichen.

Ziff. 5 der ‹Erklärung der Pflichten›
Sie berichtigen jede von ihnen veröffentlichte Meldung, deren materieller Inhalt sich ganz oder teilweise als falsch erweist.

Richtlinie 5.1 Berichtigungspflicht
Die Berichtigungspflicht wird von den Medienschaffenden unverzüglich von sich aus wahrgenommen und ist Teil der Wahrheitssuche. Die materielle Unrichtigkeit betrifft die Fakten und nicht die sich auf erwiesene Fakten abstützenden Werturteile.

Richtlinie 5.2 Leserinnen- und Leserbriefe
Die berufsethischen Normen gelten auch für die Veröffentlichung von Leserinnen- und Leserbriefe. Der Meinungsfreiheit ist aber gerade auf der Leserbriefseite ein grösstmöglicher Freiraum zuzugestehen, weshalb die Leserbriefredaktion nur bei offensichtlichen Verletzungen der «Erklärung der Pflichten und Rechte der Journalistinnen» einzugreifen hat. Leserinnen- und Leserbriefe sind vom Autor oder der Autorin zu zeichnen. Sie werden nur bei begründeten Ausnahmen anonym abgedruckt. Leserinnen- und Leserbriefe dürfen redigiert und dem Sinn entsprechend gekürzt werden. Aus Transparenzgründen sollte die Leserinnen- und Leserbriefseite einen regelmässigen Hinweis enthalten, dass sich die Redaktion das Kürzungsrecht vorbehält. Von der Kürzung ausgenommen sind Fälle, in denen ein Leserinnen- und Leserbriefschreiber oder eine Leserinnen- und Leserbriefschreiberin auf den Abdruck des integralen Textes besteht. Dann ist entweder diesem Wunsch nachzugeben oder die Veröffentlichung abzulehnen.

Ziff. 6 der ‹Erklärung der Pflichten›
Sie wahren das Redaktionsgeheimnis und geben die Quellen vertraulicher Informationen nicht preis.

Richtlinie 6.1 Redaktionsgeheimnis
Die Berufspflicht, das Redaktionsgeheimnis zu wahren, geht weiter als das gesetzliche Zeugnisverweigerungsrecht. Das Redaktionsgeheimnis schützt die Quellen der Journalistinnen und Journalisten (Notizen, Adressen, Ton- und Bildaufnahmen usw.). Es schützt Informantinnen und Informanten, sofern sie ihre Mitteilungen unter der Voraussetzung abgegeben haben, dass sie bei einer Publikation nicht identifizierbar gemacht werden dürfen.

Richtlinie 6.2 Ausnahmen des Quellenschutzes
Journalistinnen und Journalisten haben ungeachtet der gesetzlichen Ausnahmeregelungen des Zeugnisverweigerungsrechts in jedem Einzelfall eine Interessenabwägung zwischen dem Recht der Öffentlichkeit auf Information und anderen schützenswerten Interessen vorzunehmen. In Extremfällen können sich Journalistinnen und Journalisten von der abgegebenen Zusicherung der Vertraulichkeit entbunden fühlen. Dies gilt insbesondere dann, wenn sie Kenntnis von besonders schweren Verbrechen oder Drohungen erhalten, ebenso bei Angriffen auf die innere oder äussere Sicherheit des Staates.

Ziff. 7 der ‹Erklärung der Pflichten›
Sie respektieren die Privatsphäre der einzelnen Person, sofern das öffentliche Interesse nicht das Gegenteil verlangt. Sie unterlassen anonyme und sachlich nicht gerechtfertigte Anschuldigungen.

Richtlinie 7.1 Schutz der Privatsphäre
Jede Person hat Anspruch auf den Schutz ihres Privatlebens. Journalistinnen und Journalisten dürfen niemanden ohne Einwilligung fotografieren und dementsprechend auch nicht ohne Wissen der Betrof-

fenen mit einem Teleobjektiv aufnehmen. Die Belästigung (Eindringen ins Haus, Verfolgung, Auflauern, telefonische Belästigung usw.) von Personen, die gebeten haben, in Ruhe gelassen zu werden, ist zu unterlassen. Diese Regeln gelten vorbehältlich eines überwiegenden öffentlichen Interesses.

Richtlinie 7.2 Personen in Notsituationen
Besondere Zurückhaltung ist bei Personen geboten, die sich in einer Notsituation befinden oder unter dem Schock eines Ereignisses stehen sowie bei Trauernden. Dies gilt sowohl für die Betroffenen als auch ihre Familien und Angehörigen. Interviews in Spitälern und ähnlichen Institutionen dürfen nur mit Einwilligung der Verantwortlichen realisiert werden.

Richtlinie 7.3 Personen des öffentlichen Lebens
Fotografien und Fernsehbilder von Personen des öffentlichen Lebens haben dem Umstand Rechnung zu tragen, dass auch diese Personen ein Recht auf eine Privatsphäre und auf ihr eigenes Bild haben. Journalistinnen und Journalisten können davon ausgehen, dass Prominente nicht daran interessiert sind, anders behandelt zu werden, als die Medienschaffenden selber an deren Stelle behandelt werden möchten.

Richtlinie 7.4 Kinder
Kinder bedürfen eines besonderen Schutzes; dies gilt auch für Kinder von Prominenten oder weiteren Personen, die Gegenstand des Medieninteresses sind. Besondere Zurückhaltung ist angezeigt bei der Berichterstattung im Zusammenhang mit Kindern (sei es als Opfer, mögliche TäterInnen oder als ZeugInnen) bei Gewaltverbrechen. Dies gilt vor allem bei Befragungen.

Richtlinie 7.5 Unschuldsvermutung
Bei der Gerichtsberichterstattung ist der Unschuldsvermutung Rechnung zu tragen. Nach einer eventuellen Verurteilung haben Journalistinnen und Journalisten auf die Familie und die Angehörigen der/des Verurteilten, wie auch auf die Resozialisierungschancen Rücksicht zu nehmen.

Richtlinie 7.6 Namensnennung
In Anwendung der vorgenannten Bestimmung veröffentlichen Journalistinnen und Journalisten grundsätzlich weder Namen noch andere Angaben, die eine Identifikation einer von einem Gerichtsverfahren betroffenen Person durch Dritte ermöglichen, die nicht zu Familie, sozialem oder beruflichem Umfeld gehören, also ausschliesslich durch die Medien informiert werden. Ausnahmen von dieser Grundregel sind zulässig:
– wenn dies durch ein überwiegendes öffentliches Interesse gerechtfertigt ist; – wenn die betroffene Person mit einem politischen Amt oder einer staatlichen Funktion betraut ist und wenn sie beschuldigt wird, damit unvereinbare Handlungen begangen zu haben; – wenn eine Person in der Öffentlichkeit allgemein bekannt ist; diese Ausnahme ist mit Zurückhaltung anzuwenden; zudem müssen die vorgeworfenen Handlungen im Zusammenhang mit der Bekanntheit stehen; – wenn die betroffene Person ihren Namen im Zusammenhang mit dem Verfahren selber öffentlich macht oder ausdrücklich in die Veröf-fentlichung einwilligt; – sowie wenn die Namensnennung notwendig ist, um eine für Dritte nachteilige Verwechslung zu vermeiden.

Richtlinie 7.7 Nichteröffnung, Einstellung und Freispruch
Wenn eine Person in ein Gerichtsverfahren verwickelt ist, welches mit Nichteröffnung, Einstellung oder Freispruch erledigt wird, muss die Art und Weise der entsprechenden Berichterstattung in einem angemessenen Verhältnis zur ursprünglichen Präsentation des Falles stehen. Wenn der Name der betroffenen Person genannt wurde oder diese sonstwie identifizierbar war, ist bei der Berichterstattung über den Gerichtsentscheid diesem Umstand angemessen Rechnung zu tragen.

Richtlinie 7.8 Sexualdelikte
Bei Sexualdelikten ist den Interessen der Opfer besondere Rechnung zu tragen. Es dürfen keine Begriffe verwendet werden, die eine Identifikation des Opfers ermöglichen. Sofern Minderjährige betroffen sind, ist bei der Verwendung des Begriff ‹Inzest› besondere Vorsicht geboten.

Richtlinie 7.9. Suizid
Bei der Berichterstattung über den Tod eines Menschen wird die Grenze zum Intimbereich überschritten. Darum müssen die Massenmedien bei Suizidfällen grösste Zurückhaltung üben. Ausnahmsweise darf über Suizide in folgenden Fällen berichtet werden:

– wenn sie grosses öffentliches Aufsehen erregen; – wenn sich Personen des öffentlichen Lebens das Leben nehmen und ihr Handeln zumindest in einem vermuteten öffentlichen Zusammenhang steht; – wenn sie im Zusammenhang mit einem von der Polizei gemeldeten Verbrechen stehen; – wenn sie Demonstrationscharakter haben und auf ein ungelöstes Problem aufmerksam machen wollen; – wenn dadurch eine öffentliche Diskussion ausgelöst wird; – wenn Gerüchte und Anschuldigungen im Umlauf sind.

Richtlinie 7.10 Bilder von Kriegen, Konflikten und Prominenten
Bei Fotografien und Fernsehbildern von Kriegen und Konflikten, Terrorakten und Prominenten sind vor der Publikation oder Ausstrahlung die nachfolgenden Fragen sorgfältig zu prüfen:
– Was stellen die Fotografien oder die Bilder genau dar? – Ist die im Bild dargestellte Szene geeignet, die abgebildete(n) Person(en), die Betrachterin, den Betrachter oder beide zu verletzen? – Sofern das Bild einen historischen Moment dokumentiert: überwiegt nicht das Recht auf Totenruhe gegenüber dem Interesse der Öffentlichkeit an einer Publikation? – Ist bei Archivbildern die Einwilligung für eine neuerliche Publikation gegeben worden? Befindet sich die abgebildete Person noch immer in der gleichen Situation?

Ziff. 8 der ‹Erklärung der Pflichten›
Sie respektieren die Menschenwürde und verzichten in ihrer Berichterstattung in Text, Bild und Ton auf diskriminierende Anspielungen, welche die ethnische oder nationale Zugehörigkeit, die Religion, das Geschlecht, die sexuelle Orientierung, Krankheiten sowie körperliche oder geistige Behinderung zum Gegenstand haben. Die Grenzen der Berichterstattung in Text, Bild und Ton über Kriege, terroristische Akte, Unglücksfälle und Katastrophen liegen dort, wo das Leid der Betroffenen und die Gefühle ihrer Angehörigen nicht respektiert werden.

Richtlinie 8.1 Achtung der Menschenwürde
Die Informationstätigkeit hat sich an der Achtung der Menschenwürde zu orientieren. Sie ist ständig gegen das Recht der Öffentlichkeit auf Information abzuwägen. Dies gilt sowohl hinsichtlich der direkt betroffenen oder berührten Personen als auch gegenüber der gesamten Öffentlichkeit.

Richtlinie 8.2 Diskriminierungsverbot
Bei Berichten über Straftaten dürfen Angaben über ethnische Zugehörigkeit, Religion, sexuelle Orientierung, Krankheiten, körperliche oder geistige Behinderung gemacht werden, sofern sie für das Verständnis notwendig sind. Die Nennung der Nationalität darf keine Diskriminierung zur Folge haben: sofern sie nicht systematisch erwähnt (und also auch bei schweizerischen Staatsangehörigen angewendet wird), gelten die gleichen restriktiven Bedingungen wie für die übrigen in dieser Richtlinie genannten Angaben. Besondere Beachtung ist dem Umstand zu schenken, dass solche Angaben bestehende Vorurteile gegen Minderheiten verstärken können.

Richtlinie 8.3 Opferschutz
Autorinnen und Autoren von Berichten über dramatische Ereignisse oder Gewalt müssen immer sorgfältig zwischen dem Recht der Öffentlichkeit auf Information und den Interessen der Opfer und der Betroffenen abwägen. Journalistinnen und Journalisten sind sensationelle Darstellungen untersagt, welche Menschen zu blossen Objekten degradieren. Als sensationell gilt insbesondere die Darstellung von Sterbenden, Leidenden und Leichen, wenn die Darstellung in Text und Bild hinsichtlich detailgetreuer Beschreibung sowie Dauer und Grösse der Einstellungen die Grenze des durch das legitime Informationsbedürfnis der Öffentlichkeit Gerechtfertigten übersteigt.

Richtlinie 8.4 Bilder über Kriege und Konflikte
Fotografien und Fernsehbilder über Kriege und Konflikte sollten darüber hinaus vor ihrer Publikation oder Ausstrahlung hinsichtlich folgender Fragen geprüft werden:
– Handelt es sich wirklich um ein einmaliges Dokument der Zeitgeschichte? – Sind die abgebildeten Personen als Individuen identifizierbar? – Würde ihre Menschenwürde durch eine Publikation verletzt?

Richtlinie 8.5 Bilder von Unglücksfällen, Katastrophen und Verbrechen
Fotografien und Fernsehbilder von Unglücksfällen, Katastrophen und Verbrechen müssen die Menschenwürde respektieren und darüber hinaus die Situation der Familie und der Angehörigen der Betroffenen berücksichtigen. Dies gilt besonders im Bereich der lokalen und regionalen Information.

Ziff. 9 der ‹Erklärung der Pflichten›
Sie nehmen weder Vorteile noch Versprechungen an, die geeignet sind, ihre berufliche Unabhängigkeit und die Äusserung ihrer persönlichen Meinung einzuschränken.

Richtlinie 9.1 Unabhängigkeit
Die Wahrung der Unabhängigkeit der Journalistinnen und Journalisten ist für die Verteidigung der Pressefreiheit unabdingbar. Die Wahrung der Unabhängigkeit erfordert ständige Wachsamkeit. Die Annahme von individuellen Einladungen und Geschenken ist zulässig, sofern diese das übliche Mass nicht übersteigen. Dies gilt sowohl für berufliche als auch für soziale Beziehungen. Die Recherche von Informationen und ihre Veröffentlichung darf durch die Annahme von Einladungen oder Geschenken niemals beeinflusst werden.

Richtlinie 9.2 Interessenbindungen
Die Wirtschafts- und Finanzberichterstattung ist der Gewährung verschiedenster Vergünstigungen und dem Zugang zu Insiderwissen besonders ausgesetzt. Journalistinnen und Journalisten dürfen Informationen, von denen sie vor deren Veröffentlichung Kenntnis erhalten, nicht zu ihrem Vorteil auswerten oder durch Dritte auswerten lassen. Sie dürfen nicht über Gesellschaften oder Wertpapiertitel schreiben, zu denen durch sie oder ihre Angehörigen Interessenbindungen bestehen, so dass ein Interessenkonflikt entstehen könnte. Sie dürfen keine vergünstigten Beteiligungen im Austausch gegen Medienberichte annehmen, selbst wenn es sich nicht um Gefälligkeitsberichte handelt.

Ziff. 10 der ‹Erklärung der Pflichten›
Sie vermeiden in ihrer beruflichen Tätigkeit als Journalistinnen und Journalisten jede Form von kommerzieller Werbung und akzeptieren keinerlei Bedingungen von seiten der Inserentinnen und Inserenten.

Richtlinie 10.1 Trennung zwischen redaktionellem Teil und Werbung
Die Trennung zwischen redaktionellem Teil bzw. Programm und Werbung ist optisch und begrifflich klar zu kennzeichnen. Journalistinnen und Journalistinnen haben diese Abgrenzung zu gewährleisten und dürfen sie nicht durch Einfügen von Schleichwerbung in der redaktionellen Berichterstattung verletzen. Die Grenze des Zulässigen ist überschritten, wenn eine Marke, ein Produkt oder eine Leistung oder deren wiederholte Nennung weder einem legitimen öffentlichen Interesse noch dem Anspruch des Publikums auf Information entspricht.

Richtlinie 10.2 Publi-Reportagen
Journalistinnen und Journalisten redigieren grundsätzlich keine Publi-Reportagen, damit ihre berufliche Glaubwürdigkeit nicht beeinträchtigt wird. Sie berichten nicht anders als sonst über Anlässe, bei denen das eigene Verlagshaus Sponsor/in oder ‹Medienpartner/in› ist.

Richtlinie 10.3 Inserateboykotte
Journalistinnen und Journalisten verteidigen die Informationsfreiheit bei tatsächlicher oder drohender Beeinträchtigung durch private Interessen, namentlich bei Inserateboykotten oder Boykottdrohungen, sofern die Veröffentlichung einer Information einem legitimen öffentlichen Interesse entspricht.

Ziff. 11 der ‹Erklärung der Pflichten›
Sie nehmen journalistische Weisungen nur von den hierfür als verantwortlich bezeichneten Mitgliedern ihrer Redaktion entgegen, und akzeptieren sie nur dann, wenn diese zur Erklärung der Pflichten der Journalistinnen und Journalisten nicht im Gegensatz stehen.

Buchstabe a der ‹Erklärung der Pflichten›
Sie haben freien Zugang zu allen Informationsquellen und die Freiheit zur unbehinderten Ermittlung aller Tatsachen, die von öffentlichem Interesse sind; die Geheimhaltung öffentlicher oder privater Angelegenheiten kann dabei den Journalistinnen und Journalisten gegenüber nur in Ausnahmefällen und nur mit klarer Darlegung der Gründe geltend gemacht werden.

Richtlinie a.1. Indiskretionen
Medien dürfen Informationen veröffentlichen, die ihnen durch Indiskretionen bekanntgeworden sind, sofern bestimme Voraussetzungen erfüllt sind:

– die Informationsquelle muss dem Medium bekannt sein; – das Thema muss von öffentlicher Relevanz sein; – es muss gute Gründe dafür geben, dass die Information jetzt und nicht erst viel später publik werden soll; der Vorteil im publizistischen Wettbewerb genügt nicht als Rechtfertigung; – es muss erwiesen sein, dass das Thema oder Dokument dauerhaft als geheim klassifiziert oder als vertraulich deklariert wird und es nicht bloss einer kurze Sperrfrist von einigen Stunden oder Tagen unterliegt; – die Indiskretion durch die Informantin/den Informanten muss absichtlich und freiwillig erfolgt sein, die Information darf nicht durch unlautere Methoden (Bestechung, Erpressung, Wanzen, Einbruch oder Diebstahl) erworben worden sein; – die Veröffentlichung darf keine äusserst wichtigen Interessen wie z.B. schützenswerte Rechte, Geheimnisse usw. tangieren.

Richtlinie a.2 Privatunternehmen
Privatunternehmen sind Gegenstand der journalistischen Recherche, wenn sie aufgrund ihres wirtschaftlichen Gewichts und/oder ihrer gesellschaftlichen Bedeutung zu den wichtigen Akteuren einer Region gehören.

Buchstabe b) der ‹Erklärung der Pflichten›
Sie dürfen nicht veranlasst werden, beruflich etwas zu tun oder zu äussern, was den Berufsgrundsätzen oder ihrem Gewissen widerspricht. Aus dieser Haltung dürfen ihnen keinerlei Nachteile erwachsen.

Buchstabe c) der ‹Erklärung der Pflichten›
Sie dürfen jede Weisung und jede Einmischung zurückweisen, die gegen die allgemeine Linie ihres Publikationsorgans verstossen. Diese allgemeine Linie muss ihnen vor ihrer Anstellung schriftlich mitgeteilt werden; ihre einseitige Änderung oder Widerrufung ist unstatthaft und stellt einen Vertragsbruch dar.

Buchstabe d) der ‹Erklärung der Pflichten›
Sie haben Anspruch auf Transparenz über die Besitzverhältnisse ihres Arbeitgebers. Sie müssen als Mitglied einer Redaktion vor jeder wichtigen Entscheidung, die Einfluss auf den Gang des Unternehmens hat, informiert und angehört werden. Die Redaktionsmitglieder sind insbesondere vor dem definitiven Entscheid über Massnahmen zu konsultieren, welche eine grundlegende Änderung in der Zusammensetzung der Redaktion oder ihrer Organisation zur Folge haben.

Buchstabe e) der ‹Erklärung der Pflichten›
Sie haben Anspruch auf eine angemessene berufliche Aus- und Weiterbildung.

Buchstabe f) der ‹Erklärung der Pflichten›
Sie haben Anspruch auf eine klare Regelung der Arbeitsbedingungen durch einen Kollektivvertrag. Darin ist festzuhalten, dass ihnen durch ihre Tätigkeit in den Berufsorganisationen keine persönlichen Nachteile entstehen dürfen.

Buchstabe g) der ‹Erklärung der Pflichten›
Sie haben das Recht auf einen persönlichen Anstellungsvertrag, der ihnen ihre materielle und moralische Sicherheit gewährleisten muss. Vor allem soll durch eine angemessene Entschädigung ihrer Arbeit, die ihrer Funktion, ihrer Verantwortung und ihrer sozialen Stellung Rechnung trägt, ihre wirtschaftliche Unabhängigkeit als Journalistinnen und Journalisten sichergestellt werden.

Diese Richtlinien wurden vom Schweizer Presserat an seiner konstituierenden Sitzung vom 18. Februar 2000 verabschiedet und an den Plenarsitzungen vom 9. November 2001 sowie vom 28. Februar 2003 revidiert.

V Reglement über das Berufsregister der Schweizer Werbung SW/PS

BR/SW vom 20. August 2003

I. Allgemeine Bestimmungen

Zweck Art. 1
Mit dem Berufsregister der Schweizer Werbung SW/PS bezweckt die Dachorganisation der kommerziellen Kommunikation der Schweizer Wirtschaft einen qualitativ hochstehenden und seinen Aufgaben gewachsenen Berufsstand von Kommunikationsfachleuten namhaft zu machen.
Der Eintrag in das Berufsregister bildet keine Voraussetzung für kommerzielle Vorteile (BK), er repräsentiert einzig die fachliche Eignung einer natürlichen Person.

Register Art. 2
Das Berufsregister wird von der Geschäftsstelle SW geführt. Das Berufsregister ist für jedermann einsehbar. Die Liste der im Berufsregister eingetragenen Kommunikationsfachleuten kann unentgeltlich bezogen oder als PDF-Datei im Internet unter www.sw-ps.ch ausgedruckt werden (ab Mitte 2004).

Titel Art. 3
In das Berufsregister können sich nur natürliche Personen eintragen lassen. Die Eintragung ist unabhängig von einer Mitgliedschaft bei der Schweizer Werbung SW/PS.
Den im Berufsregister eingetragenen Personen wird das Recht eingeräumt, das SW-Signet zu verwenden.
Die Titelbezeichnung erfolgt sowohl in der männlichen als auch in der weiblichen Schreibweise. Die Vorschriften dieses Reglements sind aus rein sprachlichen Gründen auf die männliche Schreibweise beschränkt.

II. Voraussetzungen

allgemein Art. 4
Um die Eintragung ins Berufsregister kann jede natürliche Person mit Domizil in der Schweiz nachsuchen, die
1) ihren Erwerb vorwiegend in der Schweiz in der kommerziellen Kommunikation im Namen und auf Rechnung von Auftraggebern erzielt;
2) mindestens während 5 Jahren selbständig oder in leitender Stellung in der kommerziellen Kommunikation tätig ist;
3) in vollen bürgerlichen Ehren und Rechten steht;
4) die nationalen und internationalen Vorschriften über die Lauterkeit in der kommerziellen Kommunikation befolgt und die Empfehlungen der nationalen und internationalen Selbstkontrollorgane anerkennt;
5) der Ausführung ihrer Arbeiten belegbare Regelungen über Entschädigungen, geistiges Eigentum sowie über Vorteile zugrunde legt, die ihr von Dritten zufliessen.

fachliche Art. 5
In fachlicher Beziehung hat sich der Bewerber über den Wissens- und Erfahrungsstand eines eidg. diplomierten Werbeleiters (bis 2001) oder eidg. diplomierten Kommunikationsleiters (ab 2002) oder einer gleichwertigen in- oder ausländischen Ausbildung auszuweisen.

zeitliche Art. 6
Die Eintragung ins Berufsregister gilt für eine Frist von 5 Jahren. Eine Verlängerung um jeweils weitere 5 Jahre ist möglich, jedoch ausdrücklich zu beantragen, wobei das Vorliegen der Voraussetzungen gemäss Art. 4 und 5 hiervor vom Kommunikationsfachmann BR glaubhaft zu machen ist.
Sobald die Voraussetzungen für die Eintragung in das Berufsregister nicht mehr vorliegen, fällt der Eintrag automatisch innert 3 Monaten dahin.

III. Organisation

BR-Kommission Art. 7
Mit der Betreuung des Berufsregisters wird eine vom Vorstand der SW jeweils auf 3 Jahre zu wählende Kommission betraut, bestehend aus einem Präsidenten sowie je 2 Vertretern der Gruppen der Werbeauftraggeber, der Werbeberater und der Medienanbieter, wobei die Landesteile und Sprachregionen der Schweiz angemessen zu berücksichtigen sind.

Experten Art. 8
Zur fachlichen Beurteilung des Bewerbers kann die Kommission Experten beiziehen.

IV. Verfahren

Gesuch Art. 9
Gesuche um Eintragung in das Berufsregister sind schriftlich bei der Geschäftsstelle der Schweizer Werbung einzureichen und haben nach den Weisungen der BR-Kommission die für den Nachweis der Eintragungsvoraussetzungen erforderlichen Angaben und Unterlagen zu enthalten.

Prüfung Art. 10
Über den Einsatz von Experten entscheidet die BR-Kommission, die auch das Verfahren regelt.
Das Vorliegen der persönlichen Voraussetzungen prüft die Geschäftsstelle der Schweizer Werbung SW/PS.
Ein beschleunigtes Verfahren für Personen, die im Besitz des eidg. Diplomes eines Werbeleiters (bis 2001) oder eidg. Diplomes als Kommunikationsleiter (seit 2002) sind, bleibt vorbehalten, oder aber, deren Agentur von der ASW oder vom BSW anerkannt worden ist.

Rekurs Art. 11
Gegen Entscheide der BR-Kommission kann der Bewerber innert 30 Tagen, von der Zustellung an gerechnet, bei der Geschäftsstelle der Schweizer Werbung SW/PS zuhanden des Vorstandes der Schweizer Werbung unter Angabe der Gründe schriftlichen Rekurs einreichen.
Soweit es sich um Entscheide über eine Neueintragung im Berufsregister handelt, kommt dem Rekurs keine aufschiebende Wirkung zu.
Der Vorstand der Schweizer Werbung entscheidet endgültig.

Kosten Art. 12
Die Tätigkeiten der BR-Kommission, der Experten und der Geschäftsstelle sind kostenpflichtig.
Die BR-Kommission erlässt einen Gebührentarif.

V. Übergangs- und Schlussbestimmungen

SW-Anerkennung Art. 13
Die Anerkennungsträger der anerkannten Werbeagenturen werden automatisch in das Berufsregister übernommen. Die Eintragung läuft bis Ende 2008, vorbehalten bleibt Art. 6 Abs. 1 hiervor.
Im Übrigen wird das Reglement über die Anerkennung von Werbeagenturen vom 3. Mai 1990 aufgehoben.

Inkrafttreten Art. 14
Dieses Reglement tritt auf den 1. Januar 2004 in Kraft.
Es wurde vom Vorstand der Schweizer Werbung SW/PS mit Datum vom
20. August 2003 genehmigt.

Zürich, den 20. August 2003

Schweizer Werbung SW/PS
Dachorganisation der kommerziellen Kommunikation

Der Präsident: Carlo Schmid-Sutter   Die Geschäftsleiterin: Monika Luck

VI Beratungsvertrag für PR-Leistungen (BPRA)

1. Auftragserteilung

1.1. Mit dieser Vereinbarung erteilt

_____

(nachfolgend ‹Kunde›)

_____
_____
_____

(nachfolgend ‹Agentur›)

_____
_____
_____

den Auftrag, die in diesem Vertrag vereinbarten Leistungen zu erbringen.

1.2. Abweichungen von diesem Vertrag können von den Parteien jederzeit vereinbart werden; sie bedürfen jedoch zu ihrer Gültigkeit der Schriftform.

1.3. Die Zusammenarbeit zwischen Kunde und Agentur beginnt am _____ und dauert mangels Kündigung oder anderweitiger Regelung gemäss Ziff. 7 dieses Vertrags auf unbestimmte Zeit fort.

2. Leistungen der Agentur

2.1. Die Agentur verpflichtet sich zur:
❏ Erstellung eines PR-Konzeptes
❏ Durchführung von PR-Projekten
❏ Laufenden Beratung

2.2. Im Detail sind folgende Arbeiten auszuführen:
❏ Siehe Beilage 1 zu diesem Vertrag
❏ _____
_____
_____
_____

2.3. Im Rahmen der ihr übertragenen Aufgaben verpflichtet sich die Agentur zur sorgfältigen und fachgerechten Ausführung. Die Agentur trägt die Gesamtverantwortung für die Erfüllung der ihr übertragenen Aufgaben. Sie ist berechtigt, zur Realisierung spezifischer Massnahmen Dritte beizuziehen. Gegenüber Dritten handelt die Agentur stellvertretend im Namen und auf Rechnung des Kunden.

2.4. Während der Dauer der Zusammenarbeit übernimmt die Agentur keine Beratungsmandate, die den Interessen des Kunden zuwiderlaufen könnten. Insbesondere verpflichtet sie sich, Beratungsarbeiten für direkte Konkurrenten des Kunden oder für Widersacher des Kunden in öffentlichen ausgetragenen Streitigkeiten zu unterlassen. Ausnahmen sind möglich, sofern der Kunde dem zustimmt.

2.5. Die Agentur verpflichtet sich, alle im Rahmen der Zusammenarbeit erhaltenen Informationen und Dokumente, die nicht vom Kunden ausdrücklich für eine Weitergabe an Dritte bestimmt worden sind, geheimzuhalten. Diese Geheimhaltungspflicht besteht nach Beendigung des Beratungsvertrages fort. Bei Beendigung des Beratungsvertrages sind, auf Verlangen des Kunden, sämtliche vom Kunden erhaltenen Dokumente zurückzugeben. Von der Agentur erstellte Dokumente und andere Arbeitsprodukte verbleiben auch nach Beendigung des Vertrags bei der Agentur.

2.6. Die Agentur verpflichtet sich, den Kunden jederzeit auf Verlangen über die bisherige Tätigkeit, über den Stand des internen Aufwandes und über die Fremdkosten zu orientieren.

2.7. Ausserordentl. Ereignisse sind von der Agentur unaufgefordert dem Kunden zu melden.

3. Leistung des Kunden

3.1. Der Kunde stellt der Agentur alle zur Ausführung der ihr übertragenen Aufgaben erforderlichen Informationen und Dokumente zur Verfügung. Dabei bestimmt der Kunde ausdrücklich, welche Informationen und Dokumente zur Weitergabe an Dritte bestimmt sind.

3.2. Der Kunde verpflichtet sich, der Agentur ein Honorar nach Massgabe folgender Abrechnungsform zu erstatten:

❏ Einmalige Auftragspauschale:
_____

❏ Periodische Pauschale:
_____

❏ Aufwandentschädigung

3.3. Zahlungsmodus
❏ Fälligkeiten:
_____
_____

❏ Akontozahlungen:
_____
_____

3.4. Der Kunde verpflichtet sich ferner, der Agentur sämtliche Auslagen und Aufwendungen, die diese in Ausführung der ihr übertragenen Aufgaben gemacht hat, zu ersetzen. Lieferanterechnungen, die den Betrag von sFr. _____ übersteigen, werden dem Kunden zur direkten Zahlung weitergeleitet.

3.5. Der Kunde verpflichtet sich, während der Dauer dieses Vertrages keine andere Agentur zu beauftragen. Ausnahmen sind möglich, sofern die Agentur dem zustimmt.

4. Durchführung

4.1. Die Agentur ist frei in der Wahl der Mittel, um die in Ziff. 2.1. dieses Vertrags umschriebenen Aufgaben zu erfüllen.

4.2. Ohne anderslautende Vereinbarung hat die Agentur in der Ausführung der ihr übertragenen Aufgaben ihre Arbeitsprodukte dem Kunden zur Genehmigung vorzulegen, bevor diese veröffentlicht bzw. Dritten mitgeteilt werden.

5. Abrechnung

5.1. Die gemäss Ziff. 3.1., 3.2. und 3.3., dieses Vertrags geschuldeten Beträge werden

❏ monatlich
❏ vierteljährlich
❏ halbjährlich
❏ am Ende des Projektes

abgerechnet. Die Abrechnung erfolgt grundsätzlich innerhalb von dreissig Tagen nach

❏ Monatsende
❏ Quartalsende
❏ Semesterende
❏ Beendigung des Projekts

5.2. Der Agentur von Unterakkordanten ausbezahlte Provisionen und Kommissionen werden dem Kunden zur Verrechnung gutgeschrieben.

5.3. Rechnungen werden in jedem Fall innerhalb von 30 Tagen nach Präsentation zur Zahlung fällig.

6. Geistiges Eigentum

6.1. Sämtliche urheberrechtlichen und anderen Rechte an den Leistungen der Agentur bleiben bei der Agentur. Der Kunde erwirbt mir der Begleichung der Agenturrechnungen ein Nutzungsrecht für die Dauer der Zusammenarbeit.

6.2. Nach Beendigung der Zusammenarbeit dürfen Leistungen der Agentur nur mit deren ausdrücklicher Zustimmung und gegen Leistung einer Entschädigung weiterverwendet werden. Massgeblich für die Berechnung der Höhe der Entschädigung ist der von den Parteien gemäss Ziff. 3 dieses Vertrags vereinbarte Schlüssel.

7. Vertragsbeendigung

7.1. Dieser Beratungsvertrag läuft
❏ bis zum _____
❏ bis zur Erledigung der in Ziff. 2. dieses Vertrages umschriebenen Aufgaben.

7.2. Er kann von beiden Parteien jederzeit mit einer Frist von drei Monaten auf das Endes eines Monates gekündigt werden. Kündigt jedoch der Kunde den Vertrag ohne Einhaltung dieser Frist, so gilt die Kündigung als zur Unzeit erfolgt und der Kunde schuldet der Agentur eine Konventionalstrafe in der Höhe von ¼ des Honorars der vorangegangenen 12 Monate zusammengezählt (bzw. bei unterjährigem Vertragsverhältnis ¼ des vorgesehenen Jahreshonorars). Die Geltendmachung weitergehenden Schadens bleibt vorbehalten.

7.3. Sind werkvertragliche Leistungen (zum Beispiel die Erstellung eines Konzeptes) vereinbart, sind der Agentur bei vorzeitigem Widerruf oder Kündigung der geleistete Aufwand sowie der entgangene Gewinn zu ersetzen.

8. Anwendbares Recht

Diese Vereinbarung untersteht in jeder Hinsicht schweizerischem materiellem Recht.

9. Gerichtsstand

Der ausschliessliche Gerichtsstand befindet sich für sämtliche Streitigkeiten am Sitz der Agentur.

Ort, Datum: _____

Der Kunde: _____

Ort, Datum: _____

Die Agentur: _____

VII Agreement Filmproduktion cfp/EAAA

Agreement for the production of television/cinema commercials in Europe* May 1995

Approved by commercial film producers of Europe (cfpe), European association of advertising agencies (EAAA) and world federation of advertisers (WFA). *The clauses on the following page may be varied by mutual agreement and are not intended to replace individual national contracts which are in use throughout Europe.

An Agreement made the _____ day of _____ 20_____
BETWEEN _____. (hereinafter called the Agency)
on behalf of its Client _____ and _____
(hereinafter called the Production Company). *Whereby it is Agreed that* subject to this Agreement and the clauses printed on the following page *and/or any agreed variation thereof made by the parties and shown below* and for the consideration hereinafter appearing the Production Company agrees to produce and the Agency agrees to accept the undermentioned commercial(s):

1) Descriptions of Commercial(s)
Product: _____ Director: _____
Producer: _____ Prod Co. job no: _____
Title(s): _____ Shoot film/tape: _____
No. and length: _____ Post production film/video: _____
Agency job no.: _____ First delivery date: _____
Agency Producer: _____ In the form of: _____

2) Responsibilities
The Production Company shall be responsible for providing all the items stipulated on:
+ the second page of the Production Briefing Specification dated _____
+ the front page of the Budget Breakdown dated _____

3) Consideration
Total cost of production _____

4) Agency Approvals
a) The Agency's accredited representative responsible for all creative approvals is _____ (ins. name(s)).
b) The Agency's accredited representative responsible for all other approvals, authorisations and financial commitments is _____ (insert name(s)).

5) Terms of Payment
a) The first 50% of the contract price will be paid by cheque or banker's draft at least seven days before the commencement of the shoot. The second 50% of the contract price will be paid by cheque or banker's draft within 30 days from the date of completion of the production contract and approval by the Agency of the materials supplied.
b) In the case of a production to be completed in 21 days or less from the date of the commissioning the Production Company will be entitled to be paid 75% of the contract sum on signature of the contract and 25% on completion of the production and approval of material supplied.

6) Variations to clauses shown on following page (please specify below, including variations to payment terms if applicable, and strike out relevant clauses on the following page):_____

7) Applicable Jurisdiction
Any dispute relating to this Agreement, which is not resolved according to Clause 7 overleaf, shall be settled according to the laws of:_____ (state country).

8) Signatures
(signed) _____ (signed) _____
For and on behalf of *Agency* For and on behalf of *Production Company*

VIII Vertraulichkeitsvereinbarung (ausführlich)

zwischen

_____, _____
(nachfolgend ‹_____› genannt)

und

_____, _____
(nachfolgend ‹_____› genannt)

Vorbemerkungen

› _____ und _____ führen eine _____ durch im Zusammenhang mit der Entwicklung eines _____ (Entwicklungsname _____) (nachfolgend *Projekt* genannt).
› Zum Zwecke der _____ ist der gegenseitige Austausch von Informationen erforderlich, an deren vertraulicher Behandlung beidseits ein Interesse besteht.
› Zweck dieser Vereinbarung ist die Regelung der Modalitäten für den gegenseitigen Austausch von Informationen.

Dies vorausgeschickt vereinbaren die *Parteien* was folgt:

1) Beide *Parteien* verpflichten sich, gegenüber Dritten über die Aufnahme von Gesprächen bzw. den Eintritt in Vertragsverhandlungen im Zusammenhang mit dem genannten *Projekt* Stillschweigen zu bewahren. Für die Bestimmung, wer als ‹Dritter› zu gelten hat, ist Ziff. 2 Abs. 2 hiernach analog anwendbar.

2) Beide *Parteien* sind verpflichtet, die ihr von der jeweiligen anderen *Partei* mündlich, schriftlich oder elektronisch übermittelten Daten, Know-how, Vorgänge, Unterlagen u.a. (nachfolgend *Informationen* genannt) geheim zu halten, ungeachtet der rechtlichen Qualifikation der Daten. Alle von einer *Partei* an die andere *Partei* übermittelten oder der anderen *Partei* sonst wie bekannt gewordenen *Informationen* gelten, unabhängig, ob sie als geheim oder vertraulich bezeichnet werden, als geheim. Die Ziff. 5 hiernach bleibt vorbehalten.
Beide *Parteien* verpflichten sich, alle erforderlichen Massnahmen zu treffen, um eine Weitergabe oder das Zugänglichmachen der ihnen zur Kenntnis gelangenden *Informationen* an Dritte zu verhindern. Nicht als Dritte gelten Personen, die, sei es als Arbeitnehmer oder als Mutter-, Tochter- oder Schwestergesellschaft (Kapital- und Stimmenbeteiligung > 50%), mit einer der *Parteien* verbunden sind und denen die *Informationen* zur Erreichung einer erfolgreichen Zusammenarbeit mit der anderen *Partei* mitgeteilt werden müssen. Ebenfalls nicht als Dritte gelten von den *Parteien* beigezogene Berater. Die genannten Personen sind von der sie beiziehenden *Partei* einzeln zur Geheimhaltung im Sinne dieser Vereinbarung zu verpflichten.

3) Auf Wunsch einer offenlegenden *Partei* ist bei der Aushändigung von schriftlichen *Informationen* an die andere *Partei* ein von beiden *Parteien* zu unterzeichnendes Übergabeprotokoll auszufertigen. Das allfällige Fehlen eines Protokolls ändert nichts an der umfassenden Gültigkeit der Geheimhaltungspflicht.

4) Die *Parteien* verpflichten sich, die *Informationen*, die ihnen zur Kenntnis gelangen, im Sinne einer Ausschliesslichkeit zu keinem anderen Zweck als im Hinblick auf und zur Durchführung einer Zusammenarbeit mit der anderen *Partei*, wie im *Projekt* und in dieser Vereinbarung umschrieben, zu verwenden.

5) Nicht unter die Geheimhaltungspflicht fallen *Informationen*, die
 – bei Empfang durch die andere *Partei* nachweislich zum allgemeinen Stand der Technik bzw. zum Gemeingut gehören oder
 – der anderen *Partei* schon vor dem Empfang der *Informationen* nachweislich und rechtmässig bekannt waren oder
 – durch Dritte, ohne Verletzung einer Rechtspflicht seitens der empfangenden *Partei*, nach dem Empfangsdatum öffentlich bekannt oder zugänglich gemacht werden oder
 – der Öffentlichkeit nach dem Empfangsdatum aus irgendeinem Grund, aber ohne Verletzung einer Rechtspflicht seitens der empfangenden *Partei*, bekannt werden.

6) Die Übertragung der *Informationen* von einer *Partei* an die empfangende *Partei* erfolgt ausschliesslich zum Zwecke des Verhandelns (Ausschliesslichkeitsgrundsatz) und ist somit nicht als Vergabe einer Lizenz oder irgendwelcher anderer Rechte an gegenwärtigen

oder künftigen Schutzrechten oder am Know-how der übertragenden *Partei* zu verstehen. Beide *Parteien* verpflichten sich, sowohl während wie auch nach der Dauer dieser Vereinbarung gestützt auf die erhaltenenen Informationen die Schutzrechte der jeweilgen anderen *Partei* weder selber anzugreifen noch Dritte bei derartigen Handlungen zu unterstützen. Ferner verpflichten sich beide *Parteien*, die ihnen zugekommenen *Informationen* nicht zur Anmeldung von Schutzrechten in eigenem Namen zu verwenden.

7) Unabhängig vom rechtlichen Bestand der vorliegenden Vereinbarung sowie vom Zustandekommen eventuell nachfolgender vertraglicher Absprachen über das *Projekt* verpflichten sich die *Parteien*, die ihnen neben den *Informationen* zu Kenntnis gelangenden sonstigen Geschäfts- und Betriebsgeheimnisse der jeweilgen anderen *Partei* strikte geheim zu halten und alle Vorkehrungen zu treffen, um eine missbräuchliche Benutzung derselben zu verhindern.

8) Für jeden Verstoss gegen die Ausschliesslichkeits- und/oder Geheimhaltungsverpflichtung gemäss Ziff. 2, 4 und 7 dieser Vereinbarung ist die verletzende *Partei* verpflichtet, der anderen Partei eine Konventionalstrafe in der Höhe von CHF 50 000.– (Fünfzigtausend Schweizer Franken) zu bezahlen. Die Bezahlung der Konventionalstrafe befreit nicht von der Erfüllung der Pflicht zur Ausschliesslichkeit und Geheimhaltung. Die Geltendmachung weiteren Schadens bleibt der verletzten *Partei* vorbehalten.

9) Die Ausschliesslichkeits- und Geheimhaltungspflichten nach Massgabe dieser Vereinbarung gelten zeitlich unbefristet.

10) Die Rechte und Pflichten aus dieser Vereinbarung gelten auch für allfällige Rechtsnachfolger der *Parteien*. Im Übrigen sind die Rechte und Pflichten aus dieser Vereinbarung nicht übertragbar.

11) Die vorliegende Vereinbarung tritt durch deren Unterzeichnung und im Falle der nicht gleichzeitigen Unterzeichnung mit der später geleisteten Unterschrift in Kraft. Änderungen der Vereinbarungen bedürfen der Schriftform und rechtsgültigen Unterzeichnung durch beide *Parteien*.

12) Die vorliegende Vereinbarung unterliegt dem materiellen schweizerischen Recht. Sämtliche sich aus oder im Zusammenhang mit dieser Vereinbarung ergebenden Streitigkeiten unterliegen der ordentlichen Gerichtsbarkeit am Sitz von _____ _____ ist wahlweise berechtigt, _____ auch an deren Sitz einzuklagen.

13) Die vorliegende Vereinbarung wird zweifach ausgefertigt.

_____, den _____

Firma

_____

_____, den _____

Firma

_____

Weitere Vertragsmuster:

Z.B. Kurzfassung der Non-Disclosure-Vereinbarung, Vereinbarungen mit Darstellern, Lizenzvereinbarungen, Vereinbarungen mit Subunternehmern, Design Services Agreement, aber auch Aktionärsbindungs-Verträge und Gesellschaftsstatuten können beim Autor über www.glaus.com bezogen werden.

IX Allgemeine Geschäftsbedingungen Forum corporate publishing

Vertrag zwischen

Name, Postadresse, Ort
(nachfolgend Kundin genannt)

und

Name, Postadresse, Ort
(nachfolgend Beauftragte genannt)

Dieser Vertrag regelt die Zusammenarbeit der Beauftragten mit ihren Kunden im Hinblick auf die Konzeption und/oder Realisation eines Medienprodukts. Die vom Forum Corporate Publishing für den Schweizer Markt erlassenen Vertragsbestimmungen stellen sicher, dass die Zusammenarbeit mit Blick auf die gemeinsamen Zielsetzungen transparent gestaltet und abgewickelt wird.

A) Leistungen
Art und Name des Produkts:

_____

Projektbeschrieb:
(Umfang, Auflage, Periodizität, Erscheinungstermine, Sprachen etc.):

_____

Agenturleistungen:
(Konzeption, Layout, Desktop etc.)
Die detaillierten Leistungsdaten werden im Leistungsblatt (Anhang I) festgehalten.

_____

B) Kosten / Budget / Zahlungsziele / Fälligkeit (pro Einheit):
(Einzelheiten dazu im Anhang II. Ohne besondere Vereinbarung erfolgt die Rechnungsstellung in drei Tranchen: 1/3 nach Auftragserteilung bzw. nach Beginn der Konzeptionsarbeiten, 1/3 nach dem «Gut zur Ausführung» und 1/3 nach Auslieferung des Produkts, je zahlbar innert 30 Tagen nach Rechnungstellung.

_____

C) Dauer der Zusammenarbeit
Vertragsbeginn:
Vertragsdauer/Vertragsauflösung:
(Vertragsverhältnisse auf unbestimmte Dauer können ohne gegenlautende Vereinbarung beidseitig nur unter Einhaltung einer Kündigungsfrist von 6 Monaten aufgelöst werden.)

D) Verschiedenes
Soweit die Parteien nicht ausdrückliche Vereinbarungen getroffen haben, kommen auf den Vertrag die nachfolgenden (rückseitigen) Allgemeinen Vertragsbedingungen des Forum Corporate Publishing, die Anhänge I (detaillierte Aufstellung sämtlicher Leistungen mit Kenndaten für Druckproduktion) und II (Kostenübersicht) sowie subsidiär die dispositiven Normen des schweizerischen Rechts zur Anwendung. Mit Unterzeichnung dieses Vertrages akzeptieren die Vertragsparteien die Allgemeinen Vertragsbedingungen.

Ausschliesslicher Gerichtsstand ist der Sitz der Beauftragten.

Ort, Datum

_____

Für die Beauftragte:

_____

Für die Kundin:

_____

Forum Corporate Publishing (FCP): Allgemeine Vertragsbestimmungen

1. Hauptleistungen der Vertragsparteien
1.1. Gegenstand dieses Vertrags ist die entgeltliche Konzeption und/oder Herstellung eines Medienprodukts durch die Beauftragte gemäss den vorstehenden Spezifizierungen. Die von der Beauftragten zu erbringenden Vertragsleistungen umfassen alle zur Erfüllung der zugesicherten Leistungen notwendigen Handlungen. Die Beauftragte ist berechtigt, zur Erfüllung der vertraglichen Verpflichtungen Dritte beizuziehen. Ohne gegenteilige Abmachung sind Produktions- und Vertriebskosten nicht Gegenstand des Vertrages.
1.2. Änderungen und Ergänzungen ausserhalb der vereinbarten Leistungen sind nur verbindlich, wenn sie gegenseitig schriftlich vereinbart worden sind.
1.3. Die Kosten für die Herstellung des Medienprodukts werden in einem Anhang zum Hauptvertrag vereinbart. Sie werden von der Beauftragten nach Ablieferung

des Medienprodukts in Rechnung gestellt. Je nach Leistungsumfang und Leistungsdauer können die Vertragsparteien Teilzahlungen oder Vorauszahlungen vereinbaren. Ohne besondere Vereinbarung ist die Kundin verpflichtet, die Rechnungen innert dreissig Tagen zu begleichen.

2. Nutzungsrechte

2.1. Die Beauftragte überträgt der Kundin die Nutzungs-rechte an den Eigenleistungen zum vertraglich vereinbarten Zweck. Dieses schliesst auch ein Bearbeitungsrecht ein. Bei der Beauftragten verbleiben indes die Nutzungsrechte an nicht realisierten Projekte, welche nur aufwandbezogen entschädigt wurden.

2.2 Bezüglich der urheber- und persönlichkeitsrechtlichen Nutzungsrechte an Fremdleistungen gelten die jeweiligen vertraglichen Vereinbarungen mit den Lizenzgebern und/oder Rechtsträgern.

2.3. Die für das Projekt erstellten Produktionsdaten sind Eigentum der Beauftragten.

3. Zusatzverpflichtungen

3.1. Die Beauftragte ist verpflichtet, Produktionsdaten während drei Jahren nach deren letzten Verwendung aufzubewahren. Nach Ablauf dieser Frist ist die Beauftragte berechtigt, Daten und Unterlagen, die während dieser Aufbewahrungsfrist nicht mehr benutzt wurden, ohne Rückfrage zu vernichten, falls die Kundin nicht vorher schriftlich die Herausgabe oder die Bewirtschaftung durch die Beauftragte gegen Verrechnung der effektiven Kosten verlangt hat.

3.2. Wird die Produktion durch die Kundin eingestellt, so ist die Beauftragte nur dann verpflichtet, bereits erarbeitete Zwischenprodukte für die Zeit nach Vertragsablauf herauszugeben, wenn sowohl der Aufwand nach den üblichen Ansätzen als auch die Übertragung der Nutzungsrechte entschädigt werden.

4. Gewährleistungen

4.1. Sachgewähr: Die Beauftragte gewährleistet die Tauglichkeit der Medienprodukte zum vorausgesetzten Gebrauch. Vorbehalten bleiben Mängel an der Druckqualität von Fotografien, Abbildungen und Grafiken, für welche die Beauftragte nicht einstehen kann.
Ein «Gut-zum-Druck» oder «Gut-zur-Ausführung» der Kundin gilt als Genehmigung des Produkts in der vorgeschlagenen Art und Qualität. Allfällige Mängel im Vergleich zum genehmigten Produkt sind durch die Kundin unverzüglich geltend zu machen. Der Beauftragten wird im Falle einer Mängelrüge das vorrangige Recht zur Nachbesserung eingeräumt.

4.2. Rechtsgewähr: Die Beauftragte gewährleistet in ihrer beratenden und kreativen Tätigkeit, dass die von ihr erbrachten Leistungen frei von Rechten Dritter sind bzw. keinerlei Rechte Dritter die vertraglich zugesicherte Nutzung einschränken oder behindern. Vorbehalten bleiben die Ziffern II.2 und IV.4. Die Kundin ist verpflichtet, der Beauftragten einen allfälligen Rechtsanspruch Dritter unverzüglich, d.h. spätestens innert 48 Stunden, mitzuteilen, damit die Beauftragte in eigener Verantwortung tätig werden kann. Keine Rechtsgewähr übernimmt die Beauftragte für die von der Kundin oder von einem Beauftragten der Kundin zur Verfügung gestellten Unterlagen.

4.3. Für die Offerten Dritter übernimmt die Beauftragte keine Gewähr.

4.4. Haftungsbeschränkung: Die vertragliche Haftung der Beauftragten aus Rechts- oder Sachgewähr beschränkt sich auf die Höhe der in den vergangenen zwölf Monaten verrechneten Eigenleistungen für das Produkt. Jede weitergehende vertragliche Haftung fällt weg. Vorbehalten bleiben die zwingenden Gesetzesbestimmungen.

5. Vertraulichkeit/Diskretion

Sowohl die Beauftragte als auch die Kundin verpflichten sich, die ihnen aus der Zusammenarbeit zukommenden Informationen geheim zu halten und ihre Arbeitnehmer und Beauftragten entsprechend zu verpflichten. Keinerlei Unterlagen dürfen an Dritte weitergeleitet werden.

6. Dauer und Auflösung des Vertrags

Konzeption und Herstellung eines Medienprodukts bedingen zahlreiche produktespezifische Investitionen und Vorkehren sowie eine entsprechende Infra- struktur. Dieses Vertragsverhältnis ist deshalb mangels anderslautender Abrede nur unter Beachtung einer sechsmonatigen Kündigungsfrist und bei gleichzeitiger Abgeltung aller üblicherweise bis zur ordentlichen Beendigung des Vertrages verrechneten oder verrechenbarer Aufwendun- gen (Fixkosten, Honorare etc.) kündbar. Jede Partei ist zum sofortigen Rücktritt vom Vertrag berechtigt, wenn die andere Partei einen Nachlassvertrag abschliesst oder wenn über sie der Konkurs eröffnet wird.

© FCP 2000

X SUISA – Erläuterungen zum Urheberrecht mit Bezug auf öffentliche Aufführungen musikalischer Werke

Vorbemerkung:
Wird Musik öffentlich, das heisst nicht im engsten Familien- und Freundeskreis, verwendet, so muss eine entsprechende Urheberrechtsvergütung bezahlt werden.
In dieser Abteilung werden die Aufführungs- und Senderechte wahrgenommen. Bei den Kunden handelt es sich somit einerseits um Veranstalter von Anlässen, an welchen Musik öffentlich entweder live oder ab Ton-/Tonbild-Träger aufgeführt wird, und anderseits um Sendeanstalten wie die SRG, die Lokalradios und -fernsehen.
Zum Beispiel: Der Wirt, der eine ‹Stubete› veranstaltet; der Techno-Begeisterte, der eine Techno-Party organisiert; der Aerobicstudio-Besitzer, der Musik für die Unterrichtsstunden verwendet; der Coiffeursalon, der im Hintergrund Musik abspielt; Radio 24 strahlt eine Musiksendung aus; usw.
Insgesamt werden in dieser Abteilung 16 Tarife wahrgenommen, das heisst, es werden 16 ‹Musiknutzer› unterschieden, bei welchen jeweils spezifische ‹Preise› (=Urheberrechtsvergütungen) erhoben werden.
1) Veranstalter im Sinne des Urheberrechtsgesetzes (URG) ist, wer die Wiedergabe eines Werkes veranlasst, also derjenige, welcher die Aufführung musikalischer Werke angeordnet hat und für sie auch in organisatorischer und finanzieller Hinsicht verantwortlich ist.
2) Nicht das Orchester, sondern der Veranstalter ist verpflichtet, die vorherige Ermächtigung der berechtigten Urheber bzw. der SUISA als deren Rechtsnachfolgerin einzuholen. Diese wird dem Veranstalter – ausnahmsweise auch nachträglich – gegen Entrichtung einer Urheberrechtsentschädigung erteilt. Unterlässt er dies, so begeht er gemäss Art. 62 Abs. 2 URG eine Urheberrechtsverletzung und wird hieraus nach Art. 41 ff. Obligationenrecht (OR) schadenersatzpflichtig.
3) Nur öffentliche Aufführungen eines musikalischen Werkes sind erlaubnis- und entschädigungspflichtig. Als nicht öffentlich, das heisst privat, gelten Anlässe, bei denen der Kreis der Personen begrenzt ist und letztere durch enge Beziehungen untereinander oder mit dem Veranstalter verbunden sind, wie beispielsweise bei einem Hochzeitsfest oder einer anderen Familienfeier. Dagegen sind Veranstaltungen von Vereinen, Verbänden, Firmen, Betrieben und ähnlichen Organisationen öffentlich.
4) Für die Erhebung von Urheberrechtsentschädigungen ist es nach geltendem Recht irrelevant, ob eine Veranstaltung gewinnbringend ist oder nicht. Wenn der Veranstalter in der Lage ist, einen Saal zu mieten, ein Orchester zu bezahlen, etc., so ist ihm auch zuzumuten, dass er eine (geringe) Entschädigung an die Urheber abführt.

Die SUISA handelt unter Aufsicht und aufgrund einer Bewilligung des Institutes für geistiges Eigentum (IGE). Sie ist verpflichtet, die gesetzlichen und tariflichen Bestimmungen einzuhalten und alle Veranstalter gemäss diesen Vorschriften gleich zu behandeln.

Kundendienste/Abteilung Aufführungs- und Senderechte

Wer?
Die Abteilung umfasst 35 MitarbeiterInnen. Details betreffend die Organisation der Abteilung kann man aus dem beigelegtem Organigramm entnehmen.

Wo?
Die MitarbeiterInnen haben ihre Büros im 2. OG. Es handelt sich dabei vorwiegend um 2er-Büros neben zwei ‹Grossraum-Büros›, welche je 5 bzw. 6 MitarbeiterInnen beherbergen.
Kurze Darstellung der Gemeinsamen Tarife 1 bis 9:

Gemeinsame Tarife 1 und 2

Die Gemeinsamen Tarife 1 und 2 regeln die Kabelweitersendung und die Weitersendung über Umsetzer.

Gemeinsame Tarife 3a und 3b
Die Gemeinsamen Tarife 3a und 3b regeln den öffentlichen Sendeempfang in Verkaufsgeschäften, Restaurants, Arbeitsräumen, Bahnen, Flugzeugen, Schiffen usw.

Gemeinsame Tarife 4a, 4b und 4c
Die Gemeinsamen Tarife 4a, 4b und 4c enthalten Vergütungssysteme für das private Vervielfältigen (Leerträgervergütung).

Gemeinsame Tarife 5 und 6
Die GT 5 und 6 regeln das Vermieten von Werkexemplaren durch Videotheken und Bibliotheken.

Gemeinsame Tarife 7a und 7b
Die GT 7a und 7b decken die sog. schulische Nutzung ab, d.h. insbesondere das Aufnehmen von Sendungen auf Leerträger.

Gemeinsamer Tarif 8
Der GT 8 regelt das Vervielfältigen geschützter Werke mittels Photokopiergeräten.

Gemeinsamer Tarif 9
Der GT 9 regelt die Verwendung geschützter Werke und Leistungen zum Eigen-gebrauch mittels betriebsinternen Netzwerken.

XI Wichtige Gesetzestexte

1. Bestimmungen aus der Bundesverfassung (BV)

Art. 10 BV: Recht auf Leben und auf persönliche Freiheit
1) Jeder Mensch hat das Recht auf Leben. Die Todesstrafe ist verboten.
2) Jeder Mensch hat das Recht auf persönliche Freiheit, insbesondere auf körperliche und geistige Unversehrtheit und auf Bewegungsfreiheit.
3) Folter und jede Art grausamer, unmenschlicher oder erniedrigender Behandlung oder Bestrafung sind verboten.

Art. 13 BV: Schutz der Privatsphäre
1) Jede Person hat Anspruch auf Achtung ihres Privat- und Familienlebens, ihrer Wohnung sowie ihres Brief-, Post- und Fernmeldeverkehrs.
2) Jede Person hat Anspruch auf Schutz vor Missbrauch ihrer persönlichen Daten.

Art. 16 BV: Meinungs- und Informationsfreiheit
1) Die Meinungs- und Informationsfreiheit ist gewährleistet.
2) Jede Person hat das Recht, ihre Meinung frei zu bilden und sie ungehindert zu äussern und zu verbreiten.
3) Jede Person hat das Recht, Informationen frei zu empfangen, aus allgemein zugänglichen Quellen zu beschaffen und zu verbreiten.

Grundrechte	Art. BV
Menschenwürde	7
Rechtsgleichheit	8
Schutz vor Willkür/Wahrung von Treu und Glauben	9
Recht auf Leben und auf persönliche Freiheit	10
Schutz der Kinder und Jugendlichen	11
Recht auf Hilfe in Notlagen	12
Schutz der Privatsphäre	13
Recht auf Ehe und Familie	14
Glaubens- und Gewissensfreiheit	15
Meinungs- und Informationsfreiheit	16
Medienfreiheit	17
Sprachenfreiheit	18
Anspruch auf Grundschulunterricht	19
Wissenschaftsfreiheit	20
Kunstfreiheit	21
Versammlungsfreiheit	22
Vereinigungsfreiheit	23
Niederlassungsfreiheit	24
Schutz vor Ausweisung/Auslieferung/Ausschaffung	25
Eigentumsgarantie	26
Wirtschaftsfreiheit	27

Art. 17 BV: Medienfreiheit
1) Die Freiheit von Presse, Radio und Fernsehen sowie anderer Formen der öffentlichen fernmeldetechnischen Verbreitung von Darbietungen und Informationen ist gewährleistet.
2) Zensur ist verboten.
3) Das Redaktionsgeheimnis ist gewährleistet.

Art. 21 BV: Kunstfreiheit
Die Freiheit der Kunst ist gewährleistet.

Art. 26 BV: Eigentumsgarantie
1) Das Eigentum ist gewährleistet.
2) Enteignungen und Eigentumsbeschränkungen, die einer Enteignung gleichkommen, werden voll entschädigt.

Art. 27 BV: Wirtschaftsfreiheit
1) Die Wirtschaftsfreiheit ist gewährleistet.
2) Sie umfasst insbesondere die freie Wahl des Berufes sowie den freien Zugang zu einer privatwirtschaftlichen Erwerbstätigkeit und deren freie Ausübung.

Art. 93 Radio und Fernsehen
1) Die Gesetzgebung über Radio und Fernsehen sowie über andere Formen der öffentlichen fernmeldetechnischen Verbreitung von Darbietungen und Informationen ist Sache des Bundes.
2) Radio und Fernsehen tragen zur Bildung und kulturellen Entfaltung, zur freien Meinungsbildung und zur Unterhaltung bei. Sie berücksichtigen die Besonderheiten des Landes und die Bedürfnisse der Kantone. Sie stellen die Ereignisse sachgerecht dar und bringen die Vielfalt der Ansichten angemessen zum Ausdruck.
3) Die Unabhängigkeit von Radio und Fernsehen sowie die Autonomie in der Programmgestaltung sind gewährleistet.
4) Auf die Stellung und die Aufgaben anderer Medien, vor allem der Presse, ist Rücksicht zu nehmen
5) Programmbeschwerden können einer unabhängigen Beschwerdeinstanz vorgelegt werden.

2. Strafgesetzbuch
Art. 27[1] 6. Strafbarkeit der Medien
1) Wird eine strafbare Handlung durch Veröffentlichung in einem Medium begangen und erschöpft sie sich in dieser Veröffentlichung, so ist, unter Vorbehalt der nachfolgenden Bestimmungen, der Autor allein strafbar.
2) Kann der Autor nicht ermittelt oder in der Schweiz nicht vor Gericht gestellt werden, so ist der verantwortliche Redaktor nach Artikel 322bis strafbar. Fehlt ein verantwortlicher Redaktor, so ist jene Person nach Artikel 322bis strafbar, die für die Veröffentlichung verantwortlich ist.
3) Hat die Veröffentlichung ohne Wissen oder gegen den Willen des Autors stattgefunden, so ist der Redaktor oder, wenn ein solcher fehlt, die für die Veröffentlichung verantwortliche Person als Täter strafbar.
4) Die wahrheitsgetreue Berichterstattung über öffentliche Verhandlungen und amtliche Mitteilungen einer Behörde ist straflos.

Art. 322bis Nichtverhinderung einer strafbaren Veröffentlichung
Wer als Verantwortlicher nach Artikel 27 Absätze 2 und 3 eine Veröffentlichung, durch die eine strafbare Handlung begangen wird, vorsätzlich nicht verhindert, wird mit Gefängnis oder Busse bestraft. Handelt der Täter fahrlässig, so ist die Strafe Haft oder Busse

Art. 173[1] 1. Ehrverletzungen. Üble Nachrede
1) Wer jemanden bei einem andern eines unehrenhaften Verhaltens oder anderer Tatsachen, die geeignet sind, seinen Ruf zu schädigen, beschuldigt oder verdächtigt, wer eine solche Beschuldigung oder Verdächtigung weiterverbreitet, wird, auf Antrag, mit Gefängnis bis zu sechs Monaten oder mit Busse bestraft.
2) Beweist der Beschuldigte, dass die von ihm vorgebrachte oder weiterverbreitete Äusserung der Wahrheit entspricht, oder dass er ernsthafte Gründe hatte, sie in guten Treuen für wahr zu halten, so ist er nicht strafbar.

3) Der Beschuldigte wird zum Beweis nicht zugelassen und ist strafbar für Äusserungen, die ohne Wahrung öffentlicher Interessen oder sonstwie ohne begründete Veranlassung, vorwiegend in der Absicht vorgebracht oder verbreitet werden, jemandem Übles vorzuwerfen, insbesondere, wenn sich die Äusserungen auf das Privat- oder Familienleben beziehen.
4) Nimmt der Täter seine Äusserung als unwahr zurück, so kann er milder bestraft oder ganz von Strafe befreit werden.
5) Hat der Beschuldigte den Wahrheitsbeweis nicht erbracht oder sind seine Äusserungen unwahr oder nimmt der Beschuldigte sie zurück, so hat der Richter dies im Urteil oder in einer andern Urkunde festzustellen.

Art. 174 Verleumdung
1) Wer jemanden wider besseres Wissen bei einem andern eines unehrenhaften Verhaltens oder anderer Tatsachen, die geeignet sind, seinen Ruf zu schädigen, beschuldigt oder verdächtigt, wer eine solche Beschuldigung oder Verdächtigung wider besseres Wissen verbreitet, wird, auf Antrag, mit Gefängnis oder Busse bestraft.
2) Ist der Täter planmässig darauf ausgegangen, den guten Ruf einer Person zu untergraben, so ist die Strafe Gefängnis nicht unter einem Monat.
3) Zieht der Täter seine Äusserungen vor dem Richter als unwahr zurück, so kann er milder bestraft werden. Der Richter stellt dem Verletzten über den Rückzug eine Urkunde aus.

Art. 177 Beschimpfung
1) Wer jemanden in anderer Weise durch Wort, Schrift, Bild, Gebärde oder Tätlichkeiten in seiner Ehre angreift, wird, auf Antrag, mit Gefängnis bis zu drei Monaten oder mit Busse bestraft.
2) Hat der Beschimpfte durch sein ungebührliches Verhalten zu der Beschimpfung unmittelbar Anlass gegeben, so kann der Richter den Täter von Strafe befreien.
3) Ist die Beschimpfung unmittelbar mit einer Beschimpfung oder Tätlichkeit erwidert worden, so kann der Richter einen oder beide Täter von Strafe befreien.

Art. 178 Verjährung
1) Die Verfolgung der Vergehen gegen die Ehre verjährt in vier Jahren.[1]
2) Für das Erlöschen des Antragsrechtes gilt Artikel 29.

Art. 179 2.[1] Strafbare Handlungen gegen den Geheim- oder Privatbereich. Verletzung des Schriftgeheimnisses
Wer, ohne dazu berechtigt zu sein, eine verschlossene Schrift oder Sendung öffnet, um von ihrem Inhalte Kenntnis zu nehmen, wer Tatsachen, deren Kenntnis er durch Öffnen einer nicht für ihn bestimmten verschlossenen Schrift oder Sendung erlangt hat, verbreitet oder ausnützt, wird, auf Antrag, mit Haft oder mit Busse bestraft.

Art. 179bis Abhören und Aufnehmen fremder Gespräche
Wer ein fremdes nichtöffentliches Gespräch, ohne die Einwilligung aller daran Beteiligten, mit einem Abhörgerät abhört oder auf einen Tonträger aufnimmt, wer eine Tatsache, von der er weiss oder annehmen muss, dass sie auf Grund einer nach Absatz 1 strafbaren Handlung zu seiner Kenntnis gelangte, auswertet oder einem Dritten bekanntgibt, wer eine Aufnahme, von der er weiss oder annehmen muss, dass sie durch eine nach Absatz 1 strafbare Handlung hergestellt wurde, aufbewahrt oder einem Dritten zugänglich macht, wird, auf Antrag, mit Gefängnis oder mit Busse bestraft.

Art. 179ter Unbefugtes Aufnehmen von Gesprächen
Wer als Gesprächsteilnehmer ein nichtöffentliches Gespräch, ohne die Einwilligung der andern daran Beteiligten, auf einen Tonträger aufnimmt, wer eine Aufnahme, von der er weiss oder annehmen muss, dass sie durch eine nach Absatz 1 strafbare Handlung hergestellt wurde, aufbewahrt, auswertet, einem Dritten zugänglich macht oder einem Dritten vom Inhalt der Aufnahme Kenntnis gibt, wird, auf Antrag, mit Gefängnis bis zu einem Jahr oder mit Busse bestraft.

Art. 179[quater] Verletzung des Geheim- oder Privatbereichs durch Aufnahmegeräte
Wer eine Tatsache aus dem Geheimbereich eines andern oder eine nicht jedermann ohne weiteres zugängliche Tatsache aus dem Privatbereich eines andern ohne dessen Einwilligung mit einem Aufnahmegerät beobachtet oder auf einen Bildträger aufnimmt, wer eine Tatsache, von der er weiss oder annehmen muss, dass sie auf Grund einer nach Absatz 1 strafbaren Handlung zu seiner Kennt-

nis gelangte, auswertet oder einem Dritten bekanntgibt, wer eine Aufnahme, von der er weiss oder annehmen muss, dass sie durch eine nach Absatz 1 strafbare Handlung hergestellt wurde, aufbewahrt oder einem Dritten zugänglich macht, wird, auf Antrag, mit Gefängnis oder mit Busse bestraft.

Art. 179 quinquies Nicht strafbares Aufnehmen
1) Weder nach Artikel 179bis Absatz 1 noch nach Artikel 179ter Absatz 1 macht sich strafbar, wer als Gesprächsteilnehmer oder Abonnent eines beteiligten Anschlusses Fernmeldegespräche:
a) mit Hilfs-, Rettungs- und Sicherheitsdiensten aufnimmt;
b) im Geschäftsverkehr aufnimmt, welche Bestellungen, Aufträge, Reservationen und ähnliche Geschäftsvorfälle zum Inhalt haben.
2) Hinsichtlich der Verwertung der Aufnahmen gemäss Absatz 1 sind die Artikel 179bis Absätze 2 und 3 sowie 179ter Absatz 2 sinngemäss anwendbar.

Art. 179 sexies Inverkehrbringen und Anpreisen von Abhör-, Ton- und Bildaufnahmegeräten
1) Wer technische Geräte, die insbesondere dem widerrechtlichen Abhören oder der widerrechtlichen Ton- oder Bildaufnahme dienen, herstellt, einführt, ausführt, erwirbt, lagert, besitzt, weiterschafft, einem andern übergibt, verkauft, vermietet, verleiht oder sonstwie in Verkehr bringt oder anpreist oder zur Herstellung solcher Geräte Anleitung gibt, wird mit Gefängnis oder mit Busse bestraft.
2) Handelt der Täter im Interesse eines Dritten, so untersteht der Dritte, der die Widerhandlung kannte und sie nicht nach seinen Möglichkeiten verhindert hat, derselben Strafandrohung wie der Täter.
Ist der Dritte eine juristische Person, eine Kollektiv- oder eine Kommanditgesellschaft oder eine Einzelfirma, so findet Absatz 1 auf diejenigen Personen Anwendung, die für sie gehandelt haben oder hätten handeln sollen.

Art. 179 septies Missbrauch einer Fernmeldeanlage
Wer aus Bosheit oder Mutwillen eine Fernmeldeanlage zur Beunruhigung oder Belästigung missbraucht, wird, auf Antrag, mit Haft oder Busse bestraft.

Art. 260 Landfriedensbruch
1) Wer an einer öffentlichen Zusammenrottung teilnimmt, bei der mit vereinten Kräften gegen Menschen oder Sachen Gewalttätigkeiten begangen werden, wird mit Gefängnis oder mit Busse bestraft.
2) Die Teilnehmer, die sich auf behördliche Aufforderung hin entfernen, bleiben straffrei, wenn sie weder selbst Gewalt angewendet noch zur Gewaltanwendung aufgefordert haben.

Art. 261 Störung der Glaubens- und Kultusfreiheit
Wer öffentlich und in gemeiner Weise die Überzeugung anderer in Glaubenssachen, insbesondere den Glauben an Gott, beschimpft oder verspottet oder Gegenstände religiöser Verehrung verunehrt, wer eine verfassungsmässig gewährleistete Kultushandlung böswillig verhindert, stört oder öffentlich verspottet, wer einen Ort oder einen Gegenstand, die für einen verfassungsmässig gewährleisteten Kultus oder für eine solche Kultushandlung bestimmt sind, böswillig verunehrt, wird mit Gefängnis bis zu sechs Monaten oder mit Busse bestraft.

Art. 261bis Rassendiskriminierung
Wer öffentlich gegen eine Person oder eine Gruppe von Personen wegen ihrer Rasse, Ethnie oder Religion zu Hass oder Diskriminierung aufruft, wer öffentlich Ideologien verbreitet, die auf die systematische Herabsetzung oder Verleumdung der Angehörigen einer Rasse, Ethnie oder Religion gerichtet sind, wer mit dem gleichen Ziel Propagandaaktionen organisiert, fördert oder daran teilnimmt, wer öffentlich durch Wort, Schrift, Bild, Gebärden, Tätlichkeiten oder in anderer Weise eine Person oder eine Gruppe von Personen wegen ihrer Rasse, Ethnie oder Religion in einer gegen die Menschenwürde verstossenden Weise herabsetzt oder diskriminiert oder aus einem dieser Gründe Völkermord oder andere Verbrechen gegen die Menschlichkeit leugnet, gröblich verharmlost oder zu rechtfertigen sucht, wer eine von ihm angebotene Leistung, die für die Allgemeinheit bestimmt ist, einer Person oder einer Gruppe von Personen wegen ihrer Rasse, Ethnie oder Religion verweigert, wird mit Gefängnis oder mit Busse bestraft.

3. Bestimmungen zum Persönlichkeitsschutz aus dem schweizerischen Zivilgesetzbuch (ZGB)

Art. 27 ZGB: Schutz vor übermässiger Bindung
Auf die Rechts- und Handlungsfähigkeit kann niemand ganz oder zum Teil verzichten.
Niemand kann sich seiner Freiheit entäussern oder sich in ihrem Gebrauch in einem das Recht oder die Sittlichkeit verletzenden Grade beschränken (OR 19/20).

Art. 28 ZGB: Schutz gegen Verletzungen
1) Wer in seiner Persönlichkeit widerrechtlich verletzt wird, kann zu seinem Schutz gegen jeden, der an der Verletzung mitwirkt, den Richter anrufen.
2) Eine Verletzung ist widerrechtlich, wenn sie nicht durch Einwilligung des Verletzten, durch ein überwiegendes privates oder öffentliches Interesse oder durch Gesetz (z. B. OR 52) gerechtfertigt ist.

Art. 28a ZGB
1) Der Kläger kann dem Gericht beantragen:
   1) eine drohende Verletzung zu verbieten;
   2) eine bestehende Verletzung zu beseitigen;
   3) die Widerrechtlichkeit einer Verletzung festzustellen, wenn sich diese weiterhin störend auswirkt.
2) Er kann insbesondere verlangen, dass eine Berichtigung oder das Urteil Dritten mitgeteilt oder veröffentlicht wird.
3) Vorbehalten bleiben die Klagen auf Schadenersatz und Genugtuung sowie auf Herausgabe eines Gewinns entsprechend den Bestimmungen über die Geschäftsführung ohne Auftrag.

Art. 12 GestG
Das Gericht am Wohnsitz oder Sitz einer der Parteien ist zuständig für:
a. Klagen aus Persönlichkeitsverletzung;
b. Begehren um Gegendarstellung;
c. Klagen auf Namensschutz und auf Anfechtung einer Namensänderung;
d. Klagen und Begehren nach Art. 15 des Bundesgesetzes vom 19. Juni 1992 über den Datenschutz.

Art. 25 GestG
Für Klagen aus unerlaubter Handlung ist das Gericht am Wohnsitz oder Sitz der geschädigten Person oder der beklagten Partei oder am Handlungs- oder am Erfolgsort zuständig.

Art. 28c ZGB
1) Wer glaubhaft macht, dass er in seiner Persönlichkeit widerrechtlich verletzt ist oder eine solche Verletzung befürchten muss und dass ihm aus der Verletzung ein nicht leicht wiedergutzumachender Nachteil droht, kann die Anordnung vorsorglicher Massnahmen verlangen.
2) Das Gericht kann insbesondere:
   1) die Verletzung vorsorglich verbieten oder beseitigen;
   2) die notwendigen Massnahmen ergreifen, um Beweise zu sichern.
3) Eine Verletzung durch periodisch erscheinende Medien kann das Gericht jedoch nur dann vorsorglich verbieten oder beseitigen, wenn sie einen bes. schweren Nachteil verursachen kann, offensichtl. kein Rechtfertigungsgrund vorliegt und die Massnahme nicht unverhältnismässig erscheint.

Art. 28d ZGB
1) Das Gericht gibt dem Gesuchsgegner Gelegenheit, sich zu äussern.
2) Ist es jedoch wegen dringender Gefahr nicht mehr möglich, den Gesuchsgegner vorgängig anzuhören, so kann das Gericht schon auf Einreichung des Gesuchs hin Massnahmen vorläufig anordnen, es sei denn, der Gesuchsteller habe sein Gesuch offensichtlich hinausgezögert.
3) Kann eine vorsorgliche Massnahme dem Gesuchsgegner schaden, so kann das Gericht vom Gesuchsteller eine Sicherheitsleistung verlangen.

Art. 28e ZGB
1) Vorsorgliche Massnahmen werden in allen Kantonen wie Urteile vollstreckt.
2) Vorsorgl. Massn., die angeordnet werden, bevor die Klage rechtshängig ist, fallen dahin, wenn der Gesuchsteller nicht innerh. der vom Gericht festges. Frist, spät. aber innert 30 Tagen, Klage erhebt.

Art. 28f ZGB
1) Der Gesuchsteller hat den durch eine vorsorgliche Massnahme entstandenen Schaden zu ersetzen, wenn der Anspruch, für den sie bewilligt worden ist, nicht zu Recht bestanden hat; trifft ihn jedoch kein oder nur ein leichtes Verschulden, so kann das Gericht Begehren abweisen oder die Entschädigung herabsetzen (...).
3) Eine bestellte Sicherheit ist freizugeben, wenn feststeht, dass keine Schadenersatzklage erhoben wird; bei Ungewissheit setzt das Gericht Frist zur Klage. (...)

Art. 28g
5. Recht auf Gegendarstellung
a) Grundsatz
   ¹ Wer durch Tatsachendarstellungen in periodisch erscheinenden Medien, insbesondere Presse, Radio und Fernsehen, in seiner Persönlichkeit unmittelbar betroffen ist, hat Anspruch auf Gegendarstellung.
   ² Kein Anspruch auf Gegendarstellung besteht, wenn über öffentliche Verhandlungen einer Behörde wahrheitsgetreu berichtet wurde und die betroffene Person an den Verhandlungen teilgenommen hat.

Art. 28h
b) Form und Inhalt
   ¹ Der Text der Gegendarstellung ist in knapper Form auf den Gegenstand der beanstandeten Darstellung zu beschränken.
   ² Die Gegendarstellung kann verweigert werden, wenn sie offensichtlich unrichtig ist oder wenn sie gegen das Recht oder die guten Sitten verstösst.

Art. 28i
c) Verfahren
   ¹ Der Betroffene muss den Text der Gegendarstellung innert 20 Tagen, nachdem er von der beanstandeten Tatsachendarstellung Kenntnis erhalten hat, spätestens jedoch drei Monate nach der Verbreitung, an das Medienunternehmen absenden.
   ² Das Medienunternehmen teilt dem Betroffenen unverzüglich mit, wann es die Gegendarstellung veröffentlicht oder weshalb es sie zurückweist.

Art. 28k
d) Veröffentlichung
   ¹ Die Gegendarstellung ist sobald als möglich zu veröffentlichen, und zwar so, dass sie den gleichen Personenkreis wie die beanstandete Tatsachendarstellung erreicht.
   ² Die Gegendarstellung ist als solche zu kennzeichnen; das Medienunternehmen darf dazu nur die Erklärung beifügen, ob es an seiner Tatsachendarstellung festhält oder auf welche Quellen es sich stützt.
   ³ Die Veröffentlichung der Gegendarstellung erfolgt kostenlos.

Art. 28l
e) Anrufung des Gerichts
   ¹ Verhindert das Medienunternehmen die Ausübung des Gegendarstellungsrechts, verweigert es die Gegendarstellung oder veröffentlicht es diese nicht korrekt, so kann der Betroffene das Gericht anrufen.
   ² ... 2
   ³ Das Gericht entscheidet unverzüglich aufgrund der verfügbaren Beweismittel.
   ⁴ Rechtsmittel haben keine aufschiebende Wirkung.

Art. 29
III. Recht auf den Namen
1) Namensschutz
   ¹ Wird jemandem die Führung seines Namens bestritten, so kann er auf Feststellung seines Rechtes klagen.
   ² Wird jemand dadurch beeinträchtigt, dass ein anderer sich seinen Namen anmasst, so kann er auf Unterlassung dieser Anmassung sowie bei Verschulden auf Schadenersatz und, wo die Art der Beeinträchtigung es rechtfertigt, auf Leistung einer Geldsumme als Genugtuung klagen.

4. Bestimmungen aus dem Bundesgesetz über den Datenschutz (DSG)

Art. 3 DSG: Begriffe
Die folgenden Ausdrücke bedeuten:
a. Personendaten: alle Angaben, die sich auf eine bestimmte oder bestimmbare Person beziehen;
b. betroffene Personen: natürliche oder juristische Personen, über die Daten bearbeitet werden;
c. besonders schützenswerte Personendaten: Daten über:
   1. die religiösen, weltanschaulichen, politischen oder gewerkschaftlichen Ansichten/Tätigkeiten,
   2. die Gesundheit, die Intimsphäre oder die Rassenzugehörigkeit,
   3. Massnahmen der sozialen Hilfe,
   4. administrative oder strafrechtliche Verfolgungen und Sanktionen; ...

Art. 4 DSG: Grundsätze
Pers.-daten dürfen nur rechtmässig beschafft werden. Ihre Bearbeitung hat nach Treu und Glauben zu erfolgen und muss verhältnismässig sein. Personendaten dürfen nur zu dem Zweck bearbeitet werden, der bei der Beschaffung angegeben wurde, aus den Umständen ersichtlich oder gesetzl. vorgesehen ist.

Art. 5 DSG: Richtigkeit der Daten
Wer Personendaten bearbeitet, hat sich über deren Richtigkeit zu vergewissern.
Jede betroffene Person kann verlangen, dass unrichtige Daten berichtigt werden.

Art. 12 DSG: Persönlichkeitsverletzungen
1 Wer Personendaten bearbeitet, darf dabei die Persönlichkeit der betroffenen Personen nicht widerrechtlich verletzen.
2 Er darf insbesondere nicht ohne Rechtfertigungsgrund:
a. Personendaten entgegen den Grundsätzen von Art. 4, 5 Abs. 1, 6 Abs. 1 + 7 Abs. 1 bearbeiten;
b. Daten einer Person gegen deren ausdrücklichen Willen bearbeiten;
c. besonders schützenswerte Personendaten oder Persönlichkeitsprofile Dritten bekanntgeben.
3 In der Regel liegt keine Persönlichkeitsverletzung vor, wenn die betroffene Person die Daten allgemein zugänglich gemacht und eine Bearbeitung nicht ausdrücklich untersagt hat.

5. Bestimmungen aus dem Bundesgesetz über das Urheberrecht und verwandte Schutzrechte (Urheberrechtsgesetz, URG)

Art. 1 URG
1) Dieses Gesetz regelt:
   a) den Schutz der Urheber und Urheberinnen von Werken der Literatur und Kunst;
   b) den Schutz der ausübenden Künstler und Künstlerinnen, der Hersteller und Herstellerinnen von Ton- und Tonbildträgern sowie der Sendeunternehmen;
   c) die Bundesaufsicht über die Verwertungsgesellschaften.
2) Völkerrechtliche Verträge bleiben vorbehalten.

Das Werk
Art. 2 URG: Werkbegriff
1) Werke sind, unabhängig von ihrem Wert oder Zweck, geistige Schöpfungen der Literatur und Kunst, die individuellen Charakter haben.
2) Dazu gehören insbesondere:
   a) literarische, wissenschaftliche und andere Sprachwerke;
   b) Werke der Musik und andere akustische Werke;
   c) Werke der bildenden Kunst, insbesondere der Malerei, der Bildhauerei und der Graphik;
   d) Werke mit wissenschaftlichem oder technischem Inhalt wie Zeichnungen, Pläne, Karten oder plastische Darstellungen;
   e) Werke der Baukunst;
   f) Werke der angewandten Kunst;
   g) fotografische, filmische und andere visuelle oder audiovisuelle Werke;
   h) choreographische Werke und Pantomimen.
3) Als Werke gelten auch Computerprogramme.
4) Ebenfalls geschützt sind Entwürfe, Titel und Teile von Werken, sofern es sich um geistige Schöpfungen mit individuellem Charakter handelt.

Art. 3 URG: Werke zweiter Hand
1) Geistige Schöpfungen mit individuellem Charakter, die unter Verwendung bestehender Werke so geschaffen werden, dass die verwendeten Werke in ihrem individuellen Charakter erkennbar bleiben, sind Werke zweiter Hand.
2) Solche Werke sind insbesondere Übersetzungen sowie audiovisuelle und andere Bearbeitungen.
3) Werke zweiter Hand sind selbständig geschützt.
4) Der Schutz der verwendeten Werke bleibt vorbehalten.

Art. 4 URG: Sammelwerke
1) Sammlungen sind selbständig geschützt, sofern es sich bezüglich Auswahl oder Anordnung um geistige Schöpfungen mit individuellem Charakter handelt.
2) Der Schutz von in das Sammelwerk aufgenommenen Werken bleibt vorbehalten.

Art. 5 URG: Nicht geschützte Werke
1) Durch das Urheberrecht nicht geschützt sind:
   a) Gesetze, Verordnungen, völkerrechtliche Verträge und andere amtliche Erlasse;
   b) Zahlungsmittel;
   c) Entscheidungen, Protokolle und Berichte von Behörden und öffentlichen Verwaltungen;
   d) Patentschriften und veröffentlichte Patentgesuche.
2) Ebenfalls nicht geschützt sind amtliche oder gesetzlich geforderte Sammlungen und Übersetzungen der Werke nach Absatz 1.

Urheber und Urheberin
Art. 6 URG: Begriff
Urheber oder Urheberin ist die natürliche Person, die das Werk geschaffen hat.

Art. 7 URG: Miturheberschaft
1) Haben mehrere Personen als Urheber oder Urheberinnen an der Schaffung eines Werks mitgewirkt, so steht ihnen das Urheberrecht gemeinschaftlich zu.
2) Haben sie nichts anderes vereinbart, so können sie das Werk nur mit Zustimmung aller verwenden; die Zustimmung darf nicht wider Treu und Glauben verweigert werden.
3) Jeder Miturheber und jede Miturheberin kann Rechtsverletzungen selbständig verfolgen, jedoch nur Leistung an alle fordern.
4) Lassen sich die einzelnen Beiträge trennen und ist nichts anderes vereinbart, so darf jeder Miturheber und jede Miturheberin den eigenen Beitrag selbständig verwenden, wenn dadurch die Verwertung des gemeinsamen Werkes nicht beeinträchtigt wird.

Art. 8 URG: Vermutung der Urheberschaft
1) Solange nichts anderes nachgewiesen ist, gilt als Urheber oder als Urheberin, wer auf den Werkexemplaren oder bei der Veröffentlichung des Werkes mit dem eigenen Namen, einem Pseudonym oder einem Kennzeichen genannt wird.
2) Solange die Urheberschaft ungenannt oder bei einem Pseudonym oder einem Kennzeichen unbekannt bleibt, kann diejenige Person das Urheberrecht ausüben, die das Werk herausgibt. Wird auch diese Person nicht genannt, so kann das Urheberrecht ausüben, wer das Werk veröffentlicht hat.

Verhältnis des Urhebers oder der Urheberin zum Werk
Art. 9 URG: Anerkennung der Urheberschaft
1) Der Urheber oder die Urheberin hat das ausschliessliche Recht am eigenen Werk und das Recht auf Anerkennung der Urheberschaft.
2) Der Urheber oder die Urheberin hat das ausschliessliche Recht zu bestimmen, ob, wann, wie und unter welcher Urheberbezeichnung das eigene Werk erstmals veröffentlicht werden soll.
3) Ein Werk ist veröffentlicht, wenn der Urheber oder die Urheberin es selber erstmals ausserhalb eines privaten Kreises im Sinne von Artikel 19 Absatz 1 Buchstabe a einer grösseren Anzahl Personen zugänglich gemacht oder einer solchen Veröffentlichung zugestimmt hat.

Art. 10 URG: Verwendung des Werks
1) Der Urheber oder die Urheberin hat das ausschliessliche Recht zu bestimmen, ob, wann und wie das Werk verwendet wird.

2) Der Urheber oder die Urheberin hat insbesondere das Recht:
   a) Werkexemplare wie Druckerzeugnisse, Ton-, Tonbild- oder Datenträger herzustellen;
   b) Werkexemplare anzubieten, zu veräussern oder sonstwie zu verbreiten;
   c) das Werk direkt oder mit Hilfe irgendwelcher Mittel vorzutragen, aufzuführen, vorzuführen oder es anderswo wahrnehmbar zu machen;
   d) das Werk durch Radio, Fernsehen oder ähnliche Einrichtungen, auch über Leitungen, zu senden;
   e) gesendete Werke mit Hilfe von technischen Einrichtungen, deren Träger nicht das ursprüngliche Sendeunternehmen ist, insbesondere auch über Leitungen, weiterzusenden;
   f) Sendungen und Weitersendungen wahrnehmbar zu machen.
3) Der Urheber oder die Urheberin eines Computerprogrammes hat zudem das ausschliessliche Recht, dieses zu vermieten.

Art. 11 URG: Werkintegrität
1) Der Urheber oder die Urheberin hat das ausschliessliche Recht zu bestimmen:
   a) ob, wann und wie das Werk geändert werden darf;
   b) ob, wann und wie das Werk zur Schaffung eines Werkes zweiter Hand verwendet oder in ein Sammelwerk aufgenommen werden darf.
2) Selbst wenn eine Drittperson vertraglich oder gesetzlich befugt ist, das Werk zu ändern oder es zur Schaffung eines Werks zweiter Hand zu verwenden, kann sich der Urheber oder die Urheberin jeder Entstellung des Werks widersetzen, die ihn oder sie in der Persönlichkeit verletzt.
3) Zulässig ist die Verwendung bestehender Werke zur Schaffung von Parodien oder mit ihnen vergleichbaren Abwandlungen des Werks.

Verhältnis der Urheberschaft zum Eigentum am Werkexemplar
Art. 12 URG: Erschöpfungsgrundsatz
1) Hat ein Urheber oder eine Urheberin ein Werkexemplar veräussert oder der Veräusserung zugestimmt, so darf dieses weiterveräussert oder sonstwie verbreitet werden.
1bis) Das Werkexemplar eines audiovisuellen Werkes darf nur weiterveräussert oder sonstwie verbreitet werden, wenn der Urheber oder die Urheberin es im Inland veräussert oder der Veräusserung im Inland zugestimmt hat.
2) Hat ein Urheber oder eine Urheberin ein Computerprogramm veräussert oder der Veräusserung zugestimmt, so darf dieses gebraucht oder weiterveräussert werden.
3) Ausgeführte Werke der Baukunst dürfen vom Eigentümer oder von der Eigentümerin geändert werden; vorbehalten bleibt Artikel 11 Absatz 2.

Art. 13 URG: Vermieten von Werkexemplaren
1) Wer Werkexemplare der Literatur und Kunst vermietet oder sonstwie gegen Entgelt zur Verfügung stellt, schuldet dem Urheber oder der Urheberin hiefür eine Vergütung.
2) Keine Vergütungspflicht besteht bei:
   a) Werken der Baukunst;
   b) Werkexemplaren der angewandten Kunst;
   c) Werkexemplaren, die für eine vertraglich vereinbarte Nutzung von Urheberrechten vermietet oder ausgeliehen werden.
3) Die Vergütungsansprüche können nur von zugelassenen Verwertungsgesellschaften (Art. 40ff.) geltend gemacht werden.
4) Dieser Artikel findet keine Anwendung auf Computerprogramme. Das ausschliessliche Recht nach Artikel 10 Absatz 3 bleibt vorbehalten.

Art. 14 URG: Zutritts- und Ausstellungsrecht des Urhebers oder der Urheberin
1) Wer ein Werkexemplar zu Eigentum hat oder besitzt, muss es dem Urheber oder der Urheberin so weit zugänglich machen, als dies zur Ausübung des Urheberrechts erforderlich ist und kein berechtigtes eigenes Interesse entgegensteht.
2) Der Urheber oder die Urheberin kann die Überlassung eines Werkexemplars zur Ausstellung im Inland verlangen, sofern ein überwiegendes Interesse nachgewiesen wird.
3) Die Herausgabe kann von der Leistung einer Sicherheit für die unversehrte Rückgabe des Werkexemplars abhängig gemacht werden. Kann das Werkexemplar nicht unversehrt zurückgegeben werden, so haftet der Urheber oder die Urheberin auch ohne Verschulden.

Art. 15 URG: Schutz vor Zerstörung
1) Müssen EigentümerInnen von Originalwerken, zu denen keine weiteren Werkexemplare bestehen, ein berechtigtes Interesse des Urhebers oder der Urheberin an der Werkerhaltung annehmen, so dürfen sie solche Werke nicht zerstören, ohne dem Urheber oder der Urheberin vorher die Rücknahme anzubieten. Sie dürfen dafür nicht mehr als den Materialwert verlangen.
2) Sie müssen dem Urheber oder der Urheberin die Nachbildung des Originalexemplars in angemessener Weise ermöglichen, wenn die Rücknahme nicht möglich ist.
3) Bei Werken der Baukunst hat der Urheber oder die Urheberin nur das Recht, das Werk zu fotografieren und auf eigene Kosten Kopien der Pläne herauszuverlangen.

Rechtsübergang; Zwangsvollstreckung
Art. 16 URG: Rechtsübergang
1) Das Urheberrecht ist übertragbar und vererblich.
2) Die Übertragung eines im Urheberrecht erhaltenen Rechtes schliesst die Übertragung anderer Teilrechte nur mit ein, wenn dies vereinbart ist.
3) Die Übertragung des Eigentums am Werkexemplar schliesst urheberrechtliche Verwendungsbefugnisse selbst dann nicht ein, wenn es sich um das Originalwerk handelt.

Art. 17 URG: Rechte an Programmen
Wird in einem Arbeitsverhältnis bei Ausübung dienstlicher Tätigkeiten sowie in Erfüllung vertraglicher Pflichten ein Computerprogramm geschaffen, so ist der Arbeitgeber oder die Arbeitgeberin allein zur Ausübung der ausschliesslichen Verwendungsbefugnisse berechtigt.

Art. 18 URG: Zwangsvollstreckung
Der Zwangsvollstreckung unterliegen die in Artikel 10 Absätze 2 und 3 sowie in Artikel 11 genannten Rechte, soweit der Urheber oder die Urheberin sie bereits ausgeübt hat und das Werk mit der Zustimmung des Urhebers oder der Urheberin bereits veröffentlicht worden ist.

Schranken des Urheberrechts
Art. 19 URG: Verwendung zum Eigengebrauch
1) Veröffentlichte Werke dürfen zum Eigengebrauch verwendet werden. Als Eigengebrauch gilt:
    a) jede Werkverwendung im persönlichen Bereich und im Kreis von Personen, die unter sich eng verbunden sind, wie Verwandte oder Freunde;
    b) jede Werkverwendung der Lehrperson für den Unterricht in der Klasse;
    c) das Vervielfältigen von Werkexemplaren in Betrieben, öffentlichen Verwaltungen, Instituten, Kommissionen und ähnlichen Einrichtungen für die interne Information oder Dokumentation.
2) Wer zum Eigengebrauch berechtigt ist, darf die dazu erforderlichen Werkexemplare auch durch Dritte herstellen lassen; als Dritte im Sinne dieses Absatzes gelten auch Bibliotheken, die ihren Benützern Kopiergeräte zur Verfügung stellen.
3) Ausserhalb des privaten Kreises sind nicht zulässig:
    a) die vollständige oder weitgehend vollständige Vervielfältigung im Handel erhältlicher Werkex.;
    b) die Vervielfältigung von Werken der bildenden Kunst;
    c) die Vervielfältigung von graphischen Aufzeichnungen von Werken der Musik;
    d) die Aufnahme von Vorträgen, Aufführungen oder Vorführungen eines Werkes auf Ton-, Tonbild- oder Datenträger.
4) Dieser Artikel findet keine Anwendung auf Computerprogramme.

Art. 20 URG: Vergütung für den Eigengebrauch
1) Die Werkverwendung im privaten Kreis gemäss Artikel 19 Absatz 1 Buchstabe a ist unter Vorbehalt von Absatz 3 vergütungsfrei.
2) Wer zum Eigengebrauch nach Artikel 19 Absatz 1 Buchstabe b oder Buchstabe c oder wer als Drittperson nach Artikel 19 Absatz 2 Werke auf irgendwelche Art vervielfältigt, schuldet dem Urheber oder der Urheberin hiefür eine Vergütung.
3) Wer Leerkassetten und andere zur Aufnahme von Werken geeignete Ton- und Tonbildträger herstellt oder importiert, schuldet dem Urheber oder der Urheberin für die Werkverwendungen nach Artikel 19 eine Vergütung.
4) Die Vergütungsansprüche können nur von zugelassenen Verwertungsgesellschaften geltend gemacht werden.

Art. 21 URG: Entschlüsselung von Computerprogrammen
1) Wer das Recht hat, ein Computerprogramm zu gebrauchen, darf sich die erforderlichen Informationen über Schnittstellen zu unabhängig entwickelten Programmen durch Entschlüsselung des Programmcodes beschaffen oder durch Drittpersonen beschaffen lassen.
2) Die durch Entschlüsselung des Programmcodes gewonnenen Schnittstelleninformationen dürfen nur zur Entwicklung, Wartung sowie zum Gebrauch von interoperablen Computerprogrammen verwendet werden, soweit dadurch weder die normale Auswertung des Programms noch die rechtmässigen Interessen der Rechtsinhaber und -inhaberinnen unzumutbar beeinträchtigt werden.

Art. 22 URG: Verbreitung gesendeter Werke
1) Die Rechte, gesendete Werke zeitgleich und unverändert wahrnehmbar zu machen oder im Rahmen der Weiterleitung eines Sendeprogrammes weiterzusenden, können nur über zugelassene Verwertungsgesellschaften geltend gemacht werden.
2) Die Weitersendung von Werken über technische Einrichtungen, die von vornherein auf eine kleine Empfängerzahl beschränkt sind, wie Anlagen eines Mehrfamilienhauses oder einer geschlossenen Überbauung, ist erlaubt.
3) Dieser Artikel ist nicht anwendbar auf die Weiterleitung von Programmen des Abonnementsfernsehens und von Programmen, die nirgends in der Schweiz empfangbar sind.

Art. 23 URG: Zwangslizenz zur Herstellung von Tonträgern
1) Ist ein Werk der Musik mit oder ohne Text im In- oder Ausland auf Tonträger aufgenommen und in dieser Form mit der Zustimmung des Urhebers oder der Urheberin angeboten, veräussert oder sonstwie verbreitet worden, so können alle Hersteller und Herstellerinnen von Tonträgern mit einer gewerblichen Niederlassung im Inland vom Inhaber oder von der Inhaberin des Urheberrechts gegen Entgelt die gleiche Erlaubnis für die Schweiz ebenfalls beanspruchen.
2) Der Bundesrat kann die Bedingung der gewerblichen Niederlassung im Inland gegenüber den Angehörigen von Ländern, die Gegenrecht gewähren, ausser Kraft setzen.

Art. 24 URG: Archivierungs- und Sicherungsexemplare
1) Um die Erhaltung des Werks sicherzustellen, darf davon eine Kopie angefertigt werden. Ein Exemplar muss in einem der Allgemeinheit nicht zugänglichen Archiv aufbewahrt und als Archivexemplar gekennzeichnet werden.
2) Wer das Recht hat, ein Computerprogramm zu gebrauchen, darf davon eine Sicherungskopie herstellen; diese Befugnis kann nicht vertraglich wegbedungen werden.

Art. 25 URG: Zitate
1) Veröffentlichte Werke dürfen zitiert werden, wenn das Zitat zur Erläuterung, als Hinweis oder zur Veranschaulichung dient und der Umfang des Zitats durch diesen Zweck gerechtfertigt ist.
2) Das Zitat als solches und die Quelle müssen bezeichnet werden. Wird in der Quelle auf die Urheberschaft hingewiesen, so ist diese ebenfalls anzugeben.

Art. 26 URG: Museums-, Messe- und Auktionskataloge
Ein Werk, das sich in einer öffentlich zugänglichen Sammlung befindet, darf in einem von der Verwaltung der Sammlung herausgegebenen Katalog abgebildet werden; die gleiche Regelung gilt für die Herausgabe von Messe- und Auktionskatalogen.

Art. 27 URG: Werke auf allgemein zugänglichem Grund
1) Ein Werk, das sich bleibend an oder auf allgemein zugänglichem Grund befindet, darf abgebildet werden; die Abbildung darf angeboten, veräussert, gesendet oder sonstwie verbreitet werden.
2) Die Abbildung darf nicht dreidimensional und auch nicht zum gleichen Zweck wie das Original verwendbar sein.

Art. 28 URG: Berichterstattung über aktuelle Ereignisse
1) Soweit es für die Berichterstattung über aktuelle Ereignisse erforderlich ist, dürfen die dabei wahrgenommenen Werke aufgezeichnet, vervielfältigt, vorgeführt, gesendet, verbreitet oder sonstwie wahrnehmbar gemacht werden.
2) Zum Zweck der Information über aktuelle Fragen dürfen kurze Ausschnitte aus Presseartikeln sowie aus Radio- und Fernsehberichten vervielfältigt, verbreitet und gesendet oder weiterge-

sendet werden; der Ausschnitt und die Quelle müssen bezeichnet werden. Wird in der Quelle auf die Urheberschaft hingewiesen, so ist diese ebenfalls anzugeben.

Schutzdauer
Art. 29 URG: Im allgemeinen
1) Ein Werk ist urheberrechtlich geschützt, sobald es geschaffen ist, unabhängig davon, ob es auf einem Träger festgehalten ist oder nicht.
2) Der Schutz erlischt:
   a) 50 Jahre nach dem Tod des Urhebers oder der Urheberin für Computerprogramme;
   b) 70 Jahre nach dem Tod des Urhebers oder der Urheberin für alle anderen Werke.
3) Muss angenommen werden, der Urheber oder die Urheberin sei seit mehr als 50 beziehungsweise 70 Jahren tot, so besteht kein Schutz mehr.

Art. 30 URG: Miturheberschaft
1) Haben mehrere Personen an der Schaffung eines Werks mitgewirkt (Art. 7), so erlischt der Schutz:
   a) 50 Jahre nach dem Tod der zuletzt verstorbenen Person für Computerprogramme;
   b) 70 Jahre nach dem Tod der zuletzt verstorbenen Person für alle anderen Werke.
2) Lassen sich die einzelnen Beiträge trennen, so erlischt der Schutz der selbständig verwendbaren Beiträge 50 beziehungsweise 70 Jahre nach dem Tod des jeweiligen Urhebers oder der jeweiligen Urheberin.
3) Bei Filmen und anderen audiovisuellen Werken fällt für die Berechnung der Schutzdauer nur der Regisseur oder die Regisseurin in Betracht.

Art. 31 URG: Unbekannte Urheberschaft
1) Ist der Urheber oder die Urheberin eines Werks unbekannt, so erlischt dessen Schutz 70 Jahre nach der Veröffentlichung oder, wenn das Werk in Lieferungen veröffentlicht wurde, 70 Jahre nach der letzten Lieferung.
2) Wird vor Ablauf dieser Schutzfrist allgemein bekannt, welche Person das Werk geschaffen hat, so erlischt der Schutz:
   a) 50 Jahre nach ihrem Tod für Computerprogramme;
   b) 70 Jahre nach ihrem Tod für alle anderen Werke.

Art. 32 URG: Berechnung
Die Schutzdauer wird vom 31. Dezember desjenigen Jahres an berechnet, in dem das für die Berechnung massgebende Ereignis eingetreten ist. (...)

Pflichten der Verwertungsgesellschaften
Art. 44 URG: Verwertungspflicht
Die Verwertungsgesellschaften sind gegenüber den Rechtsinhabern und -inhaberinnen verpflichtet, die zu ihrem Tätigkeitsgebiet gehörenden Rechte wahrzunehmen. (...)

Art. 49 URG: Verteilung des Verwertungserlöses
1) Die Verwertungsgesellschaften müssen den Verwertungserlös nach Massgabe des Ertrags der einzelnen Werke und Darbietungen verteilen. Sie haben zur Feststellung der Berechtigten alle ihnen zumutbaren Anstrengungen zu unternehmen.
2) Ist diese Verteilung mit einem unzumutbaren Aufwand verbunden, so dürfen die Verwertungsgesellschaften das Ausmass des Ertrags schätzen; die Schätzungen müssen auf überprüfbaren und sachgerechten Gesichtspunkten beruhen.
3) Der Erlös soll zwischen den ursprünglichen Rechtsinhabern und -inhaberinnen und andern Berechtigten so aufgeteilt werden, dass den Urhebern und Urheberinnen und den ausübenden Künstlern und Künstlerinnen in der Regel ein angemessener Anteil verbleibt. Eine andere Verteilung ist zulässig, wenn der Aufwand unzumutbar wäre.
4) Das Verteilungsreglement hebt vertragliche Abmachungen der ursprünglichen Rechtsinhaber und -inhaberinnen mit Dritten nicht auf.

Art. 50 URG: Auskunfts- und Rechenschaftspflicht
Die Verwertungsgesellschaften müssen der Aufsichtsbehörde alle Auskünfte erteilen und alle Unterlagen zur Verfügung stellen, die für die Durchführung der Aufsicht erforderlich sind, sowie jährlich in einem Geschäftsbericht Rechenschaft über ihre Tätigkeit ablegen.

Auskunftspflicht gegenüber den Verwertungsgesellschaften
Art. 51 URG
1) Soweit es ihnen zuzumuten ist, müssen die Werknutzer und -nutzerinnen den Verwertungsgesellschaften alle Auskünfte erteilen, welche diese für die Gestaltung und die Anwendung der Tarife sowie die Verteilung des Erlöses benötigen.
2) Die Verwertungsgesellschaften sind verpflichtet, Geschäftsgeheimnisse zu wahren. (...)

Zivilrechtlicher Schutz
Art. 61 URG: Feststellungsklage
Wer ein rechtliches Interesse nachweist, kann gerichtlich feststellen lassen, ob ein Recht oder Rechtsverhältnis nach diesem Gesetz vorhanden ist oder fehlt.

Art. 62 URG: Leistungsklagen
1) Wer in seinem Urheber- oder verwandten Schutzrecht verletzt oder gefährdet wird, kann vom Gericht verlangen:
   a) eine drohende Verletzung zu verbieten;
   b) eine bestehende Verletzung zu beseitigen;
   c) die beklagte Person zu verpflichten, die Herkunft der in ihrem Besitz befindlichen, widerrechtlich hergestellten oder in Verkehr gebrachten Gegenstände anzugeben.
2) Vorbehalten bleiben die Klagen nach dem Obligationenrecht 15 auf Schadenersatz, auf Genugtuung sowie auf Herausgabe eines Gewinns entsprechend den Bestimmungen über die Geschäftsführung ohne Auftrag.

Art. 63 URG: Einziehung im Zivilverfahren
1) Das Gericht kann die Einziehung sowie die Vernichtung oder Unbrauchbarmachung von widerrechtlich hergestellten oder verwendeten Gegenständen anordnen, die sich im Besitz der beklagten Person befinden.
2) Ausgenommen sind ausgeführte Werke der Baukunst.

Art. 64 URG: Einzige kantonale Instanz
1-2) Aufgehoben durch Anhang Ziff. 9 des Gerichtsstandsgesetzes vom 24. März 2000
3) Die Kantone bezeichnen das Gericht, das für das ganze Kantonsgebiet als einzige kantonale Instanz für Zivilklagen zuständig ist.

Art. 65 URG: Vorsorgliche Massnahmen
1) Macht eine Person glaubhaft, dass sie in ihrem Urheber- oder verwandten Schutzrecht verletzt wird oder eine solche Verletzung befürchten muss und dass ihr aus der Verletzung ein nicht leicht wiedergutzumachender Nachteil droht, so kann sie die Anordnung vorsorglicher Massnahmen beantragen.
2) Sie kann insbesondere verlangen, dass das Gericht Massnahmen zur Beweissicherung, zur Ermittlung der Herkunft widerrechtlich hergestellter oder in Verkehr gebrachter Gegenstände, zur Wahrung des bestehenden Zustandes oder zur vorläufigen Vollstreckung von Unterlassungs- und Beseitigungsansprüchen anordnet.
3) Aufgehoben durch Anhang Ziff. 9 des Gerichtsstandsgesetzes vom 24. März 2000
4) Im übrigen sind die Artikel 28c–28f des Zivilgesetzbuchs 19 sinngemäss anwendbar.

Art. 66 URG: Veröffentlichung des Urteils
Das Gericht kann auf Antrag der obsiegenden Partei anordnen, dass das Urteil auf Kosten der anderen Partei veröffentlicht wird. Es bestimmt Art und Umfang der Veröffentlichung.

Strafbestimmungen
Art. 67 URG: Urheberrechtsverletzung
1) Auf Antrag der in ihren Rechten verletzten Person wird mit Gefängnis bis zu einem Jahr oder mit Busse bestraft, wer vorsätzlich und unrechtmässig:
   a) ein Werk unter einer falschen oder einer andern als der vom Urheber oder von der Urheberin bestimmten Bezeichnung verwendet;
   b) ein Werk veröffentlicht;
   c) ein Werk ändert;
   d) ein Werk zur Schaffung eines Werks zweiter Hand verwendet;

e) auf irgendeine Weise Werkexemplare herstellt;
f) Werkexemplare anbietet, veräussert oder sonstwie verbreitet;
g) ein Werk direkt oder mit Hilfe irgendwelcher Mittel vorträgt, aufführt, vorführt oder anderswo wahrnehmbar macht;
h) ein Werk durch Radio, Fernsehen oder ähnliche Verfahren, auch über Leitungen, sendet oder ein gesendetes Werk mittels technischer Einrichtungen, deren Träger nicht das ursprüngliche Sendeunternehmen ist, weitersendet;
i) ein gesendetes oder weitergesendetes Werk wahrnehmbar macht;
k) sich weigert, der zuständigen Behörde die Herkunft der in seinem Besitz befindlichen, rechtswidrig hergestellten oder in Verkehr gebrachten Werkexemplare anzugeben;
l) ein Computerprogramm vermietet.
2) Wer eine Tat nach Absatz 1 gewerbsmässig begangen hat, wird von Amtes wegen verfolgt. Die Strafe ist Gefängnis und Busse bis zu 100 000 Franken.

Art. 68 URG: Unterlassung der Quellenangabe
Wer es vorsätzlich unterlässt, in den gesetzlich vorgesehenen Fällen (Art. 25 und 28) die benützte Quelle und, falls er in ihr genannt ist, den Urheber anzugeben, wird auf Antrag der in ihren Rechten verletzten Person mit Busse bestraft. (…)

Hilfeleistung der Zollverwaltung
Art. 75 URG: Anzeige verdächtiger Sendungen
Die Zollverwaltung ist ermächtigt, die Inhaber oder Inhaberinnen der Urheber- oder der verwandten Schutzrechte sowie die konzessionierten Verwertungsgesellschaften auf bestimmte Sendungen aufmerksam zu machen, wenn der Verdacht besteht, dass die Ein- oder Ausfuhr von Waren bevorsteht, deren Verbreitung gegen die in der Schweiz geltende Gesetzgebung über das Urheberrecht oder die verwandten Schutzrechte verstösst.

Art. 76 URG: Antrag auf Hilfeleistung
1) Haben Inhaber und Inhaberinnen von Urheber- oder von verwandten Schutzrechten konkrete Anhaltspunkte dafür, das die Ein- oder Ausfuhr von Waren bevorsteht, deren Verbreitung gegen die in der Schweiz geltende Gesetzgebung über das Urheberrecht oder die verwandten Schutzrechte verstösst, so können sie bei der Zollverwaltung schriftlich beantragen, die Freigabe der Waren zu verweigern.
2) Die Antragsteller haben alle ihnen greifbaren zweckdienlichen Angaben zu machen, welche die Zollverwaltung benötigt, um über den Antrag entscheiden zu können. Sie übergeben ihr namentlich eine genaue Beschreibung der Waren.
3) Die Zollverwaltung kann eine Gebühr zur Deckung der Verwaltungskosten erheben.

Art. 77 URG: Zurückbehalten von Waren durch die Zollverwaltung
1) Hat die Zollverwaltung aufgrund eines Antrags nach Artikel 76 den begründeten Verdacht, dass die Ein- oder Ausfuhr einer Ware gegen die in der Schweiz geltende Gesetzgebung über das Urheberrecht oder die verwandten Schutzrechte verstösst, so teilt sie dies dem Antragsteller oder der Antragstellerin mit.
2) Die Zollverwaltung behält die betreffenden Waren bis zu zehn Arbeitstagen vom Zeitpunkt der Mitteilung nach Absatz 1 an zurück, damit der Antragsteller oder die Antragstellerin vorsorgliche Massnahmen erwirken kann.
2bis) In begründeten Fällen kann die Zollverwaltung die betreffenden Waren während höchstens zehn weiteren Arbeitstagen zurückbehalten.
2ter) Ist durch das Zurückbehalten von Waren ein Schaden zu befürchten, so kann die Zollverwaltung das Zurückbehalten von einer angemessenen Sicherheitsleistung des Antragstellers oder der Antragstellerin abhängig machen.
3) Der Antragsteller oder die Antragstellerin hat den durch das Zurückbehalten von Waren entstandenen Schaden zu ersetzen, wenn vorsorgliche Massnahmen nicht angeordnet werden oder sich als unbegründet erweisen.

6. Markenschutzgesetz

Art. 1 Begriff
1) Die Marke ist ein Zeichen, das geeignet ist, Waren oder Dienstleistungen eines Unternehmens von solchen anderer Unternehmen zu unterscheiden.
2) Marken können insbesondere Wörter, Buchstaben, Zahlen, bildliche Darstellungen, dreidimensionale Formen oder Verbindungen solcher Elemente untereinander oder mit Farben sein.

Art. 2 Absolute Ausschlussgründe
Vom Markenschutz ausgeschlossen sind:
a) Zeichen, die Gemeingut sind, es sei denn, dass sie sich als Marke für die Waren oder Dienstleistungen durchgesetzt haben, für die sie beansprucht werden;
b) Formen, die das Wesen der Ware ausmachen, und Formen der Ware oder Verpackung, die technisch notwendig sind;
c) irreführende Zeichen;
d) Zeichen, die gegen die öffentliche Ordnung, die guten Sitten oder geltendes Recht verstossen.

Art. 3 Relative Ausschlussgründe
1) Vom Markenschutz ausgeschlossen sind weiter Zeichen, die:
   a) mit einer älteren Marke identisch und für die gleichen Waren oder Dienstleistungen bestimmt sind wie diese;
   b) mit einer älteren Marke identisch und für gleichartige Waren oder Dienstleistungen bestimmt sind, so dass sich daraus eine Verwechslungsgefahr ergibt;
   c) einer älteren Marke ähnlich und für gleiche oder gleichartige Waren oder Dienstleistungen bestimmt sind, so dass sich daraus eine Verwechslungsgefahr ergibt.
2) Als ältere Marken gelten:
   a) hinterlegte oder eingetragene Marken, die eine Priorität nach diesem Gesetz (Art. 6–8) geniessen;
   b) Marken, die zum Zeitpunkt der Hinterlegung des unter Absatz 1 fallenden Zeichens im Sinne von Artikel 6bis der Pariser Verbandsübereinkunft vom 20. März 1883[1] zum Schutz des gewerblichen Eigentums (Pariser Verbandsübereinkunft) in der Schweiz notorisch bekannt sind.
3) Auf die Ausschlussgründe nach diesem Art. kann sich nur der Inhaber der älteren Marke berufen.

Art. 4 Eintragung zugunsten Nutzungsberechtigter
Keinen Schutz geniessen ferner Marken, die ohne Zustimmung des Inhabers auf den Namen von Agenten, Vertretern oder anderen zum Gebrauch Ermächtigten eingetragen werden oder die nach Wegfall der Zustimmung im Register eingetragen bleiben.

Art. 5 Entstehung des Markenrechts
Das Markenrecht entsteht mit der Eintragung im Register.

Art. 6 Hinterlegungspriorität
Das Markenrecht steht demjenigen zu, der die Marke zuerst hinterlegt.

Art. 7 Priorität nach der Pariser Verbandsübereinkunft
1) Ist eine Marke erstmals in einem anderen Mitgliedstaat der Pariser Verbandsübereinkunft[1] oder mit Wirkung für einen solchen Staat vorschriftsgemäss hinterlegt worden, so kann der Hinterleger oder sein Rechtsnachfolger für die Hinterlegung der gleichen Marke in der Schweiz das Datum der Ersthinterlegung beanspruchen, sofern die Hinterlegung in der Schweiz innerhalb von sechs Monaten nach der Ersthinterlegung erfolgt.
2) Die Ersthinterlegung in einem Staat, welcher der Schweiz Gegenrecht hält, hat die gleiche Wirkung wie die Ersthinterlegung in einem Mitgliedstaat der Pariser Verbandsübereinkunft.

Art. 8 Ausstellungspriorität
Wer eine mit einer Marke gekennzeichnete Ware oder Dienstleistung auf einer offiziellen oder offiziell anerkannten Ausstellung im Sinne des Übereinkommens vom 22. November 1928[1] über die internationalen Ausstellungen in einem Mitgliedstaat der Pariser Verbandsübereinkunft[2] vorstellt, kann für die Hinterlegung das Datum des Eröffnungstages der Ausstellung beanspruchen, sofern er die Marke innerhalb von sechs Monaten nach diesem Zeitpunkt hinterlegt.

Art. 9 Prioritätserklärung
1) Wer die Priorität nach der Pariser Verbandsübereinkunft[1] oder die Ausstellungspriorität beansprucht, hat bei der Hinterlegung eine Prioritätserklärung abzugeben und einen Prioritätsbeleg einzureichen.
2) Der Anspruch ist verwirkt, wenn die in der Verordnung festgelegten Fristen und Formerfordernisse nicht beachtet werden.
3) Die Eintragung einer Priorität begründet lediglich eine Vermutung zugunsten des Markeninhabers.

Art. 10 Gültigkeitsdauer und Verlängerung der Eintragung
1) Die Eintragung ist während zehn Jahren vom Hinterlegungsdatum an gültig.
2) Die Eintragung wird jeweils um zehn Jahre verlängert, wenn ein Verlängerungsantrag vorliegt und die in der Verordnung dafür vorgesehenen Gebühren bezahlt sind.[1]
3) Der Verlängerungsantrag muss innerhalb der letzten zwölf Monate vor Ablauf der Gültigkeitsdauer, spätestens jedoch innerhalb von sechs Monaten nach ihrem Ablauf beim Eidgenössischen Institut für Geistiges Eigentum (Institut) eingereicht werden.[2]
4) ...[3]

Art. 11 Gebrauch der Marke
1) Die Marke ist geschützt, soweit sie im Zusammenhang mit den Waren und Dienstleistungen gebraucht wird, für die sie beansprucht wird.
2) Als Gebrauch der Marke gelten auch der Gebrauch in einer von der Eintragung nicht wesentlich abweichenden Form und der Gebrauch für die Ausfuhr.
3) Der Gebrauch der Marke mit Zustimmung des Inhabers gilt als Gebrauch durch diesen selbst.

Art. 12 Folgen des Nichtgebrauchs
1) Hat der Inhaber die Marke im Zusammenhang mit den Waren oder Dienstleistungen, für die sie beansprucht wird, während eines ununterbrochenen Zeitraums von fünf Jahren nach unbenütztem Ablauf der Widerspruchsfrist oder nach Abschluss des Widerspruchsverfahrens nicht gebraucht, so kann er sein Markenrecht nicht mehr geltend machen, ausser wenn wichtige Gründe für den Nichtgebrauch vorliegen.
2) Wird der Gebrauch der Marke nach mehr als fünf Jahren erstmals oder erneut aufgenommen, so lebt das Markenrecht mit Wirkung der ursprünglichen Priorität wieder auf, sofern vor dem Zeitpunkt der erstmaligen oder erneuten Aufnahme des Gebrauchs niemand den Nichtgebrauch der Marke nach Absatz 1 geltend gemacht hat.
3) Wer den Nichtgebrauch der Marke geltend macht, hat ihn glaubhaft zu machen; der Beweis des Gebrauchs obliegt sodann dem Markeninhaber.

Art. 13 Ausschliessliches Recht
1) Das Markenrecht verleiht dem Inhaber das ausschliessliche Recht, die Marke zur Kennzeichnung der Waren oder Dienstleistungen, für die sie beansprucht wird, zu gebrauchen und darüber zu verfügen.
2) Der Markeninhaber kann anderen verbieten, ein Zeichen zu gebrauchen, das nach Artikel 3 Absatz 1 vom Markenschutz ausgeschlossen ist, so insbesondere:
   a) das Zeichen auf Waren oder deren Verpackung anzubringen;
   b) unter dem Zeichen Waren anzubieten, in Verkehr zu bringen oder zu diesem Zweck zu lagern;
   c) unter dem Zeichen Dienstleistungen anzubieten oder zu erbringen;
   d) unter dem Zeichen Waren ein- oder auszuführen;
   e) das Zeichen auf Geschäftspapieren, in der Werbung oder sonstwie im geschäftlichen Verkehr zu gebrauchen.
3) Diese Ansprüche stehen dem Markeninhaber auch gegenüber Nutzungsberechtigten nach Artikel 4 zu.

Art. 14 Einschränkung zugunsten vorbenützter Zeichen
1) Der Markeninhaber kann einem anderen nicht verbieten, ein von diesem bereits vor der Hinterlegung gebrauchtes Zeichen im bisherigen Umfang weiter zu gebrauchen.
2) Dieses Weiterbenützungsrecht kann nur zusammen mit dem Unternehmen übertragen werden.

Internationale Klassifikation der Waren und Dienstleistungen (Nizza-Abkommen)
1. Chemische Erzeugnisse...
2. Farben, Firnisse, Lacke...
3. Wasch- und Bleichmittel...
4. Technische Öle und Fette...
5. Pharmazeutische und veterinärmedizinische Erzeugnisse sowie Präparate für die Gesundheitspflege...
6. Unedle Metalle und deren Legierungen; Baumaterialien aus Metall...
7. Maschinen und Werkzeugmaschinen Motoren...
8. Handbetätigte Werkzeuge und Geräte...
9. Wissenschaftliche, Schifffahrts-, Vermessungs-, fotografische, Film-, optische, Wäge-, Mess-, Signal-, Kontroll-, Rettungs- und Unterrichtsapparate und -instrumente...
10. Chirurgische, ärztliche, zahn- und tierärztliche Instrumente und Apparate...
11. Beleuchtungs-, Heizungs-, Dampferzeugungs-, Koch-, Kühl-, Trocken-, Lüftungs- und Wasserleitungsgeräte sowie sanitäre Anlagen...
12. Fahrzeuge...
13. Schusswaffen; Munition und Geschosse...
14. Edelmetalle und deren Legierungen...
15. Musikinstrumente...
16. Papier, Pappe (Karton)...
17. Kautschuk, Guttapercha, Gummi, Asbest...
18. Leder und Lederimitationen...
19. Baumaterialien (nicht aus Metall)...
20. Möbel, Spiegel, Rahmen...
21. Behälter und Geräte für Haushalt und Küche...
22. Seile, Bindfaden, Netze, Zelte, Planen, Segel, Säcke...
23. Garne und Fäden für textile Zwecke...
24. Webstoffe und Textilwaren...
25. Bekleidungsstücke, Schuhwaren, Kopfbedeckungen...
26. Spitzen und Stickereien...
27. Teppiche, Fussmatten, Matten, Linoleum...
28. Spiele, Spielzeug; Turn- und Sportartikel...
29. Fleisch, Fisch, Geflügel und Wild...
30. Kaffee, Tee, Kakao, Zucker, Reis...
31. Land-, garten- und forstwirtschaftliche Erzeugnisse...
32. Biere; Mineralwässer...
33. Alkoholische Getränke (ausgenommen Biere)...
34. Tabak; Raucherartikel; Streichhölzer...
35. Werbung; Geschäftsführung; Unternehmensverwaltung; Büroarbeiten...
36. Versicherungswesen; Finanzwesen; Geldgeschäfte; Immobilienwesen...
37. Bauwesen; Reparaturwesen; Installationsarbeiten...
38. Telekommunikation...
39. Transportwesen; Verpackung und Lagerung von Waren; Veranstaltung von Reisen...
40. Materialbearbeitung..
41. Erziehung; Ausbildung; Unterhaltung; sportliche und kulturelle Aktivitäten...
42. Dienstleistungen im Bereich der Wissenschaft und der Technologie...
43. Verpflegung; Beherbergung von Gästen...
44. Dienstleistungen eines Arztes...
45. Von Dritten erbrachte, persönliche und gesellschaftliche Dienstleistungen zur Befriedigung persönlicher Bedürfnisse...

Art. 15 Berühmte Marke
1) Der Inhaber einer berühmten Marke kann anderen deren Gebrauch für jede Art von Waren oder Dienstleistungen verbieten, wenn ein solcher Gebrauch die Unterscheidungskraft der Marke gefährdet oder deren Ruf ausnützt oder beeinträchtigt.
2) Rechte, die erworben wurden, bevor die Marke Berühmtheit erlangt hat, bleiben unberührt.

Art. 16 Wiedergabe von Marken in Wörterbüchern und anderen Nachschlagewerken
Ist in einem Wörterbuch, in einem anderen Nachschlagewerk oder in einem ähnlichen Werk eine eingetragene Marke ohne einen Hinweis auf ihre Eintragung wiedergegeben, so kann der Markeninhaber vom Verleger, Herausgeber oder Verteiler des Werkes verlangen, spätestens bei einem Neudruck einen entsprechenden Hinweis aufzunehmen.

Art. 17 Übertragung
1) Der Markeninhaber kann die Marke für die Waren oder Dienstleistungen, für die sie beansprucht wird, ganz oder teilweise übertragen.
2) Die Übertragung bedarf zu ihrer Gültigkeit der schriftlichen Form. Sie ist gegenüber gutgläubigen Dritten erst wirksam, wenn sie im Register eingetragen ist.
3) Klagen nach diesem Gesetz können bis zur Eintragung der Übertragung im Register gegen den bisherigen Inhaber gerichtet werden.
4) Ohne gegenteilige Vereinbarung werden mit der Übertragung eines Unternehmens auch seine Marken übertragen

Art. 17a[1] Teilung des Eintragungsgesuchs oder der Eintragung
1) Der Markeninhaber kann jederzeit schriftlich die Teilung der Eintragung oder des Eintragungsgesuchs verlangen.
2) Die Waren und Dienstleistungen werden auf die Teilgesuche oder Teileintragungen aufgeteilt.
3) Die Teilgesuche oder Teileintragungen behalten das Hinterlegungs- und Prioritätsdatum des Ursprungsgesuchs oder der Ursprungseintragung bei.

Art. 18 Lizenz
1) Der Markeninhaber kann die Marke für die Waren oder Dienstleistungen, für die sie beansprucht wird, ganz oder teilweise und für das gesamte Gebiet oder einen Teil der Schweiz anderen zum Gebrauch überlassen.
2) Die Lizenz wird auf Antrag eines Beteiligten in das Register eingetragen. Sie erhält damit Wirkung gegenüber einem später erworbenen Recht an der Marke.

Art. 19 Nutzniessung und Pfandrecht; Zwangsvollstreckung
1) Die Marke kann Gegenstand einer Nutzniessung, eines Pfandrechts sowie von Vollstreckungsmassnahmen sein.
2) Die Nutzniessung und die Verpfändung sind gegenüber gutgläubigen Dritten erst wirksam, wenn sie im Register eingetragen sind.

7. Designgesetz

Art. 1 Schutzgegenstand
Dieses Gesetz schützt Gestaltungen von Erzeugnissen oder Teilen von Erzeugnissen, die namentlich durch die Anordnung von Linien, Flächen, Konturen oder Farben oder durch das verwendete Material charakterisiert sind, als Design.

Art. 2 Schutzvoraussetzungen
1) Design ist schutzfähig, soweit es neu ist und Eigenart aufweist.
2) Design ist nicht neu, wenn der Öffentlichkeit vor dem Hinterlegungs- oder Prioritätsdatum ein identisches Design zugänglich gemacht worden ist, welches den in der Schweiz beteiligten Verkehrskreisen bekannt sein konnte.
3) Design weist keine Eigenart auf, wenn es sich nach dem Gesamteindruck von Design, welches den in der Schweiz beteiligten Verkehrskreisen bekannt sein konnte, nur in unwesentlichen Merkmalen unterscheidet.

Art. 3 Unschädliche Offenbarungen
Die Offenbarung eines Designs kann bis zu einer Dauer von zwölf Monaten vor dem Hinterlegungs- oder Prioritätsdatum der Person, die das Recht innehat (Rechtsinhaberin), nicht entgegengehalten werden, wenn:
a) Dritte das Design missbräuchlich zum Nachteil der berechtigten Person offenbart haben;
b) die berechtigte Person das Design selber offenbart hat.

Art. 4 Ausschlussgründe
Der Designschutz ist ausgeschlossen, wenn:
a) kein Design im Sinne von Artikel 1 hinterlegt ist;
b) das Design im Zeitpunkt der Hinterlegung die Voraussetzungen nach Artikel 2 nicht erfüllt;
c) die Merkmale des Designs ausschliesslich durch die techn. Funktion des Erzeugnisses bedingt sind;
d) das Design Bundesrecht oder Staatsverträge verletzt;
e) das Design gegen die öffentliche Ordnung oder die guten Sitten verstösst.

Art. 5 Entstehung des Designrechts und Dauer des Schutzes
1) Das Designrecht entsteht mit der Eintragung im Design-Register (Register).
2) Der Schutz besteht während fünf Jahren vom Datum der Hinterlegung an.
3) Er kann um vier Schutzperioden von jeweils fünf Jahren verlängert werden.

Art. 6 Hinterlegungspriorität
Das Designrecht steht demjenigen zu, der das Design zuerst hinterlegt.

Art. 7 Berechtigung zur Hinterlegung
1) Zur Hinterlegung berechtigt ist diejenige Person, die das Design entworfen hat, deren Rechtsnachfolgerin oder eine Drittperson, welcher das Recht aus einem andern Rechtsgrund gehört.
2) Haben mehrere Personen ein Design gemeinsam entworfen, so sind sie ohne gegenteilige Vereinbarung gemeinschaftlich zur Hinterlegung berechtigt.

Art. 8 Schutzbereich
Der Schutz des Designrechts erstreckt sich auf Designs, welche die gleichen wesentlichen Merkmale aufweisen und dadurch den gleichen Gesamteindruck erwecken wie ein bereits eingetragenes Design.

Art. 9 Wirkungen des Designrechts
1) Das Designrecht verleiht der Rechtsinhaberin das Recht, andern zu verbieten, das Design zu gewerblichen Zwecken zu gebrauchen. Als Gebrauch gelten insbesondere das Herstellen, das Lagern, das Anbieten, das Inverkehrbringen, die Ein-, Aus- und Durchfuhr sowie der Besitz zu diesen Zwecken.
2) Die Rechtsinhaberin kann Dritten auch verbieten, bei einer widerrechtlichen Gebrauchshandlung mitzuwirken, deren Begehung zu begünstigen oder zu erleichtern.

Art. 10 Auskunftspflicht der Rechtsinhaberin
Wer auf Waren oder Geschäftspapieren auf Designschutz hinweist, ohne die Nummer des Designrechts zu nennen, ist verpflichtet, die Nummer auf Anfrage unentgeltlich bekannt zu geben.

Art. 11 Mehrere Rechtsinhaberinnen
Mehreren Rechtsinhaberinnen stehen ohne gegenteilige Vereinbarung die Befugnisse nach Artikel 9 gesamtheitlich zu.

Art. 12 Weiterbenützungsrecht
1) Die Rechtsinhaberin kann Dritten nicht verbieten, ein von diesen im Inland während der folgenden Zeitabschnitte gutgläubig gebrauchtes Design im bisherigen Umfang weiter zu gebrauchen:
   a) vor dem Hinterlegungs- oder Prioritätsdatum;
   b) während der Dauer des Aufschubs der Veröffentlichung (Art. 26).
2) Das Weiterbenützungsrecht ist nur zusammen mit dem Unternehmen übertragbar.

Art. 13 Mitbenützungsrecht
1) Die Rechtsinhaberin kann das eingetragene Design Dritten nicht entgegenhalten, wenn die Dritten es im Inland zwischen dem letzten Tag der Frist für die Zahlung der Gebühr für eine wei-

tere Schutzperiode und dem Tag, an dem ein Weiterbehandlungsantrag (Art. 31) eingereicht worden ist, gutgläubig gewerbsmässig gebraucht oder dazu besondere Anstalten getroffen haben.
2) Das Mitbenützungsrecht ist nur zusammen mit dem Unternehmen übertragbar.
3) Wer das Mitbenützungsrecht beansprucht, hat der Rechtsinhaberin ab Wiederaufleben des Designrechts eine angemessene Entschädigung zu bezahlen.

Art. 14 Übertragung
1) Die Rechtsinhaberin kann das Designrecht ganz oder teilweise übertragen.
2) Die Übertragung bedarf zu ihrer Gültigkeit der schriftlichen Form, nicht aber der Eintragung im Register. Sie ist gegenüber gutgläubigen Dritten erst wirksam, wenn sie im Register eingetragen ist.
3) Bis zur Eintragung der Übertragung im Register:
   a) können gutgläubige Lizenznehmerinnen und Lizenznehmer mit befreiender Wirkung an die bisherige Rechtsinhaberin leisten;
   b) können Klagen nach diesem Gesetz gegen die bisherige Rechtsinhaberin gerichtet werden.

Art. 15 Lizenz
1) Die Rechtsinhaberin kann das Designrecht oder einzelne Befugnisse daraus Dritten ausschliesslich oder nicht ausschliesslich zum Gebrauch überlassen.
2) Die Lizenz wird auf Antrag einer der beteiligten Personen in das Register eingetragen. Sie erhält damit Geltung gegenüber einem später erworbenen Recht am Design.

Art. 16 Nutzniessung und Pfandrecht
1) Das Designrecht kann Gegenstand einer Nutzniessung oder eines Pfandrechts sein.
2) Eine Nutzniessung und ein Pfandrecht können gegenüber gutgläubigen Erwerberinnen und Erwerbern des Designrechts nur geltend gemacht werden, wenn sie im Register eingetragen sind. Die Eintragung erfolgt auf Antrag einer der beteiligten Personen.
3) Bis zur Eintragung einer Nutzniessung im Register können gutgläubige Lizenznehmerinnen und Lizenznehmer mit befreiender Wirkung an die bisherige Rechtsinhaberin leisten.

Art. 17 Zwangsvollstreckung
Das Designrecht unterliegt der Zwangsvollstreckung.

8. Bestimmungen aus dem Wappenschutzgesetz

Art. 1
¹ Als Fabrik- oder Handelsmarken oder als Bestandteile solcher dürfen nicht eingetragen werden:
1) die Wappen der Eidgenossenschaft, der Kantone, Bezirke, Kreise und Gemeinden oder solche Wappen darstellende Fahnen; das eidgenössische Kreuz; charakteristische Bestandteile von Kantonswappen;
2) andere Hoheitszeichen der Eidgenossenschaft oder der Kantone; Kontroll- oder Garantiezeichen und -stempel der Eidgenossenschaft, der Kantone, Bezirke, Kreise und Gemeinden;
3) Zeichen, die mit den unter den Ziffern 1 und 2 genannten verwechselt werden können;
4) die Worte ‹Schweizerwappen›, ‹Schweizerkreuz› oder andere Angaben, die auf das eidgenössische Wappen oder Kreuz, auf das Wappen eines Kantons, Bezirks, Kreises oder einer Gemeinde, oder auf charakteristische Bestandteile von Kantonswappen hinweisen.
² Zulässig ist die Eintragung:
a) der in Absatz 1 genannten Bild- und Wortzeichen für das Gemeinwesen (Eidgenossenschaft, Kanton, Bezirk, Kreis oder Gemeinde), dem sie gehören, oder auf das sie hinweisen, sowie für Unternehmungen dieses Gemeinwesen;
b) allgemein der nach Artikel 4 Absatz 2 und Artikel 5 Absatz 3 erlaubten Nachmachungen oder Nachahmungen von Kontroll- oder Garantiezeichen und -stempeln

Art. 2
¹ Es ist untersagt, die nachgenannten Zeichen zu geschäftlichen Zwecken, namentlich als Bestandteile von Fabrik- oder Handelsmarken, auf Erzeugnissen oder auf der Verpackung von Erzeugnissen anzubringen, die zum Vertrieb als Ware bestimmt sind:

1) die Wappen der Eidgenossenschaft oder der Kantone, solche Wappen darstellende Fahnen, das eidgenössische Kreuz, charakteristische Bestandteile von Kantonswappen oder andere Zeichen, die mit den genannten verwechselt werden können;
2) die Worte ‹Schweizerwappen›, ‹Schweizerkreuz› oder andere Angaben, die auf das eidgenössische Wappen oder Kreuz, auf das Wappen eines Kantons oder auf charakteristische Bestandteile von Kantonswappen hinweisen.

² Zulässig ist:
a) die Benutzung der in Absatz 1 genannten Bild- und Wortzeichen durch die Eidgenossenschaft, die Kantone, Bezirke, Kreise und Gemeinden und durch Unternehmungen dieser Gemeinwesen;
b) die Benutzung von Marken, die ein in Absatz 1 genanntes Bild- oder Wortzeichen enthalten und von der Eidgenossenschaft oder einem Kanton als Kollektivmarken hinterlegt worden sind, durch Angehörige derjenigen Kreise von Produzenten, Industriellen oder Handeltreibenden, für welche die Kollektivmarken bestimmt sind;
c) allgemein die Verwendung des eidgenössischen Kreuzes als Bestandteil des schweizerischen Patentzeichens gemäss den bundesgesetzlichen Bestimmungen über die Erfindungspatente.

Art. 3

¹ Die in Artikel 2 Absatz 1 genannten Bild- und Wortzeichen dürfen auf Geschäftsschildern, Anzeigen, Prospekten oder Geschäftspapieren angebracht oder in anderer nicht unter Artikel 2 Absatz 1 fallender Weise benutzt werden, sofern die Benutzung nicht gegen die guten Sitten verstösst.

² Als Verstoss gegen die guten Sitten ist namentlich anzusehen die Benutzung:
a) die geeignet ist zur Täuschung über geographische Herkunft, Wert oder andere Eigenschaften von Erzeugnissen, über die Nationalität des Geschäftes oder über geschäftl. Verhältnisse des Benutzers, wie namentlich über angebliche amtl. Beziehungen zur Eidgenossenschaft oder zu einem Kanton;
b) die eine Missachtung der in Artikel 2 Absatz 1 genannten Zeichen darstellt;
c) durch einen im Ausland niedergelassenen Ausländer

Art. 4

¹ Andere als die in Artikel 2 Absatz 1 Ziffer 1 genannten Hoheitszeichen sowie die Kontroll- oder Garantie-Zeichen und -Stempel der Eidgenossenschaft und der Kantone dürfen, auch ohne Fälschungsabsicht, nicht so nachgemacht oder nachgeahmt werden, dass die Gefahr der Verwechslung mit den wirklichen Zeichen oder Stempeln besteht.

² Ausgenommen sind Nachmachungen oder Nachahmungen von Kontroll- oder Garantiezeichen und -stempeln, wenn sie zur Bezeichnung von Erzeugnissen dienen, die sich von denen gänzlich unterscheiden, für welche die wirklichen Kontroll- oder Garantiezeichen und -stempel bestimmt sind. Enthalten diese ein eidgenössisches oder kantonales Hoheitszeichen oder ein Bezirks-, Kreis- oder Gemeindewappen, so bleiben die Verbotsbestimmungen der Artikel 2, 3, 4 Absatz 1 sowie des Artikels 5 Absätze 1 und 2 vorbehalten.

Art. 5

¹ Die nachgenannten Zeichen von Bezirken, Kreisen oder Gemeinden, nämlich:
a) die Wappen oder sie darstellende Fahnen,
b) die Kontroll- oder Garantiezeichen und -stempel, oder Zeichen, die mit ihnen verwechselt werden können, dürfen weder auf Erzeugnissen oder auf deren Verpackung angebracht noch anderswie benutzt werden, wenn die Benutzung gegen die guten Sitten verstösst. Das gleiche gilt von Angaben, die auf die Wappen der erwähnten Gemeinwesen hinweisen.

² Als Verstoss gegen die guten Sitten ist namentlich anzusehen die Benutzung:
a) die geeignet ist zur Täuschung über geographische Herkunft, Wert oder andere Eigenschaften von Erzeugnissen, über die Nationalität des Geschäftes, oder über geschäftliche Verhältnisse des Benutzers, wie namentlich über angebliche amtliche Beziehungen zu einem Bezirk oder Kreis oder zu einer Gemeinde;
b) die eine Missachtung der in Absatz 1 genannten Zeichen darstellt;
c) durch einen im Ausland niedergelassenen Ausländer.

³ Von den Bestimmungen der Absätze 1 und 2 ausgenommen sind Nachmachungen oder Nachahmungen von Kontroll- oder Garantiezeichen und -stempeln, wenn sie zur Bezeichnung von Erzeugnissen dienen, die von denen sich gänzlich unterscheiden, für welche die wirklichen Kontroll- oder Garantie- Zeichen und -Stempel bestimmt sind. Enthalten diese ein eidgenössisches oder kantonales Hoheitszeichen oder ein Bezirks-, Kreis- oder Gemeindewappen, so bleiben vorbehalten die Verbotsbestimmungen der Artikel 2, 3, 4 Absatz 1 sowie der Absätze 1 und 2 hievor.

Art. 6
Die Worte ‹Eidgenossenschaft›, ‹Bund›, ‹eidgenössisch›, ‹Kanton›, ‹kantonal›, ‹Gemeinde›, ‹kommunal› oder Ausdrücke, die mit diesen Worten verwechselt werden können, dürfen weder für sich allein noch in Verbindung mit andern Worten benutzt werden, sofern diese Benutzung geeignet ist zur Täuschung über amtliche Beziehungen der Eidgenossenschaft, eines Kantons oder einer Gemeinde zum Benutzer oder zur Herstellung oder zum Vertrieb von Erzeugnissen. Das gleiche gilt, wenn die Benutzung eine Missachtung der Eidgenossenschaft, der Kantone oder Gemeinden darstellt.

Art. 7
[1] Nationale Bild- oder Wortzeichen dürfen benutzt werden, sofern die Benutzung nicht gegen die guten Sitten verstösst.
[2] Als Verstoss gegen die guten Sitten ist namentlich anzusehen die Benutzung:
a) die geeignet ist zur Täuschung über geographische Herkunft, Wert oder andere Eigenschaften von Erzeugnissen, über die Nationalität des Geschäftes oder über geschäftl. Verhältnisse des Benutzers;
b) die eine Missachtung des nationalen Bild- oder Wortzeichens darstellt;
c) durch einen im Ausland niedergelassenen Ausländer.

Art. 8
Soweit die Benutzung der in den Artikeln 6 und 7 genannten Bild- und Wortzeichen unzulässig ist, dürfen diese Zeichen auch nicht als Fabrik- oder Handelsmarken oder als Bestandteile solcher eingetragen werden.

Art. 9
Gegenstände, die entgegen den Artikeln 2-7 mit Bild- oder Wortzeichen versehen sind, dürfen weder verkauft oder feilgehalten, noch sonst in Verkehr gebracht, noch durch die Schweiz durchgeführt werden.

Art. 10
[1] Soweit der Schweiz für gleichartige eidgenössische und kantonale Zeichen Gegenrecht gehalten wird, ist es unzulässig:
1) Wappen, Fahnen und andere Hoheitszeichen, amtliche Kontroll- und Garantiezeichen und -stempel, oder nationale Bild- und Wortzeichen anderer Staaten oder Zeichen, die mit den genannten verwechselt werden können, als Fabrik- oder Handelsmarken oder als Bestandteile solcher einzutragen, oder zu geschäftlichen oder andern Zwecken zu benutzen;
2) Gegenstände, die mit einem der in Ziffer 1 genannten ausländischen Zeichen versehen sind, in Verkehr zu bringen.
[2] Diese Bestimmungen sind auf Personen nicht anwendbar, die zur Benutzung der ausländischen Zeichen ermächtigt sind.
[3] Soweit nicht staatsvertragl. Bestimmungen Anwendung finden, stellt der Bundesrat fest, ob und wieweit ein anderer Staat der Schweiz Gegenrecht hält. Seine Feststellung ist für die Gerichte verbindlich.

Art. 11
[1] Es ist ohne Rücksicht auf Gegenrecht untersagt:
1) folgende Zeichen:
   a) Wappen oder Fahnen ausländischer Staaten oder Gemeinden,
   b) staatliche Hoheitszeichen anderer Art oder amtliche Kontroll- oder Garantiezeichen oder -stempel des Auslandes,
   c) Zeichen, die mit den genannten verwechselt werden können, in einer Weise zu benutzen, die geeignet ist zur Täuschung über geographische Herkunft, Wert oder andere Eigenschaften von Erzeugnissen, oder über geschäftliche Verhältnisse des Benutzers, namentlich über angebliche amtliche Beziehungen zu dem Gemeinwesen, dessen Zeichen er benutzt;
2) Gegenstände, deren Bezeichnung gegen Ziffer 1 verstösst, zu verkaufen, feilzuhalten oder sonst in Verkehr zu bringen.
[2] Soweit die in Absatz 1 Ziffer 1 erwähnten Zeichen nicht benutzt werden dürfen, können sie auch nicht als Fabrik- oder Handelsmarken oder als Bestandteile solcher eingetragen werden.

Art. 12
Soweit öffentliche Wappen und Fahnen, amtliche Kontroll- oder Garantiezeichen und -stempel oder andere öffentliche Zeichen des Inlandes nach diesem Gesetz benutzt werden können, darf die Be-

nutzung auch nicht wegen Ähnlichkeit des Zeichens mit einem öffentlichen Zeichen des Auslandes untersagt werden.

9. Bestimmungen aus dem Bundesgesetz gegen den unlauteren Wettbewerb

Art. 2 Grundsatz
Unlauter und widerrechtlich ist jedes täuschende oder in anderer Weise gegen den Grundsatz von Treu und Glauben verstossende Verhalten oder Geschäftsgebaren, welches das Verhältnis zwischen Mitbewerbern oder zwischen Anbietern und Abnehmern beeinflusst.

Art. 3 Unlautere Werbe- und Verkaufsmethoden und anderes widerrechtliches Verhalten
Unlauter handelt insbesondere, wer:
a) andere, ihre Waren, Werke, Leistungen, deren Preise oder ihre Geschäftsverhältnisse durch unrichtige, irreführende oder unnötig verletzende Äusserungen herabsetzt;
b) über sich, seine Firma, seine Geschäftsbezeichnung, seine Waren, Werke oder Leistungen, deren Preise, die vorrätige Menge, die Art der Verkaufsveranstaltung oder über seine Geschäftsverhältnisse unrichtige oder irreführende Angaben macht oder in entsprechender Weise Dritte im Wettbewerb begünstigt;
c) unzutreffende Titel oder Berufsbezeichnungen verwendet, die geeignet sind, den Anschein besonderer Auszeichnungen oder Fähigkeiten zu erwecken;
d) Massnahmen trifft, die geeignet sind, Verwechslungen mit den Waren, Werken, Leistungen oder dem Geschäftsbetrieb eines anderen herbeizuführen;
e) sich, seine Waren, Werke, Leistungen oder deren Preise in unrichtiger, irreführender, unnötig herabsetzender oder anlehnender Weise mit anderen, ihren Waren, Werken, Leistungen oder deren Preisen vergleicht oder in entsprechender Weise Dritte im Wettbewerb begünstigt;
f) ausgewählte Waren, Werke oder Leistungen wiederholt unter Einstandspreisen anbietet, diese Angebote in der Werbung besonders hervorhebt und damit den Kunden über die eigene oder die Leistungsfähigkeit von Mitbewerbern täuscht; Täuschung wird vermutet, wenn der Verkaufspreis unter dem Einstandspreis vergleichbarer Bezüge gleichartiger Waren, Werke oder Leistungen liegt; weist der Beklagte den tatsächlichen Einstandspreis nach, so ist dieser für die Beurteilung massgebend;
g) den Kunden durch Zugaben über den tatsächlichen Wert des Angebots täuscht;
h) den Kunden durch besonders aggressive Verkaufsmethoden in seiner Entscheidungsfreiheit beeinträchtigt;
i) die Beschaffenheit, die Menge, den Verwendungszweck, den Nutzen oder die Gefährlichkeit von Waren, Werken oder Leistungen verschleiert und dadurch den Kunden täuscht;
k) es bei öffentlichen Auskündigungen über einen Konsumkredit unterlässt, seine Firma eindeutig zu bezeichnen oder den Nettobetrag des Kredits, die Gesamtkosten des Kredits und den effektiven Jahreszins deutlich anzugeben;
l) es bei öffentlichen Auskündigungen über einen Konsumkredit zur Finanzierung von Waren oder Dienstleistungen unterlässt, seine Firma eindeutig zu bezeichnen oder den Barzahlungspreis, den Preis, der im Rahmen des Kreditvertrags zu bezahlen ist, und den effektiven Jahreszins deutlich anzugeben;
m) im Rahmen einer geschäftlichen Tätigkeit einen Konsumkreditvertrag oder einen Vorauszahlungskauf anbietet oder abschliesst und dabei Vertragsformulare verwendet, die unvollständige oder unrichtige Angaben über den Gegenstand des Vertrags, den Preis, die Zahlungsbedingungen, die Vertragsdauer, das Widerrufs- oder Kündigungsrecht des Kunden oder über sein Recht zu vorzeitiger Bezahlung der Restschuld enthalten;
n) es bei öffentlichen Auskündigungen über einen Konsumkredit (Bst. k) oder über einen Konsumkredit zur Finanzierung von Waren oder Dienstleistungen (Bst. l) unterlässt, darauf hinzuweisen, dass die Kreditvergabe verboten ist, falls sie zur Überschuldung der Konsumentin oder des Konsumenten führt.

Art. 4 Verleitung zu Vertragsverletzung oder -auflösung
Unlauter handelt insbesondere, wer:
a) Abnehmer zum Vertragsbruch verleitet, um selber mit ihnen einen Vertrag abschliessen zu können;
b) sich oder einem andern Vorteile zu verschaffen sucht, indem er Arbeitnehmern, Beauftragten oder anderen Hilfspersonen eines Dritten Vergünstigungen gewährt oder anbietet, die diesen

rechtmässig nicht zustehen und die geeignet sind, diese Personen zu pflichtwidrigem Verhalten bei ihren dienstlichen oder geschäftlichen Verrichtungen zu verleiten;
c) Arbeitnehmer, Beauftragte oder andere Hilfspersonen zum Verrat oder zur Auskundschaftung von Fabrikations- oder Geschäftsgeheimnissen ihres Arbeitgebers oder Auftraggebers verleitet;
d.1) einen Käufer oder Kreditnehmer, der einen Vorauszahlungskauf oder einen Konsumkreditvertrag abgeschlossen hat, veranlasst, den Vertrag zu widerrufen, oder wer einen Käufer, der einen Vorauszahlungskauf

Art. 5 Verwertung fremder Leistung
Unlauter handelt insbesondere, wer:
a) ein ihm anvertrautes Arbeitsergebnis wie Offerten, Berechnungen oder Pläne unbefugt verwertet;
b) ein Arbeitsergebnis eines Dritten wie Offerten, Berechnungen oder Pläne verwertet, obwohl er wissen muss, dass es ihm unbefugterweise überlassen oder zugänglich gemacht worden ist;
c) das marktreife Arbeitsergebnis eines andern ohne angemessenen eigenen Aufwand durch technische Reproduktionsverfahren als solches übernimmt und verwertet.

Art. 6 Verletzung von Fabrikations- und Geschäftsgeheimnissen
Unlauter handelt insbesondere, wer Fabrikations- oder Geschäftsgeheimnisse, die er ausgekundschaftet oder sonstwie unrechtmässig erfahren hat, verwertet oder andern mitteilt.

Art. 7 Nichteinhaltung von Arbeitsbedingungen
Unlauter handelt insbesondere, wer Arbeitsbedingungen nicht einhält, die durch Rechtssatz oder Vertrag auch dem Mitbewerber auferlegt, oder berufs- oder ortsüblich sind.

Art. 8 Verwendung missbräuchlicher Geschäftsbedingungen
Unlauter handelt insbesondere, wer vorformulierte allgemeine Geschäftsbedingungen verwendet, die in irreführender Weise zum Nachteil einer Vertragspartei:
a) von der unmittelbar oder sinngemäss anwendbaren gesetzl. Ordnung erheblich abweichen oder
b) eine der Vertragsnatur erheblich widersprechende Verteilung von Rechten und Pflichten vorsehen.

10. Radio- und Fernsehgesetz

Art. 18 Werbung
1) Werbung muss vom übrigen Programm deutlich getrennt und als solche eindeutig erkennbar sein. Ständige Programmmitarbeiter des Veranstalters dürfen in seinen Werbesendungen nicht mitwirken; der Bundesrat kann für lokale und regionale Veranstalter Ausnahmen vorsehen.
2) In sich geschlossene Sendungen dürfen nicht, solche von über 90 Minuten Dauer höchstens einmal durch Werbung unterbrochen werden.
3) Der Bundesrat regelt die höchstzulässige Werbezeit. Er berücksichtigt dabei Aufgabe und Stellung der anderen Kommunikationsmittel, vor allem der Presse, sowie die internat. Werberegelungen.
4) Die Konzessionsbehörde kann in der Konzession:
   a) Bestimmungen über die Platzierung der Werbung im Programm erlassen;
   b) die Werbung in einzelnen Programmen ganz ausschliessen.
5) Religiöse und politische Werbung ist verboten, ebenso Werbung für alkoholische Getränke und Tabak. Der Bundesrat kann zum Schutz der Jugend und der Umwelt weitere Werbeverbote erlassen.
6) Werbung für Heilmittel ist nach Massgabe des Heilmittelgesetzes vom 15. Dezember 2000 zulässig.

Art. 19 RTVG Zuwendungen von Sponsoren
1) Der Veranstalter muss über Zuwendungen von Sponsoren auf Anfrage Auskunft erteilen.
2) Werden Sendungen oder Sendereihen ganz oder teilweise gesponsert, so müssen die Sponsoren und allfällige Bedingungen, die sie in Bezug auf den Inhalt der Sendungen gestellt haben, am Anfang und am Schluss der Sendung genannt werden.
3) In solchen Sendungen darf nicht zum Abschluss von Rechtsgeschäften über Waren oder Dienstleistungen der Sponsoren oder von Dritten angeregt werden; insbesondere dürfen keine gezielten Aussagen werbenden Charakters über diese Waren oder Dienstleistungen gemacht werden.
4) Nachrichtensendungen wie Tagesschau und Magazine sowie Sendungen und Sendereihen, die mit der Ausübung politischer Rechte in Bund, Kantonen und Gemeinden zusammenhängen, dürfen nicht gesponsert werden.

5) Sendungen dürfen nicht durch Sponsoren finanziert werden, die zur Hauptsache Produkte herstellen oder verkaufen oder Dienstleistungen erbringen, für die ein Werbeverbot besteht.
6) Der Bundesrat kann weitere Bestimmungen über das Sponsern erlassen, soweit dies zum Vollzug dieses Gesetzes erforderlich ist.

Art. 11 RTVV Begriffe
1) Als Werbung gilt jede öffentliche Äusserung zur Förderung des Abschlusses von Rechtsgeschäften über Waren oder Dienstleistungen, zur Unterstützung einer Sache oder Idee oder zur Erzielung einer anderen vom Werbetreibenden gewünschten Wirkung, wofür dem Werbetreibenden gegen Bezahlung oder eine ähnliche Gegenleistung Sendezeit zur Verfügung gestellt wird.
1bis) Als Werbung gilt auch die Eigenwerbung eines Veranstalters, mit Ausnahme von Hinweisen auf eigene Programme und Begleitmaterialien, die inhaltlich in direktem Zusammenhang mit diesen Programmen stehen.
2) Verkaufssendungen sind Sendungen mit direkten Angeboten an die Öffentlichkeit zum Abschluss von Rechtsgeschäften über die vorgestellten Waren und Dienstleistungen.

Art. 16 RTVV
1) Als Sponsern gilt die Beteiligung einer natürlichen oder juristischen Person, die an der Veranstaltung von Radio- oder Fernsehprogrammen oder an der Produktion audiovisueller Werke nicht beteiligt ist, an der direkten oder indirekten Finanzierung einer Sendung, um den Namen, die Marke oder das Erscheinungsbild der Person zu fördern.
2) Für Inhalte und zeitliche Ansetzung von gesponserten Sendungen trägt der Veranstalter die alleinige Verantwortung.

11. Bestimmungen zur Mehrwertsteuergesetzgebung (MWSTG)

Steuerbare Umsätze
Art. 5 Grundsatz
Der Steuer unterliegen folgende durch steuerpflichtige Personen getätigte Umsätze, sofern diese nicht ausdrücklich von der Steuer ausgenommen sind (Art. 18):
a) im Inland gegen Entgelt erbrachte Lieferungen von Gegenständen;
b) im Inland gegen Entgelt erbrachte Dienstleistungen;
c) Eigenverbrauch im Inland;
d) Bezug von Dienstleistungen gegen Entgelt von Unternehmen mit Sitz im Ausland.

Art. 11 Lieferungen und Dienstleistungen bei Stellvertretung
1) Wer Lieferungen oder Dienstleistungen ausdrücklich im Namen und für Rechnung des Vertretenen tätigt, so dass das Umsatzgeschäft direkt zwischen dem Vertretenen und Dritten zustande kommt, gilt bloss als Vermittler.
2) Handelt bei einer Lieferung oder Dienstleistung der Vertreter zwar für fremde Rechnung, tritt er aber nicht ausdrücklich im Namen des Vertretenen auf, so liegt sowohl zwischen dem Vertretenen und dem Vertreter als auch zwischen dem Vertreter und dem Dritten eine Lieferung oder Dienstleistung vor.
3) Beim Kommissionsgeschäft liegt zwischen dem Kommittenten und dem Kommissionär sowie zwischen dem Kommissionär und dem Dritten eine Lieferung vor. Bei der Verkaufskommission gilt der Kommittent, bei der Einkaufskommission der Kommissionär als Lieferer.
4) Bei Lieferungen von Gegenständen im Rahmen von Auktionen im Kunst- und Antiquitätenhandel gilt der Nachweis der blossen Vermittlung als erbracht, wenn der Auktionator:
   a) vor Beginn der Auktion einen schriftlichen Auftrag erhält, die betreffenden Gegenstände im Namen und für Rechnung eines Dritten zu veräussern; und
   b) gegenüber den Kaufinteressenten schriftlich bekanntgibt, dass er die betreffenden Gegenstände in fremdem Namen und für fremde Rechnung anbietet.

Von der Steuer ausgenommene Umsätze (…)
Art. 18 Liste der Steuerausnahmen
Von der Steuer sind ausgenommen:
11) die Umsätze im Bereich der Erziehung von Kindern und Jugendlichen, des Unterrichts, der Ausbildung, Fortbildung und der beruflichen Umschulung einschliesslich des von Privatlehrern oder

Privatschulen erteilten Unterrichts sowie von Kursen, Vorträgen und anderen Veranstaltungen wissenschaftlicher oder bildender Art; steuerbar sind jedoch die in diesem Zusammenhang erbrachten gastgewerblichen und Beherbergungsleistungen. Die Referententätigkeit ist von der Steuer ausgenommen, unabhängig davon, ob das Honorar dem Unterrichtenden oder seinem Arbeitgeber ausgerichtet wird;

14) dem Publikum unmittelbar erbrachte kulturelle Dienstleistungen der nachstehend aufgeführten Arten, sofern hiefür ein besonderes Entgelt verlangt wird;
   a) Theater-, musikalische und choreographische Aufführungen sowie Filmvorführungen
   b) Darbietungen von Schauspielern, Musikern, Tänzern und anderen ausübenden Künstlerinnen und Künstlern sowie Schaustellern einschliesslich Geschicklichkeitsspiele
   c) Besuche von Museen, Galerien, Denkmälern, hist. Stätten, botanischen und zoologischen Gärten
   d) Dienstleistungen von Bibliotheken, Archiven und Dokumentationsstellen, namentlich die Einsichtnahme in Text-, Ton- und Bildträger in ihren Räumlichkeiten; steuerbar sind jedoch die Lieferungen von Gegenständen (einschliesslich Gebrauchs-überlassung) solcher Institutionen.
16) kulturelle Dienstleistungen und Lieferungen von Gegenständen durch deren Urheberinnen und Urheber wie Schriftsteller, Komponisten, Filmschaffende, Kunstmaler, Bildhauer sowie von den Verlegern und den Verwertungsgesellschaften zur Verbreitung dieser Werke erbrachte Dienstleistungen.

Steuerpflicht
Art. 21 Grundsatz
1) Steuerpflichtig ist, wer eine mit der Erzielung von Einnahmen verbundene gewerbliche oder berufliche Tätigkeit selbständig ausübt, auch wenn die Gewinnabsicht fehlt, sofern seine Lieferungen, seine Dienstleistungen und sein Eigenverbrauch im Inland jährlich gesamthaft 75 000 Franken übersteigen. Die Tätigkeit von Verwaltungsräten, Stiftungsräten oder ähnlichen Funktionsträgern gilt als unselbständige Erwerbstätigkeit.
2) Steuerpflichtig sind namentlich natürliche Personen, Personengesellschaften, juristische Personen des privaten und öffentlichen Rechts, unselbständige öffentliche Anstalten sowie Personengesamtheiten ohne Rechtsfähigkeit, die unter gemeinsamer Firma Umsätze tätigen.
3 Der für die Feststellung der Steuerpflicht nach Absatz 1 massgebende Umsatz bemisst sich:
   a) bei den der Steuer unterliegenden Lieferungen und Dienstl.: nach den vereinnahmten Entgelten;
   b) bei Eigenverbrauch nach Art. 9 Abs. 2: nach dem Wert der Arbeiten an Bauwerken für Zwecke, die den Vorsteuerabzug ausschliessen.

Berechnung und Überwälzung der Steuer
Art. 35: Margenbesteuerung
1) Hat die steuerpflichtige Person einen gebrauchten individualisierbaren beweglichen Gegenstand für den Wiederverkauf bezogen, so kann sie für die Berechnung der Steuer auf dem Verkauf den Ankaufspreis vom Verkaufspreis abziehen, sofern sie auf dem Ankaufspreis keine Vorsteuer abziehen durfte oder den möglichen Vorsteuerabzug nicht geltend gemacht hat. Als Wiederverkäufer gilt, wer auf eigene Rechnung oder auf Grund eines Einkaufs- oder Verkaufskommissionsvertrages auf fremde Rechnung handelt.
2) Als gebrauchte individualisierbare bewegliche Gegenstände gelten auch Kunstgegenstände, Sammlungsstücke und Antiquitäten, nicht jedoch Edelmetalle und Edelsteine. Der Bundesrat umschreibt diese Gegenstände näher.
3) Werden Gegenstände nach den Absätzen 1 und 2 zu einem Gesamtpreis bezogen, so kann unter den vom Bundesrat näher umschriebenen Voraussetzungen die Steuer auf dem Verkauf dieser Gegenstände von der Gesamtdifferenz zwischen dem Gesamtverkaufspreis und Gesamtankaufspreis berechnet werden.

Art. 36 Steuersätze
1) Die Steuer beträgt 2,4 Prozent:
   c) auf den Umsätzen nach Art. 18 Ziff. 14–16;

Steuer auf den Einfuhren
Art. 74 Steuerbefreite Einfuhren
Von der Steuer befreit ist die Einfuhr von:
4) Kunstwerken, die von Kunstmalern und Bildhauern persönlich bearbeitet und von ihnen selbst oder in ihrem Auftrag ins Inland verbracht wurden, mit Ausnahme des Entgelts nach Art. 76 Abs. 1 Buchstabe d;

5) Gegenständen, die nach Art. 14 Ziff. 4–16 und 18–24 des Zollgesetzes vom 1. Oktober 1925 (SR 631.0) (ZG) zollfrei sind oder nach Ziff. 24 zu einem ermässigten Zollansatz zugelassen werden, mit Ausnahme der in Ziff. 14 genannten Gegenstände für Unterricht und Forschung, der zur Untersuchung und Behandlung von Patienten dienenden Instrumente und Apparate sowie der in Ziff. 11 genannten Motorfahrzeuge für Invalide;

Art. 76 Steuerbemessungsgrundlage
1) Die Steuer wird erhoben:
   d) auf dem Entgelt für die im Auftrag von Kunstmalern und Bildhauern an ihren Kunstwerken im Ausland besorgten Arbeiten (Art. 6 Abs. 2 Bst. a), sofern die Kunstwerke von den Künstlern persönlich bearbeitet und von ihnen selbst oder in ihrem Auftrag ins Inland verbracht wurden;
   e) auf dem Entgelt für die im Ausland besorgten Arbeiten an Gegenständen (Art. 6 Abs. 2 Bst. a), die mit Freipass zur vorübergehenden Ausfuhr abgefertigt wurden;

12. Bestimmungen aus der Verordnung zum Bundesgesetz über die Mehrwertsteuer

Margenbesteuerung
Art. 10 Gebrauchtgegenstand
1) Als gebrauchter, individualisierbarer, beweglicher Gegenstand (Gebrauchtgegenstand) gilt ein Gegenstand, der nicht in Einzelteile zerlegt wird und in seinem derzeitigen Zustand oder nach seiner Instandsetzung erneut verwendbar ist.

2) Nicht als Gebrauchtgegenstände gelten Edelmetalle der Zolltarifnummern 7106 bis 7112 und Edelsteine der Zolltarifnummern 7102 bis 7105.

Art. 11 Kunstgegenstände, Sammlungsstücke und Antiquitäten
1) Als Kunstgegenstände gelten:
   a) vom Künstler persönlich geschaffene Gemälde wie Ölgemälde, Aquarelle, Pastelle und Zeichnungen sowie Collagen und ähnliche dekorative Bildwerke; ausgenommen sind Baupläne und -zeichnungen, technische Zeichnungen und andere Pläne und Zeichnungen zu Gewerbe, Handels-, topografischen oder ähnlichen Zwecken, bemalte oder verzierte gewerbliche Erzeugnisse, bemalte Gewebe für Theaterdekorationen, Atelierhintergründe oder dergleichen;
   b) Originalstiche, -schnitte und -steindrucke, die unmittelbar in begrenzter Zahl von einer oder mehreren vom Künstler vollständig handgearbeiteten Platten nach einem beliebigen, jedoch nicht mechanischen oder fotomechanischen Verfahren auf ein beliebiges Material in schwarzweiss oder farbig abgezogen wurden;
   c) Originalerzeugnisse der Bildhauerkunst, aus Stoffen aller Art, sofern vollständig vom Künstler geschaffen; unter Aufsicht des Künstlers oder seiner Rechtsnachfolger hergestellte Bildgüsse bis zu einer Höchstzahl von acht Exemplaren;
   d) handgearbeitete Tapisserien und Textilwaren für Wandbekleidung nach Originalentwürfen von Künstlern, höchstens jedoch acht Kopien je Werk;
   e) Originalwerke aus Keramik, vollständig vom Künstler geschaffen und von ihm signiert;
   f) Werke der Emaillekunst, vollständig von Hand geschaffen, bis zu einer Höchstzahl von acht nummerierten und mit der Signatur des Künstlers oder des Kunstateliers versehenen Exemplaren; ausgenommen sind Erzeugnisse des Schmuckhandwerks, der Juwelier- und der Goldschmiedekunst;
   g) vom Künstler aufgenommene Fotografien, die von ihm oder unter seiner Überwachung abgezogen wurden und signiert sowie nummeriert sind; die Gesamtzahl der Abzüge darf, alle Formate und Trägermaterialien zusammengenommen, 30 nicht überschreiten.
2) Als Sammlungsstücke gelten:
   a) Briefmarken, Stempelmarken, Steuerzeichen, Ersttagsbriefe, Ganzsachen und dergleichen, entwertet oder nicht entwertet, jedoch nicht zum Umlauf vorgesehen;
   b) zoologische, botanische, mineralogische oder anatomische Sammlungsstücke und Sammlungen; Sammlungsstücke von geschichtlichem, archäologischem, paläontologischem, völkerkundlichem oder münzkundlichem Wert.
3) Als Antiquitäten gelten andere Gegenstände als Kunstgegenstände und Sammlungsstücke, die mehr als 100 Jahre alt sind.

XII Stichwortverzeichnis

Abkürzungsverzeichnis — Anhang I
Abmahnungspflicht — 113, 137f., 169
Abtretung — 67
Akademischer Titel — 203
Aktuelle Berichterstattung — 64, 245f.
Alkohol (Werbung für ...) — 28, 37f., 210
Alleinstellungswerbung — 105f.
Allg. Geschäftsbedingungen — 87, 117, Anh. IX
Anerkennung von Agenturen — 111, Anhang V
Andeutungen — 22
Anhörung / Anhörungspflicht — 21, 23, 218
Anlehnung — 90, 97, 204f.
Anonyme Berichterstattung — 22, 215, 219
Antragsdelikt — 13
Arbeitsverhältnis — 164ff.
Archivierungspflicht — 94, 116, 119, 217, 245
Athener Kodex — 18
Aufbewahrungspflicht — 176f.
Aufklärungspflicht — 113
Aufmachung — 23
Auftragsrecht — 18, 110, 176
Auskunfts-/Rechenschaftspfl. — 246f., 253
Ausschlussgründe — 78, 249, 253
Ausstattungsschutz — 62
Ausstellungspriorität — 249
Ausverkaufswesen — 180f.

BAKOM — 53ff.
Banknoten — 30, 46ff.
Bearbeitungsdaten — 174
Bearbeitungsrecht — 162, 164, 177, 204, 215, 217
Beratungsvertrag für PR — Anhang VI
Beratungspflicht — 113
Berichtigung — 23, 216, 219
Berufsregeln — 16, 212ff.
Berufsregister — 224f.
Berühmte Marke — 252
Beschwerde — 22
Bestätigungsschreiben — 117, 131f.
Beweis / Beweismittel — 131f., 202
Bildrechte — 156
Boykott — 19, 222
Branchenempfehlungen — 118
Branchengrundsätze — 16ff., 111
Branchenprinzip — 70
Branchenusanz — 160, 162, 176
Budget — 141, 231

Checkliste — 116, 153
Computerprogramme — 60, 245
Copyright — 160
Corporate Identity — 76, 79, 128, 162
Corporate Publishing — 90ff., 113, 231

Daten — 171ff., 203f., 241
Deklarationspflichten — 28
Design — 68, 75ff., 252ff.
Direktmarketing — 98, 128, 185ff., 202, 207
Diskriminierung (Sexismus) — 30, 206, 215, 221
Dokumentationspflicht — 166
Domain-Namen — 41, 62, 103
Double — 90, 204
Druckunternehmer — 176

Editionspflicht — 176
Ehre / Ehrverletzung — 12ff., 24, 84, 236f.
Eidgenossenschaft — 42, 256
Eigengebrauch — 244
Eigenleistung — 165
Eigentumsgarantie — 235
Elektronische Medien — 11
Entschädigung — 67, 153
Erfindung — 68
Erschöpfungsgrundsatz — 243

Fairness — 20ff., 97, 215
Feststellungsklage — 247
Filmproduktion / Filmbranche — 197, Anhang VII
Finanzinstitute — 208
Fotorechte / Fotografie — 87, 174
Fotopositive / Fotomaterial — 166f.
Franchisenehmer — 169
Freiheitsrechte / Gleichheit der — 10, 20, 93, 235
Full-Buyout — 119, 160, 163
Full-Service-Werbeagenturen — 111

Garantie — 116
Gebrauchspflicht — 70, 203
Gegendarstellung — 22f., 240
Geheim- oder Privatbereich — 237
Geistige Schöpfung — 81
Geistiges Eigentum — 12, 20, 165, 227
Geheimhaltungspflicht — 226
Gemeingut — 70
Generalunternehmerin — 121
Genugtuung — 14, 23, 98, 106, 240
Gerichtsstand — 239
Gerüchte — 21
Geschäftsbez. / Enseignes — 203
Gesetzestexte — Anhang XI
Gestaltungselemente — 67
Gewährleistung — 116, 137ff.
Gewerbereisende — 186
Gewinnherausgabe — 150
Gewinnspiele — 30, 49ff., 205
Glaubens- und Kultusfreiheit — 13, 235, 238
Gratis-Gutscheine — 183, 205
Gratisverlosung — 51

Haftung — 23, 135ff., 143ff., 149f.
Häuser (Werbung mit ...) — 42
Hausiervorschriften — 185f.
Heilmittel / Arzneimittel — 28, 31, 33ff.
Heilversprechen — 31
Heimarbeit — 208
Heirat — 29, 211
Herabsetzung — 28, 104
Herausgabepflicht — 115, 177
Herkunftsangaben — 30, 202
Hilfspersonen — 145
Hinterlegung — 78, 249, 253
Honorar — 67, 114, 132, 163ff., 172, 213

ICO-Kodex — 18
Ideelle Komponente — 64ff.
Ideenschutz (Ideenklau) — 66, 79, 100ff., 125ff., 146, 153
IGE (Inst. für geist. Eigentum) — 43, 70f., 75, 78f.

Imitation	90, 100, 146	Minderungsrecht	146
Immaterialgüterrecht	59ff., 62	Mitbenützungsrecht	253f.
Indiskretionen	222	Miturheberschaft	65, 172, 242ff.
Informanten / Informantenbez.	22, 218	Model	119, 163
Informationspflichten	207	Montagen	215, 217
Inserate / Inserenten	19, 23, 67, 103	Musik	233
Inspiration	101	Musterverträge	119, Anh. VI - IX
Institutionen	200, Anhang I		
Internationale Richtlinien	16, 198	**N**achahmung	28, 100f., 205
Internet	30, 57, 60, 184f.	Nachrichtenagenturen	22
Interview / Interview-Vertrag	131, 218	Namen / Namenanmassung	85, 89, 167
Intimsphäre	19	Namensnennung	65, 220
IOC / FIFA	72f.	Negative	174ff.
Irreführung	70, 104, 183, 203ff., 215	Nizza-Abkommen	251
		Non-Disclosure-Vertrag	123, 125ff.
		Nötigung	12
Journalistenkodex	Anhang IV	Nutzungsrechte / N.-erlaubnis	65, 112, 159ff., 165, 172, 227
Jugendschutz	12, 37ff.		
Kennzeichenrecht	101	**O**ffenlegungspflicht	115
Klagemöglichkeiten	22	Öffentliches Interesse	15, 20
Know-how	164	Offerten	126f., 180
Kommentierung	21	Offizialdelikt	13
Kommerzialisierung	14	Opferschutz	221
Kommerzielle Kommunikation	10, 105, 202ff.		
Kommunikationsstrategie	112	**P**ersonen der Öffentlichkeit	19, 91, 220
Kontext	22, 57, 87f., 91	Persönliche Freiheit	10, 235
Konsumentenschutz	179ff.	Persönlichkeitsschutz	12ff., 20, 64, 83ff., 204, 239f.
Konsumkredite	40f.		
Konzept / Konzeption	60, 66, 111, 113, 118, 167	Pharmakodex	19, 28, 36
		Pietät / Pietätsschutz	84
Koppelung	206	Piraterie	72, 103, 156f.
Kosmetika	28, 209	Plagiat	215, 219
Kostenvoranschlag	115, 136, 141f.	Plakatwerbung / Plakatmonpol	25, 28, 29, 46
Kriegsbilder	215, 221	Planung	113
Kündigung	169	Politpropaganda	17ff., 24, 99, 202
Kunstfreiheit	235	Präsentation	129
		Preisangabepflicht	28, 181ff.
Landfriedensbruch	238	Preisanschrift	180
Lauterkeitsgrundsätze	16, 21, 98f., 101ff., Anh. II	Preisempfehlung	154
		Preislistenversand	132
Layout	80	Preisvergleich	99
Leasing	40f.	Pressefreiheit	93
Lebensmittel	28, 30ff.	Presserat	19ff.
Lehrinstitute	29, 208	Printmedien	11
Leistungsklagen	247	Privatgebrauch	64
Leserbriefe	219	Privatsphäre	10ff., 28, 84, 215, 219, 235
Lissabonner Kodex	16, 18, Anh. III		
Literaturverzeichnis	Anhang I	Product Placement	207
Lithographen	173	Produktehaftpflicht	145, 147ff.
Lizenz / Lizenzgebühr	60, 146, 155ff., 164, 167, 252	Prominenz	14, 85, 88ff., 163, 221
Locarno-Abkommen	78	Protokolle / Protokoll.-pflicht	115
Lockvogelangebot	183	Prüfungspflicht / Rügepflicht	138ff.
Logos	67f., 167, 177	Psychische Integrität	14
		Public Relation	17ff., 117f., 207, 212ff.
Mängel / Fehler	136ff.		
Margenbesteuerung	260f.	Publi-Reportagen	207, 222
Marken	30, 41f., 67, 68ff., 249ff.	Publizistische Kommunikation	10, 15
Marketing und Verkauf	179ff.	**Q**uellenschutz	215, 217, 219
Medienfreiheit	10, 235		
Medienmitteilungen	217	**R**abatte	18, 115, 182
Medienstrafbarkeit	236	Radio/Fernsehen	11, 30, 52ff, 236, 258f.
Medizinalpersonen	203		
Mehrwertsteuer	120ff., 259ff.	Rahmenvertrag	114f.
Meinungsumfragen	217	Rassismus / Rassismusartikel	24, 30, 238
Meinungs- und Inf.-freiheit	10, 215f., 235	Rechenschaftspflicht	113
Menschenwürde	12, 30, 212, 215, 221, 235	Recherchegespräche	22
		Rechtsbehelfe	21ff.

Rechtsgewähr / Rechtsmangel	135f.	Urheberrecht	60ff., 160ff., 172ff., 241ff.
Rechtsgleichheit	235		
Rechtsverletzung	13f. 21ff., 153		
Redaktionelle Kommunikation	90ff.	**V**erantwortlichkeit	202
Redaktionsfreiheit	17	Verbände	Anhang I
Redaktionsgeheimnis	219	Verdeckte Recherche	218
Registerrecht	60, 62	Verfassungsgrundlagen	10, 235f.
Reglement Berufsreg. SW/SP	Anhang V	Vergaberegeln	126
Reisebranche	182	Vergessen	14, 86
Religiöse Propaganda	202	Vergleiche	28, 104
Robinsonliste	98, 207	Vergünstigungen	19, 22
Rückgabemöglichkeit	65f., 185, 206ff.	Verkaufsmethoden	180, 184, 206, 207, 257
Rücktritt	187		
Rückvergütungen	182	Verleger	23
Rufausbeutung	90, 97, 204f.	Verletzend (unnötig)	204, 257
		Verletzerzuschlag	155
Sachgewähr	138	Vermittlungtätigkeit	112, 120
Sammelwerk	172, 173f., 242	Verpackungsvorschriften	151f.
Schadenersatz	23, 98, 106, 129, 154	Verschulden	144
		Verschwiegenheitpflicht	113
Schaufenster	183	Vertragsgestaltung	115
Schleichwerbung	17, 206, 222	Vertragsbeendigung	227
Schmuck	209	Vertrauenshaftung	147ff.
Schöpferprinzip	160, 166	Vertrauensschaden	142f.
Schranken der Werbefreiheit	10ff.	Vertraulichkeitsvereinbarung	Anhang VIII
Schriften / Schutz von	60	Verwaltungsstrafrecht	150
Schriftlichkeit	130f., 139f.	Verwechslungsgefahr	28, 47, 97, 101ff., 104, 205
Schutzdauer	61f.		
Schweizer Kreuz	42ff., 254	Verwendungsrechte	63f., 160
Schweizer Werbung	224	Verwertungsgesellschaften	68, 198
SECO	182, 198	Verwertungspflicht	246
Selbstbestimmungsrecht	14f., 84ff.	Verzeichnis	61f.
Selbstverschulden	138	Versicherungen	29, 211
Selbstverständlichkeiten	205	Vorsorgliche Massnahmen	157, 169, 247
Sexualdelikte	220	Vorstudien	127f.
Situationsanalyse	112		
Sorgfalt / Sorgfaltshaftung	115, 138, 141ff.	**W**ahrheitssuche	216
Spamming	184	Wahrscheinlichkeitsschaden	155
Sperrfristen	22, 218	Wappen	30, 42ff., 254ff.
Spesen	165	Warenauslage	180f.
Spezifizierungspflicht	182f.	Warenklassifikation	251
Spiele / Schutz von Spielen	60	Webdesign	80
Sponsoring-Richtlinien	19, 52ff, 206, 258f.	Weisungen	141
Stellungnahme	23	WEKO	118, 198
Strassenfreiheit	64	Werbefahrten	30, 208
Strassenreklame	186	Werbeinhalte	27ff.
Strassensignale	45f.	Werbemedienforschung	208
Submissionsverfahren	123, 126, 128f.	Werbemittel	29f., 162
Subunternehmer	146	Werbeobjekte	28f.
SUISA	Anhang X	Werbeslogans	66
Suizid	220f.	Werbevertrag	109ff.
		Werbung	19, 222
Tabakwerbung / Tabakwaren	28, 38f., 210	Werkbegriff	241
Talents	163	Werke zweiter Hand	172f., 242
Täuschung / Täuschungsverbot	18, 31f., 213	Werkintegrität	65, 243
Telefonmarketing	57, 185	Werkschöpfung	173
Testimonials / Referenzen	204	Werkvertrag	110, 174f.
Tests / Gutachten	21, 30, 168, 204	Werturteile	22
Tonsignete	70	Wettbewerbe	129, 205f.
Transparenz	17, 19, 22, 204	Widerrechtlichkeit	239
Treuepflicht	18, 113, 165	Widerruf	185, 187, 207
		Wirtschaftsfreiheit	10, 235, 236
Uebersetzungsrecht	164	Wissenschaftsfreiheit	94, 235
UBI	22		
Unabhängigkeit	19, 216, 222	**Z**ahlborderau	121f.
Ungewöhnlichkeit	117	Zerstörung	65f., 244
Unlauterer Wettbewerb (UWG)	12, 24, 40f., 97ff., 257f.	Zitate / Zitatprivileg	64, 86, 94, 245
		Zollverwaltung	248
Unschuldsvermutung	220	Zwangslizenz	245
Untervertrag	169		